**Stadtforschung aktuell
Band 53**

Herausgegeben von:
Hellmut Wollmann

Stefan Krätke

• Stadt
• Raum
• Ökonomie

**Einführung in aktuelle Problemfelder
der Stadtökonomie und Wirtschaftsgeographie**

Birkhäuser Verlag
Basel · Boston · Berlin

Der Autor:

Stefan Krätke, geb. 1952, ist Professor für Wirtschafts- und Sozialgeographie an der Europa-Universität Viadrina in Frankfurt (Oder). An seinem Lehrstuhl für Wirtschafts- und Sozialgeographie steht die vergleichende Stadt- und Regionalforschung in europäischer Perspektive im Mittelpunkt. Krätke hat eine Reihe von Büchern über städtische Wohnungspolitik, Bodenmarktentwicklung, wirtschafts- und sozialräumliche Entwicklung der Städte veröffentlicht. Seine Arbeit ist auf die gesellschaftsbezogene Analyse des Strukturwandels von Stadt und Region in der Gegenwart konzentriert, und möchte zur Integration von Geographie, Ökonomie und Sozialwissenschaft beitragen.

Die Deutsche Bibliothek – CIP-Einheitsaufnahme

Krätke, Stefan:
Stadt - Raum - Ökonomie : Einführung in aktuelle
Problemfelder der Stadtökonomie und Wirtschaftsgeographie /
Stefan Krätke. - Basel ; Boston ; Berlin : Birkhäuser, 1995
(Stadtforschung aktuell ; Bd. 53)
ISBN 3-7643-5192-6
NE: GT

© 1995 Birkhäuser Verlag, Postfach 133, CH-4010 Basel, Schweiz
Camera-ready Vorlage durch den Autor erstellt
Gedruckt auf säurefreiem Papier, hergestellt aus chlorfrei gebleichtem Zellstoff
Umschlaggestaltung: Markus Etterich, Basel
Printed in Switzerland
ISBN 3-7643-5192-6

9 8 7 6 5 4 3 2 1

Inhalt:

Einleitung

Das Auseinanderdriften der Städte und Regionen in ihrer Wirtschaftskraft und Beschäftigtentwicklung wird seit den 70er Jahren als "Trendbruch in der Raumentwicklung" charakterisiert. Dabei zeichnen sich neue Muster der räumlichen Entwicklung in verschiedenen Dimensionen ab - von der Verschiebung regionaler Industrie- und Wachstumszentren im globalen Maßstab, über die Polarisierung zwischen den städtischen Agglomerationen bis hin zu stark akzentuierten sozialräumlichen Spaltungen im Innern der Städte. Das spannungsreiche Nebeneinander von niedergehenden Industrieregionen und prosperierenden Dienstleistungszentren sowie neuen industriellen Wachstumspolen, von neuen Armutsinseln in zerfallenden Stadtteilen und glitzernder Urbanität in metropolitanen Stadtzentren, erhält in den 90er Jahren einen deutlich erweiterten wirtschaftsräumlichen Bezugsrahmen durch die europäische Integration und die Einbeziehung ostmitteleuropäischer Länder in eine "globale Marktwirtschaft".

Zu den Herausforderungen der europäischen Integration gehören auch *die räumlichen Dimensionen* eines wirtschaftlichen und sozialen Strukturwandels, der sich in den Regionen und Städten Europas in unterschiedlichen Formen vollzieht. Die heutige Raumentwicklung ist durch ein Spannungsverhältnis zwischen Tendenzen der "Globalisierung" und "Regionalisierung" gekennzeichnet. Im Kontext der zunehmenden Internationalisierung wirtschaftlicher und politischer Verflechtungen werden auch wirtschafts- und sozialräumliche *Differenzen* deutlicher wahrgenommen. Im europäischen Rahmen zeichnen sich heute wachsende ökonomisch-soziale Strukturdifferenzen zwischen Regionen und städtischen Entwicklungstypen ab. Wir sind mit Prozessen einer ökonomisch-funktionalen Hierarchisierung und qualitativ neuen Formen der grenzüberschreitenden Vernetzung des Stadt- und Regionalystems konfrontiert, welche die raumbezogene Planung und Politik vor neue Herausforderungen stellen. Im Zuge der "Globalisierung" ökonomischer Prozesse und Investitionsstrategien, technologischer Neuerungen und wirtschaftlicher Konkurrenzbeziehungen ist zugleich das Bewußtsein dafür gewachsen, daß die Entwicklungschancen und Lebensbedingungen in den Regionen und Städten heute immer stärker von Entscheidungen bestimmt werden, die an anderen, möglicherweise sehr weit entfernten Orten gefällt werden. "*Räumliches Denken* ist im Vormarsch, wenn man darunter die Analyse räumlicher Beziehungsnetze und räumlicher Strukturen auf der Erde versteht, unabhängig vom Ausmaß und von den Reichweiten dieser Strukturen bzw. Netzwerke" (Dürr 1993, 132). Angesichts der Globalisierung ökonomischer und ökologischer Wirkungszusammenhänge ist ein isoliertes Denken in "räumlichen Inseln" heute immer weniger angebracht. "Vernetztes Denken ist gefragt, in jeder möglichen Bedeutung dieses Wortes: Vernetzung der Maßstabsebenen, der gesellschaftli-

1

chen Subsysteme und der in ihnen handelnden Individuen, Akteure, Gruppen und Institutionen" (Dürr 1993, 150).

Das Raumbewußtsein wird jedoch nicht allein von der auf verschiedensten Maßstabsebenen wirksamen "grenzüberschreitenden" Verflechtung von Wirtschaftsräumen beeinflußt - mit der Wahrnehmung der Globalisierungstendenzen ist zugleich die Aufmerksamkeit für "regionale" Aspekte der Entwicklung gewachsen: Angesichts der zunehmenden wirtschafts- und sozialräumlichen Differenzen wird heute den *regionsspezifischen* wirtschaftlichen Organisationsformen, besonderen regionalen Produktions-"Milieus" und "endogenen Potentialen" große Bedeutung zugemessen. Tendenzen der "Regionalisierung" im Sinne der Rückbesinnung auf regions-eigene Qualitäten kommen im europäischen Kontext z.B. darin zum Ausdruck, daß Regionen und Städte ihre jeweilige wirtschaftliche und kulturelle Eigenart zunehmend nach außen vermarkten. So hat sich die Aktualität und Relevanz von wirtschafts- und sozialräumlichen Differenzen weiter erhöht.

Mit der Analyse gesellschaftlicher Raumstrukturen und -entwicklungen befasst sich eine Reihe verschiedener Wissenschaftsdisziplinen (die Regionalökonomie, Stadtökonomie, Regional- und Stadtsoziologie, Wirtschafts- und Sozialgeographie, Planungswissenschaft usw.), von denen jede wiederum eine Vielfalt an Konzepten hervorgebracht hat. Die Darstellung (und Bewertung) solcher Konzepte ist im Folgenden hauptsächlich an "Problemfeldern" der Stadt- und Raumentwicklung ausgerichtet. In diesem Buch, das auf meiner Vorlesungsreihe zum Strukturwandel von Stadt und Region im neuen Europa basiert, werden Stadt und Raum in einer *transdisziplinären* Weise behandelt. Damit wird zugleich eine Einführung in innovative Perspektiven der stadt- und regionalökonomischen sowie wirtschafts- und sozialgeographischen Analyse angestrebt. Dabei wird die Entwicklung der Stadtregionen und des Städtesystems in den Mittelpunkt gestellt; in Anbetracht der Vernetzung der globalen, nationalen, regionalen, städtischen, und lokalen Maßstabsebenen gesellschaftlicher Raumentwicklung kann "die Stadt" jedoch nicht mehr getrennt von regionalen Entwicklungszusammenhängen und ihrer Einbindung in ein großräumig verflochtenes Städtesystem betrachtet werden.

Der wirtschafts- und sozialräumliche Strukturwandel in hochentwickelten Industrieländern kann in der Gegenwart vor allem an den Entwicklungen des Städtesystems und seiner vielschichtigen, teils "globalen" Verflechtungszusammenhänge festgemacht werden, insofern als städtische Wirtschaftsregionen die Zentren der ökonomischen und gesellschaftlichen Entwicklungsdynamik darstellen. Die westeuropäischen Industrieländer haben bereits in quantitativer Hinsicht einen hohen Urbanisierungsgrad erreicht: 1988 lebten in den Ländern der (heutigen) Europäischen Union im Durchschnitt 82 % der Bevölkerung in Städten. Kennziffern der "wirtschaftlichen Leistungskraft" von Raumeinheiten (der Bundesrepublik Deutschland) zeigen deutlich, "daß die Kernstädte die maßgebenden Zentren wirtschaftlicher Produktion sind. Sie allein prägen die interregionalen Unterschiede im wirtschaftlichen Wachstum" (Gatzweiler 1985, 233). Als Zentren der Produktion und Kapitalverwertung, der Wertschöpfung *und der Aneignung* von Werten, die in mehr oder weniger weit verstreuten Produktionsstätten geschaffen werden, sind Städte die wirtschaftlich maßgebenden Raumeinheiten, von denen jeweils auch die regionale Entwicklung abhängig ist. Bei der Betrachtung der wirtschafts- und sozialräumlichen Strukturen einer "verstädterten Gesellschaft" läßt sich die *stadtökonomische* mit der *wirtschafts- und sozialgeographischen* Perspektive in bestimmter Weise verknüpfen.

Auch die Stadtentwicklung ist Gegenstand multi-disziplinärer Arbeit - mit ihr beschäftigt z.B. die Ökonomie, Soziologie, Geographie, Politikwissenschaft, Ethnologie, Geschichtswissenschaft, Planungswissenschaft. Da das Phänomen 'Stadt' von keiner Spezialdisziplin in seinem gesamten Umfang erforscht werden kann, bietet die Stadtforschung gute Möglichkeiten für interdisziplinäre Bemühungen. Zugleich gibt es eine große Vielfalt an Theorien und Untersuchungsansätzen zur Stadt und ihrer Entwicklung, deren Grundperspektiven, jeweilige Schwerpunktsetzung und Reichweite so weit auseinanderfallen, daß ein Überblick nur schwer zu gewinnen ist, und immer wieder das Fehlen einer "umfassenden" Theorie der Stadt und ihrer Entwicklung konstatiert wird. Mit dieser Einführung wird auch nur angestrebt, wichtige Problemfelder der Stadtentwicklung sowie des wirtschafts- und sozialräumlichen Strukturwandels *gegenwartsbezogen* aus einer gesellschaftsorientierten Perspektive darzulegen. Dabei sollen insbesondere sozialökonomische und wirtschaftsgeographische Zusammenhänge der Stadtentwicklung deutlich gemacht werden. Die Einführung in die Vielfalt der Problemfelder, Konzepte und Sichtweisen der wirtschafts- und sozial-räumlichen Entwicklung möchte zur gezielt vertiefenden Lektüre und weiteren Auseinandersetzung mit der räumlichen Organisation von Wirtschaft und Gesellschaft anregen.

1. Wirtschaftsraum und Stadtentwicklung aus geographischer und ökonomischer Perspektive

Basiskonzepte der Wirtschafts- und Sozialgeographie

Die Wirtschafts- und Sozialgeographie befasst sich generell mit der räumlichen Dimension wirtschaftlicher und sozialer Verhältnisse, Beziehungen und Prozesse. Der Blick richtet sich hier auf die räumliche Ordnung und Organisation von Wirtschaft, Sozialstruktur, Kultur, Politik und Verwaltung, kurz: auf "die räumlichen Zustände der Gesellschaft" (Dürr 1993). Wirtschafts- und sozialgeographische Arbeit muß folglich auf Grundkonzepte der Wirtschafts- und Sozialwissenschaft Bezug nehmen. Dabei befindet sich die Geographie im Hinblick auf die Konzept- und Theoriebildung in der Regel in einer "Nehmer-Position" (Dürr 1992), die Ökonomie und Soziologie hingegen in einer "Geber-Position" (als Leitfächer der Wirtschafts- und Sozialgeographie).

Eine Trennung zwischen Wirtschaftsgeographie und Sozialgeographie ist problematisch, soweit sie impliziert, die räumliche Organisation wirtschaftlicher Phänomene *herausgelöst* aus dem gesellschaftlichen Kontext, in dem sich die wirtschaftlichen Prozesse entfalten, zu behandeln. Sozialgeographie im weiten Sinne bezieht sich auf die räumliche Organisation der Gesellschaft, und müßte insofern gerade den Zusammenhang zwischen der räumlichen Ordnung sozialer Systeme und wirtschaftsräumlichen Strukturen thematisieren. Wird Sozialgeographie dagegen *in einem engen Sinne* verstanden, stehen "sozialräumliche" Strukturen im Sinne der räumlichen Verteilung und Abgrenzung von Sozialgruppen im Mittelpunkt, wobei allerdings nicht von ökonomischen Einflüssen abstrahiert werden kann. Es empfiehlt sich daher, Wirtschafts- und Sozialgeographie als "einheitliche" bzw. zusammenhängende Disziplin zu betrachten.

Die Wissenschaftsdisziplin Geographie ist durch spezifische Grundperspektiven, Denk- und Arbeitsweisen charakterisiert: 1. die *Konzentration auf räumliche Aspekte* (hier: der wirtschaftlichen und sozialen Strukturen/Prozesse), 2. die überwiegend starke Betonung der beschreibenden Empirie und der große Einfluß "geo-deterministischer" Erklärungsansätze (vgl. Dürr 1992). Gleichwohl gibt es in der Wirtschafts- und Sozialgeographie im internationalen Rahmen eine Vielfalt methodologischer Orientierungen und Erklärungsansätze für die räumlichen Differenzierungen wirtschaftlicher und gesellschaftlicher Strukturen. Eine identitätsstiftende Rolle spielt für die Geographie also primär die *raumbezogene und raumdifferenzierende Perspektive*, während es in den gesellschaftswissenschaftlichen Leitdisziplinen keineswegs selbstverständlich ist, die räumliche Dimension zu integrieren. Vor allem in den Wirtschaftswissenschaften ist "Raumblindheit" eine verbreitete Erscheinung. Allerdings ist nicht zu verkennen, daß im Rahmen der Gesellschaftswissenschaften, *soweit sie die räumliche Dimension berücksich-*

tigen, verschiedenartige Raumkonzepte zugrundegelegt werden (vgl. Läpple 1991). Innerhalb der Geographie selbst gibt es eine Vielfalt der Grundkonzepte und Raumauffassungen, von denen hier drei angeführt seien:

1. Das Konzept der "Landschaft" - Geographie als Wissenschaft vom Mensch-Natur-Verhältnis in bestimmten Regionen oder Kulturräumen; im Mittelpunkt steht das regionale Ensemble von naturräumlichen Gegebenheiten, menschlichen Lebensformen und Manifestationen menschlicher Aktivitäten an der Erdoberfläche im Sinne einer "Kulturlandschaft".

2. das "chorische" Raumkonzept - Geographie als chorologische Wissenschaft, welche die erdräumlichen Verteilungs- und Verknüpfungsmuster im Bereich menschlicher Aktivitäten und deren Distanzrelationen zum Gegenstand hat;

3. das "gesellschaftszentrierte" Raumkonzept - Wirtschafts- und Sozial-Geographie als Beitrag zur Analyse der Raumbezogenheit gesellschaftlicher Strukturen und Prozesse und ihrer regionalen Differenzierung, als Analyse der gesellschaftlichen Produktion und Nutzung räumlicher Arrangements in historisch bestimmten Formationen der Gesellschaftsentwicklung.

Für die traditionelle Raumauffassung der Geographie ist bis heute besonders das Konzept der "Landschaft" bedeutsam, die als ein Bestandteil der Erdoberfläche und zugleich als "Gehäuse" konkreter regionaler Lebensformen, d.h. als Lebensraum bzw. Kulturraum ihrer Bewohner verstanden wurde (vgl. Dunford/Perrons 1983). Regionale Studien dieser Ausrichtung befassen sich gewöhnlich zuerst mit der Darstellung der naturräumlichen Gegebenheiten eines Gebiets, und beschreiben anschließend die im Gebiet lebenden Menschen, ihre Aktivitäten und Siedlungsformen. Standortbedingungen der regionalen Umwelt (wie Klima, Topographie, Boden, Wasser, Vegetation usw.) werden hier meist als Kernelemente der regionalen Wirtschaft und Siedlungsstruktur angesehen. "Lange Zeit versuchte man, die Wirtschaftätigkeiten und ihre Variationen als Ausfluß oder als Antwort auf die festgestellten Naturbedingungen zu erklären. Dies war in einer früher noch vornehmlich agrarbestimmten Kulturwelt naheliegend" (Ritter 1993, 9). Das Konzept der Landschaft bezieht sich auf einen "vollen" Raum (und vermeidet insofern die Reduktion des Raumes auf eine formal-geometrische Ordnungsstruktur): Die "Kulturlandschaft" umfasst ein komplexes Ensemble aus naturräumlichen Gegebenheiten, Formen der Aneignung dieses Lebensraumes durch seine Bewohner, und physisch-materiellen Artefakten als den Manifestationen menschlicher Aktivitäten an der Erdoberfläche. Die Kulturlandschafts-Geographie ist um eine *individualistisch*-regionalistische Wesenserkenntnis von Räumen bemüht. Im Vordergrund des Landschafts-Konzeptes steht die Erfassung des Mensch-Natur-Verhältnisses in einem konkreten Territorium.

Industrielle Wirtschaftsaktivitäten überwinden jedoch in zunehmendem Maße die naturräumlichen Grenzen und kombinieren die "Ressourcen" weit voneinander entfernter Orte. So ist eine "naturalistische und regionalistisch-isolierte Raumkonzeption" (Läpple 1991) der Industriegesellschaft, welche traditionale Kultur- und Lebensräume in eine Vielzahl von überlagerten und weiträumig verflochtenen ökonomisch-sozialen Funktionsräumen transformiert, nicht mehr angemessen. Im Rahmen einer zeitgemäßen Regionalforschung werden Kulturlandschaften (einschließlich Stadtlandschaften) und "Kulturräume" als historisch veränderliche Manifestationen *gesellschaftlicher* Funktions- und Entwicklungszusammenhänge begriffen.

Ein zweites bedeutendes Konzept der Geographie basiert auf der "chorischen" Raumauffassung (chora = Raum der Erdoberfläche), die den Raum als ein analytisches Ordnungsschema zur Beschreibung der Standorte bzw. Lageeigenschaften von Beobachtungsgegenständen fasst. In der Wirtschaftsgeographie hat sich auf dieser Basis z.B. ein formal-geometrisches Raumverständnis verbreitet, wobei man sich auf Distanzbeziehungen und räumliche Verteilungen ökonomischer Sachverhalte in Form von Punkten und Punktmustern, Linien und Linien-Netzen sowie Flächenmustern konzentriert. Auf der Grundlage der empirischen Erfassung erdräumlicher Verteilungs- und Verknüpfungsmuster im Bereich menschlicher Aktivitäten sollten im Rahmen der chorologischen Theoriebildung allgemeine Gesetzmäßigkeiten von distanziellen Lagebeziehungen aufgefunden werden - so wird in diesem Forschungsansatz die "Distanz" zur zentralen Kategorie der Erklärung von Standort-Konfigurationen. Dem chorologischen Ansatz ist entgegenzuhalten, daß die "Distanz" als solche inhaltsleer ist, und folglich Distanzabhängigkeiten im Bereich menschlicher Aktivitäten und Interaktionssysteme nur durch den Rückgriff auf *geographie-externe* Erklärungszusammenhänge (ökonomische, soziologische u.ä.) sinnvoll behandelt werden können (Läpple 1991).

Im Rahmen eines "chorologischen" Ansatzes der Geographie wurde auch die Position vertreten, daß sich die Wissenschaftsdisziplin Geographie dadurch von anderen Wissenschaften unterscheide, daß sie die räumliche Anordnung von Beobachtungsgegenständen innerhalb eines Gebietes untersuche, aber nicht die Beobachtungsgegenstände selbst, deren Analyse die Aufgabe anderer Wissenschaften sei. Aus dieser Sicht wird es für möglich und sinnvoll gehalten, "räumliche" und "nicht-räumliche" Charakteristika von Beobachtungsgegenständen und ihrer Entwicklungsprozesse zu trennen und jeweils isoliert zu erforschen. So gingen Beiträge zur Standorttheorie häufig davon aus, daß *räumliche* Variablen *für sich genommen* räumliche Strukturen erklären könnten. Aber: die standörtlichen Anforderungen und Verteilungsmuster von Industrieunternehmen z.B. sind von der jeweiligen Art des Unternehmens und seiner Aktivitäten bestimmt, und ändern sich u.a. mit den Veränderungen der Technologien und Produktionskonzepte; zugleich aber hat der räumliche bzw. regionale Kontext, in dem diese Unternehmen jeweils agieren, nicht nur standörtliche Effekte, sondern bestimmt auch "interne" Strukturen und "nicht-räumliche" Qualitäten der Unternehmen (Dunford/Perrons 1983).

6

Um die räumlichen Strukturen menschlicher Aktivitäten und Interaktionssysteme *erklären* zu können, müßte sich Läpple (1991) zufolge die Human- und Sozialgeographie zu einer Gesellschaftswissenschaft weiterentwickeln. Eine Konvergenz von Wirtschafts- und Sozialgeographie und wirtschafts- und sozialwissenschaftlicher Raumforschung zeichnet sich heute vor allem in Teilen der angloamerikanischen Wirtschafts- und Sozialgeographie ab (vgl. Peet/Thrift 1989). Dabei ist das Erkenntnisziel vor allem auf sozialökonomische Funktions- und Entwicklungszusammenhänge bei der Herausbildung und Veränderung von Raumstrukturen gerichtet. Wirtschafts- und Sozialgeographie wird in diesem Rahmen als Analyse der gesellschaftlichen Produktion und Nutzung räumlicher Arrangements in historisch bestimmten Formationen der Gesellschaftsentwicklung verstanden, und sucht damit einen Beitrag zur Analyse der regionalen Differenzierung und Raumbezogenheit gesellschaftlicher Strukturen und Prozesse zu leisten.

Im Bereich der zeitgenössischen *soziologischen* Theoriebildung hat besonders Anthony Giddens (1992) die zeitliche und räumliche *Kontextualität* gesellschaftlichen Handelns betont und folgerichtig die Regionalisierung als höchst bedeutsam für die Strukturierung sozialer Systeme herausgestellt. Regionen und ihre Orte werden dabei nicht einfach als physisch-geographische Territorien oder als "Plätze" verstanden, sondern als Bezugsrahmen von und für soziale Interaktionen. Nach Giddens sind Regionen (wie Wirtschaftsregionen, Stadtregionen und -quartiere) von entscheidender Bedeutung für die Bildung von Interaktions-Kontexten. Daß soziale und ökonomische Aktivitäten an bestimmten Orten bzw. in bestimmten Regionen stattfinden, ist folglich nicht im Sinne einer passiven Lokalisierung zu verstehen. Giddens will insgesamt die Sensibilität für räumliche Aspekte und regionale Differenzierungen sozialer Phänomene erhöhen und plädiert für eine Integration von Humangeographie und Sozialwissenschaften.

Ein *gesellschafts-zentriertes* Raumkonzept sollte die vielfältigen Qualitäten und Dimensionen sozialökonomischer Räume einbeziehen. Werden über die Standortmuster von materiellen Objekten (wie Betriebsstätten, Infrastrukturen u.ä.) hinausgehend auch die *Interaktionsbeziehungen* zwischen ökonomischen und sozialen *Akteuren* im Raum (und darüberhinaus die gesellschaftlichen Bedeutungszuweisungen bzw. symbolischen Qualitäten räumlicher Strukturen) thematisiert, gelangt man zum Konzept eines mehrdimensionalen gesellschaftlichen "Matrix-Raumes". Dieser (Verflechtungs-) Raum wird von *gesellschaftlichen Akteuren* strukturiert und gestaltet (verhaltenstheoretische und politökonomische Betrachtungsweise).

Im Rahmen eines gesellschaftszentrierten Raumkonzepts können auch "Kulturräume" in ihrer regionalen Differenzierung behandelt werden, indem regionsspezifische Formen von gesellschaftlichen Beziehungen zwischen den sozialen Akteuren wahrgenommen und auf besondere "kulturelle" Prägungen (vor allem wirtschafts- und sozialkultureller Art) bezogen werden. Diese Perspektive wird heute z.B. im Konzept der "regionalen Produktions-Milieus" oder der "regionalen Innovations-Milieus" fruchtbar gemacht. Während beim geographischen Raumkonzept der "Landschaft" ein eher naturalistisches Verständnis von Kulturräumen vorwiegt, wird bei regionalen Milieu-Konzepten ein gesellschaftsbezogenes Verständnis von kulturräumlichen Differenzierungen angestrebt.

Die *traditionelle* Wirtschafts- und Sozialgeographie stellt die empirische Beschreibung räumlicher Verteilungs- und Verbreitungsmuster ökonomischer und sozialer Sachverhalte in den Mittelpunkt (*deskriptive* Geographie). Geographische Forschung, die sich *einseitig* auf diese Arbeitsweise konzentriert, reduziert sich im Extremfall auf eine "Kartographie für die Ökonomen und Soziologen". Bei der Entwicklung von *Erklärungsmodellen* für wirtschaftsräumliche Strukturen ist die traditionelle Wirtschaftsgeographie von zweierlei "*geo-deterministischen*" Ansätzen geprägt (vgl. Dürr 1992):

(a) vom "Natur-Determinismus" im Sinne der Auffassung, wirtschaftsräumliche Strukturen hingen maßgeblich von der Raumausstattung mit natürlichen Potentialen wie z.B. Rohstoffvorkommen ab. Diese Sichtweise kann zwar für eine Geographie der Rohstoffgewinnung und im Rahmen einer Agrargeographie in Betracht gezogen werden, doch ist nicht zu übersehen, daß in der Wirtschaftsentwicklung der Gegenwart solchen naturbezogenen Standort- und Raumnutzungsmustern nur ein vergleichsweise geringer Stellenwert zukommt. In der traditionellen Sozialgeographie und Stadtgeographie wurde vielfach auf die Konzepte der "Sozialökologie" zurückgegriffen, die ebenfalls einer "natur-deterministischen" Perspektive zugeordnet werden können, soweit sie bioökologische Konzepte auf "Sozialräume" und gesellschaftliche Räume übertragen.

(b) Zu den deterministischen Ansätzen der herkömmlichen Geographie gehört zweitens der "Distanz-Determinismus", welcher mit der chorischen Raumauffassung ebenso wie mit dem Konzept eines relationalen Ordnungsraumes materiellphysischer Beobachtungsgegenstände korrespondiert: Wirtschaftsgeographie konzentriert sich hierbei auf die Erfassung von Distanzfaktoren wie Entfernungen, Transportkosten, Zeit-Kosten-Mühe-Relationen u.ä., und ist bestrebt, "allgemeingültige" abstrakte Raumwirtschaftsmodelle zu erarbeiten. Die vielfältigen *gesellschaftlichen* Dimensionen des Raums und die raumrelevanten Prozesse eines historisch-konkreten wirtschaftlichen und sozialen Strukturwandels werden hierbei ausgeblendet oder zumindest vernachlässigt.

Eine "innovative" wirtschafts- und sozialgeographische Forschung sollte anstelle der Formulierung deterministischer Erklärungsmodelle ihren Schwerpunkt auf *gesellschaftsbezogene* Analysen räumlicher Entwicklungen bzw. Strukturveränderungen legen und sich dabei auf sozialwissenschaftliche Konzepte stützen, die den *Zusammenhang* ökonomischer, sozialer, politischer und kultureller Prozesse in bestimmten historischen Phasen gesellschaftlicher Entwicklung thematisieren. Wirtschafts- und Sozialgeographie würde damit zum Bestandteil einer interdisziplinär verstandenen Gesellschaftswissenschaft. Für eine gesellschaftsbezogene Raumforschung *kontraproduktiv* ist die Zersplitterung raumbezogener Forschungsdisziplinen in Regionalökonomie, Siedlungs- und Stadtsoziologie, Industriegeographie, Bevölkerungsgeographie, Stadtgeographie usw. Gesellschaftsbezogene Raumforschung ist mit dem Problem konfrontiert, daß Untersuchungsgegenstände wie die Region oder die Stadt nicht als "soziale Einheit" definierbar und gegenüber der Gesellschaft abgrenzbar sind, und in der Regel auch räumlich nicht eindeutig abgegrenzt werden können. Das ökonomische, soziale, politische und kulturelle Wirkungsgebiet einer Region oder einer Stadt endet ja nicht an ihrer administrativen Grenze, und ebensowenig an einer geographisch-naturräumlich oder baulich-räumlich definierten Grenze, sondern erstreckt sich unter Umständen über das ganze Land und darüberhinaus auf den "globalen" Rahmen. Aus dieser Perspektive ist nicht die einzelne Region oder Stadt der sinnvolle Untersuchungsrahmen, sondern eher das Stadt- und Regional-System eines mehr oder weniger weiträumigen Territoriums, wobei die Analyse räumlicher Formen und Differenzierungen der gesellschaftlichen Entwicklungsdynamik in den Mittelpunkt zu stellen wäre (d.h. die historisch veränderliche räumliche Organisation der Gesellschaft).

"Regionen" werden hier als Raumeinheiten mittlerer Spannweite gefasst, die unterhalb der Maßstabsebene von Nationalstaat und Groß-Provinzen oder Bundesländern angesiedelt sind, jedoch oberhalb der Maßstabsebene einzelner Orte. Weitverbreitet ist die Vorstellung vom Raum als einem Stück Land mit festen Grenzen, das jemandem als Eigentum gehört oder den Zuständigkeitsbereich einer bestimmten Behörde bildet. Nach diesem *territorialen* Raumkonzept wird eine Region als administrative Gebietseinheit abgegrenzt. Territorien lassen sich eindeutig definieren und zu zweidimensionalen Flächen abstrahieren, was für die empirische Raumforschung recht praktisch ist. In der Wirtschaftsgeographie haben wir es jedoch mit sozialökonomischen *Verflechtungsräumen* zu tun - man kann auch sagen: mit "kommunikativen Räumen" (Klüter 1986). Dies sind keine flächendeckenden Räume im geometrischen Sinne, und auch nicht bloße Ausschnitte der physischen Geosphäre. Vielmehr kommen wir hier zu einem Raumverständnis, wonach miteinander verknüpfte Wirtschaftseinheiten sich gegenseitig als Akteure an bestimmten Orten und Standorten wahrnehmen (Ritter 1993). Wirtschaftliche Beziehungsgefüge konstituieren keine flächendeckenden und auch keine fest abgrenzbaren Regionen, sondern lockere Gefüge miteinander verknüpfter Standorte (Ritter 1993). Regionen bestehen aus einem Zusammenhang mehrerer Orte und Standorte, die ein funktionales Beziehungsgefüge bilden und ein Interaktionsfeld wirtschaftlich-sozialer Akteure darstellen. Man denke hier z.B. an Stadtregionen, die meist aus einer zentralen Stadt in Verbindung mit einem weiten Umland bestehen, und die wohl die verbreitetste Form von funktionalen regionalwirtschaftlichen Gefügen darstellen. Auch sog. Arbeitsmarktregionen können in diesem Sinne als Regionen aufgefasst werden. Wirtschaftsregionen sind jedoch in der Regel nicht *eindeutig* abgrenzbar, so daß man zum Zwecke empirischer Regionalanalysen häufig wieder eine "territoriale" *Kompromiß*lösung akzeptiert, d.h. regionale Wirtschaftsräume aus administrativen Gebietseinheiten zusammensetzt; dabei sollte jedoch eine *naive* Verwendung territorialer Regionsbegriffe vermieden werden. Wenn in diesem Buch von "Regionen" gesprochen wird, sind Gebietseinheiten unterhalb der nationalen Maßstabsebene gemeint, die aus pragmatischen Gründen territorial abgegrenzt werden können, jedoch inhaltlich als sozialökonomische Verflechtungsräume bzw. als kommunikative Räume zu begreifen sind.

Die gesellschaftliche "Relevanz" der Wirtschafts- und Sozialgeographie kann in einer Zeit, in der das Interesse für räumliche Differenzierungen und Standortfragen in Politik und Wirtschaft zunimmt, in dem Maße erhöht werden, wie es gelingt, Gegenwartsprobleme der Raumentwicklung zu analysieren, und auf dieser Basis auch "normative" Aussagen hinsichtlich politischer Steuerungs- und Gestaltungsmöglichkeiten gesellschaftlicher Räume zu treffen.

Stadtökonomie: Gegenstand und Problemfelder

Die Entwicklung der Städte, insbesondere der großstädtischen Agglomerationen, ist in der Gegenwart zu einem Problemfeld von zunehmender wirtschafts- und gesellschaftspolitischer Bedeutung geworden. Städte sind die Zentren der wirtschaftlichen Entwicklungsdynamik und zugleich die sozialen Brennpunkte gesellschaftlicher Entwicklung. Die seit Jahren diskutierte "Polarisierung der Städte" deutet auf einen wachsenden gesellschaftlichen Problemdruck hin, der sich vor allem in den großstädtischen Agglomerationen konzentriert. Der wachsende Handlungsbedarf im Bereich der Stadtentwicklungspolitik verlangt nach Einsicht in die relevanten Bestimmungsfaktoren städtischer Entwicklung. Der Prozess der Stadtentwicklung umfasst im allgemeinen den baulich-räumlichen, sozialen und wirtschaftlichen Strukturwandel der Städte. Dieser steht in Wechselbeziehung mit gesellschaftlich übergreifenden Veränderungen der wirtschaftlichen, sozialen, kulturellen und politischen Verhältnisse. Obgleich eine solch umfassende Betrachtungsweise angezeigt scheint, ist doch nicht zu verkennen, daß die entscheidenden Bestimmungsfaktoren der Stadtentwicklung nach wie vor im ökonomischen Bereich zu finden sind. "Stadtökonomie" wird von Fürst "relativ umfassend als die Verknüpfung aller mit Verstädterung verbundener Phänomene verstanden, die ihre Ursache in ökonomischen Bedingungen haben" (Fürst 1977, 4). Die Stadtökonomie ist nicht als bornierte fachökonomische Analyse der Stadt im Sinne einer "Bindestrich-Disziplin" zu betreiben, sondern müßte die Stadtentwicklung als sozialökonomischen Prozeß begreifen, der im Kontext eines "globalen" gesellschaftlichen Strukturwandels abläuft, und im Konkreten von gesellschaftlich-politischen Kräften *gestaltet* wird.

Die Stadtökonomie konzentriert sich auf jene sozialökonomischen Bedingungen und Prozesse, die für die Struktur und Entwicklung der Städte bedeutsam sind. Während die allgemeine Wirtschaftstheorie in der Regel mit der Vorstellung einer "1-Punkt-Wirtschaft" arbeitet, thematisiert die *raumbezogene* Wirtschaftstheorie, zu der neben der Regionalökonomie auch die Stadtökonomie gehört, die Ursachen und Wirkungen der ungleichmäßigen Verteilung ökonomischer Aktivitäten im Raum. Dabei ist die Stadtökonomie mit der Bedingung konfrontiert, daß Städte eine funktional heterogene Agglomeration von Wirtschaftsaktivitäten mit geographisch begrenzter Ausdehnung darstellen. Unter diesen Bedingungen erweisen sich abstrakte "Marktmodelle" als unfruchtbar, weil z.B. die Wirkung von Marktkräften in der städtischen Agglomeration stets mit vielfältigen "externen Effekten" verbunden und von Mobilitätsbarrieren sowie von wirtschaftlichen Dominanzbeziehungen beeinflußt ist. Für die Stadtökonomie sind eine Reihe *besonderer* Märkte relevant, die anders funktionieren als die marktwirtschaftliche Theorie unterstellt: der städtische Wohnungsmarkt, Bodenmarkt und Arbeitsmarkt. In bedeutenden städtischen Versorgungsbereichen ist der Marktmechanismus überhaupt funktionsunfähig; hier werden Infrastrukturen nach vom Marktmechanismus abweichenden Prinzipien erstellt und bewirtschaftet. Ferner kann das städtische Wirtschafts-*Wachstum* infolge der Bedeutung räumlicher Transfer-Beziehungen nicht in Analogie zur nationalen Volkswirtschaft behandelt werden.

Die traditionelle Stadtökonomie behandelte vor allem die auf "Standortfaktoren" bezogene Standortwahl von Betriebsstätten, das Stadtwachstum, die Raumnutzungs-Struktur der Stadt im Zusammenhang mit der Wirkung von Bodenmarktmechanismen, den Wohnungsmarkt und die Ökonomie der Stadtsanierung, sowie das städtische Infrastrukturangebot. Vor allem in amerikanischen "Urban Economics"-Lehrbüchern ist ein Ansatz verbreitet, der Stadtentwicklungsprozesse in erster Linie auf mikroökonomische Standort- und Investitionsentscheidungen zurückführt. Darüberhinaus stand in der traditionellen Stadtökonomie meist die isolierte Betrachtung der *einzelnen* Stadt im Mittelpunkt.

Für die gegenwärtige Stadtökonomie sind einige neue Themen-Schwerpunkte entsprechend den veränderten Problemfeldern der Stadtentwicklung in den Vordergrund getreten, und es ist eine verstärkte Integration der Stadtökonomie in *regional*-wissenschaftliche Bezüge zu verzeichnen: die Stadt wird zunehmend als Teil eines hierarchisch strukturierten Systems konkurrierender Städte behandelt, und es wird betont, daß die Entwicklung der Städte aufs engste mit dem gesamtgesellschaftlichen und wirtschaftlichen Strukturwandel verknüpft ist. Dazu gehört z.B. der Bedeutungszuwachs multi-regionaler Unternehmen. Demzufolge sind die

Prozesse der Stadtentwicklung im Rahmen einer großräumigen Arbeitsteilung und im Kontext der grenzüberschreitenden Verflechtungen zwischen Stadtregionen zu erörtern. Aus dieser Perspektive verbietet sich dann auch eine strikte Abgrenzung zwischen "Stadtökonomie" und "Regionalökonomie". Die städtischen Produktionszentren sind ebenso wie die unternehmerischen Direktions- und Kontrollzentren massiv in die inter-regionalen und internationalen Wirtschaftszusammenhänge eingebunden, so daß die Entwicklung der einzelnen Stadt heute immer mehr von ihrer relativen Position in dem großräumigen Konkurrenzsystem der Städte bestimmt ist. Trotz der zunehmend großräumigen und internationalen Verflechtung von Stadtregionen darf allerdings die Bedeutung ihrer jeweiligen *regionsspezifischen* Strukturen, wirtschaftlichen Organisationsformen und Interaktionsprozesse (einschließlich besonderer wirtschafts-kultureller Prägungen) nicht vernachlässigt werden. Zwar sind die Probleme der räumlichen Abgrenzung eines städtischen "Wirtschaftsgebietes" nach wie vor ungelöst, doch hat sich auf der stadtökonomischen Ebene die Betrachtung der "Stadtregion" im Sinne einer mehr oder weniger ausgedehnten, Zentren und Umlandzonen umfassenden Arbeitsmarktregion verbreitet.

"Innovative" Beiträge zur Stadtökonomie müssen die neuen Themenschwerpunkte der Stadtentwicklung aufgreifen, und zugleich die traditionellen Problemfelder in ihrer *gegenwärtigen* Dynamik thematisieren. Zu den neuen Themenschwerpunkten gehören die sozialökonomischen Triebkräfte und Mechanismen, die zur "Polarisierung" zwischen den Stadtregionen und innerhalb der Städte führen; hier sind auf dem Hintergrund raumbezogener Konzepte ökonomischer Entwicklung z.B. die Bedeutung neuer Technologien und Produktionskonzepte sowie veränderter industrieller Organisationsbeziehungen zu erörtern, d.h. verschiedene "Innovationssysteme", die die Entwicklung der Städte beeinflussen. Darüberhinaus ist die sich verändernde ökonomisch-funktionale Hierarchie der Städte im Kontext der zunehmenden Internationalisierung der Wirtschaft, der Expansion von Dienstleistungsfunktionen und des Bedeutungszuwachses metropolitaner Komplexe strategischer Unternehmensaktivitäten zu behandeln. Dabei sind auch die Kontroll-Verflechtungen und kapitalbezogenen Transferbeziehungen zwischen den Städten zu berücksichtigen.

Eine "zeitgemäße" Betrachtung von traditionellen Themenschwerpunkten der Stadtökonomie bedeutet, z.B. den Bodenmarkt unter Einbeziehung neuer Entwicklungen der städtischen Immobilienverwertung zu behandeln (Internationalisierung des Immobiliengeschäfts und wachsende Aneignung von Monopolrenten im Städtesystem), die sozialräumliche Entwicklung der Städte in den Zusammenhang städtischer Arbeitsmarkt-Spaltungen zu stellen, und den städtischen Wohnungsmarkt im Kontext der durch ökonomisch-soziale Polarisierung veränderten Bedingungen der Wohnungsversorgung ("Gentrifizierung" und "Ghettoisierung", "Neue Wohnungsnot" und die Wirkung undurchlässiger Teilmärkte) zu betrachten. Auch in diesen Fragen der Stadtökonomie ist zu beachten, daß "die Verflechtung der Städte mit überlokalen und interregionalen Problemfeldern () in Verbindung mit typischen kommunalen Engpaß-Strukturen Ursache für zahlreiche lokale Krisenerscheinungen" ist (Fürst 1977, 9). Die Problemfelder der Stadt sollen in ihrer *gegenwärtigen* Dynamik behandelt werden, damit die wirtschafts- und sozialwissenschaftliche Stadtanalyse der gesellschaftlichen Bedeutung der Stadt in ihrem "aktuellen" historischen Kontext gerecht werden kann. Für die Orientierung sozialwissenschaftlicher Stadtanalysen an einem historischen Stadtbegriff hat in jüngster Zeit Th. Krämer-Badoni (in Anlehnung an M. Castells) plädiert: "Eine Stadt ist, was eine historische (spezifische) Gesellschaft sie zu sein bestimmt - vermittelst jener Auseinandersetzungen und Konflikte zwischen Klassen, Bevölkerungsgruppen und anderen Akteuren über die konkrete Form des Lebensraums und der Verteilung von allen Arten von Lebenschancen. Ein historischer Stadtbegriff muß der jeweiligen gesellschaftlichen Bedeutung der Stadt gerecht werden können" (Krämer-Badoni 1991, 27).

Raum-Konzepte in der Ökonomie und Gesellschaftswissenschaft

Die Stadtökonomie ist den *raumbezogenen* Wirtschaftsanalysen zuzurechnen, welche generell die Ursachen und Wirkungen der ungleichmäßigen Verteilung und Dynamik ökonomischer Aktivitäten im Raum thematisieren, im Gegensatz zu jenen ökonomischen Theorien, welche die Raumdimension ausblenden bzw. die Wirtschaft in einen abstrakten Punkt zusammenschieben, wo alle räumlichen Hindernisse und Ungleichmäßigkeiten aufgehoben sind. Allerdings kann die räumliche Dimension in der sozialwissenschaftlichen Stadtanalyse und Stadtökonomie nach *unterschiedlichen Raum-Konzepten* behandelt werden. D. Läpple hat in seinem Beitrag zu einem "Konzept gesellschaftlicher Räume" die Charakteristika verschiedener Raum-Konzepte herausgearbeitet (vgl. Läpple 1991): Der gesellschaftliche Raum kann z.B. in Analogie zu physikalischen Raumbegriffen als ein "Behälter-Raum" oder als ein "relationaler Ordnungsraum" betrachtet werden.

Beim "Behälter-Raum" -Konzept werden einem gegebenen Raum im Sinne eines Behälters materielle Inhalte (Menschen, Dinge, Bauten, Betriebsstätten usw.) zugeordnet; der Behälter ist mit diesen Elementen *"angefüllt"*. Dazu gehört die Vorstellung, daß der Raum unabhängig von den in ihm enthaltenen materiellen Elementen existiere. Diese Betrachtungsweise führt nach Läpple zu einer Entkopplung von "Raum" und "Rauminhalt", d.h. im sozialwissenschaftlichen Bezugsrahmen zur Entkopplung des Raumes von dem Funktions- und Entwicklungszusammenhang seines gesellschaftlichen Inhalts.

Beim Konzept des "relationalen Ordnungsraumes" stellt sich der Raum als das Beziehungsgefüge der Lagen oder Standorte *körperlicher Objekte* dar, deren soziale oder ökonomische Dimension ausgeblendet bleibt. Nach dieser Vorstellung "manifestiert sich der gesellschaftliche Raum in der Form seiner materiell-physischen Raumstruktur, die sich darstellen läßt durch das erdräumliche Beziehungsgefüge der Lagen und Standorte seiner körperlichen Objekte (...). Diese materiell-physische Raumstruktur ist allerdings zunächst nur die 'banale' Erscheinungsform der naturgesetzlichen Ortsgebundenheit menschlichen Lebens und menschlicher Arbeit an bestimmte erdräumliche Standorte. Weder der *gesellschaftliche Bedingungs- und Entwicklungszusammenhang*, der diese Raumstrukturen hervorgebracht hat und sie reproduziert oder transformiert, noch die *gesellschaftlichen Funktionen* der einzelnen Raumelemente und die gesellschaftlichen Beziehungen, die die einzelnen Raumelemente in einen gesellschaftlichen Raum einbinden, lassen sich im Rahmen dieser Betrachtungsweise erfassen" (Läpple 1991, 195).

Um gesellschaftliche Räume in ihrem ökonomischen, sozialen, politischen und kulturellen Funktions- und Entwicklungszusammenhang zu behandeln, wird nach Läpple ein *erweitertes* Raumkonzept benötigt, daß die gesellschaftlichen "Kräfte" einbezieht, welche die materiell-physischen Raumstrukturen "formen" und "gestalten". So ist auch für die Stadtökonomie, die ja einen Bereich sozialwissenschaftlicher Raumforschung darstellt, zu empfehlen, sich vom Konzept des "Behälter-Raumes" zu lösen, und ebenso über das Konzept des relationalen Ordnungsraumes physischer Beobachtungsgegenstände hinauszugehen - zu einem Konzept des gesellschaftlichen Raumes, der vielschichtige Komponenten umfasst: Komponenten des gesellschaftlichen Raums sind (nach Läpple 1991)

(a) die *materiell-physischen Elemente* des Raums, d.h. die Landschaft und gesellschaftlich produzierte Umwelt, insbesondere die "gebaute Umwelt", sowie die Menschen (in ihrer Eigenschaft, körperliche Wesen zu sein);

(b) das mit den materiell-physischen Elementen verbundene räumliche *Zeichen-, Symbol- und Repräsentationssystem* - insbesondere die Elemente der "gebauten Umwelt" werden durch ihre funktionale bzw. ästhetische Gestaltung auch Symbol- und Zeichenträger;

(c) die "gesellschaftlichen *Handlungs- und Interaktionsstrukturen*" der mit der Produktion, Nutzung und Aneignung des materiell-physischen Raums befassten Menschen, die hier als *soziale Akteure* zu betrachten sind; die Interaktionsstrukturen sind u.a. von den ökonomischen, sozialen und politischen Handlungskonzepten gesellschaftlicher Kräfte sowie vielfältigen Transfer- und Kommunikationsbeziehungen geprägt;

(d) das "institutionalisierte und normative *Regulationssystem*", das "aus Eigentumsformen, Macht- und Kontrollbeziehungen, rechtlichen Regelungen, Planungsrichtlinien und Planungsfestlegungen, sozialen und ästhetischen Normen etc. besteht", und die Interaktion der sozialen Akteure sowie ihren Umgang mit den materiell-physischen Elementen des Raums (Nutzflächen, Baulichkeiten, Arbeitsstätten, Verkehrswege etc.) reguliert.

Raum-Konzepte in der Ökonomie und Gesellschaftswissenschaft

Raum als *zu vernachlässigendes* oder als *konstitutives* Element wirtschaftlicher und sozialer Verhältnisse ?

1. "Nicht-räumliche" Konzepte
Diese lassen Wirtschaft und Gesellschaft in einen abstrakten Raumpunkt "zusammenschnurren"; hier gibt es keine räumlichen Hindernisse oder Ungleichmäßigkeiten.

2. Konzept des Behälter-Raums
Hier wird z.B. der nationale Wirtschaftsraum als "Behälter" von Regionen, oder die Stadt als "Behälter" einer Vielzahl von Betriebsstätten betrachtet.
Diese Raumvorstellung ist z.B. in Stadtentwicklungskonzepten traditioneller Form verbreitet: das Stadtgebiet soll "angefüllt" werden mit Betriebsstätten (aus Wachstumsbranchen), mit Infrastruktureinrichtungen, oder mit Standortangeboten (bzw. "positiven Standortfaktoren") aller Art.

3. Konzept des relationalen Ordnungsraums materieller Objekte
Hier wird z.B. die *Anordnung* von Funktionsflächen, Betriebsstätten oder Gebäuden (und deren Distanzbeziehungen) innerhalb eines (Stadt-) Gebiets in den Mittelpunkt gestellt.
Diese Raumvorstellung ist u.a. in der Geographie, aber auch in der Stadtplanung verbreitet: man will die Lage, Zuordnung und Größe von Funktionsflächen regulieren (die ihrerseits wiederum als Behälter-Räume für Objekte/Gebäude erscheinen), oder man will die Zuordnung von physischen Gestalt-Elementen des Stadtraums (Baukörper u.ä.) regulieren.

4. Konzept des Verflechtungs-Raums
Hier wird z.B. der durch Kommunikationsbeziehungen sowie materiell-physische Transferbeziehungen (d.h. industrielle Liefer-Verflechtungen, Transporte, Verkehrsströme, u.ä.), oder der durch wirtschaftliche Kontrollbeziehungen (Entscheidungs- und Verfügungsrechte), oder finanzielle Transferbeziehungen (Kapitalströme) konstituierte Raum betrachtet.
Diese Raumvorstellung ist z.B. für die sozialwissenschaftliche Raumforschung, die Wirtschafts- und Sozialgeographie, Stadtökonomie und Stadtentwicklungspolitik relevant: man konzentriert sich auf die Interaktionsbeziehungen und Verflechtungszusammenhänge zwischen ökonomischen oder gesellschaftlichen Aktivitäten und Akteuren im Raum.

An konkreten Orten sind stets **verschiedene Ebenen** des gesellschaftlichen Raums *überlagert*, die vom globalen, internationalen Raum über die Region und die Stadt (-Region) bis hin zum Stadt-Quartier reichen.

Wirtschaftlicher Strukturwandel und Stadtentwicklung

In der gegenwärtigen gesellschaftlichen Entwicklungsphase kommt es zu weitreichenden räumlichen Umstrukturierungsprozessen, die nach Ansicht vieler Stadtforscher einen *Umbruch in der Stadtentwicklung* mit sich bringen: Dazu gehört die Verschiebung von Industrie- und Wachstumszentren im weltweiten Maßstab, eine akzentuierte Differenzierung städtischer Entwicklungstypen in den Industrieländern, die Ablösung der noch bis in die 70er Jahre hinein relativ einheitlichen Wachstumstendenz von städtischen Agglomerationen durch ein Muster räumlicher Entwicklung, das von der Aufspaltung in niedergehende oder stagnierende und weiterhin prosperierende Stadtregionen geprägt ist, und innerhalb der Städte eine zunehmende ökonomisch-soziale Polarisierung mit sich bringt.

Ehemals bedeutende Zentren industrieller Produktion, wirtschaftlichen Wachstums und relativ stabiler Beschäftigung sind heute von Desinvestition und industriellem Niedergang ("Deindustrialisierung") bestimmt. Die betroffenen Städte sind mit einer anhaltend hohen Arbeitslosigkeit, sinkenden Bevölkerungszahlen, brachliegenden Industrieflächen, und einer verschärften kommunalen Finanznot konfrontiert. Dem entgegengesetzt profitieren andere Stadtregionen von einer räumlich selektiven Konzentration der noch verbliebenen Wachstumspotentiale: Die bevorzugten Stadtregionen entwickeln sich zu Standortzentren von "High-Tech"-Firmen und neuen flexiblen Produktionskomplexen, und neu entstehende produktionsorientierte Dienstleistungen tragen ebenso wie die weitere Expansion und Verselbständigung des finanzwirtschaftlichen Sektors zu einer "Wiederbelebung" und Prosperität von großstädtischen Büro- und Geschäftszentren bei; eine Entwicklung, die in den "Metropolen" und den "Global Cities" kulminiert.

Viele Stadt- und Regionalforscher stellen die gegenwärtigen Veränderungen des Städtesystems und die innerstädtischen Umbauprozesse in den Zusammenhang eines weitreichenden ökonomisch-sozialen Strukturwandels der hochentwickelten Industrieländer. Diese "globalen" Restrukturierungsprozesse umfassen

(1.) die *Flexibilisierung* und *Internationalisierung* von Produktion und Kapitalverwertung, sowie die Verselbständigung finanzwirtschaftlicher Verwertungsstrategien gegenüber "realen" Produktionsaktivitäten,

(2.) die Flexibilisierung des Arbeitsmarktes, *Polarisierung* von Beschäftigungs- und Sozialstrukturen, und *Hierarchisierung* von Konsummustern, sowie

(3.) die *Deregulierung* überkommener politisch-institutioneller Steuerungsmechanismen und Durchsetzung marktwirtschaftlicher Mechanismen in mehr und mehr gesellschaftlichen Bereichen.

Im Laufe der 70er Jahre erfolgte ein "historischer Bruch" in der Wirtschaftsentwicklung hochindustrialisierter Länder, der Übergang von einer Phase stetigen Wachstums zu einer Phase stark reduzierter Wachstumsraten und unstetiger Wirtschaftsdynamik (Lutz 1984). Der Niedergang der vorausgehenden "Prosperitätsphase" wurde ausgelöst durch ein rückläufiges Produktivitätswachstum der Massenproduktions-Technologien, eine zunehmende Marktsättigung bei den maßgeblichen Warengruppen der Massenproduktion, und durch eine Restrukturierung der internationalen Arbeitsteilung mit der Folge verschärfter Weltmarktkonkurrenz. In der Diskussion um den wirtschaftlichen Strukturwandel geht es meist darum, aus den sich gegenwärtig abzeichnenden Veränderungen die *möglichen* künftigen Entwicklungslinien der hochindustrialisierten Länder abzulesen. Zu den sich heute abzeichnenden Konturen der künftigen Phase gesellschaftlicher Entwicklung gehören die Herausbildung eines makroökonomischen Entwicklungsmusters, das weithin auf *Flexibilisierung* setzt, und die zunehmende Durchsetzung *marktförmiger* Regulationsformen des gesellschaftlichen Zusammenwirkens. Diese Charakterisierung gründet sich auf drei herausragende Tendenzen ökonomisch-sozialer Restrukturierung, die auch die künftige Entwicklung der Regionalstruktur und des Städtesystems beeinflussen:

1. Der Übergang zu "flexiblen" Produktionsmodellen auf Basis neuer Managementstrategien und der Verbreitung neuer Informations-, Steuerungs- und Kommunikations-Technologien. Diese steigern vor allem die *Flexibilität der Produktion*, und unterscheiden sich darin von der *starren* Produktionsmaschinerie der vorausgehenden Phase, die auf Großserienfertigung und Massenabsatz standardisierter Produkte ausgerichtet war. Flexible Produktionsmodelle bedeuten eine *Anpassung* an zunehmend instabile Märkte und verlangsamtes Wachstum. Ebenso zentral ist für das neue makroökonomische Entwicklungsmuster eine beschleunigte *Internationalisierung* von Produktion und Kapitalverwertung. Darüberhinaus erhalten im Rahmen des neuen ökonomischen Entwicklungsmodells Finanzanlagen zunehmend ein Übergewicht gegenüber Realinvestitionen. Dies führt zur Verselbständigung finanzwirtschaftlicher Verwertungsmechanismen gegenüber "realen" Produktionsaktivitäten. Der Bedeutungszuwachs spekulativer Finanzgeschäfte läßt sich als Trend zu einer "Casino-Ökonomie" umschreiben, der auch die städtischen Grundstücksmärkte einbezieht. Die fortgeschrittene Internationalisierung und Kapitalkonzentration im Unternehmenssektor erweitert die Möglichkeiten zur räumlichen Aufgliederung von Betriebsteilen und Unternehmensfunktionen, und führt zu einer *Flexibilisierung der Standortwahl*, die sich häufig in weiträumige transnationale Standortnetze umsetzt.

2. Das neue makroökonomische Entwicklungsmuster beinhaltet zugleich eine Flexibilisierung und Aufspaltung der Lohn- und Beschäftigungsverhältnisse. Beschleunigt durch die massenhafte Freisetzung von Arbeitskräften ("Entkopplung von Wachstum und Beschäftigung") akzentuieren sich die Spaltungen des Arbeitsmarktes, dessen "sekundäres" Segment zunehmend einer *Deregulierung* unterworfen wird (Leiharbeit, Zeitverträge u.a.). Die Massenarbeitslosigkeit und zunehmende Verbreitung deregulierter "flexibler" Beschäftigungsverhältnisse korrespondiert mit einer *Entkopplung* von Produktivitätsentwicklung und Massen-

einkommen. Deren *Synchronisation* stand im Mittelpunkt der Stabilisierung der vorausgegangenen langjährigen Prosperitätsphase. Die Entkopplung von Produktivitäts- und Einkommensentwicklung führt zu wachsenden Einkommensunterschieden. Zunehmende Einkommensunterschiede, Aufspaltung der Beschäftigungsverhältnisse und soziale Polarisierung korrespondieren mit der Herausbildung eines "neuen Konsummodells": Der standardisierte Massenkonsum, der in der vorausgegangenen gesellschaftlichen Entwicklungsphase dominierte, wird abgelöst durch eine hochgradige Differenzierung und Aufspaltung von Konsummustern. Dazu gehört auch eine erhöhte Marktdifferenzierung, die mit der flexibilisierten Produktion einhergeht. Auf sozialstruktureller Ebene läßt der Niedergang der traditionellen "Standardfamilie" und die zunehmende Bedeutung *neuer Haushaltstypen* zusätzliche Differenzierungen entstehen, die häufig als "Pluralisierung der Lebensstile" umschrieben werden und die Durchsetzung neuer Konsummuster und Reproduktionsformen unterstützen.

3. Die Durchsetzung des neuen makroökonomischen Entwicklungsmusters wird begleitet von der Herausbildung einer *neuen Regulationsweise*, deren Kennzeichen verstärkte Marktsteuerung, Flexibilisierung und Deregulierung sind. Dazu gehört ein Formwandel des Staatsinterventionismus, der Übergang zu flexiblen *unternehmerischen* Formen der Staatsaktivität in möglichst vielen staatlichen Aufgabenbereichen. Zugleich erfolgt ein anhaltender 'Umbau' des Sozialstaats. Weiterhin zeichnet sich eine enge Verflechtung von Staat und Industrie im Hochtechnologie-Bereich ab (zu der auch eine mit massiven Subventionen betriebene "nationale" Standortpolitik gehört).

Zu den veränderten Formen der Regulation gehören im Produktionsbereich auch neuartige Verflechtungs- und Organisationsbeziehungen der Unternehmen: Eine Aufgliederung von ehemals starr und hierarchisch verknüpften Produktionsapparaten in ein flexibles Netzwerk spezialisierter Firmen und Subunternehmen wird realisierbar. Die organisatorische Restrukturierung der Produktionsapparate ist nicht zwingend mit einer Dekonzentration von unternehmerischen Kontrollbeziehungen verbunden. Speziell den Großunternehmen ermöglicht die weiter zunehmende Kapitalkonzentration eine regionsübergreifende (häufig transnationale) Regulation von Kapitalbewegungen, Produktions- und Absatzbeziehungen, die sie im Rahmen ihrer multi-regional (oder auch weltweit) verteilten Unternehmensabteilungen *intern* steuern. Damit können sich diese Unternehmen einem regulierenden Eingriff von Seiten nationalstaatlicher Institutionen immer besser entziehen, und die Entwicklungs-Chancen ganzer Regionen und Städte *unternehmens-intern* bestimmen.

Parallel zu derartigen übergreifend wirksamen Tendenzen gesellschaftlicher Entwicklung vollzieht sich der Umbau räumlicher und städtischer Strukturen, der *neue Erscheinungsformen* räumlicher Ungleichheit mit sich bringt: Die zunehmende Internationalisierung und Flexibilisierung von Produktion und Kapitalverwertung sowie die fortschreitende funktionale Zergliederung der Großunternehmen bedeutet eine erhöhte räumliche Mobilität des Kapitals und ermöglicht eine hochgradig flexible Standortwahl. Neue Produktionskonzepte unter dem Leitbild der "externen Flexibilisierung", die auf industrie-organisatorische Innovationen setzen, fördern die Ausbildung regional integrierter, flexibel vernetzter Produktionskomplexe. In diesem Zusammenhang kommt es zur Aufwertung der integrativen Managementfunktionen. Zugleich wächst im Zuge der beschleunigten Kapital-Konzentration die Bedeutung regionsübergreifender Direktions- und Kontrollzentren des Unternehmenssektors. Damit verbunden ist die *selektive Konzentration von Wachstumspotentialen* in wenigen ausgewählten Gebieten. In diesem Zusammenhang steht die Polarisierung der Stadtentwicklung, der Ausbau metropolitaner Komplexe strategischer Unternehmensaktivitäten in wenigen Zentren des Städtesystems, ebenso wie die "Deindustrialisierung" ehemals prosperierender Industrieregionen und der Aufstieg von einzelnen Regionen zu neuen Wachstumszentren der Produktion.

Die gesteigerte Mobilität des Kapitals und die drohende "Entwertung" vorhandener Standortzentren führt zu einer Intensivierung der interlokalen Konkurrenz. Parallel zu der verstärkten Marktorientierung und Deregulierung staatlicher Steuerungsmechanismen entwickeln sich in der Städte-Konkurrenz neue Formen der lokalen Politik, welche die Durchsetzung neuer Produktionskonzepte und Konsummuster maßgeblich fördern. So können gesamtgesellschaftliche Tendenzen zur Polarisierung von Beschäftigungs- und Sozialstrukturen und zur Hierarchisierung von Konsummustern gerade auf lokaler Ebene (in den Städten) wirksam werden.

Vor allem in den "metropolitanen" Zentren des Städtesystems kommt es zu einer ausgeprägten Polarisierung des Arbeitsmarkts und zur Aufspaltung sozial-räumlicher Lebensbedingungen. Der Umbau einer Stadt zur "Dienstleistungsmetropole" bedeutet den Ausbau metropolitaner Komplexe strategischer Unternehmensaktivitäten und äußert sich auf der stadträumlichen Ebene in der Expansion von Büro- und Geschäftszentren. Ebenso wird die Herausbildung neuer Konsummuster in den Städten über *räumliche Umbauprozesse* vermittelt - z.B. die Gentrifizierung innenstadtnaher Wohnquartiere. Die baulich-soziale Aufwertung von ausgewählten Stadträumen wird vor allem in den metropolitanen Zentren des Städtesystems vorangetrieben und durch neue planungspolitische Regulationsformen unterstützt. Die zunehmend *kleinräumigen* Segregationsprozesse in den Städten korrespondieren mit der gesamtgesellschaftlichen Tendenz zur sozialen Polarisierung und fortschreitenden Ausdifferenzierung der Sozialstrukturen.

So läßt sich der Zusammenhang gesellschaftlicher und räumlicher Restrukturierung, der Zusammenhang zwischen gesellschaftlichem Strukturwandel und dem Umbau der Städte an vielen Punkten thematisieren.

Gesellschaftlicher Formationswandel
und Polarisierung der Städte

1. **Flexibilisierung und Internationalisierung der Produktion**

   ⇒ Bedeutungszuwachs städtischer Direktions- und
   Kontrollzentren sowie zugehöriger Dienstleistungen

   ⇒ Restrukturierung industrieller Organisationsbeziehungen
   Regionalisierung versus weiträumige Standortnetze

   ⇒ gesteigerte Mobilität des Kapitals,
   Neo-Industrialisierung versus De-Industrialisierung

   ⇒ selektive Konzentration von Wachstumspotentialen
   in ausgewählten Stadtregionen

   ⇒ Polarisierung zwischen Stadtregionen

2. **Verselbständigung von Finanzanlagen gegenüber Produktionsaktivitäten**

   ⇒ Bedeutungszuwachs metropolitaner Finanzzentren
   und Trend zur "Casino-Ökonomie"

   ⇒ Bedeutungszuwachs städtischer Grundstücksverwertung

3. **Flexibilisierung der Beschäftigungsverhältnisse**

   ⇒ zunehmende Arbeitsmarkt-Spaltung

   ⇒ Soziale Polarisierung innerhalb der Städte

4. **Hierarchisierung von Konsummustern**

   ⇒ Ausbau der Innenstädte zu neuen Räumen der Konsumtion

   ⇒ Zunahme von Gentrifizierungs-Prozessen

   ⇒ Ausbreitung von "Armutsinseln"

5. **Bedeutungszuwachs marktförmiger Regulation**

   ⇒ intensivierte Konkurrenz der Städte

   ⇒ Übergang zu einer "unternehmerischen" Stadtpolitik

   ⇒ flexible Regulationsformen für soziale Konflikte

20

Literatur zu Abschnitt 1:

Amin, A. (Hg.): Post-Fordism, Oxford 1994

Agnew, J.A./Duncan, J.S. (Hg.): The power of place. Bringing together geographical and sociological imaginations, London 1986

Bartels, D. (Hg.): Wirtschafts- und Sozialgeographie, Köln/Berlin 1970

Bennett, R./Estall, R. (Hg.): Global change and global challenge. Geography for the 1990s. London/New York 1991

Borst, R. u.a. (Hg.): Das neue Gesicht der Städte. Theoretische Ansätze und empirische Befunde aus der internationalen Debatte. Basel, Boston, Berlin 1990

Castells, M.: The City and the grassroots. A cross-cultural theory of urban social movements, London 1983

Dear, M.J./Wolch, J.R.: How territory shapes social life, in: Wolch, J./Dear, M. (Hg.): The power of geography, How territory shapes social life, London 1989

Dürr, H.: Wirtschaftsgeographie heute, in: Geographie heute, Nr. 100, Seelze 1992

Dürr, H.: Über Räume: Begrifflichkeiten, wissenschaftliches Handlungspotential, Alltagspraktiken auf globaler und lokaler Ebene - Momentaufnahmen während einer Flugreise, in: Mayer, J. (Hg.): Die aufgeräumte Welt, Raumbilder und Raumkonzepte im Zeitalter globaler Marktwirtschaft, Loccumer Protokolle, Nr. 74, Loccum 1992

Dunford, M./Perrons, D.: The arena of capital. London/Basingstoke 1983

Eisel, U.: Die Entwicklung der Anthropogeographie von einer "Raumwissenschaft" zur Gesellschaftswissenschaft, Kassel 1980

Fischer, M./Sauberer, M. (Hg.): Gesellschaft, Wirtschaft, Raum. Beiträge zur modernen Wirtschafts- und Sozialgeographie, Wien 1987

Friedmann, J./Weaver, C.: Territory and function. The evaluation of regional planning, London 1979

Fürst, D.: Die Problemfelder der Stadt: Versuch einer systematischen Einordnung, in: Fürst, D. (Hg.): Stadtökonomie, Stuttgart, New York 1977

Fürst, D.: Zum Stand der Stadtökonomie in der Bundesrepublik Deutschland. in: Hesse, J.J. (Hg.): Kommunalwissenschaften in der Bundesrepublik Deutschland. Baden-Baden 1989

Gatzweiler, H.-P.: Die Entwicklung in den Regionen des Bundesgebiets, in: Friedrichs, J. (Hg.): Die Städte in den 80er Jahren, Opladen 1985

Giddens, A.: Die Konstitution der Gesellschaft, Frankfurt-M./New York 1992

Gottdiener, M.: The social production of urban space, University of Texas, Austin 1988

Häußermann, H./ Siebel, W.: Neue Urbanität, Frankfurt-M. 1987

Hard, G.: Die Geographie. Eine wissenschaftstheoretische Einführung. Berlin/ New York 1973

Hard, G.: Über Räume reden. Zum Gebrauch des Wortes "Raum" im sozialwissenschaftlichen Zusammenhang, in: Mayer, J. (Hg.): Die aufgeräumte Welt, Raumbilder und Raumkonzepte im Zeitalter globaler Marktwirtschaft, Loccumer Protokolle, Nr. 74, Loccum 1992

Harloe, M./Lebas, E. (Hg.): City, class and capital. New developments in the political economy of cities and regions, London 1981

Hartmann, R./ Hitz, H./ Schmid, Ch./ Wolff, R.: Theorien zur Stadtentwicklung, Geographische Hochschulmanuskripte, Heft 12, Oldenburg 1986

Harvey, D.: Flexible Akkumulation durch Urbanisierung: Überlegungen zum "Post-Modernism" in den amerikanischen Städten, in: Prokla, Nr. 69. Berlin 1987

Harvey, D.: The urban experience, Oxford 1989

Heinz, W.: Stadtentwicklung und Strukturwandel, Einschätzungen kommunaler und außerkommunaler Entscheidungsträger, Stuttgart/Berlin/Köln 1990

Heuer, H.: Die veränderte ökonomische Basis der Städte, in: Friedrichs, J. (Hg.): Die Städte in den 80er Jahren, Opladen 1985

Klüter, H.: Raum als Element sozialer Kommunikation, Gießen 1986

Krämer-Badoni, Th.: Die Stadt als sozialwissenschaftlicher Gegenstand, in: Häußermann, H. et al. (Hg.): Stadt und Raum. Soziologische Analysen. Pfaffenweiler 1991

Krämer,J./ Neef, R. (Hg.): Krise und Konflikte in der Großstadt im entwickelten Kapitalismus. Basel, Boston, Stuttgart 1985

Krätke, S.: Strukturwandel der Städte, Städtesystem und Grundstücksmarkt in der "postfordistischen" Ära, Frankfurt-M./New York 1991

Läpple, D.: Gesellschaftlicher Reproduktionsprozeß und Stadtstrukturen, in: Mayer, M. u.a. (Hg.): Stadtkrise und soziale Bewegungen. Köln, Frankfurt/M. 1978

Läpple, D.: Zur Diskussion über 'Lange Wellen', 'Raumzyklen' und gesellschaftliche Restrukturierung, in: Prigge, W. (Hg.): Die Materialität des Städtischen. Basel, Boston 1987

Läpple, D.: Essay über den Raum. Für ein gesellschaftswissenschaftliches Raumkonzept. in: Häußermann, H. et al. (Hg.): Stadt und Raum. Soziologische Analysen. Pfaffenweiler 1991

Massey, D./Allen, J. (Hg.): Uneven Re-development. Cities and regions in transition. London 1988

Mayer, J. (Hg.): Die aufgeräumte Welt, Raumbilder und Raumkonzepte im Zeitalter globaler Marktwirtschaft, Loccumer Protokolle, Nr. 74, Loccum 1992

Miegel, M./Grünewald, R./Grüske, K.-D.: Wirtschafts- und arbeitskulturelle Unterschiede in Deutschland. Zur Wirkung außerökonomischer Faktoren auf die Beschäftigung, Gütersloh 1991

Peet, R. (Hg.): Radical geography, Alternative viewpoints on contemporary social issues, London 1978

Peet, R./Thrift, N. (Hg.): New models in geography. The political-economy perspective, London 1989

Prigge, W. (Hg.): Die Materialität des Städtischen. Stadtentwicklung und Urbanität im gesellschaftlichen Umbruch. Basel 1987

Richardson, H.W.: Regional and urban economics, Harmondsworth 1978

Ritter, W.: Allgemeine Wirtschaftsgeographie, München/Wien 1993

Saunders, P.: Social theory and the urban question, London 1981

Schätzl, L.: Wirtschaftsgeographie, Bd. 1: Theorie, 5.Aufl., Paderborn u.a. 1993

Storper, M./Walker, R.: The capitalist imperative. Territory, technology and industrial growth. Oxford 1989

Wentz, M. (Hg.): Stadt-Räume. Frankfurt-M./New York 1991

2. Unternehmerische Standortwahl und regionaler Wirtschaftsraum

"Standortfaktoren" und unternehmerische Standortwahl

In einem von privaten Unternehmen dominierten Wirtschaftssystem wird die Stadt- und Regionalentwicklung in starkem Maße von den privatwirtschaftlichen *Standortentscheidungen der Unternehmen* beeinflußt. "Neuansiedlungen oder Stillegungen von Arbeitsstätten sowie Betriebsverlagerungen verändern wesentlich die wirtschaftlichen Entwicklungsbedingungen der Städte. Die privatwirtschaftliche Entscheidung über den Ort der betrieblichen Niederlassung hat somit beträchtliche Relevanz für die ökonomische Struktur eines Raumes und damit auch einer einzelnen Stadt. Die Frage nach den Bestimmungsgründen der unternehmerischen Standortentscheidung ist deshalb von erheblicher stadtentwicklungspolitischer Bedeutung" (H. Heuer 1975, S. 43). Diese Frage ist Gegenstand der einzelwirtschaftlichen Standorttheorie, die den aus betriebswirtschaftlicher Sicht günstigsten Standort einer *Betriebsstätte* (mit gegebenem Leistungsprogramm) zu bestimmen sucht. So kann die einzelwirtschaftliche Standorttheorie als "Standortbestimmungslehre" bezeichnet werden. Standorttheorien, welche die ökonomischen Auswirkungen eines *bestehenden* Standortes (z.B. einer Stadt, eines Marktzentrums) thematisieren, können demgegenüber als "Standortwirkungslehre" bezeichnet werden. In der anwendungsbezogenen Stadt- und Regionalforschung werden meist die "Standortqualitäten" einer gegebenen Stadt oder Region analysiert, um deren Anziehungs-Wirkung auf zusätzliche oder spezifische (gewünschte) Wirtschaftsaktivitäten zu prüfen, und durch gezielte Maßnahmen das städtische/regionale Entwicklungspotential zu verbessern.

Traditionelle Interpretationen der unternehmerischen Standortwahl stellen die in einer Stadt oder Region mehr oder weniger vorteilhaft ausgeprägten *"Standortfaktoren"* in den Mittelpunkt. Der Begriff des Standortfaktors bildet den Ausgangspunkt in der klassischen Untersuchung "Industrielle Standortslehre" von A. Weber (1914), und wird definiert als Kostenvorteil, der für eine Wirtschaftsaktivität dann eintritt, wenn sie an einem bestimmten Ort vollzogen wird. Weber betrachtete die Materialpreise, die Höhe der Arbeitskosten und die Transportkosten als Kostenelemente, welche entsprechend der Lage des Produktionsstandortes differieren, und bezog als weitere Einflußgröße einen "Agglomerativfaktor" ein. Nach dem traditionellen Interpretationsmuster siedeln privatwirtschaftliche Unternehmen ihre Betriebsstätten in solchen Städten oder Regionen an, die eine für sie vorteilhafte Ausprägung von Standortfaktoren bieten. Standortfaktoren beinhalten räumlich ungleichmäßig verteilte Bedingungen des Wirtschaftsprozesses, die bei "günstiger" Ausprägung einem Unternehmen "Standortvorteile" in Form einer Kosteneinsparung bzw. Umsatzsteigerung oder andere wirtschaftliche Vorteile gewähren (wobei es letztlich um *rentabilitätserhöhende* Standortbedingungen geht). Dabei können "spezielle", d.h. für ganz bestimmte Branchen oder Industrien relevante, und "generelle", für alle Unternehmen relevante Standortfaktoren unterschieden werden.

Zu den generellen Standortfaktoren gehören:
• die Transportbedingungen bzw. Verkehrsanbindung
• das Arbeitskräfte-Angebot
• das Flächenangebot
• die Agglomerationseffekte

Diese Faktoren haben in der Standorttheorie eine zentrale Bedeutung, wobei sich der Stellenwert und konkrete Inhalt, der verschiedenen Standortfaktoren zugemessen wird, im Zeitverlauf geändert hat.

Hinsichtlich der *Transportbedingungen* eines Unternehmensstandortes ist generell die *Erreichbarkeit* der jeweiligen Bezugs- und Absatzmärkte (die räumliche Verteilung von Zulieferern und Abnehmern), die Erreichbarkeit von Seiten der Arbeitskräfte und der Abnehmer der Produkte sowie die Einbindung des Standortes in das Verkehrssystem von Bedeutung. Sind die Bezugs- und Absatzmärkte eines Unternehmens räumlich konzentriert, wird es sich in deren Nähe ansiedeln; hat ein Unternehmen dagegen räumlich weit gestreute Bezugs- und Absatzmärkte, dann verfügt es über eine hohe Flexibilität in der Standortwahl. Die fortschreitende Internationalisierung der Wirtschaft hat in dieser Beziehung generell zu einer erhöhten Flexibilität der unternehmerischen Standortwahl geführt. Bei einem hohen Anteil von Input-Transportkosten an den gesamten Herstellungskosten wird sich das einzelne Unternehmen in der Nähe seiner Beschaffungsmärkte und bei hohem Anteil von Output-Transportkosten in der Nähe seiner Absatzmärkte ansiedeln. Zwischen den verschiedenen Branchen existieren allerdings so starke Unterschiede hinsichtlich ihrer Transport- und Verkehrsabhängigkeit, daß sich keine allgemeine Bestimmung "der" günstigen Ausprägung dieses Standortfaktors angeben läßt. Die Bedeutung der Transport-Kosten hat im Zuge der Weiterentwicklung der Verkehrs-, Kommunikations- und Transporttechnik generell abgenommen. Einen großen Stellenwert hat dagegen *die Qualität der Verkehrsanbindung* eines Standortes, d.h. die Frage, ob ein Standort über *leistungsfähige* Verkehrsverbindungen für den Gütertransport (hier insbesondere Bahnlinien und Schnellstraßen) und für die Kommunikationserfordernisse der Managementebene (Erreichbarkeit im Flugverkehr und/oder moderne Schnellbahn-Verbindungen) verfügt. Die Verkehrsverbindungen und -anschlüsse werden heute als bedeutender Teil der Infrastrukturausstattung eines Standortes betrachtet.

Standortfaktoren genereller Art

- **die Transportbedingungen bzw. Verkehrsanbindung**
  Transportkosten / effiziente Lieferverbindungen
- **das Arbeitskräfte-Angebot**
  Größe und Differenzierung eines regionalen Arbeitsmarktes
  Lohnkosten / Angebot speziell qualifizierter Arbeitskräfte /
- **das Flächenangebot**
  Grundstückskosten / Ansiedlungs- und Erweiterungsmöglichkeiten
- **die Agglomerationseffekte**
  negativer Art: Umweltbelastung, Überlastung von Verkehrsnetzen, usw.
  positiver Art: Kopplungseffekte / Fühlungsvorteile / Infrastrukturausstattung

"Standortfaktor Subventionen"

"Weiche" Standortfaktoren:

- positiver Art: Wohn- und Freizeitqualitäten, Kulturangebote usw.
- negativer Art: Soziale Desintegration

Konzepte der Standort-Bestimmung
⇒ Wahl des betriebswirtschaftlich "optimalen" Standortes für ein gegebenes
   Produktionsverfahren oder eine gegebene Wirtschaftsaktivität

Konzepte der Standort-Wirkung
⇒ "Anziehungskraft" eines gegebenen Standortes (z.B. regionales
   Marktzentrum, metropolitanes Standortzentrum) für verschiedene
   Wirtschaftsaktivitäten
⇒ Spezifische Kombination von Standortfaktoren in einem Gebiet
   (als "Raumqualität") beeinflußt regionales "Entwicklungspotential"

Der wirtschaftliche Strukturwandel ist mit neuen Entwicklungen im Transport-
und Verkehrswesen verbunden, die von modernen "Logistik"-Strategien im Unternehmenssektor geprägt sind: Ziel dieser Strategien ist eine Gesamt-Optimierung der vom Zulieferer über die Fertigung bis zur Auslieferung reichenden
wirtschaftlichen Kette. Die Basis bilden Konzepte der "systemischen" Rationalisierung im Sinne der unternehmens-übergreifenden Integration von Funktionen.
Im Mittelpunkt steht die Produktions-Logistik, die auf eine flexible Steuerung der
Produktion in direkter Abhängigkeit von Marktsignalen (anstelle einer Produktion
auf Lager) gerichtet ist. Zu den Logistik-Strategien gehört auch das Konzept einer

produktionssynchronen Zulieferung von Bauteilen und Komponenten in die Fertigungsstätten ("Just-in-time"-Konzept), das eine Expansion des LKW-Verkehrs bewirkt und die Straßenverkehrswege immer mehr in "rollende Läger" verwandelt. Auf diese Weise werden die Kosten der Lagerhaltung externalisiert, d.h. in Form von Kosten für Verkehrsinfrastrukturen auf die Allgemeinheit abgewälzt, die für den Ausbau und die Instandhaltung der Verkehrswege aufkommt und darüberhinaus die vom anschwellenden LKW-Verkehr verursachten Umweltbelastungen tragen muß.

Neue Entwicklungen im Transport- und Verkehrswesen

Logistik als Strategie der "Raumbeherrschung"

Basis: die "systemische" Rationalisierung
(unternehmens-übergreifende Integration von Funktionen)

Kern: Produktions-Logistik als Steuerung der Produktion
in Abhängigkeit von Marktsignalen (statt Produktion auf Lager)

Ziel: die Gesamt-Optimierung der kompletten Kette vom Zulieferer
über die Fertigung bis zur Auslieferung

Belastung der Städte durch "Just-in-time" Strategien bzw.
"rollende Läger" (Externalisierung von Kosten des Gütertransports)

(in Anlehnung an Läpple, D. (Hg.): Güterverkehr, Logistik und Umwelt. Analysen und Konzepte zum interregionalen und städtischen Verkehr, Berlin 1993)

Das *Arbeitskräfte-Angebot* hat als Standortfaktor zunehmende Bedeutung erlangt. Schon die klassische Standorttheorie Alfred Webers' hat prognostiziert, daß die "Arbeitsorientierung" im historischen Verlauf die "Transportorientierung" in den Hintergrund drängen werde. Wegen der *unterschiedlichen* "Arbeitsorientierung" der verschiedenen Unternehmen (hinsichtlich der benötigten Menge und Qualifikationsstruktur von Arbeitskräften) können jedoch über die Wirkungsweise dieses Standortfaktors kaum allgemeine Aussagen gemacht werden. Zweifellos stellt das Vorhandensein eines *umfangreichen* Arbeitskräfteangebots an den Orten der Bevölkerungskonzentrationen einen Faktor dar, der die Standortwahl der Unternehmen beeinflußt. Wichtiger als die bloße "Größe" eines regionalen oder städtischen Arbeitsmarktes ist der Umstand, daß mit der Masse des Arbeitskräfteangebots gewöhnlich auch die Differenzierung der verfügbaren Qualifikationen wächst. Der eigentlich relevante Standortfaktor ist daher die *Qualität des Arbeitskräfte-Angebots*. Was aus der Sicht von Unternehmen aber die *geeignete* Qualität ist, hängt von den sehr unterschiedlichen Produktionskonzepten der Unternehmen ab: auf dem einen Extrem liegen Unternehmen, deren Produktionskonzept sich auf den Einsatz von "Billig-Arbeitskräften" richtet, auf dem anderen Extrem Unternehmen, die vor allem daran interessiert sind, speziell qualifizierte oder hochqualifizierte Arbeitskräfte zu gewinnen. Viele Regionen und Städte verstehen heute unter dem "Standortfaktor Arbeitskraft" in erster Linie das Angebot qualifizierter und hochqualifizierter Arbeitskräfte, und suchen ihre Infrastrukturausstattung speziell auf die Anziehung dieser besonderen Arbeitskraftpotentiale auszurichten. Dazu gehört dann z.B. der bevorzugte Ausbau von höheren Bildungseinrichtungen, auf welche die "funktionalen Eliten" Wert legen, und eine Marketing-Strategie, die auf sog. "weiche" Standortfaktoren setzt: der Freizeitwert und das kulturelle Image des Standortes (hier: der Stadt oder Region) sollen verbessert werden, um für Fach- und Führungskräfte attraktiv zu sein und auf diese Weise (indirekt) auch die auf hochqualifizierte Arbeitskräfte angewiesenen Unternehmen anzuziehen. Die "Höhe der Arbeitskosten" ist als Standortfaktor für jene Unternehmen relevant, deren Produktionskonzept auf den Einsatz billiger Arbeitskräfte gerichtet ist. Diese Form des Standortfaktors Arbeitskraft spielt in der *großräumigen* Arbeitsteilung nach wie vor eine bedeutende Rolle, und kommt in der Verlagerung bestimmter Produktionsaktivitäten in Billiglohn-Regionen und -Länder zum Ausdruck.

Die *Arbeitskräfte- und Bevölkerungsverteilung* im Umkreis eines Unternehmensstandortes ist im Sinne des Arbeitskräfte- und Kaufkraftpotentials von Bedeutung. Das Vorhandensein einer räumlich konzentrierten Wohn- und Arbeitsbevölkerung (insbesondere in Großstädten) wirkt auf viele Unternehmen anziehend. Wirtschaftsbranchen mit einer ausgeprägten "Konsumorientierung" werden sich tendenziell dort ansiedeln, wo größere Bevölkerungsmassen als Kaufkraftpotential erreichbar sind. Viele Handelsbetriebe und spezialisierte Dienstleistungsbetriebe orientieren ihre Standortwahl am Kriterium der "Zentralität", d.h. sie suchen einen Standort mit optimaler *Erreichbarkeit* inmitten eines weiten Einzugsbereiches von Nachfragern.

Die räumliche Verteilung der Nachfrager und die "Reichweite der Güter" (Absatzgebiete) erhält in der *"Theorie der Zentralen Orte"* (W. Christaller 1933) größten Stellenwert. Diese von einem Geographen entwickelte Theorie gehört zu den Modellen der Raumwirtschaftstheorie, die (im Unterschied zur einzelwirtschaftlichen "Standortbestimmungslehre") vor allem die räumliche Organisation eines Systems von Standortzentren bzw. Städten verschiedener Größe thematisieren. Der Grundgedanke ist hier, die Entwicklung der einzelnen Stadt aus ihrer Position bzw. Funktion innerhalb des Städtesystems zu begründen, wobei Christaller versucht, ein hierarchisch gegliedertes System der Städte auf Basis der Bedeutung der einzelnen Stadt für die Versorgung des "Umlandes" mit Konsumgütern und Dienstleistungen abzuleiten. Die Zentralität eines Ortes wird danach durch diejenigen an diesem Ort produzierten und angebotenen Güter und Dienstleistungen bestimmt, die nicht nur den örtlichen Eigenbedarf decken, sondern auch zur Versorgung eines mehr oder weniger großen Einzugsbereiches (Ergänzungsgebietes) dienen. Aus den *unterschiedlichen* Reichweiten (den Markt- bzw. Absatzgebieten) der verschiedenen "zentralen" Güter und Dienstleistungen wird eine "optimale" räumliche Anordnung von Standortzentren (bzw. Städten) *nach dem Versorgungsprinzip* abgeleitet. Um seine zentralen Orte und zugehörigen Ergänzungsgebiete in *benachbarte flächendeckende* Systeme zu ordnen, legt Christaller dem räumlichen Organisationsschema des Städtesystems nicht die Kreisform, sondern die Sechseck-Form zugrunde. Dabei ergibt sich ein *hierarchisch* gegliedertes System zentraler Orte, das die lückenlose Versorgung eines Gebietes mit allen zentralen Gütern und Diensten niederster bis höchster Ordnung gewährleistet. Das Ergebnis sind folglich Aussagen über die Rangordnung der Städte entsprechend der Reichweite "zentraler" Güter und Dienste zur Versorgung von Umland-Räumen, die als Einzugs- oder Ergänzungsgebiete einer Stadt behandelt werden. So kann die Theorie der zentralen Orte keineswegs die räumliche Organisation des Städtesystems oder die Siedlungsstruktur als Ganze erklären, sondern allenfalls die räumliche Organisation des Angebots von höherwertigen und relativ selten nachgefragten Konsumgütern und Diensten sowie von mehr oder weniger zentralen Verwaltungsfunktionen. Dazu trägt auch die Einschränkung des Stadtbegriffs bei Christaller auf die eine Funktion der Stadt, Mittelpunkt der Versorgung eines mehr oder weniger weiträumigen Umlandes zu sein, bei. Auf Basis der Vorstellung, daß das "Versorgungsprinzip" gerade für die Standortwahl von Betriebsstätten des Dienstleistungsbereichs maßgeblich sei, wurde die Theorie der Zentralen Orte auch als "Standortbestimmungslehre des Dienstleistungssektors" interpretiert (vgl. Heuer 1975). Dagegen läßt sich einwenden, daß die Standortentscheidungen von Dienstleistungs-Unternehmen innerhalb eines privatwirtschaftlichen Systems ebenso wie bei Produktionsunternehmen in erster Linie dem "Verwertungsprinzip" (d.h. dem Kriterium standortbezogener Rentabilität im Rahmen einer "optimalen" räumlich-funktionalen Organisation des *Gesamt*-Unternehmens) folgen.

Das *Flächenangebot* wird als Standortfaktor relevant hinsichtlich des Bedarfs verschiedener Wirtschaftsunternehmen an Gewerbe-Flächen, insbesondere Erweiterungsflächen. Im Mittelpunkt steht hier zunächst das Vorhandensein eines *ausreichenden* Flächenangebots für Gewerbzwecke. Der spezifische Flächenbedarf der verschiedenen gewerblichen Wirtschaftsaktivitäten und die Dynamik der Flächenansprüche weichen allerdings mehr oder weniger stark voneinander ab. Räumliche Ausdehnungsmöglichkeiten sind von besonderer Bedeutung für "flächenextensive" Wirtschaftsaktivitäten. Der "Standortfaktor Boden" wirkt über seine unterschiedlichen *Preisniveaus* sowohl innerhalb des Städtesystems als auch im innerstädtischen Raum zum Teil wie eine "Ansiedlungsschranke" (oder auch wie ein "Verlagerungsanreiz") für manche gewerbliche Wirtschaftsaktivitäten (insbesondere für flächenextensive industrielle Nutzungen); gleichzeitig wirken hohe Grundstückspreise geradezu "anziehend" für andere Wirtschaftsaktivitäten, insofern als sie einen Gradmesser der Wirtschaftskraft bzw. wirtschaftlichen "Attraktivität" eines Standortzentrums darstellen.

Agglomerationseffekte bilden einen Standortfaktor, der zum Teil auf der überkommenen Siedlungsstruktur basiert, und für die wirtschaftliche Entwicklung der städtischen Standortzentren zunehmende Bedeutung erlangt hat. Aus der umweltökonomischen Perspektive sind hier vor allem die "negativen" Agglomerationseffekte in Form einer erhöhten Umweltbelastung (z.B. durch Schadstoff-Emissionen und Müll, Verkehrslärm, Boden-Verseuchung und Boden-Versiegelung, Zerstörung ökologischer Ausgleichsflächen, Verschwendung von Energie-Ressourcen, usw.) zu thematisieren. Dabei verbreitet sich langsam die Erkenntnis, daß geeignete Maßnahmen zur Herstellung einer "positiven Umweltbilanz" der Stadt auch als positiver Standortfaktor wirksam werden können.

Bei den "positiven" Agglomerationseffekten werden in der Regionalökonomie meist drei Formen unterschieden:

(a) Agglomerationsvorteile aus der räumlichen Nachbarschaft bzw. der standörtlichen Konzentration einer Vielzahl von Unternehmen und Wirtschaftsaktivitäten, deren räumliche Nähe "externe" Ersparnisse für alle hier angesiedelten Wirtschaftseinheiten bringen kann. Die Regionalökonomie unterscheidet dabei "localization economies" als externe Ersparnisse, die auf einer räumlichen Konzentration von Wirtschaftseinheiten *derselben Branche* beruhen, und "urbanization economies" als externe Ersparnisse, welche aus der räumlichen Konzentration von Wirtschaftseinheiten *verschiedener Branchen* resultieren. Die räumliche Nachbarschaft verschiedenartiger Branchen, insbesondere absatzorientierter Handels- und Dienstleistungsunternehmen, verspricht z.B. eine verstärkte Aktivierung von Kaufkraftpotentialen; die räumliche Nachbarschaft von Wirtschaftseinheiten gleichartiger Branchen, insbesondere komplementärer Produktionsstätten, ermöglicht z.B. vorteilhafte Lieferverflechtungen. Dabei handelt es sich um Verbundvorteile, die sich auch als Kostenersparnisse niederschlagen können. Zum Beispiel können bei einem räumlichen (bzw. regionsinternen) Verbund von Betriebseinheiten einer "Produktionskette" die Kosten der Lagerhaltung reduziert werden, weil mit der standörtlichen (bzw. regionalen) Integration von Vorlieferanten und/oder Abnehmern das Risiko möglicher Engpässe in der Versorgung mit Vorprodukten und Ersatzteilen eingeschränkt wird.

(b) Zu den Agglomerationseffekten, welche insbesondere die bereits hochentwickelten Standortzentren begünstigen, gehören auch sog. "Fühlungsvorteile": Die Nachbarschaft bzw. räumliche Nähe zu einer Vielzahl anderer Wirtschaftseinheiten kann die wirtschaftlichen Kommunikationsprozesse erleichtern, insbesondere die Flexibilität von Verhandlungs- und Abstimmungsprozessen zwischen den Unternehmen steigern. Dies ist vor allem für die Direktionszentralen des Unternehmenssektors relevant, und für die unternehmensorientierten Dienstleistungsbetriebe (z.B. Vermittlungs-, Beratungs- und Werbe-Dienste), welche die an zentralen Standorten gegebene "Kontaktintensität" und Fühlungsvorteile zu den potentiellen Auftraggebern nutzen können. Fühlungsvorteile sind als eher *qualitative* Standortvorteile anzusehen, die sich kaum mehr in Kostenvorteile auflösen lassen. Der Effekt einer räumlichen Konzentration "höherwertiger" Wirtschaftsfunktionen kann schließlich die sog. "Repräsentativität" bestimmter Lagen sein, die auf weitere Wirtschaftseinheiten dieser Kategorie anziehend wirkt.

(c) Als dritte Form der Agglomerationseffekte sind "externe Ersparnisse" auf Basis der in hochentwickelten Standortzentren gegebenen *überdurchschnittlichen* Infrastruktur-Ausstattung anzusehen. Leistungsfähige Infrastrukturen steigern die "Attraktivität" eines Standortes, z.B. indem die für Infrastruktureinrichtungen erbrachten öffentlichen Vorleistungen (als externe Ersparnisse) kostenmindernd bzw. rentabilitätssteigernd wirken. Teile der ersten drei Standortfaktoren (Transportbedingungen, Arbeitskräfte, Flächenangebot) können auch unter der Rubrik "Infrastrukturausstattung" zusammengeführt werden:

Bei den Transportbedingungen sind vor allem die Infrastrukturen zur Verbesserung der Verkehrsanbindung eines Standortes von Bedeutung; die Struktur des Arbeitskräfte-Angebots wird durch den Ausbau von Infrastrukturen zur Anziehung speziell qualifizierter Beschäftigtengruppen beeinflußt; das Flächenangebot bzw. die Verfügbarkeit von gut erschlossenen (und evtl. preiswerten) Gewerbeflächen kann als eine von öffentlichen Planungs- und Erschließungsleistungen bestimmte Infrastruktur angesehen werden, usw.

Zwischen der regionalen Infrastrukturausstattung und dem regionalwirtschaftlichen Entwicklungsniveau besteht ein enger Zusammenhang. Eine gute Ausstattung mit "sachkapital-orientierten" und "humankapital-orientierten" Infrastruktureinrichtungen bildet eine Voraussetzung für die wirtschaftliche Leistungsfähigkeit sowie die Anpassungs- und Innovationsfähigkeit einer Region. In der Bundesrepublik haben die großstädtischen Standortzentren gegenüber anderen Gebietstypen einen Ausstattungsvorsprung erreicht, der sich nach dem Prinzip "zirkulärer Verursachung" verfestigt und langfristig verstärkt hat. Die Arbeitsmarktregionen mit einer überdurchschnittlichen Ausstattung in den Bereichen sachkapital-, humankapital- und haushaltsorientierte Infrastruktur fallen nahezu vollständig mit den großen städtischen Agglomerationen zusammen.

Zusammenhänge zwischen städtischer Wirtschaftsentwicklung und Infrastruktur

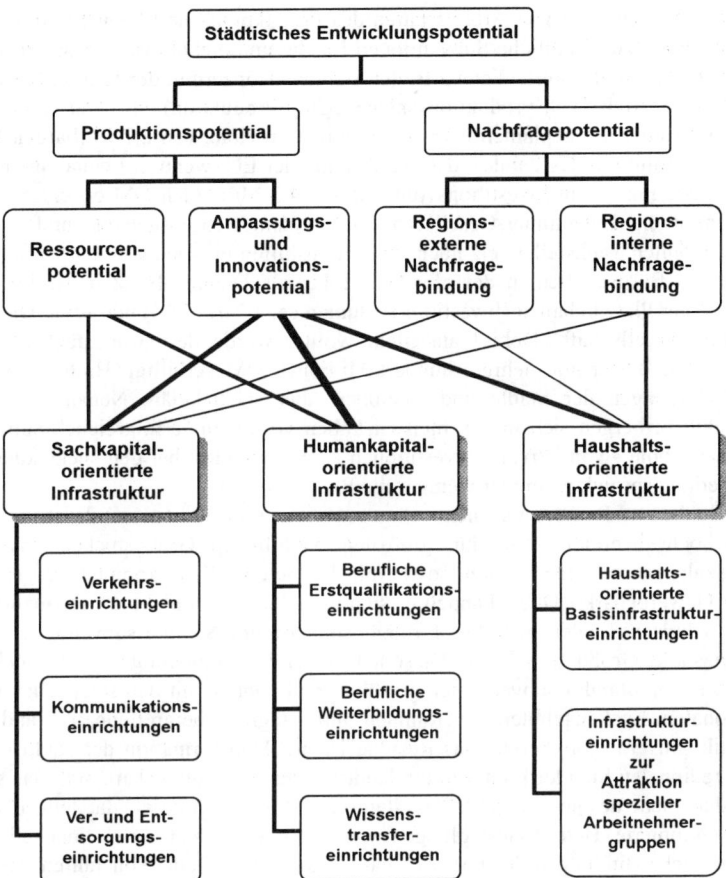

(nach Gatzweiler/Irmen/Janich: Regionale Infrastrukturausstattung, Bonn 1991)

Im Zuge der wachsenden Konkurrenz der Städte und Regionen um die Ansiedlung oder Sicherung von Arbeitsstätten des Produktions- und Dienstleistungsbereichs erhielten öffentliche Subventionen für die unternehmerische Standortwahl einen hohen Stellenwert. Wenn z.B. der Siemens-Konzern in der Region Dresden eine neue High-Tech-Produktionsanlage (Chip-Produktion) errichtet, kommen fast die Hälfte der geplanten Investitionssumme in Höhe von 2,7 Milliarden DM aus Fördermitteln des Landes, des Bundes und der EU; wenn in Leuna eine neue Raffinerie mit einem Investitionsvolumen von 4,3 Milliarden DM errichtet wird, bekommt die Eigentümer-Gesellschaft neben dem Betriebsgelände und einem ausgedehnten Tankstellennetz noch Investitionshilfen in Höhe von 1,4 Milliarden DM und Bürgschaften in der gleichen Höhe; als Daimler-Benz in Berlin den Potsdamer Platz bebauen (Investitionsvolumen ca. 1 Mrd. DM) und seine Dienstleistungsgesellschaft "Debis" ansiedeln wollte, wurde der Grundstückserwerb vom Land Berlin um mehrere hundert Millionen DM verbilligt. Hinter den Erfolgsmeldungen der Städte und Regionen über spektakuläre Neuansiedlungsprojekte verbergen sich in den meisten Fällen vor allem "erfolgreiche" Subventionsangebote - von "Privat"-Investitionen kann zumindest bei den spektakulären Ansiedlungsprojekten immer weniger die Rede sein.

Die Städte und Regionen suchen sich gegenseitig zu überbieten mit dem Angebot von hochsubventionierten, d.h. großzügig verbilligten Grundstücken, Investitionszulagen und Finanzhilfen, sowie mit der Bereitstellung komplett eingerichteter Gewerbeparks. Dabei handelt es sich in vielen Fällen nicht um Finanzhilfen für "schwache" oder bedrohte Firmen, sondern um Standortsubventionen für finanzstarke Großunternehmen. Diese haben sich längst an ein gewisses "Sockelniveau" von Standortsubventionen gewöhnt, und können mit den städtischen und regionalen Lockangeboten im Rahmen ihrer regionsübergreifenden Standortpolitik souverän jonglieren. Das Resultat ist die Transformation der städtischen und regionalen Standortpolitik in ein landesweites Subventionskarussell, das sich auf der Ebene des gesamten Städtesystems als "0-Summen-Spiel" darstellt. Hochsubventionierte Betriebsansiedlungen werden - unterstützt durch mangelhafte vertragliche Bindungen der Firmen - häufig nach einer Reihe von Jahren wieder aufgegeben, und das weiterlaufende Subventionskarussell bietet die Chance, neue Standortsubventionen an anderen Orten wahrzunehmen.

Rangfolge der Bedeutung von Standortfaktoren

Ergebnisse empirischer Analysen zur unternehmerischen Standortwahl

Rangfolge der Standortfaktoren nach Ruppert (1979):	Rangfolge der Standortfaktoren nach Leibfritz/Teschner (1980):	Rangfolge der Standortfaktoren nach Lüder/Küpper (1982):
1. Reservoir an Arbeitskräften	1. Reservoir an Arbeitskräften, Lohnkostenniveau	1. Gewerbeflächen-Angebot
2. Räumliche Erweiterungs-möglichkeiten	2. Gewerbeflächen-Angebot	2./3. Verkehrs-anbindung
3. Qualifikation der Arbeitskräfte	3. Verkehrsanbindung, Transportkosten	2./3. Reservoir an Arbeitskräften
4. Kommunalabgaben, Öffentl. Finanzhilfen	4. Wirtschaftsnahe Infrastruktur	4./5. Transportkosten
5. Lage zum Absatz- und Beschaffungsmarkt	5. Investitionszulagen/ -Zuschüsse, Sonder-abschreibungen	4./5. Öffentliche Finanzhilfen
6. Verkehrsanbindung	6./7. Kommunal-abgaben	6./7./8. Ver- und Entsorgung
7. Umweltschutz-Auflagen	6./7. Umweltschutz-Auflagen	6./7./8. Lohnkosten-niveau
8. Betreuung durch Kommune	8. Kredithilfen, Bürgschaften	6./7./8. Investitions-Ausgaben
9. Energie/Wasser-versorgung	9./10. Soziale Infrastruktur	9. Steuerbelastung
10. Soziale Infrastruktur	9./10. Kommunale Finanzhilfen	

Quelle: Ruppert, W.: Produktionsstandorte der Industrie im Urteil der Unternehmen - Ergebnisse einer IFO-Umfrage -, in: IFO-Schnelldienst 19/1979; Leibfritz, W./Teschner, S.: Staatliche Einflüsse auf die Standortwahl der Unternehmen, in: IFO-Schnelldienst 25/1980; Lüder, K./Küpper, W.: Unternehmerische Standortplanung und regionale Wirtschaftsförderung, Göttingen 1983

33

Standorttheorien, welche die sog. Standortfaktoren in den Mittelpunkt stellen, folgen im Grunde einer *einzelwirtschaftlichen* Betrachtungsweise: Es wird danach gefragt, welche Anforderungen die Industriebetriebe verschiedener Branchen oder die Handels- und Dienstleistungsbetriebe bezüglich ihres Standortes haben, und die Städte oder Regionen werden daraufhin geprüft, wieweit sie *den einzelnen Betriebsstätten* von Industrie, Handel und Dienstleistungen nach betriebswirtschaftlichen Kriterien Standortvorteile bieten. Diese einzelwirtschaftliche Betrachtungsweise reicht zur Erklärung städtischer und regionaler Entwicklungsprozesse nicht aus. Heute muß z.B. davon ausgegangen werden, daß der Kapitalverwertungsprozeß der Unternehmen zunehmend *standortübergreifend* organisiert wird: die im Wirtschaftsprozeß dominierenden Unternehmen sind meist als "multi-regionale" Unternehmen organisiert, die sowohl ihre verschiedenen Funktionsbereiche (Leitung und Verwaltung, Forschung/Entwicklung, Fertigung) als auch - im Falle von Mehrbetriebs-Unternehmen - ihre verschiedenen Produktionseinheiten auf unterschiedliche Standorte verteilen, und dabei auf allen räumlichen Ebenen differenzierte Standortbedingungen flexibel nutzen. Die Standorttheorie muß sich von der einzelwirtschaftlichen Betrachtungsweise lösen, wenn der Kapitalverwertungsprozeß im Unternehmen nicht vom Standort der einzelnen Betriebsstätte, sondern von der "optimalen" standörtlichen Verteilung der verschiedenen Funktionsabteilungen und Betriebsstätten eines Unternehmens bestimmt wird. Standortentscheidungen für einzelne Betriebsstätten sind unter diesen Bedingungen immer als Teil der "raumübergreifenden" Gesamtstrategie von Unternehmen, ihrer Produktionskonzepte und Managementstrategien zu begreifen.

Die wirtschaftlichen Entwicklungschancen *einer gegebenen Region* sind aus der Sicht politikorientierter Regionalanalysen von den "Standortqualitäten" der Region bestimmt, die sich als regionsspezifische Ausprägung einer mehr oder weniger umfassenden Reihe von Standortfaktoren darstellt. Da die regionalwirtschaftliche Entwicklung "unmittelbar" von unternehmerischen Standortentscheidungen (einschließlich der Investitions- und Innovationsaktivitäten an gegebenen Standorten) bestimmt wird, ermitteln vergleichende empirische Regionalanalysen insbesondere die *Bewertung* von Standortqualitäten *durch Unternehmen.* Auf Basis solcher Bewertungen ergeben sich Hinweise, wie die Entwicklungschancen einer Region durch gezielte Maßnahmen im Bereich spezieller Standortfaktoren verbessert werden können. So hat z.B. das Ifo-Institut für Wirtschaftsforschung 1989 eine Umfrage bei rund 9000 Industrie- und (unternehmensbezogenen) Dienstleistungsunternehmen in 55 Regionen der Europäischen Gemeinschaft durchgeführt (vgl. Nam/Nerb/Reuter/Russ 1990), um mittels der Bewertung von Standortqualitäten durch Unternehmen die Wettbewerbsfähigkeit ausgewählter deutscher und europäischer Regionen im Vorfeld der Schaffung des

Zur vergleichenden Bewertung von Standortqualitäten europäischer Regionen

Auflistung der von Unternehmen bewerteten 'Standortfaktoren' in einer EG-Umfrage zur Wettbewerbsfähigkeit europäischer Regionen (nach Ifo-Schnelldienst 9/90):

1. Nähe zu den Kunden
2. Nähe zu Lieferanten bzw. Rohmaterialien
3. Allgemeines wirtschaftliches Umfeld (z.B. Nähe zu Unternehmen der gleichen Branche)
4. Dienstleistungen (Verfügbarkeit, Qualität) - Banken, Versicherungen, Rechtsanwälte; Werbe- und Consultingagenturen; Wartung der Maschinenparks
5. Anbindung an das Verkehrsnetz (z.B. Eisenbahn-, Wasser-, Straßen-, Luftverkehr)
6. Verfügbarkeit und Kosten des Angebots an Energie (Elektrizität, Gas, Wasser)
7. Moderne Kommunikationssysteme (Telekommunikation etc.)
8. Verfügbarkeit und Kosten von Entsorgungseinrichtungen
9. Industrieflächen (Kosten und Möglichkeiten der Ausdehnung)
10. Verfügbarkeit und Qualität kommunaler, kultureller und sozialer Einrichtungen
11. Verfügbarkeit von Freizeiteinrichtungen
12. Soziales Klima (z.B. Verhältnis der Sozialpartner, Flexibilität, Umfang gewerk schaftlicher Aktivitäten)
13. Verfügbarkeit und Kosten von Wohnungen
14. Verfügbarkeit und Qualität von schulischer Ausbildung und Weiterbildungsmöglichkeiten
15. Verfügbarkeit von Arbeitskräften - (a) qualifizierte Arbeitskräfte; (b) weniger oder nicht qualifizierte Arbeitskräfte
16. Nähe von Berufsbildungseinrichtungen und Weiterbildungsmöglichkeiten für Führungskräfte
17. Nähe von Fachhochschulen, Universitäten und Forschungseinrichtungen
18. Regionale Förderung (z.B. Lohnkostenzuschüsse, Investitionshilfen)
19. Zusammenarbeit der regionalen Behörden / Flexibilität bei Planungsentscheidungen örtlicher Behörden
20. Lokale/regionale Steuern und öffentliche Gebühren

europäischen Binnenmarktes zu beurteilen (und Kriterien für Anpassungsmaß-
nahmen in "Problemregionen" zu finden). Die dabei einbezogenen Standortfaktoren sind in der Übersicht aufgelistet.

In der anwendungsbezogenen Stadt- und Regionalanalyse werden "Standortfaktoren" wie gesagt aus der Perspektive des "Entwicklungspotentials" *einer gegebenen Stadt oder Region* betrachtet. Dabei ist das Entwicklungspotential ein zu-
sammenfassender Ausdruck für die in einer Stadt/Region zu einem gegebenen
Zeitpunkt vorhandenen Faktoren, welche die Wirtschaftsaktivitäten in dieser Region ermöglichen und beeinflussen. Häufig werden die verschiedenen Bestand-
teile des Entwicklungspotentials einer Region als "Potentialfaktoren" bezeichnet,
zu denen das Umwelt-, Flächen- und Landschaftspotential (Gruppe der "natürlichen Potentialfaktoren"), und das Arbeitskräfte-, Kapital- , Infrastrukturpoten-
tial sowie das Marktpotential (Gruppe der "anthropogenen Potentialfaktoren") gerechnet wird. Auch die *geographische Lage* einer Region gilt mitunter als Bestandteil des Entwicklungspotentials, wobei allerdings nicht die geographische
Lage als solche relevant ist, sondern die von den Verkehrsinfrastrukturen beeinflußten Erreichbarkeitsbedingungen. Offenbar besteht ein enger Zusammenhang
zwischen "Potentialfaktoren" und "Standortfaktoren" einer Stadt bzw. Region.
Manche Stadt- und Regionalforscher betrachten auch die *Wirtschaftsstruktur*
einer Stadt oder Region als Potentialfaktor (wobei man sich häufig auf den
Aspekt der Branchenstruktur konzentriert). Dies wird von anderen Regionalwissenschaftlern mit dem Hinweis abgelehnt, daß die Wirtschaftsstruktur nicht das
Potential, sondern eine bestimmte Art seiner Verwendung beschreibe - hier werden Potentiale folglich im Sinne einer Anhäufung von (isolierten) "Grundaus-
stattungs-Elementen" eines Wirtschaftsraumes (im Sinne des Behälterraum-Kon-
zepts) begriffen. Eine additiv verstandene Ansammlung von Standortfaktoren und
Ausstattungsmerkmalen trägt jedoch wenig zur Erklärung der Struktur und Entwicklung einer Stadt/Region bei. Eine "moderne" Regionalwissenschaft und
Wirtschaftsgeographie konzentriert sich hinsichtlich des Entwicklungspotentials
einer Stadt oder Region gerade auf die regionsspezifische "Art der Verwendung"
von Arbeitskräften, Kapital und Umwelt, d.h. auf die regionsspezifischen wirtschaftlichen Struktur- und Entwicklungs-*Zusammenhänge* (im Kontext raumübergreifender Beziehungen). Darüberhinaus werden heute nach und nach die unterschiedlichen wirtschafts- und sozial-*kulturellen* Prägungen von Regionen als relevanter Bestimmungsfaktor ihres Entwicklungspotentials wahrgenommen.

Die Stadtökonomie als Kreislaufzusammenhang

Im Unterschied zu mikro-ökonomischen Konzepten, die am Beispiel der traditionellen Standorttheorie vorgestellt wurden, wird in makro-ökonomischen Konzepten die *städtische Wirtschaft als Ganzes* zum Gegenstand der Analyse. Die städtische Wirtschaft kann ebenso wie die Volkswirtschaft hochindustrialisierter Länder als Kreislaufzusammenhang betrachtet werden: Wie in der Volkswirtschaft insgesamt erfolgt auch in der Stadt die Versorgung der Bevölkerung mit Gütern und Dienstleistungen in einem komplizierten *arbeitsteiligen* Prozeß, wo in zahlreichen verschiedenen Produktionsstätten Güter erstellt werden, die anschließend an weiterverarbeitende Stellen oder an Verbraucher gelangen, wobei diese Lieferungen von den Empfängern bezahlt werden. Zwischen den verschiedenen Teilen der Wirtschaft fließen ständig Ströme von Gütern und Geld, und diese Vorgänge können als Kreislauf dargestellt werden. Übertragungen von Gütern und/oder Geld erfolgen auf allen Ebenen der Wirtschaft, sowohl zwischen den Wirtschaftssektoren, Unternehmen und Haushalten in der Gesamtwirtschaft, als auch zwischen *teilräumlichen* Einheiten wie Städten und Regionen, und sie sind zugleich *innerhalb* von Wirtschaftsregionen und Städten wirksam. Auf der regional- oder stadtökonomischen Betrachtungsebene muß der Kreislaufzusammenhang stets nach regions-internen und regions-externen Güter- und Geldströmen untergliedert werden.

Um den ökonomischen Prozeß als Kreislaufzusammenhang darzustellen, wird die Wirtschaft entsprechend der jeweiligen Fragestellung in bestimmte Sektoren unterteilt, die z.B. die Gesamtheit der Unternehmen oder die Unternehmen eines bestimmten Funktionsbereichs, oder die Gesamtheit der Haushalte, den Staat, oder bestimmte teilräumliche Einheiten der Wirtschaft repräsentieren. Daraufhin werden die Kreislauf-Beziehungen bzw. die Ströme von Gütern, Geld, Arbeit u.ä. zwischen den Sektoren analysiert. Kreislaufdarstellungen sind u.a. zur Verdeutlichung jener "Problempunkte" des Wirtschaftsprozesses hilfreich, an denen sich *disproportionale* Entwicklungen ergeben (können).

Bereits eine Darstellung der wirtschaftlichen Kreislaufzusammenhänge *innerhalb* einer Stadt läßt eine Reihe von möglichen Disproportionen erkennen: Zwischen den Lohneinkommen und lokalen Abgaben einerseits und der auf den lokalen Unternehmens-Sektor gerichteten Konsumnachfrage der Privathaushalte und Nachfrage der städtischen Körperschaft kann ein Ungleichgewicht entstehen, welches z.B. durch regions-externe Nachfrage ausgeglichen werden könnte; auch zwischen den von Unternehmerhaushalten und Grundbesitzern einer Stadt angeeigneten Profiten, Zinsen, (Grund-) Renten und der auf den lokalen Unternehmens-Sektor gerichteten Investitionsnachfrage kann ein Ungleichgewicht

Kreislaufbeziehungen *innerhalb* einer Stadt

(unter Vernachlässigung der Beziehungen zu anderen Regionen und
übergeordneten Gebietskörperschaften)

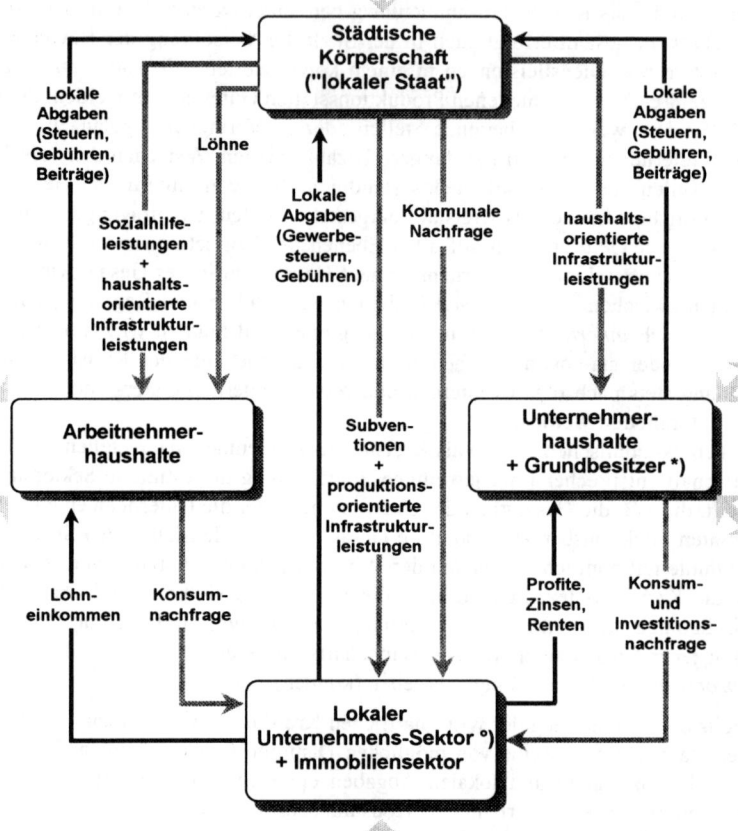

°) Produktions- und Bauunternehmen,
Dienstleistungsunternehmen und
Finanzsektor

*) Private und
unternehmerische
Immobilien-*Vermieter*

entstehen (insbesondere dann, wenn in der Stadt erzielte Profite, Zinsen und Renten nicht in der Stadt, sondern regions-extern reinvestiert werden), wobei ein Ausgleich evtl. durch regions-externe Investitionsnachfrage erreicht werden könnte; zwischen den von der städtischen Körperschaft aus Steuern, Gebühren usw. erzielten Einnahmen und den notwendigen Ausgaben für kommunale Sozialhilfe sowie haushalts- und produktionsorientierte öffentliche Güter ergeben sich Disproportionen, die nicht unbedingt über externe zentralstaatliche Finanzzuweisungen ausgeglichen werden können, usw. Diese Beispiele weisen bereits darauf hin, daß gerade die Wirtschaftskreisläufe der Stadtökonomie nicht ohne Berücksichtigung der Kreislaufbeziehungen zu anderen Regionen und übergeordneten Gebietskörperschaften analysiert werden können.

Bei Einbeziehung der *regions-externen* Beziehungen der Stadtökonomie erhält der Kreislaufzusammenhang eine wesentlich kompliziertere Darstellungsform. Die zuvor skizzierten Möglichkeiten disproportionaler Entwicklungen sind hierin im Prinzip ebenso enthalten wie *neue Disproportionen*, die sich zwischen den regions-internen und regions-externen Strömen ergeben können: so ist es z.B. möglich, daß regions-externe Kapitalanlagen des städtischen Unternehmenssektors und externe Finanzanlagen des Haushalts- und Bankensektors zu einem Mittelabfluß führen, der den städtischen Wirtschaftskreislauf an verschiedenen Stellen "aus dem Gleichgewicht" bringt; auf der anderen Seite können einer Stadt u.U. regions-externe Einkommen oder Transfers und/oder Einnahmen aus dem Export von Gütern und Dienstleistungen zufließen, die im Falle einer "lokalen" Verwendung den regions-internen Wirtschaftskreislauf nachhaltig stärken.

Die Betrachtung von Kreislauf-Beziehungen der Stadtökonomie liefert keine *Erklärung* der städtischen Wirtschaftsentwicklung, sondern kann eher zur Verdeutlichung von "Problempunkten" des städtischen Wirtschaftsprozesses dienen, an denen sich *disproportionale* Entwicklungen ergeben (können), und sie kann zweitens eine Orientierungshilfe zur Analyse von wirtschaftlichen Beziehungen zwischen den Teilen eines "hierarchisch" strukturierten Stadt- und Regional-Systems sein (vgl. hierzu Kapitel 3, 4 und 5).

Wirtschaftskreisläufe in der Stadtökonomie

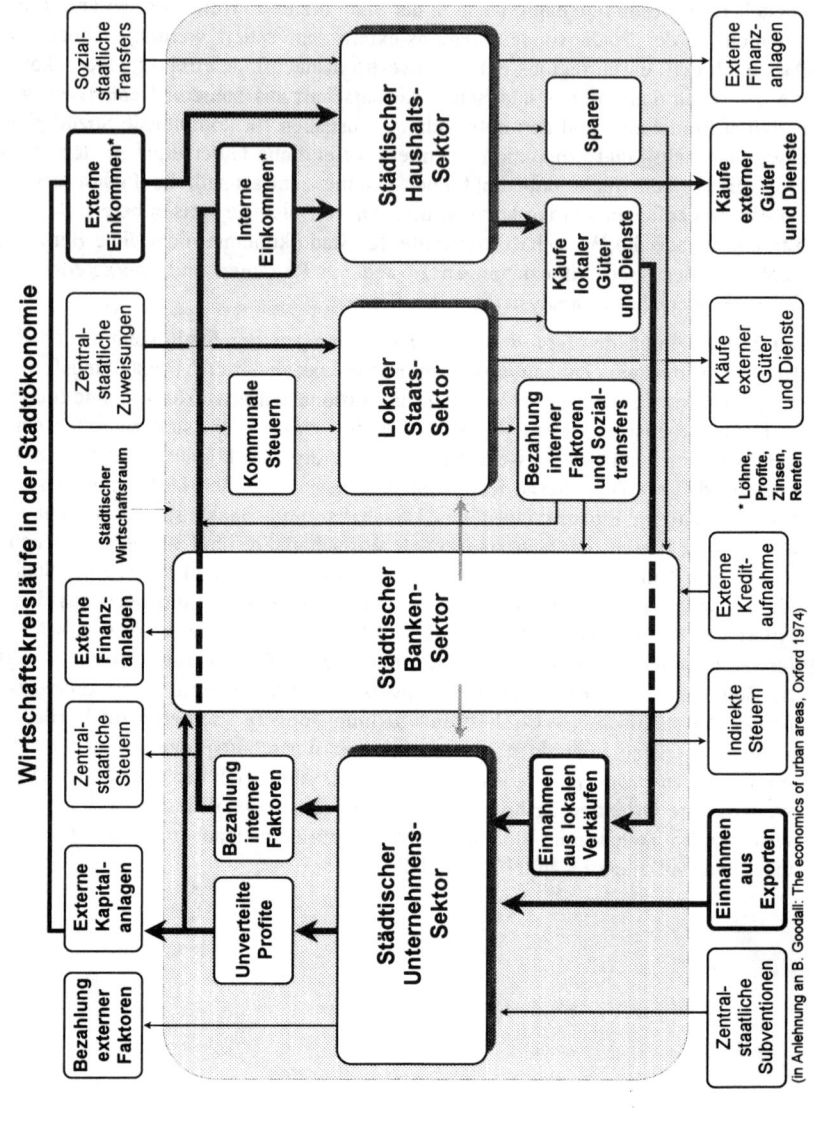

Städtischer Wirtschaftsraum

* Lohne, Profite, Zinsen, Renten

(in Anlehnung an B. Goodall: The economics of urban areas, Oxford 1974)

Sozialstaatliche Transfers

Externe Finanzanlagen

Externe Einkommen*

Interne Einkommen*

Städtischer Haushalts-Sektor

Sparen

Käufe externer Güter und Dienste

Zentralstaatliche Zuweisungen

Kommunale Steuern

Lokaler Staats-Sektor

Käufe lokaler Güter und Dienste

Bezahlung interner Faktoren und Sozialtransfers

Käufe externer Güter und Dienste

Externe Finanzanlagen

Städtischer Banken-Sektor

Externe Kreditaufnahme

Zentralstaatliche Steuern

Bezahlung interner Faktoren

Indirekte Steuern

Externe Kapitalanlagen

Unverteilte Profite

Städtischer Unternehmens-Sektor

Einnahmen aus lokalen Verkäufen

Einnahmen aus Exporten

Bezahlung externer Faktoren

Zentralstaatliche Subventionen

40

Das Export-Basis-Konzept

Das Export-Basis-Konzept stellte vor allem in den 50er und 60er Jahren einen einflußreichen Ansatz zur makro-ökonomischen Theorie der städtischen Wirtschaftsentwicklung dar (vgl. Pfouts 1960; Andrews 1960; Thompson 1965). Dabei wird die städtische Wirtschaft in zwei Sektoren unterteilt:
(a) in einen *exportorientierten* Sektor, in dem Güter und Dienstleistungen produziert werden, die aus der Stadt exportiert werden und dafür einen externen Einkommens- oder Kapitalzustrom in die städtische Wirtschaft bringen ("Export-Sektor" oder "Basis-Sektor"), und
(b) in einen dem *internen* Bedarf der Stadt dienenden Sektor, in welchem Güter und Dienstleistungen produziert werden, die innerhalb der Stadt abgesetzt und verbraucht werden ("Service-Sektor").
Hier ist sogleich vor einer irreführenden Gleichsetzung von "Export-Sektor" mit Industriesektor und von "Service-Sektor" mit Dienstleistungsbereich zu warnen, da sich die beschriebene Sektorengliederung nach der unterschiedlichen Einbindung städtischer Wirtschaftsaktivitäten in regions-externe oder regions-interne Kreislaufzusammenhänge richtet, so daß *in beiden* Sektoren sowohl Industrie- als auch Dienstleistungsbetriebe enthalten sind.
Im Mittelpunkt des Export-Basis-Konzepts steht die These, daß das städtische Einkommen und damit die Stadtentwicklung von den Exporten und dem damit verbundenen Einkommens- oder Kapitalzustrom in die städtische Wirtschaft determiniert sei. Ein bedeutender Teil dieses Kapitalzustroms geht als Einkommen an die Beschäftigten des Export-Sektors, die den größten Teil davon wieder in der Stadt selbst ausgeben; davon fließt wiederum ein bedeutender Teil als Einkommen an die Beschäftigten des Service-Sektors, die ebenfalls lokale Güter und Dienstleistungen nachfragen und so das städtische Einkommen weiter vermehren. Dieser regionsinterne Einkommenskreislauf wirkt als "Multiplikatoreffekt". Die städtische Wirtschaftsentwicklung ist nach diesem Konzept primär von einem nachfragebedingten Wachstum des Exportsektors abhängig, das den regionsinternen Service-Sektor stimuliert, und vermittelt über Multiplikatoreffekte die gesamte städtische Wirtschaft wachsen läßt (z.B. in Form einer Vermehrung der städtischen Arbeitsplätze). So wird der Export-Sektor als Basis der städtischen Wirtschaft betrachtet ("Basis-Sektor"), während den nicht exportorientierten Wirtschaftsaktivitäten eine "sekundäre" bzw. dienende Funktion zugeschrieben wird ("Service-Sektor").

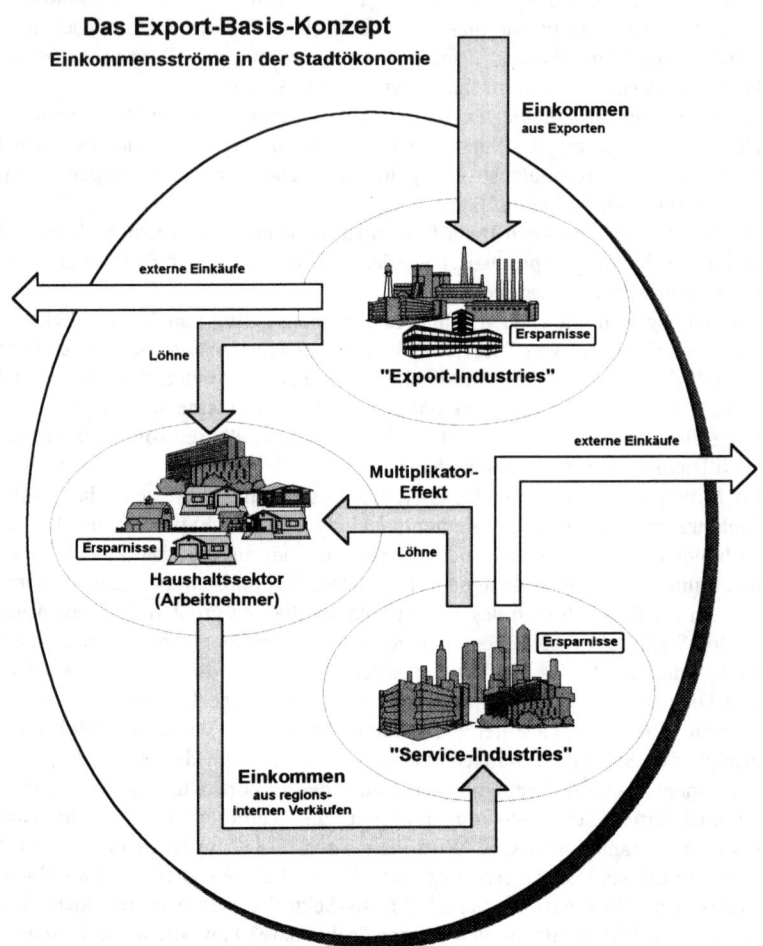

Das Export-Basis-Konzept
Einkommensströme in der Stadtökonomie

Einkommen
aus Exporten

externe Einkäufe

Ersparnisse

"Export-Industries"

Löhne

externe Einkäufe

Multiplikator-Effekt

Ersparnisse

Löhne

Haushaltssektor (Arbeitnehmer)

Ersparnisse

"Service-Industries"

Einkommen
aus regions-
internen Verkäufen

(in Anlehnung an R.W. Pfouts (Hg.): The techniques
of urban economic analysis, West Trenton 1960)

42

Das Export-Basis-Konzept wurde zunächst als eine für Prognosezwecke nutzbare Stadtentwicklungstheorie aufgegriffen: Sofern es gelingt, für jede Unternehmensgruppe in einer Stadt die Zahl der (für Exportaktivitäten eingesetzten) "Basis-Beschäftigten" zu ermitteln, kann in einem zweiten Schritt durch den Vergleich mit der Zahl der Gesamtbeschäftigten der Stadt das *Verhältnis* von Basis- zu Service-Beschäftigten bestimmt werden; ebenso kann das Verhältnis von Gesamtbeschäftigten zur Gesamtzahl der Einwohner ermittelt werden. In einem dritten Schritt muß die *künftige* Entwicklung der Exporte prognostiziert und die Zahl der zukünftigen Basis-Beschäftigten geschätzt werden; auf dieser Grundlage kann dann die Zahl der künftigen Gesamtbeschäftigten und Einwohner prognostiziert werden. Zu den weiteren Schritten der Prognose der künftigen Stadtentwicklung gehört die Schätzung der von den Beschäftigten- und Einwohnerzahlen abhängigen Entwicklung des Wohnungsbedarfs und des Flächenbedarfs für Wohnbauprojekte sowie des Bedarfs an Gewerbeflächen für Produktion und Dienstleistungen.

Später wurde auch versucht, das Export-Basis-Konzept für die städtische Entwicklungsplanung und Wirtschaftsförderung nutzbar zu machen. Dahinter stand die Vorstellung, daß das Verhältnis von Basis- zu Service-Beschäftigten ebenso wie das Verhältnis von Gesamtbeschäftigten zu Gesamtbevölkerung über längere Zeit einem Gleichgewichtszustand zustreben, der sich als Verhältniszahl ausdrücken ließe (z.B. 1:2, d.h. auf einen Beschäftigten im Export-Sektor kommen zwei Beschäftigte im Service-Sektor). Ist für eine bestimmte Stadt erst einmal die Verhältniszahl von Basis- zu Service-Beschäftigten festgelegt (die "Basis-Norm"), dann könnte auf Grundlage der erwarteten Veränderung der Basis-Beschäftigten auch die Veränderung der Beschäftigung im Service-Sektor und die Veränderung der Gesamtbevölkerung einer Stadt bestimmt werden. Umgekehrt könnte ein städtisches Entwicklungsziel z.B. hinsichtlich der Gesamtzahl der städtischen Beschäftigten formuliert und dann "errechnet" werden, wie stark die Beschäftigung des Export-Sektors z.B. durch gezielte städtische Wirtschaftsförderungs-Maßnahmen erhöht werden müßte, um die angestrebte Gesamtbeschäftigung zu erreichen. Dieser anwendungsorientierte und scheinbar praktikable Zuschnitt des Export-Basis-Konzepts erklärt die Beliebtheit, die es für lange Zeit unter Stadtplanern und Kommunalpolitikern genießen konnte. Stellenweise ist das Konzept der Export-Basis auch in eine städtische Wirtschaftsförderungs-Ideologie übersetzt worden, die sich auf die These zuspitzte, daß das Wohlergehen der ganzen Stadt von der Expansion (und entsprechenden Förderung) des städtischen Export-Sektors abhängig sei.

Gegen das Export-Basis-Konzept sind massive Einwände vorgebracht worden (vgl. Hartmann/Hitz/Schmid/Wolff 1986): Erstens ist die Möglichkeit einer empirisch fundierten Aufgliederung der städtischen Wirtschaft in einen Basis- und einen Service-Sektor in Zweifel zu ziehen. Bereits die konkrete *Identifizierung* von Basis- bzw. Export-Aktivitäten bereitet größte Schwierigkeiten, da ein Groß-teil der städtischen Wirtschaftseinheiten sowohl für den Bedarf der Stadt als auch für den Bedarf auswärtiger Konsumenten und Wirtschaftseinheiten arbeitet. Die grobe Zurechnung ganzer Wirtschaftsbranchen und Beschäftigtengruppen zum Export-Sektor (z.B. bestimmte Industrien) stellt eine höchst fragwürdige Hilfs-konstruktion dar. Das Problem der *Quantifizierung* von Basis- und Service-Akti-vitäten (nach Beschäftigtenzahlen oder nach Kennziffern der Wertschöpfung) erscheint nicht lösbar. Hinzu kommen die Probleme, ein städtisches Wirtschafts-gebiet in geeigneter Weise *räumlich abzugrenzen*. Je kleiner das Wirtschafts-gebiet einer Stadt, umso mehr Güter und Dienstleistungen wären den "Exporten" zuzurechnen; umgekehrt werden die innerhalb des regionsinternen Wirtschafts-zusammenhangs genutzten "Service"-Aktivitäten mit zunehmender Größe der Stadt bzw. ihres Wirtschaftsgebietes einen wachsenden Anteil erhalten.

Der zweite zentrale Einwand gegen das Export-Basis-Konzept stellt die Grund-annahme in Frage, daß der Export-Sektor für die Entwicklung der städtischen Wirtschaft *wichtiger sei* als der Service-Sektor: So gibt es in vielen Städten Ein-kommens- und Kapitalzuflüsse, die nicht auf Exporten von Gütern oder Dienst-leistungen beruhen, sondern auf regionsübergreifenden hierarchischen Kontroll-beziehungen innerhalb des Unternehmenssektors: denjenigen Städten, in denen sich Unternehmens-Zentralen konzentrieren, fließen Kapitalströme zu, die auf Produktionsaktivitäten in *anderen* Städten und Regionen basieren. Hinzu kom-men "leistungslose" Besitzeinkommen wie Dividenden, Renten aus auswärtigem Immobilienbesitz, usw. Je größer diese aus anderen Regionen erzielten Transfer-einkommen einer Stadt sind, umso weniger ist ihr Einkommen von realwirt-schaftlichen Export-Aktivitäten abhängig. Weiterhin ist die Untergliederung in einen Basis- und einen Service-Sektor von der *internen Organisation* und Ar-beitsteilung der städtischen Wirtschaft abhängig: Wenn z.B. ein Produktionsun-ternehmen in der Stadt sämtliche Produktionsstufen "unter einem Dach" integriert und seine gesamten Endprodukte exportiert, ergibt sich eine höchst umfangreiche "Basis-Aktivität"; wenn dagegen dasselbe Unternehmen relevante Teile der Pro-duktion auf eine Kette oder ein Netz von Zulieferbetrieben verteilt, ergibt sich ein entsprechend reduzierter Umfang an "Basis-Aktivitäten", denn alle Zulieferbe-triebe müßten den "Service-Aktivitäten" zugerechnet werden, da sie nicht direkt exportieren, sondern einen anderen Betrieb innerhalb der Stadt beliefern. Je grö-ßer die regionsinterne Arbeitsteilung zwischen den Betrieben, umso größer wird der Anteil der "Service-Aktivitäten" in der städtischen Wirtschaft. In großen me-tropolitanen Stadtregionen mit einem ausdifferenzierten und arbeitsteiligen Un-ternehmenssektor wird somit der "Sevice-Sektor" den größten Anteil der städti-schen Wirtschaftsaktivitäten einnehmen.

Auf dem Hintergrund dieser Kritik läßt sich dann auch ein Konzept der städti-schen Wirtschaftsentwicklung formulieren, in dem das Export-Basis-Konzept "umgekehrt" wird: Als maßgebliche Determinante der Stadtentwicklung ist danach die Expansion des städtischen "Service-Sektors" und die Anziehungskraft, die dieser Bereich auf neue Wachstumsindustrien ausübt, anzusehen. Je mehr sich der städtische Service-Bereich ausdehnt und ausdifferenziert, umso besser ist eine Stadt in der Lage, sich als attraktiver Standort für neue Produktionsstätten anzubieten. Die Wachstumsdynamik insbesondere der großstädtischen Metropolen wird dabei primär auf die Vielfalt und den Verflechtungsgrad der städtischen Wirtschaftsaktivitäten bzw. das Entwicklungsniveau des regions-*internen* Kreislaufzusammenhangs zurückgeführt; die Ansiedlung exportorientierter Aktivitäten, die in stärkerem Maße kurzfristigen Wachstumsschwankungen unterliegen, scheint demgegenüber kein Garant für dauerhaft positive Wachstumchancen einer Stadt zu sein.

Der amerikanische Stadtökonom W.Thompson hat 1965 ein Modell der Stadtentwicklung vorgestellt, das sich um eine Integration (a) von mikroökonomischen Konzepten der Standorttheorie, (b) des Export-Basis-Konzepts und (c) dessen Umkehrung zu einem "Service-Sektor-Konzept" bemüht. In dem Modell wird die Entwicklung einer hypothetischen Stadt vom Industrieort bis zur großstädtischen Metropole über mehrere Entwicklungsstadien hinweg nachgezeichnet (das Entwicklungsmodell wird im folgenden etwas modifiziert dargestellt).

Den Ausgangspunkt bildet die Ansiedlung von drei Betrieben der Fleischfabrikation in der Stadt, die über den Export ihrer Produkte einen Einkommensstrom in die Stadt bringen (1). Die neu aufgebauten Industriebetriebe schaffen durch ihre gemeinsame Nachfrage einen großen lokalen Arbeitsmarkt mit differenzierten Qualifikationen (2), und ziehen darüberhinaus einen Zulieferbetrieb an der Schneidewerkzeuge für die Fleischfabriken produziert (3). Infolge der Ansiedlung der Schneidewerkzeug-Fabrik müssen weniger Geräte dieser Art importiert werden, so daß sich (indirekt) der Anteil des Exporteinkommens in der Stadt vergrößert. Die Fleischfabriken erzeugen als Nebenprodukt Leder, und ziehen damit Schuhfabriken in die Stadt (Produkt-Kopplung), welche durch räumliche Assoziation mit den Fleischfabriken Transportkosten ihres wichtigsten Rohmaterials einsparen können und zugleich einen lokalen Absatzmarkt ebenso wie einen entwickelten lokalen Arbeitsmarkt vorfinden (4). Die Vermehrung und Differenzierung der in der Stadt arbeitenden Produktionsstätten bedingen eine wachsende Nachfrage nach lokalen "Service-Unternehmen" (wie Transportbetriebe, Produktions- und Finanzdienste); dies führt zur Ansiedlung unternehmensorientierter Dienstleistungsbetriebe in der Stadt (5), die mit der Zeit noch durch Zuwanderung spezialisierter Dienstleistungsunternehmen (Unternehmensberatung, Marketing usw.) vermehrt werden (6). Die Beschäftigten des Export-Sektors, der sich in Thompson's Modell als ein *Komplex* von industriellen Produktionsbetrieben und unternehmensorientierten Dienstleistungsbetrieben darstellt, geben ihr Einkommen zum großen Teil für lokale Güter und konsumorientierte Dienste aus (7) und setzen damit einen (vom Export-Basis-Konzept betonten) Multiplikatoreffekt innerhalb der städtischen Wirtschaft in Gang (8): Von den Konsumausgaben der Beschäftigten des Exportsektors werden auch die Beschäftigten des lokalen (konsumorientierten) Service-Bereichs profitieren (9), die mit ihren Einkommen wiederum die Nachfrage nach lokalen Konsumgütern und Diensten steigern, usw. Je mehr sich aufgrund des Multiplikatoreffekts der konsumorientierte Service-Sektor der Stadt entwickelt und ausdifferenziert, desto geringer wird der Anteil der importierten Konsumgüter (10). Indem von der innerstädtischen Angebotsvielfalt des konsumorientierten "Service-Sektors" eine wachsende Anziehungskraft auf das regionale Umland ausgeht, wird die Stadt auch zum Exporteur von Dienstleistungen (11). Hier integriert Thompson das Konzept der "zentralen Orte" in sein Entwicklungsmodell. Andererseits wird das hochentwickelte und differenzierte Angebot an Produktions- und Finanzdiensten zunehmend von anderen Städten und Regionen nachgefragt, mit der Folge, daß der "Export" von spezialisierten Dienstleistungen gegenüber dem Export von Industrieprodukten ein immer größeres Gewicht erhält (12). Damit wächst der hypothetischen Stadt nach und nach die Rolle einer (Wirtschafts-) "Metropole" zu. Die hochentwickelten "Service-Leistungen" stärken insgesamt die Funktions- und Wettbewerbsfähigkeit (insbesondere das Innovationspotential) des städtischen Produktionssektors. So ergibt sich über die regionsinterne *Wechselwirkung* zwischen "Export"-Sektor und "Service"-Bereich eine Stärkung der Anziehungskraft und Entwicklungschancen der gesamten städtischen Wirtschaft. Der hochentwickelte lokale Arbeitsmarkt mit seinem Angebot an ausgebildeten und spezialisierten Fachkräften zieht weitere Produktionsaktivitäten und Zweigbetriebe auswärtiger Unternehmen in die Stadt (13), und der städtische Produktionssektor wird über die Ansiedlung einer Vielzahl von Zulieferfirmen weiter ausdifferenziert: Mit der zunehmenden regions-internen Arbeitsteilung im Produktionsbereich (die auch durch Ausgliederung von spezialisierten Produktionseinheiten aus vorhandenen Unternehmen des "Export-Sektors" verstärkt werden kann) wächst auch die produktionsbezogene "Service"-*Industrie* der Stadt. Das Wachstum des Produktionssektors kann auch zur Verlagerung von Zweigbetrieben lokaler Firmen in andere Regionen führen (14), die dann einen Kapitalzustrom in die Stadt bringen, der nicht mehr auf dem Export von Industrieprodukten beruht.

Die Dynamik des Stadtentwicklungsprozesses wird in Thompson's Modell an der Wechselbeziehung zwischen Export- und Service-Aktivitäten festgemacht. Auf dem Weg der hypothetischen Stadt "vom Industrieort zur Metropole" haben *regions-interne* Kreislaufbeziehungen oder Verflechtungszusammenhänge *innerhalb der Stadtregion* nach und nach ein solches Eigengewicht erhalten, daß die Stadt auf einen zirkulär-kumulativen Wachstumspfad gelangte.

Ein stadtökonomisches Entwicklungs-Modell

(in Anlehnung an W.R. Thompson, A preface to urban economics, Baltimore 1965)

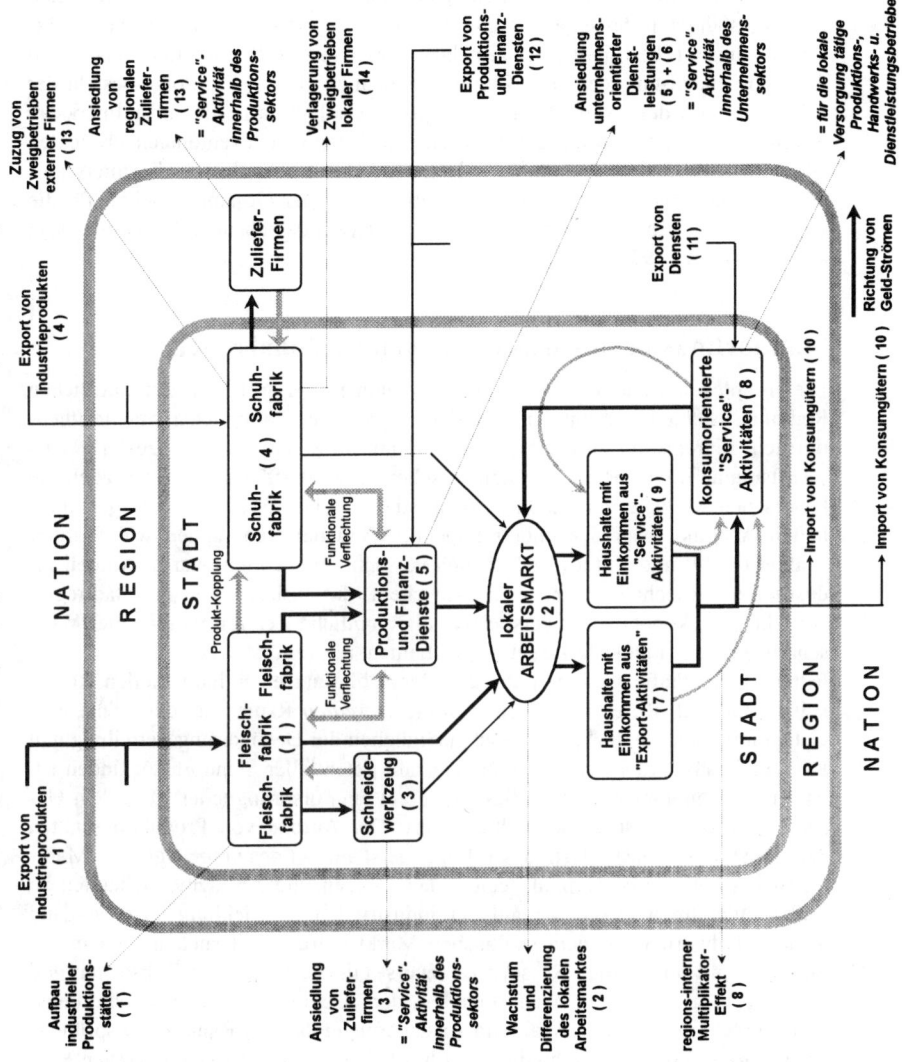

47

Zwischen Export- und Service-Aktivitäten der städtischen Wirtschaft besteht generell ein *wechselseitiges* Abhängigkeitsverhältnis, weil die Wettbewerbs- und Funktionsfähigkeit der exportorientierten Bereiche nicht zuletzt von dem städtischen Angebot bestimmter (unternehmensorientierter) Service-Leistungen und dem Vorhandensein geeigneter Zulieferer abhängt. H. Heuer zufolge besteht der Erkenntniswert des Export-Basis-Konzepts "vor allem darin, darauf aufmerksam gemacht zu haben, daß die überregionale Nachfrage nach regionalen Produkten starke Wachstumsimpulse auslösen kann und daß infolgedessen die interregionalen Austauschbeziehungen und die Entwicklung der Gesamtwirtschaft für die wirtschaftliche Entwicklung einer Stadt von ausschlaggebender Bedeutung sein können" (Heuer 1975, S.72).

Standortmuster in wirtschaftlichen Regionalsystemen

Die komplexen Standortmuster von Stadtregionen und größeren wirtschaftlichen Regionalsystemen sind mit den Partialansätzen der herkömmlichen Standorttheorie nicht hinreichend zu erfassen. Wo es um die Standortmuster "realer" Wirtschaftsräume im Sinne einer "ökonomischen Landschaft" geht, bleiben auch die klassischen Modelle der Raumwirtschaftstheorie (vgl. Isard 1956) wegen ihres hohen Abstraktionsgrades unbefriedigend. Wirtschaftsgeographen wie Storper/ Walker (1989) und Ritter (1993) haben versucht, ein "evolutionäres" Modell industrieller Wirtschaftsregionen zu entwickeln, das insbesondere für Stadtregionen, die aus ökonomischer Perspektive als räumliche Zentren industrieller Wirtschaftsaktivitäten und Marktzentren erscheinen, relevant ist.

Ritter's modellhafte Beschreibung der Herausbildung einer industriellen Regionalstruktur (vgl. Ritter 1993) geht von einem *realen* Raum aus, d.h. von einem Gebiet mit allen möglichen Ungleichmäßigkeiten der Bevölkerungsverteilung und Ressourcenausstattung, in dem eine Vielzahl potentieller Standorte zu finden ist. Es wird angenommen, daß in diesem Gebiet ein "ursprünglicher Markt" in Gestalt einer vor-industriellen Stadt existiert. Der Aufbau von Produktionsstätten der industriellen Massenfertigung erfolgt zuerst am Ort des *ursprünglichen* Marktes, wo Arbeitskräfte, Kapital, technisches Wissen und Absatzmöglichkeiten zu finden sind. Im weiteren Verlauf der industriellen Entwicklung weichen dann manche Industrien aus dem städtischen Marktzentrum und suchen im Umland Standorte mit noch freien Ressourcen (zuerst gilt die Suche den Rohstoffen und Energieressourcen, später dann vor allem den Arbeitskräften und erweiterungsfähigen Betriebsflächen). "Während Auslagerungen an den Rand des ursprünglichen Marktes ihre Rückverbindung dorthin halten können, nimmt an fernen Ressourcenstandorten die Entwicklung einen anderen Verlauf. Viele vor- und nachgelagerte Leistungen müssen nun an Ort und Stelle erbracht werden. Es bilden sich örtliche Komplexe und eventuell auch Formationen von vielen Betrieben, die ihrerseits *sekundäre* Märkte hervorrufen. Ursprüngliche und sekundäre Märkte werden alsbald durch eine leistungsfähige Infrastruktur verbunden. Sie können zu einem industriellen Kernraum verwachsen. In diesem entstehen ständig *neue, geschaffene* Standortvorteile, welche die weitere Dynamik bestimmen"(Ritter 1993, 278). Hier wurde zunächst die Herausbildung eines städtischen Agglomerationsraumes skizziert. Dieser verstädterte industrielle *Kernraum* treibt durch "selbstinduziertes" bzw. selbstverstärkendes Wachstum die weitere standörtliche Ausdifferenzierung der Gesamtregion voran: In der folgenden Entwicklungsphase werden weitere industrielle Produktionsstätten aus dem ursprünglichen und später auch aus den sekundären Märkten ausgelagert - wobei die "Steuerungszentralen" dieser Wirtschaftsaktivitäten gewöhnlich im Kernraum angesiedelt bleiben -, und schaffen an ihren neuen Standorten auch neue Ressourcen, insbesondere einen differenzierten Arbeitsmarkt, technisches Wissen und einsatzbereites Kapital.

Mit hoher Wahrscheinlichkeit werden nun auch dort neue Produktionsstätten angesiedelt und durch lokale Innovationsprozesse neue Industrieaktivitäten entstehen. Wenn in dem betreffenden Gebiet an neuen Standorten weitere Industrieformationen entstehen, und "für diese die notwendigen vor- und nachgelagerten Einrichtungen und unterstützenden Dienste aufgebaut werden, können diese Bereiche ebenfalls zu sekundären Märkten werden, womit sich der Prozeß weiter in die Peripherie hineinschiebt" (Ritter 1993, 278). Damit entstehen "neuere" sekundäre Märkte. In dem Maße, wie sich in der Gesamtregion neue (sekundäre) Standortzentren ausgebildet haben, gehen die in den ursprünglichen und sekundären Märkten nach und nach entstandenen Großunternehmen dazu über, ihre Zweigwerke in größerer Entfernung vom Kernraum zu lokalisieren. Die Herausbildung neuer (sekundärer) Standortzentren in der Region stimuliert zugleich den weiteren Ausbau der Verkehrs-Infrastrukturen, die den Kernraum mit den weiteren Standortzentren der Region (und mit den Nachbarregionen) verknüpfen.

"Mit zunehmender Ausweitung der Regionalverflechtungen sinkt die Bedeutung der geographischen Distanzen (...). Die Infrastrukturen werden nun so ausgebaut, daß die jeweiligen Normaldistanzen leicht bewältigt werden können. Bessere Organisation der Wirtschaft macht die Standorte gleichwertiger und drängt die Ausrichtung auf lokale Ressourcen- und Kostenvorteile zurück. Die Industrien haben nun immer bessere Möglichkeiten auch ferne Absatzmärkte zu bedienen. Damit kommen auch Standorte in peripheren Lagen in Betracht. Nicht selten erlaubt es ein peripherer Standort mehrere Märkte und Kernräume zu beliefern. An solchen Plätzen kann es zum Entstehen von *tertiären* Märkten kommen" (Ritter 1993, 280).

Die Grafik zeigt die hypothetische Struktur einer industrialisierten Wirtschaftsregion, deren Entwicklung Ritter modellartig nachzeichnete. Die skizzierten Entwicklungsprozesse laufen in einem *realen* Wirtschaftsraum keineswegs nachein-

Standortmuster eines entstehenden industriellen Kernraumes
(nach Ritter 1993)

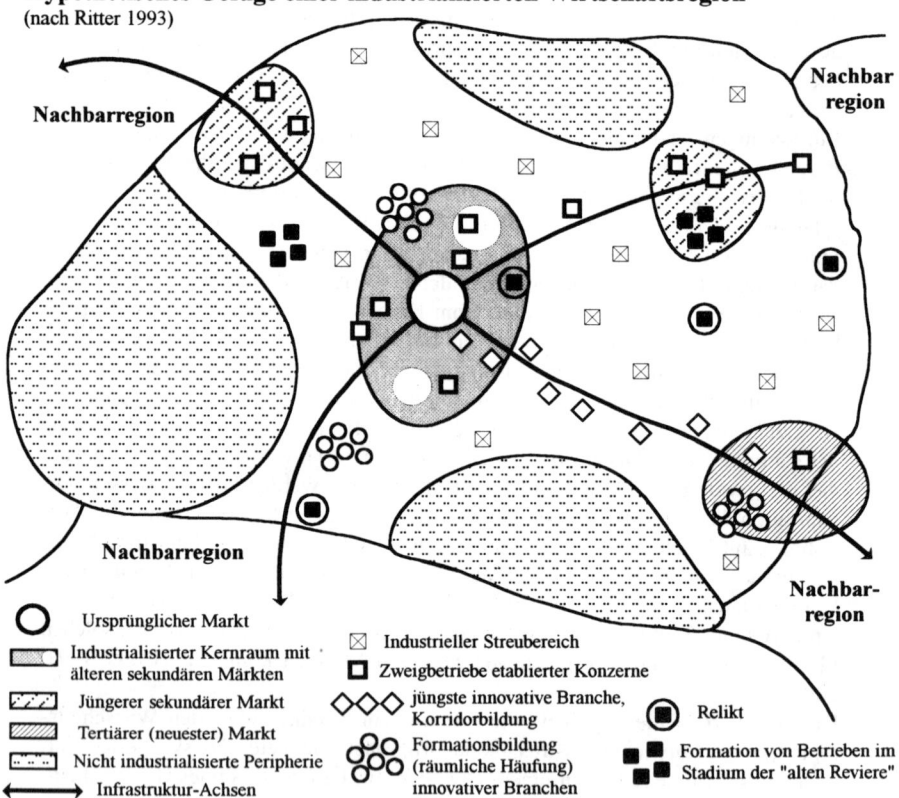

nicht industrialisierte Peripherie

Infrastrukturachsen

Urspr.
Markt

Sekundäre
Märkte

Ausweitungszone

Entstehender
Kernraum

Hypothetisches Gefüge einer industrialisierten Wirtschaftsregion
(nach Ritter 1993)

Nachbar
region

Nachbarregion

Nachbarregion

Nachbar-
region

○ Ursprünglicher Markt

▨ Industrialisierter Kernraum mit
älteren sekundären Märkten

▨ Jüngerer sekundärer Markt

▨ Tertiärer (neuester) Markt

Nicht industrialisierte Peripherie

⟷ Infrastruktur-Achsen

⊠ Industrieller Streubereich

□ Zweigbetriebe etablierter Konzerne

◇◇◇ jüngste innovative Branche,
Korridorbildung

◯◯◯ Formationsbildung
(räumliche Häufung)
innovativer Branchen

◉ Relikt

Formation von Betrieben im
Stadium der "alten Reviere"

ander ab, sondern sind zeitlich miteinander verschränkt oder überlagert. Sowohl im industriellen Kernraum der Region als auch in ihren sekundären und tertiären Standortzentren setzt sich die wirtschaftliche Entwicklung fort, so daß auch innerhalb der bestehenden Teilräume der Region eine beständige Restrukturierung von Standortmustern und Industrieaktivitäten zu erwarten ist. Das Standortgefüge der Gesamtregion wird auf der einen Seite durch "neue" oder modernisierte Industrieaktivitäten, auf der anderen Seite durch den Niedergang oder "Rückbau" älterer Industrieaktivitäten modifiziert. In vielen Fällen haben die von einem Niedergang betroffenen Industrieaktivitäten Ressourcen geschaffen, die an den gegebenen Standorten von nachfolgenden Aktivitäten genutzt werden können. So umfasst das Standortmuster eines "realen" Wirtschaftsraumes stets ein Gefüge aus neuen Elementen ebenso wie aus "Relikten" der regionalen Industrieentwicklung, die *zusammen* die "ökonomische Landschaft" der Region prägen.

Industrielle Produktionssysteme und Raumstruktur

Das zuvor beschriebene "evolutionäre" Modell einer industriellen Wirtschaftsregion macht nur wenige Aussagen zu den ökonomisch-funktionalen Beziehungen zwischen den standortbildenden Wirtschaftseinheiten. Diesen Beziehungen wird vor allem im Bereich der Industriegeographie große Bedeutung zugemessen. Die Wirtschaftsgeographen Scott/Storper (1992) z.B. gehen davon aus, daß die wirtschaftsräumliche Entwicklung aus der Perspektive der Dynamik industrieller Produktionssysteme betrachtet werden sollte. Ein industrielles Produktionssystem wird aus einem Ensemble von *Betrieben* gebildet (die nach Branchen oder Produktionszweigen, Betriebsgrößen u.ä. gruppiert werden können). Ein *Unternehmen* kann einen oder mehrere Betriebe umfassen (und zugleich in verschiedenen Branchen und an mehreren Standorten aktiv sein). Jeder Betrieb hat Verbindungen zu anderen Betrieben über Käufe und Verkäufe, Informationsflüsse, und andere Arten von Transaktionen. Wo mehrere Betriebe miteinander durch komplementäre Lieferbeziehungen verknüpft sind, formen sie einen *industriellen Komplex*, d.h. ein durch *funktionale* Interdependenz gekennzeichnetes Ensemble von Produktionseinheiten. Ein industrieller Komplex kann - muß aber nicht (!) - *geographisch* konzentriert sein. Wenn der industrielle Komplex (oder der größte Teil davon) geographisch konzentriert ist, hat man eine *Agglomeration* vor sich, d.h. einen räumlich verdichteten Komplex miteinander verbundener Produktionseinheiten. Industrielle Agglomerationsräume überschneiden sich weithin mit städtischen Verdichtungsräumen (wobei die letzteren nicht allein durch industrielle Produktionsfunktionen charakterisiert sind). In einer *Region* sind eine kleinere oder größere Zahl von Produktionseinheiten (Betrieben) *territorial* gruppiert. Die Betriebe einer gegebenen Region können sowohl geographisch verstreut (Dispersion) angeordnet als auch räumlich konzentriert sein, und jede Region kann mehrere Agglomerationen umfassen.

Grundelemente der funktionalen und räumlichen Regionalstruktur

nach Scott/Storper 1992

—— = funktionale Verknüpfung
•   = Produktionseinheit (Betrieb)
F   = Unternehmen ("Firma"); (F6 = multi-regionales Unternehmen)
A   = Agglomeration (z.B. Stadtregion)

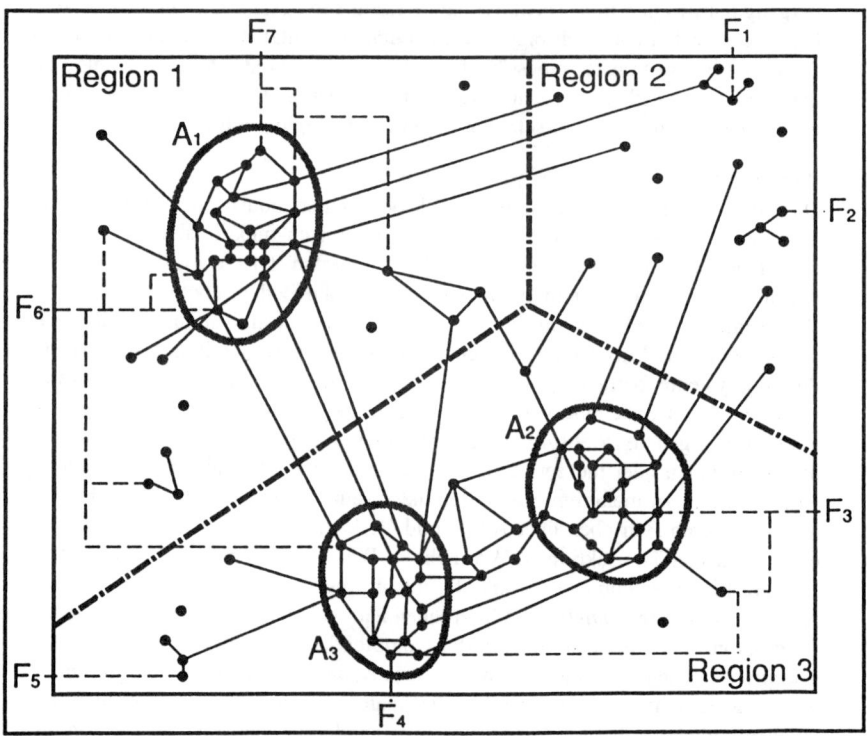

In der Grafik sind die Grundelemente dieser Regionalstruktur schematisch dargestellt: Die Basis bilden verschiedene Ensembles von Produktionseinheiten, die
über Transaktionsbeziehungen miteinander verbunden sind. Zum Teil haben solche Verbindungen rein lokalen Charakter, in anderen Fällen können sie mehrere
Agglomerationen oder auch verschiedene Regionen weiträumig miteinander verknüpfen. Bei den Unternehmen (Firmen) gibt es solche, die nur einen Betrieb
umfassen, und "Mehrbetriebs"-Unternehmen, deren Produktionseinheiten in verschiedenen Agglomerationen und in mehreren Regionen angesiedelt sein können
(multi-regionale Unternehmen). Im grafischen Schema sind mehrere industrielle
Komplexe erkennbar, und zugleich wird verdeutlicht, daß Teile dieser Komplexe
sich im geographischen Raum zu Agglomerationen formieren, die durch räumlich
dichte Beziehungsgefüge charakterisiert sind. Das Schema hebt aber auch den
Sachverhalt hervor, daß die Agglomerationen keineswegs "geschlossene" Wirt-
schaftsgebilde darstellen; vielmehr sind die hier angesiedelten Produktionseinheiten in vielen Fällen auch mit "externen" Betrieben über mehr oder weniger
weite Distanzen verknüpft. Darüberhinaus macht diese Darstellung sichtbar, daß
es keine eindeutige Korrespondenz zwischen der funktionalen und der räumlichen Logik industrieller Produktionssysteme gibt. Die Unternehmen verfügen
entsprechend ihren unterschiedlichen Produktionskonzepten und Managementstrategien über vielfältige Möglichkeiten der Ausgestaltung (und Restrukturierung) von regionalen Standortmustern.

Literatur zu Abschnitt 2:

Behrens, K.Ch.: Allgemeine Standortbestimmungslehre, Opladen 1971

Carlberg, M.: Stadtökonomie, Göttingen 1978

Christaller, W.: Die Zentralen Orte in Süddeutschland, Jena 1933

Diller, Ch.: Weiche Standortfaktoren, Zur Entwicklung eines kommunalen Handlungsfel-
des, Berlin 1992

Franck, G.: Die ökologische Rechnung. Oder der umweltschützerisch fällige Paradig-
menwechsel der Stadtplanung, in: Bauwelt, Heft 15, 1989

Gatzweiler, H.P./ Irmen, E./ Janich, H.: Regionale Infrastrukturausstattung, Bonn
(BfLR) 1991

Goodall, B.: The Economics of Urban Areas. Oxford, New York 1974

Hartmann, R./Hitz, H./Schmid, Ch./Wolff, R.: Theorien zur Stadtentwicklung, Geographische Hochschulmanuskripte, Heft 12, Oldenburg 1986

Harvey, D.: The Urbanization of Capital. Studies in the History and Theory of Capitalist
Urbanization. Baltimore 1985

Heuer, H.: Sozioökonomische Bestimmungsfaktoren der Stadtentwicklung, Stuttgart
1975

Hirsch, W.Z.: Die Nachfrage nach städtischen Verkehrsleistungen, in: Fürst, D. (Hg.): Stadtökonomie, Stuttgart, New York 1977

Hoover, E.M.: The Location of Economic Activity. New York, Toronto, London 1948

Isard, W.: Location and Space Economy. A General Theory relating to Industrial Location, Market Areas, Land Use, Trade, and Urban Structure. Cambridge 1956

Isenberg, G./ Brösse, U.: Industrielle Zuliefererbeziehungen als Standortfaktor. Hannover 1971

Jacobs, J.: The economy of cities, Harmondsworth 1972

Läpple, D.: Vom Gütertransport zur logistischen Kette - Neue Anforderungen an Güterverkehrsnetze in einer international arbeitsteiligen Gesellschaft. in: Mitteilungen der Deutschen Akademie für Städtebau und Landesplanung, Jg. 34, Bd. 1, 1990

Läpple, D. (Hg.): Güterverkehr, Logistik und Umwelt. Analysen und Konzepte zum interregionalen und städtischen Verkehr, Berlin 1993

Leibfritz, W./Teschner, S.: Staatliche Einflüße auf die Standortwahl der Unternehmen, in: IFO-Schnelldienst 25/1980

Loesch, A.: Die räumliche Ordnung der Wirtschaft, Stuttgart 1967

Lüder, K./Küpper, W.: Unternehmerische Standortplanung und regionale Wirtschaftsförderung, Göttingen 1983

Nam, Ch.W./Nerb,G./Reuter, J./Russ,H.: Wettbewerbsfähigkeit ausgewählter EG-Regionen, in: Ifo-Schnelldienst, Nr. 9/90, München 1990

Pfouts, R.W. (Hg.): The techniques of urban economic analysis, West Trenton 1960

Richardson, H.W.: Regional economics. London 1972

Richardson, H.W.: Urban Economics, Harmondsworth 1973

Richardson, H.W.: Standortverhalten, Bodenpreise und Raumstruktur, in: Fürst, D. (Hg.): Stadtökonomie. Stuttgart, New York 1977

Richardson, H.W.: The new urban economics - and alternatives. London 1977

Ritter, W.: Allgemeine Wirtschaftsgeographie, München/Wien 1993

Ruppert, W.: Produktionsstandorte der Industrie im Urteil der Unternehmen - Ergebnisse einer IFO-Umfrage, in: IFO-Schnelldienst 19/1979

Schätzl, L.: Wirtschaftsgeographie, Bd. 1: Theorie, 5.Aufl., Paderborn u.a. 1993

Scott, A.J./Storper, M.: Le développement régional reconsidéré, in: Espaces et Sociétés, No. 66/67: Restructurations économiques et territoires, Paris 1992

Storper, M./Walker, R.: The capitalist imperative. Territory, technology and industrial growth. Oxford 1989

Streit, M.: Über die Bedeutung des räumlichen Verbunds im Bereich der Industrie, Köln/Berlin/ Bonn/München 1966

Thompson, W.R.: A Preface to Urban Economics. Baltimore 1965

Weber, A.: Industrielle Standortslehre. Allgemeine und kapitalistische Theorie des Standortes. Tübingen 1914

Whitehand, J.W.R.: The making of the urban landscape, Oxford 1991

Zimmermann, K.: Umweltprobleme der Verstädterung, in: Fürst, D. (Hg.): Stadtökonomie, Stuttgart, New York 1977

Zinn, K.G.: Volkswirtschaftslehre, Eine einführende Darstellung, 2. Aufl., Aachen 1991

3. Raumentwicklung im Zeichen neuer Technologien und industrieller Organisationsbeziehungen

Seit Mitte der 70er Jahre haben sich in vielen europäischen Ländern neue Formen regionaler Disparitäten herausgebildet, die als "Polarisierung der Städte im Rahmen des nationalen Wirtschaftsraums" umschrieben werden. Diese Entwicklung überformt die bislang vorherrschende Zentrum-Peripherie-Disparität. Empirisch läßt sich auch für die Bundesrepublik Deutschland das Auseinanderdriften der städtischen Agglomerationen anhand ihrer Wirtschaftskraft- und Beschäftigtenentwicklung zeigen. Wenn die Polarisierung *zwischen* Städten und Stadtregionen eine bestimmende Tendenz der gegenwärtigen Raumentwicklung darstellt, müssen Raumanalysen über jene traditionellen Zentrum-Peripherie-Schemata, die verstädterte Gebiete als Zentren des Wachstums und ländliche Gebiete als die zurückbleibenden peripheren Gebiete identifizierten, hinausgehen, denn "seit dem Umbruch der Weltwirtschaft, der auf Mitte der 70er Jahre datiert werden kann, zeichnet sich gegenüber diesem Schema eine neue Entwicklung ab: Die Disparität zwischen verstädterten und peripheren Gebieten wird überlagert durch eine sich immer deutlicher abzeichnende *Ungleichheit der Entwicklung der Zentren selbst.* Im Zeitraum von 1976 - 1983, als die Gesamtbeschäftigung der bundesrepublikanischen Wirtschaft noch um 1 % zunahm, waren nicht mehr alle Agglomerationen an diesem Wachstum beteiligt: die Verdichtungsgebiete südlich der Main-Linie (Rhein-Main, Rhein-Neckar, Karlsruhe, Stuttgart, München und Nürnberg) hatten überdurchschnittliche Arbeitsplatzzuwächse, während die nördlich des Mains gelegenen Agglomerationen (Bremen, Hannover, Ruhrgebiet sowie die ab Köln nördlich am Rhein gelegene Region) Beschäftigungsverluste aufwiesen. *Dieses Auseinanderdriften der Agglomerationen ist das eigentlich Neue an der räumlichen Entwicklung in der Bundesrepublik*" (Häußermann/ Siebel 1988, 79f).

Ansätze zur Erklärung der zunehmenden Entwicklungsdifferenzen zwischen den Stadtregionen messen den unterschiedlichen *Produktions-Strukturen in den Stadtregionen* größte Bedeutung zu. In diesem Zusammenhang hat sich eine breite Diskussion um die Rolle sog. "High-Tech"-Industrien in der heutigen Stadtentwicklung entfaltet. Andere Ansätze, die im Abschnitt zur "Raumökonomie der Dienstleistungen" behandelt werden, stellen die unterschiedliche Verteilung von unternehmerischen Direktions- und Kontrollpotentialen sowie von "höherwertigen" Dienstleistungsangeboten auf die Stadtregionen in den Mittelpunkt.

Polarisierung im Städtesystem:
Veränderung der Beschäftigtenzahl in ausgewählten Städten 1976 - 1988

Quelle: eig. Berechng. nach Bade, Regionale Beschäftigungsprognose 1995, Bonn 1991

Veränderung in %

München 7,4
Frankfurt-M. 5,2
Karlsruhe 4,5
Stuttgart 3,3
Nürnberg 2,4
Berlin (West) 2,1
Mannheim -2,8
Hannover -3,4
Hamburg -3,9
Düsseldorf -4,9
Saarbrücken -5,2
Köln -5,7
Bremen -6
Dortmund -12,2

Zur Bedeutung von Branchen-Strukturen
in der städtischen Wirtschaftsentwicklung

Traditionell galt die sektorale Struktur bzw. die Branchenstruktur einer Stadtregion, die Zusammensetzung ihrer Wirtschaft aus wachstumsstarken und wachstumsschwachen Branchen, als ein zentraler Bestimmungsfaktor für die unterschiedliche Entwicklungsdynamik von Stadtregionen.

Mit Hilfe von Shift-Share-Analysen (Strukturkomponenten-Analyse) ist versucht worden, den Einfluß von Branchenstrukturen empirisch zu erfassen. Für die Bundesrepublik Deutschland hat Bade (1987) nachgewiesen, daß der sektorale Strukturfaktor (bzw. die Branchenzusamensetzung) nur eingeschränkte Bedeutung für die Entwicklungsdynamik der Stadtregionen - gemessen an ihrer Beschäftigtenentwicklung - hat.

Bei der *Strukturkomponenten-Analyse* wird ermittelt, wie sich die Gesamtbeschäftigung einer Region verändert *hätte, wenn* sich die Beschäftigtenzahl in den einzelnen Branchen (der Region) genau wie im Bundesdurchschnitt (der jeweiligen Branche) entwickelt hätte. Dazu wird die regionale Beschäftigtenzahl einer Branche mit der jeweiligen bundesdurchschnittlichen Veränderungsrate multipliziert, woraus sich ein "Struktureffekt" bzw. *"Brancheneffekt"* ableitet. Diese fiktive Beschäftigtenentwicklung der Region wird der tatsächlichen Entwicklung gegenübergestellt. Wenn die *tatsächliche* Beschäftigtenzahl von der fiktiven Größe nach oben (unten) abweicht, hat sich die Beschäftigung in der Region im Verhältnis zu ihrer sektoralen Struktur relativ günstig (ungünstig) entwickelt. Die Differenz zwischen tatsächlicher und strukturbedingter Veränderung wird dann als *"Standorteffekt"* betrachtet (und mitunter auch als "Standortfaktor" oder "Regionalfaktor" bezeichnet). Die regionale Wirtschaftsentwicklung wird in die beiden Komponenten Struktur- und Standorteinfluß (bzw. Branchen- und Standorteffekt) aufgegliedert. Dabei ist die "Mülleimer-Funktion" des sog. Standorteffekts zu beachten: Hinter diesem können sich ganz verschiedene Einflußgrößen verbergen, die vom Innovationspotential einer Region über besondere Kontroll-, Transfer- und Verflechtungsstrukturen bis hin zur unterschiedlichen Ausstattung einer Region mit Infrastrukturen und Arbeitskräfteangeboten reichen.

F.J. Bade (1987) hat für die Bundesrepublik gravierende Abweichungen der Beschäftigtenentwicklung der Agglomerationen von der strukturbedingt zu erwartenden Veränderung nachgewiesen. Die *nördlichen* Agglomerationen verzeichneten von 1976 bis 1983 eine geringere tatsächliche Beschäftigungsänderung als strukturbedingt zu erwarten gewesen wäre; die *südlichen* Agglomerationen verzeichneten dagegen mit Ausnahme des Rhein-Main-Gebiets real einen größeren Beschäftigungszuwachs als aufgrund ihrer sektoralen Struktur (Branchenstruktur)

Strukturkomponenten der städtischen Beschäftigtenentwicklung
Beispiel Berlin (West) 1980 - 1988
Veränderung der Beschäftigtenzahl ausgewählter Branchen in 1000

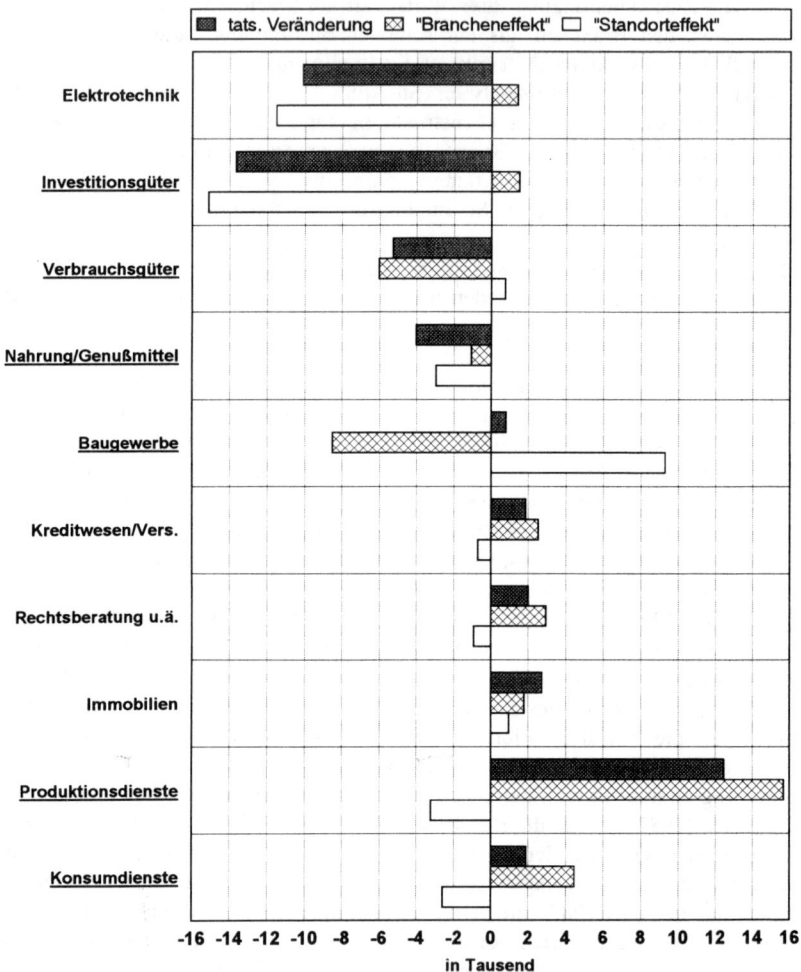

Quelle: Eig. Berechng. nach Daten der Beschäftigtenstatistk

Die Bedeutung der Branchenstruktur für die
Beschäftigtenentwicklung in den Agglomerationen 1980 - 1988

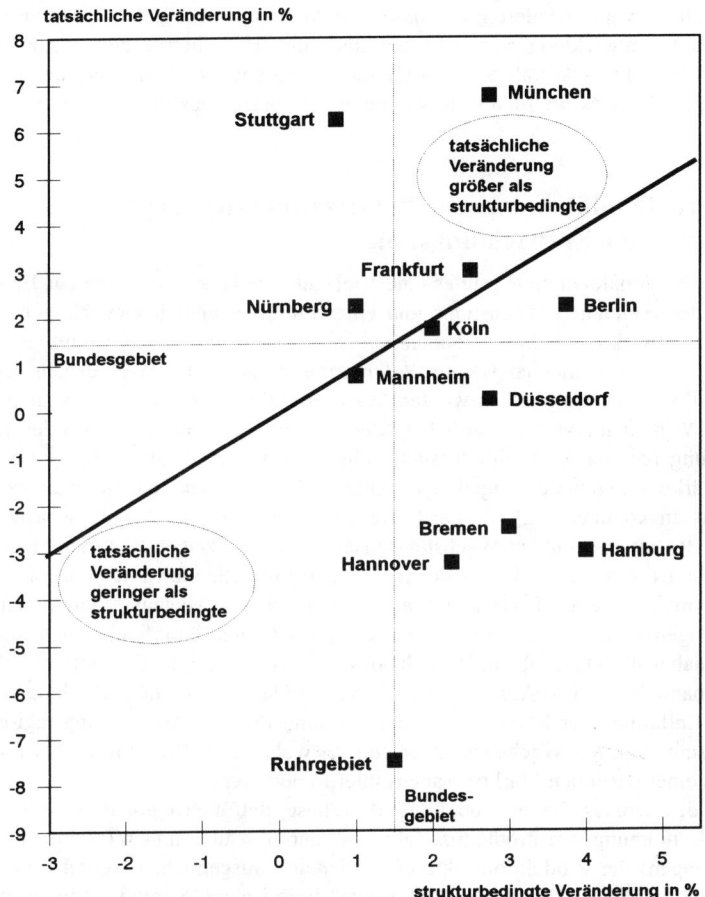

Quelle: Eigene Berechnung
auf Basis der Beschäftigtenstatistik;

erwartet werden konnte. Einige Stadtregionen hatten trotz einer relativ günstigen sektoralen Struktur - derzufolge 'eigentlich' ein Beschäftigtenwachstum zu erwarten war - sogar Beschäftigte eingebüßt. Auch für den Zeitraum von 1980 - 1988 lassen sich beträchtliche Abweichungen der tatsächlichen Beschäftigtenentwicklung der Agglomerationen von der strukturbedingt zu erwartenden Veränderung feststellen, wobei wiederum die *südlichen* Agglomerationen eine günstigere Beschäftigtenentwicklung verzeichneten als ihrer Branchenstruktur zuzurechnen wäre. Fazit: Die sektorale Struktur (Branchen-Zusammensetzung) besitzt nur eine geringe Aussagekraft für die tatsächliche Beschäftigungsentwicklung einer Region.

Das regionalökonomische Polarisations-Konzept: Theorie der Entwicklungspole

In der Regionalökonomie gibt es eine Vielzahl von Theorieansätzen zur Behandlung des regionalen Wachstums und einer räumlich ungleichgewichtigen Wirtschaftsentwicklung. Dabei können *neoklassische Modelle* des interregionalen Wachstumszusammenhangs und *Polarisationsmodelle* als zwei gegensätzliche Modelltypen hervorgehoben werden, die hinsichtlich der Frage, ob das ungehinderte Wirken marktwirtschaftlicher Mechanismen zur Angleichung oder Überwindung regionaler "Wohlfahrtsunterschiede" oder eher zur Verfestigung oder Verstärkung regionaler Ungleichgewichte tendiert, zu ganz unterschiedlichen Ergebnissen kommen (vgl. Buttler/Gerlach/Liepmann 1977). "Neoklassische Modelle des interregionalen Wachstumszusammenhangs zeigen, daß der Marktmechanismus zum Ausgleich regionaler Wachstumsdifferenzen tendiert. Dies ist ganz im Sinne einer Erklärungsstrategie, die sich des Themas 'Raumdimension' entledigen will, weil die neoklassischen Vorhersagen darauf hindeuten, daß es sich dabei um ein Problem handelt, das sich von selbst löst" (Buttler/Gerlach/ Liepmann 1977, 59). Aus der Perspektive neoklassischer Theoriebildung ist die freie Entfaltung der Marktkräfte Voraussetzung für eine Angleichung regionaler Einkommens- und Wachstumsunterschiede, wobei evtl. "Störungen" als Phänomene eines partiellen Marktversagens interpretiert werden.

Kern des neoklassischen Modells ist die These, daß interregionale Unterschiede der "Entlohnung von Produktionsfaktoren" durch Wanderungen (räumliche Verlagerungen) der Produktionsfaktoren tendenziell ausgeglichen werden. Im Falle regional unterschiedlicher "Faktorentgelte" (wie Löhne, Kapitalzinsen) wandern Produktionsfaktoren (wie Arbeitskräfte, Kapital) solange an die Orte ihrer "bestmöglichen Entlohnung", bis sich die Entgeltdifferenzen vermittelt über das Zusammenspiel von Angebot und Nachfrage nivellieren. Das Funktionieren dieses Angleichungsprozesses ist u.a. an die folgenden Voraussetzungen geknüpft:

(a) Erstens muß unterstellt werden, daß evtl. Verzögerungen bzw. zeitliche Differenzierungen regionaler Anpassungsprozesse nicht zur Aufhebung der Anpassungstendenz führen. Demgegenüber gehen Polarisationsmodelle davon aus, daß zeitliche "Anpassungs-Rückstände" die Vorrangstellung bestimmter Regionen verstärken können. (b) Zweitens wird im neoklassischen Modell davon ausgegangen, daß die "Effizienz" der Produktionsfaktoren raum*unabhängig* ist, und daß zwischen den Wirtschaftseinheiten verschiedener Regionen keine prinzipiellen Unterschiede der Organisationsstruktur bestehen, daß sich die Wirtschaftsbetriebe in den verschiedenen Regionen nach ihrer Struktur, Funktion und Größe gleichen. Polarisationsmodelle legen demgegenüber eine regionale Differenzierung der wirtschaftlichen Organisationsformen zugrunde. (c) Drittens wird im neoklassischen Modell eine *unbeschränkte Mobilität* der Produktionsfaktoren unterstellt. Bei der Kapitalmobilität ist zu unterscheiden zwischen dem hochgradig mobilen Geld- und Investitionskapital, und dem in Produktionsanlagen "fixierten" Kapital. Die "Mobilität des Kapitals" kann sich auf die Möglichkeit beziehen, Investitionskapital zwischen Regionen zu verschieben, und darauf, interregionale Kapitaltransfers über Kapitalmärkte abzuwickeln. Der Stellenwert von Transfers zwischen *regionalen* Kapitalmärkten ist begrenzt, weil "ein großer Teil der Kapitaltransfers zwischen Regionen auf Transfers zwischen Mutter- und Tochtergesellschaften, Haupt- und Zweigbetrieben entfällt, sich also auf einem *internen* Kapitalmarkt abspielt" (Buttler/Gerlach/Liepmann 1977, 79). Bestehende Produktionsanlagen können natürlich nicht ohne weiteres zwischen Regionen verschoben werden, so daß "Standortverlagerungen" der Produktion immer mit Mobilitätskosten verbunden sind, die keine "unbeschränkte" Mobilität zulassen. Hinsichtlich der Arbeitskräftemobilität bestehen eine Reihe von Mobilitätshemmnissen, die es fraglich erscheinen lassen, ob die interregionale Wanderung von Arbeitskräften in erster Linie an Lohndifferenzen festgemacht werden kann. Zu den Mobilitätshemmnissen gehören (neben dem Interesse vieler Lohnabhängiger an stabilen Beschäftigungsverhältnissen) insbesondere Umzugskosten und soziale Wohnort-Bindungen (hinzu kommen wohnungsmarktspezifische Mobilitätsbarrieren). Unter den Bedingungen von Unterbeschäftigung und Arbeitslosigkeit wird die interregionale Wanderung von Arbeitskräften weniger den Lohndifferenzen als vielmehr dem regional unterschiedlichen Arbeitsplatzangebot (Angebots*umfang*) folgen. Weder die Grundannahmen des neoklassischen Modells des interregionalen Wachstumszusammenhangs noch die Prognosen hinsichtlich der Ausgleichungstendenz regionaler Wachstumsdifferenzen sind mit den Realitäten der Wirtschaft und Regionalstruktur vereinbar.

Das Polarisationsmodell

Beim Polarisationsmodell der regionalen Wirtschaftsentwicklung wird von einer partiellen Immobilität der Wachstumsdeterminanten ausgegangen; bei der Erklärung inter-regionaler Wachstumsdifferenzen wird ein zirkulär-kumulativer Wirkungszusammenhang in den Mittelpunkt gestellt.

Die Theorie der Wachstums- oder Entwicklungspole geht allgemein davon aus, daß "gesamtwirtschaftliches Wachstum das Ergebnis aufeinanderfolgender Entwicklungsschübe innerhalb sektoral/regional identifizierbarer Zusammenballungen wirtschaftlicher Aktivitäten (d.h. Entwicklungspolen)" ist (Buttler 1973, S.4). Dabei müssen sektorale Pole nicht notwendigerweise auch regionale Entwicklungspole begründen - *regionale* Wachstumspole entstehen, wenn die Elemente eines sektoralen Poles zur räumlich-nachbarschaftlichen Ansiedlung neigen. Die leitende Hypothese des Polarisationskonzepts besagt, daß vorhandene regionalökonomische Disparitäten nicht einem Ausgleichungsprozeß unterliegen, sondern sich in einem Prozeß "zirkulärer Verursachung" verstärken. Allerdings wird in diesem konzeptuellen Rahmen auch zugestanden, daß sich im Zuge sozialökonomischen Strukturwandels neuartige Wachstumsdeterminanten ausbilden können, die eine Verschiebung regionalökonomischer Vorrangpositionen (und bei mangelnder Anpassungsfähigkeit auch den Niedergang ehemals bedeutender Entwicklungspole) einleiten können. Die *polarisierte* Entwicklung basiert auf einer ungleichmäßigen Verteilung und interregional beschränkten Mobilität von Wachstumsdeterminanten, auf dem Einfluß von Kommunikationskosten zwischen verbundenen Wirtschaftsaktivitäten, und auf "monopolistischen Starrheiten" im Sinne von Autoritäts-Abhängigkeitsbeziehungen zwischen Wirtschaftseinheiten.

Die Theorie der Wachstums- oder Entwicklungspole hat einen *dominationstheoretischen* Ausgangspunkt: Ein "Dominations-Effekt" liegt vor, wenn eine Wirtschaftseinheit auf eine andere oder eine Gruppe anderer Wirtschaftseinheiten direkt oder indirekt einen beherrschenden Einfluß ausübt (dieser kann z.B. über Kapitalbeteiligungsverhältnisse, oder eine Vormachtstellung in Bezugs- und Absatzverbindungen, oder durch informelle "Führerschaft" in einem Verbund von Unternehmen vermittelt sein). Das Polarisationskonzept geht davon aus, daß der "Dominations-Effekt" sowohl von Wirtschaftseinheiten (Unternehmen oder Produktionseinheiten) als auch von Wirtschafts*räumen* (Regionen) ausgeübt werden kann: "Ein in der Region A beginnender Wachstumsprozeß, der seinen Ursprung in einer Expansion der dort lokalisierten dominierenden Firmen hat, kann sich auf andere Regionen übertragen (*Ausbreitungseffekt*) oder auf das Ausgangsgebiet beschränkt bleiben (Polarisationseffekt)" (Heuer 1975, S. 61 f). Räumliche Polarisationseffekte *in diesem engen Sinne* entstehen, wenn die dominierten Firmen in der gleichen Region wie die dominierende Firma lokalisiert sind.

Polarisationseffekte *in einem weiteren Sinne* entstehen, wenn eine dominierende Einheit sich "Transfers" aus anderen Regionen verschaffen kann (*Entzugseffekt*). In der Theorie der Entwicklungspole wird den Entzugseffekten große Bedeutung zugemessen. Dabei sehen manche Forscher eine entscheidende Ursache für Autoritäts-/Abhängigkeitsverhältnisse zwischen Regionen (oder Städten) in der räumlich ungleichmäßigen Adaption und Diffusion technischer und institutioneller Innovationen: "Führende" (Stadt-)Regionen verfügen über eine hohe Innovations-Kapazität, wohingegen der Entwicklungspfad von "peripheren" (Stadt-) Regionen hauptsächlich von Institutionen der "führenden" (Stadt-)Regionen bestimmt wird. Ausbreitungseffekte bzw. Wachstumsimpulse zugunsten peripherer Regionen kehren sich häufig nach einer gewissen Zeitspanne in Entzugseffekte um: so wird auch die Verlagerung von standardisierten Produktionsfunktionen in periphere Regionen das Dominationspotential der "führenden" (Stadt-) Region verstärken.

Buttler (1973) hat im Zusammenhang seiner Analyse spanischer Wachstumspole u.a. "kalkulatorische" interregionale Transfers gemäß der Struktur externer Kapitalbeteiligungen an Unternehmen einer Region ermittelt. In seiner empirischen Analyse ausgewählter Wachstumspole, die im Rahmen regionalpolitischer Entwicklungsstrategien gefördert worden waren, ging er der Frage nach, in welchem Umfang die vom Pol ausgehenden Ausbreitungseffekte *innerhalb der Pol-Region* gehalten werden konnten, bzw. in welchem Umfang Abfluß-Effekte aus der Region festzustellen waren.

Während Autoren wie Myrdal (1974) Ausbreitungseffekte als grundsätzlich positiv für periphere Regionen bewertet haben, betonte Friedmann, daß eine Dominations-Beziehung auch im Falle von Ausbreitungseffekten bestehen bleibt, wenn nämlich Ausbreitungseffekte in Entzugseffekte umgekehrt werden können, und wenn Innovationen in peripheren Regionen durch Wirtschaftseinheiten der "führenden" (Stadt-)Regionen dirigiert und kontrolliert werden. Der dominationstheoretische Ansatz des Polarisationsmodells kann nicht nur auf (eher großräumige) Zentrum-Peripherie-Beziehungen bezogen werden, sondern auch hinsichtlich der *zwischen den Stadtregionen (den "Zentren")* bestehenden "horizontalen" Kontroll-, Austausch- und Transferbeziehungen diskutiert werden.

High-Tech-Industrien als Hoffnungsträger der Stadtentwicklung ?

Im Bezugsrahmen einer "innovationsorientierten" regionalen Entwicklungspolitik hat sich die Auffassung verbreitet, daß *technologische* Innovationen bzw. die Fähigkeit einer (Stadt-) Region, sog. High-Tech-Industrien an sich zu ziehen, über den Aufstieg oder Abstieg der regionalen Wirtschaft entscheidet. Die neuen Informations- und Kommunikations-Technologien und darauf basierenden High-Tech-Industrien sind heute zu ökonomischen "Hoffnungsträgern" avanciert - ob eine Region am wirtschaftlichen Aufschwung teilnimmt oder nicht, ob sie im inter-regionalen Wettbewerb zu den Absteigern oder Aufsteigern gehört, scheint von ihrer Ausstattung mit (bzw. Anziehung von) neuen Technologien und High-Tech-Industrien abzuhängen. Auf diesem Hintergrund wird in der regionalen und kommunalen Wirtschafts- und Innovationspolitik heute vielfach der Förderung des Hochtechnologiebereichs ein zentraler Stellenwert zugemessen.

Soweit dieser technologie-zentrierten Stadt- und Regionalpolitik eine theoretische Begründung gegeben wird, stützt man sich auf die "*Theorie der langen Wellen wirtschaftlicher Entwicklung*" (Kondratieff-Zyklen) und das Konzept der Innovationszyklen (in der Tradition von Schumpeter): Hiernach "treten sog. 'Basisinnovationen' im längerfristigen Entwicklungsprozeß diskontinuierlich auf, lösen durch ihre Verknüpfung mit komplementären Innovationen eine schubweise Einführung tiefgreifender technischer Neuerungen aus, was wiederum mit einer massiven Neuanlage von Kapital verbunden ist und so zum Aufschwung eines neuen Entwicklungszyklus führt. Die Basisinnovationen haben im Prozeß ihrer Durchsetzung eine doppelte Auswirkung: Einerseits bilden sie die technologische Grundlage für die Herausbildung neuer ökonomischer Aktivitäten und damit neuer Industriebranchen, Dienstleistungsbereiche und wirtschaftlicher Wachstumszentren; andererseits untergraben sie in einem Prozeß der 'schöpferischen Zerstörung' traditionelle Wirtschaftsbereiche und damit vielfach auch die ökonomische Basis ganzer Wirtschaftsregionen. Mit zunehmendem Reifegrad der technischen Neuerungen erschöpft sich jedoch das Entwicklungspotential der Basisinnovationen aus technischen wie aus ökonomischen Gründen. Der durch sie eröffnete Wachstumsspielraum schrumpft bei gleichzeitiger Abnahme der Kapitalproduktivität bzw. sinkender Profitrate. (...) Die 'lange Welle' gerät in die Depressionsphase, und über das damit verbundene 'technologische Patt' und die Destabilisierung sozialökonomischer Strukturen und politisch-regulativer Arrangements entstehen die Rahmenbedingungen für den möglichen Durchbruch neuer Basisinnovationen" (Läpple 1989, 214).

Unter Bezugnahme auf den skizzierten Theorieansatz behaupten eine Reihe von Regionalwissenschaftlern, daß die gegenwärtig hervortretenden regionalwirtschaftlichen Disparitäten mit der Zyklizität technologischer Neuerungen zu erklären sei: "Jeder Innovationszyklus hat Entwicklungszentren, Orte, die aufgrund bestimmter Standortvorteile die Vorreiter und in späteren Jahren auch die räumlichen Sinnbilder einer neuen langen Welle sind. Durch die starke Konzentration und Monostrukturierung dieser Regionen auf die jeweiligen Wachstumsträger - Qualifikationen werden einseitig darauf ausgerichtet etc. - bilden sich die Kerne von neuen langen Wellen tendenziell in 'neuen' Regionen, wo noch unverbrauchte Potentiale für neue Entwicklungen liegen; jeder Zyklus braucht neue Räume, die vorher 'Ruhe' hatten" (Grabow/Henckel 1988, 159). Hierbei wird nun von Innovationszyklen auf die Existenz von "Raum-Zyklen" geschlossen - denn die Verschiebung von Wachstumszentren in der räumlichen Dimension sei ebenso wie der Einfluß- und Bedeutungsverlust von ehemals bedeutenden Städten "zyklischer Natur" (vgl. Grabow/Henckel 1988; Ewers 1986). So liegt es nahe, den Städten und Regionen zu empfehlen, ihre Entwicklung auf die vom jeweiligen Innovationszyklus vorgegebenen "neuen Wachstumsträger" (und dies heißt gegenwärtig: auf die Informations- und Kommunikationstechnologien bzw. die sog. High-Tech-Branchen) zuzurichten.

Die Behauptung, daß sich die Kerne von neuen langen Wellen tendenziell in "neuen" Regionen lokalisieren, ist mit den realen wirtschaftsgeographischen Tendenzen kaum vereinbar: Tatsächlich haben sich die High-Tech-Branchen in ganz unterschiedlichen Gebietstypen ausgebreitet, nämlich erstens in Randzonen vorhandener Großstadtregionen (hier vor allem High-Tech-Industrien), zweitens im Bereich innerstädtischer Büro- und Geschäftszentren (hier vor allem die High-Tech- Produkt- und Verfahrensentwicklung), und drittens in bisher nicht-industrialisierten Regionen (z.B. "sunbelt areas" in den USA und Europa). Offenbar braucht ein neuer Zyklus nicht unbedingt "neue Räume, die vorher Ruhe hatten". In vielen Fällen bilden sich "neue Räume" industrieller Produktion als Enklaven innerhalb *bestehender* Agglomerationsräume. Besonders in der Bundesrepublik Deutschland ist eine selektive Eingliederung der High-Tech-Wachstumspotentiale in *existierende Standortzentren* (wie z.B. die Stadtregionen München und Hamburg) statt ihrer Ansiedlung in nicht-industrialisierten Regionen die bestimmende Tendenz (vgl. Krätke 1991). So sind gerade die Unternehmen der Informations- und Kommunikationstechnologie in der Bundesrepublik in starkem Maße auf die Großstädte und die hochverdichteten Umlandkreise von großen Verdichtungsräumen konzentriert. Eine regional ungleichmäßige Entwicklung von High-Tech-Industrien wird aus der Perspektive des regionalökonomischen Polarisationsansatzes auf "Anpassungslags" bei der Verbreitung (Diffusion) von Innovationen bezogen: Wenn das Innovationspotential einer Region auch von den in dieser Region bereits "getätigten" Innovationen abhängig ist, und Innovationen stets nur mit zeitlicher Verzögerung inter-regional verbreitet werden, dann können die regionalen Vorreiter oder "Ursprungsregionen" einer Innovation einen sich selbst verstärkenden Wachstumsvorteil wahrnehmen.

Eine *technologie*-zentrierte regionale Innovationspolitik ist nicht ohne weiteres erfolgversprechend: Verschiedene Analysen der analog zu diesem Ansatz konzipierten japanischen "Technopole" zeigen, daß Hochtechnologie-Zentren nicht unbedingt die erwarteten Ausstrahlungseffekte auf die Region haben, da sie häufig die Form von *isolierten* großen Komplexen mit *überregionalen* Lieferverflechtungen und Absatzbeziehungen annehmen. Solche "Kathedralen in der Wüste" brachten nicht die erwarteten regionsinternen Ausbreitungseffekte (in Form der Neugründung von zusätzlichen Produktions- und Dienstleistungsbetrieben). Auf dem Hintergrund dieser Erfahrungen scheint die *regionsinterne Ausbreitung und Vernetzung* von Innovationspotentialen bedeutsamer als der Aufbau von Hochtechnologie-Zentren mit Enklaven-Charakter.

Das Konzept der vorrangigen "High-Tech"-Förderung läuft Gefahr, "Innovationen" auf die Komponenten der Prozess-Innovation (neue Verfahren und Technologien) und Produkt-Innovation (neue Produkte) zu reduzieren; eine dritte bedeutende Komponente der Innovationstätigkeit, nämlich die Organisations-Innovation, die nicht nur im Sinne betriebsinterner Reorganisationsmaßnahmen zu verstehen ist, sondern auch die Dimension der zwischenbetrieblichen Organisationsbeziehungen umfasst, wird dabei vernachlässigt. Wird darüberhinaus der Zusammenhang von Wirtschaft und Kultur miteinbezogen, d.h. die besonderen wirtschafts- und arbeitskulturellen Prägungen der Regionen, kommt man zum Konzept des regionalen "Innovations-Milieus", das auch den Einfluß eines mehr oder weniger "innovationsfördernden" *Beziehungsgeflechts* zwischen *allen* wirtschaftlich relevanten Akteuren einer Region (Unternehmen, Arbeitnehmer, gesellschaftliche Interessenorganisationen und Staatsseite) berücksichtigt.

Industrielle Arbeitsteilung in räumlicher Perspektive

Der "Produkt-Lebenszyklus"

Viele Stadtforscher interpretieren den wirtschaftlichen Strukturwandel der Städte und die Polarisierung der Großstadtentwicklung als Ergebnis einer räumlich selektiven Konzentration bestimmter wirtschaftlicher Funktionen, wobei neue hochqualifizierte Arbeitsplätze (vor allem im Bereich Forschung, Entwicklung und Management) in jenen Städten zentralisiert werden, die bereits bevorzugter Standort von Konzernzentralen und "neuen" Wachstumsindustrien sind. Als *Erklärungsansatz* für die selektive Zentralisierung hochqualifizierter Arbeitsplätze und die räumliche Dezentralisierung von Ausführungsfunktionen wird dabei häufig die "Produkt-Lebenszyklus"-Theorie (vgl. Norton/Rees 1979; Rothwell/ Zegveld 1985) herangezogen: Danach verändern sich die Kriterien für den betriebswirtschaftlich günstigsten Standort einer Produktion im Verlauf des Lebens *eines Produkts* (vom Entwicklungsstadium bis zur massenhaften Fertigung) in der Weise, daß die *Herstellung* eines Produkts mit zunehmender "Reife" räumlich dezentralisiert wird, während die großstädtischen Zentren die Orte der Innovation und Entwicklung von Produkten und Verfahren bleiben. "Der Erklärungsansatz des sogenannten Produktenzyklus entstand in der Diskussion über den optimalen *internationalen Standort* einzelner Industriezweige im Zusammenhang mit der Internationalisierung der Produktion in den 60er und 70er Jahren. In einigen Industriezweigen, wie der Textil- oder Elektrobranche, war in dieser Periode mit dem Mittel einer Kapitalintensivierung eine Reduzierung der Stückkosten kaum mehr möglich, so daß der 'optimale Standort' zusammen mit weniger kapitalintensiven Produktionsverfahren in sog. Niedrig-Lohn-Ländern gesucht wurde. Ende der 70er Jahre wurde dieses Produktenzyklen-Konzept auch zur Erklärung *interregionaler Disparitäten* in hochentwickelten Industrieländern herangezogen" (Läpple 1991, 176f). In diesem Kontext wird vor allem der Abbau von Industrie-Arbeitsplätzen in zentralen Stadtregionen ("Deindustrialisierung") im Zuge der Verlagerung standardisierter Fertigungsaktivitäten in Billiglohn-Regionen als Folge des Produkt-Lebenszyklus interpretiert.

Gegen den Ansatz, die *polarisierte Stadtentwicklung* mit Hilfe des "Produkt-Lebenszyklus" zu erklären, ist einzuwenden, daß die Konzentration "höherwertiger" Funktionen des Produktionssektors in den großstädtischen Zentren zwar im Sinne einer Trend-Beschreibung zutrifft, daß aber Produkt- und Verfahrensentwicklung nur *einen* Teil-Aspekt städtischer "Funktionen" betreffen. Die metropolitanen Zentren des Städtesystems sind treffender als Orte zu begreifen, wo sich erstens die Kontroll- und Direktionszentren für (z.T. weltweit verteilte) Produktionsaktivitäten und zweitens die finanzwirtschaftlichen Sektoren der Kapitalverwertung konzentrieren. Daß sich die Entwicklung der Wirtschaftskraft solcher Städte immer mehr von ihrem güterwirtschaftlichen Produktionspotential abkoppelt, ist mit dem Konzept des "Produkt-Lebenszyklus" kaum zu erfassen. Tendenzen der räumlichen Dezentralisierung von Fertigungsprozessen - die auch nicht uneingeschränkt wirksam sind, wenn sich bei neuartigen "flexiblen" Produktionskomplexen eine Tendenz zur regionalen Agglomeration feststellen läßt (Scott 1988) - können auch als Konsequenz der zunehmenden räumlichen Zentralisierung von wirtschaftlichen Kommandofunktionen interpretiert werden: im Zuge der fortschreitenden Kapitalkonzentration können die Großunternehmen eine räumliche *Entkopplung von Kapitalverwertungs- und Produktionsprozeß* vornehmen, und dabei räumlich differenzierte Standortbedingungen *flexibel* für unterschiedliche Teilfunktionen nutzen. So wird auch in empirischen Untersuchungen zur *funktionalen* räumlichen Arbeitsteilung "*nicht* mehr davon ausgegangen, daß bestimmte Branchen oder Sektoren je nach ihrer Stellung im "Lebenszyklus" der Produktion jeweils bestimmte Standorte im Stadtkern, im Umland oder in der Peripherie bevorzugen. Vielmehr wird unterstellt, daß innerhalb derselben Branche die räumliche Arbeitsteilung zwischen "dispositiven" und "produktiven" Tätigkeitsbereichen wächst" (Sinz 1984). Eine zunehmende *funktionale* räumliche Arbeitsteilung kann als Ausdruck der anhaltenden Restrukturierung von räumlichen Organisationsbeziehungen der Kapitalverwertung (insbesondere in den Großunternehmen) betrachtet werden.

Industrielle Arbeitsteilung und Transaktionskosten

Nach dem traditionellen Konzept der Standortfaktoren wird die ungleichmäßige Wirtschaftsentwicklung von (Stadt-) Regionen auf ihre unterschiedliche "Ausstattung" mit geeigneten Standortfaktoren zurückgeführt. Neue Industrien oder innovative Produktionen werden sich danach in jenen (Stadt-) Regionen entwickeln, wo Standortfaktoren wie z.B. ein umfangreiches Angebot qualifizierter Arbeitskräfte, produktionsorientierte Forschungseinrichtungen, eine hochentwickelte unternehmensorientierte Infrastruktur, ein hoher "Freizeitwert" u.ä. gegeben sind. Dabei wird eine *einzelwirtschaftliche* Perspektive eingenommen, die sich primär mit der Frage beschäftigt, an welchem Standort die besten Bedingungen für die Aktivitäten eines Unternehmens zu finden sind.

Eine *erweiterte* Perspektive, die in der Stadt- und Regionalforschung heute zunehmende Bedeutung erhält, stellt demgegenüber die technologischen und organisatorischen Umstrukturierungen innerhalb des gesamten regionalen Produktionssektors als Bestimmungsfaktor der regionalwirtschaftlichen Entwicklungsdynamik heraus. Dabei werden insbesondere die Formen der unternehmens-internen und externen Arbeitsteilung des *gesamten* Produktionsprozesses (einer Branche) thematisiert und zur Erklärung räumlicher Entwicklungen herangezogen.

Die Arbeitsteilung innerhalb und zwischen den Unternehmen (als Gegenstand der "neuen institutionellen Ökonomie") ist nach der *Transaktionskosten-Theorie* davon beeinflußt, ob für ein Unternehmen die *interne* (hierarchische) Regulierung seiner Transaktionen kostengünstiger ist als die *externe* Abwicklung dieser Transaktionen über den Markt. Danach wird ein Unternehmen die "Spannweite" seiner internen Aktivitäten gerade so weit ausdehnen, bis die Kosten einer zusätzlichen Aktivität (wie Planung, Fertigung, Kontrolle usw.) dem Preis entsprechen, den das Unternehmen zahlen müßte, wenn es die entsprechende Leistung auf dem Markt (extern) erwerben würde. Die *Einschränkung* des internen Aktivitätenspektrums einer Unternehmung bietet sich z.B. an, wenn segmentierte Arbeitsmärkte bestehen und das Unternehmen seine Kosten durch Auslagerung von Teilfunktionen an "Billiganbieter" des sekundären Arbeitsmarktes senken kann, oder sie bietet sich an, wenn die relevanten Märkte unsicher und instabil (geworden) sind, und das Unternehmen einen Teil des Marktrisikos durch verstärkten externen Bezug von Leistungen ("Verringerung der Fertigungstiefe") auf andere Firmen abwälzen möchte.

Das Transaktionskosten-Konzept kann auch in einem *räumlichen* Bezugsrahmen aufgegriffen werden (vgl. Scott 1988): Ein zunehmender Grad der externen Arbeitsteilung wird eine Zunahme von Transaktionen zwischen den Unternehmen (in Form von Zulieferungen, Informationsaustausch und direkten Geschäftskontakten) erforderlich machen, die mit entfernungsabhängigen (und zeitabhängigen) Kosten verbunden sind. Je größer die Transaktionskosten je Produkteinheit, umso stärker werden die betroffenen Unternehmen dahin tendieren, sich in räumlicher Nähe zueinander zu lokalisieren (Tendenz zur Agglomeration).

Wenn die Transaktionen zwischen den Unternehmen großen Umfang haben und in der räumlich-zeitlichen Dimension stabil sind, können die betroffenen Firmen relativ *weiträumig verteilte* Standorte einnehmen; diese Bedingungen sind häufig im Bereich der standardisierten Massenproduktion gegeben. Demgegenüber ist bei Unternehmen, die nur wenig standardisierte Produkte für Märkte mit stark schwankender Nachfrage herstellen, eine Tendenz zur räumlichen Agglomeration zu erwarten, da bei solchen Produktionsstrukturen eher vielfältige, häufige und wechselnde Transaktionen zwischen verschiedenen Firmen notwendig sind, und durch räumliche Nähe der Firmen die Flexibilität der Transaktionen gesteigert sowie die Transaktionskosten verringert werden können. Nach dem Transaktionskosten-Konzept ist die räumliche Verteilung der wirtschaftlichen Aktivitäten von Unternehmen nicht allein auf regional differierende Produktionskosten, sondern auch auf die Struktur und Veränderung der Transaktionsbeziehungen und -kosten zwischen den Unternehmen zurückzuführen.

Neue Produktionskonzepte und Strategien der "internen" und "externen" Flexibilisierung

Die Unternehmen haben seit den 80er Jahren unter dem Leitbild der "Flexibilisierung" Produktionskonzepte und Managementstrategien entwickelt, deren Bedeutung für den wirtschaftlichen und räumlichen Strukturwandel über den Effekt des Einsatzes neuer Technologien weit hinausreicht. Diese Konzepte können aufgegliedert werden in Strategien der "internen" und "externen" Flexibilisierung:

1. Zum Konzept der "internen" Flexibilisierung des Produktionssektors gehört u.a. der Einsatz von neuen flexiblen Fertigungstechnologien (wie CIM -Systeme), sowie von neuen Formen der betriebsinternen Arbeitsorganisation (z.B. Gruppenarbeit statt Einzelarbeit am Fließband), die eine erhöhte Produktivität versprechen. Allerdings können auch Strategien zur Flexibilisierung und Deregulierung von Beschäftigungsverhältnissen, d.h. konkret die Einführung flexibler Arbeitszeiten und befristeter Arbeitsverträge, die Flexibilisierung des Entlohnungssystems, Unterminierung des Tarifvertragssystems und Lockerung des Kündigungsschutzes, als ein Konzept der 'internen' Flexibilisierung betrachtet werden. Die Flexibilisierung und Deregulierung von *Beschäftigungsverhältnissen* wird heute im Kontext *aller* Varianten von Flexibilisierungsstrategien vorangetrieben.

2. Zum Konzept der "externen" Flexibilisierung gehört insbesondere - als traditionelle Variante - das "*worldwide soucing*", d.h. die systematische Nutzung der weltweit unterschiedlichen Produktions- und Arbeitsbedingungen durch Auslagerung standardisierter Produktionslinien in Billiglohn-Regionen und Städte der "Dritten Welt" (Fröbel/Heinrichs/Kreye 1986). So ist z.B. in den USA zwischen 1960 und 1980 die Beschäftigtenzahl in der Industrie *innerhalb* der Vereinigten Staaten noch um 20 % gewachsen, aber im gleichen Zeitraum ist die Zahl der von US-Firmen *außerhalb* der Vereinigten Staaten beschäftigten Industriearbeitskräfte um 168 % angewachsen (Peet 1987). Nach Angaben des seit 1970 zunehmend weltweit agierenden britischen Konzerns Coats Patons (Textilproduktion) erreichten 1981 die Stunden-Lohnkosten in Indonesien 6 %, Indien 13 %, Peru 23 %, Brasilien 31 %, Portugal 40 % des britischen Niveaus (=100 %) (Thrift 1988).

3. Ein neues Konzept der "externen" Flexibilisierung stellt die Einführung des "*just-in-time*" Prinzips dar, d.h. die flexible Lenkung des (internen und externen) Materialflusses entsprechend den Produktionsanforderungen der jeweiligen Unternehmen. Früher horteten z.B. die Automobilhersteller Bauteile und Materialvorräte, die für den Bedarf einer Monatsproduktion reichten - heute verpflichten sie ihre Zulieferer zur minutengenauen Anlieferung der benötigten Teile ans Band. Zudem drängen sie darauf, daß Zulieferfirmen neue Produktionsstätten in unmittelbarer Nähe zu ihren Montagewerken errichten, um die Risiken (Störan

Systemische Rationalisierung im Produktionssektor
- interne und externe Flexibilisierung -

(nach D. Läpple: Neue Technologien in räumlicher Perspektive, in: Informationen zur Raumentwicklung 4/1989

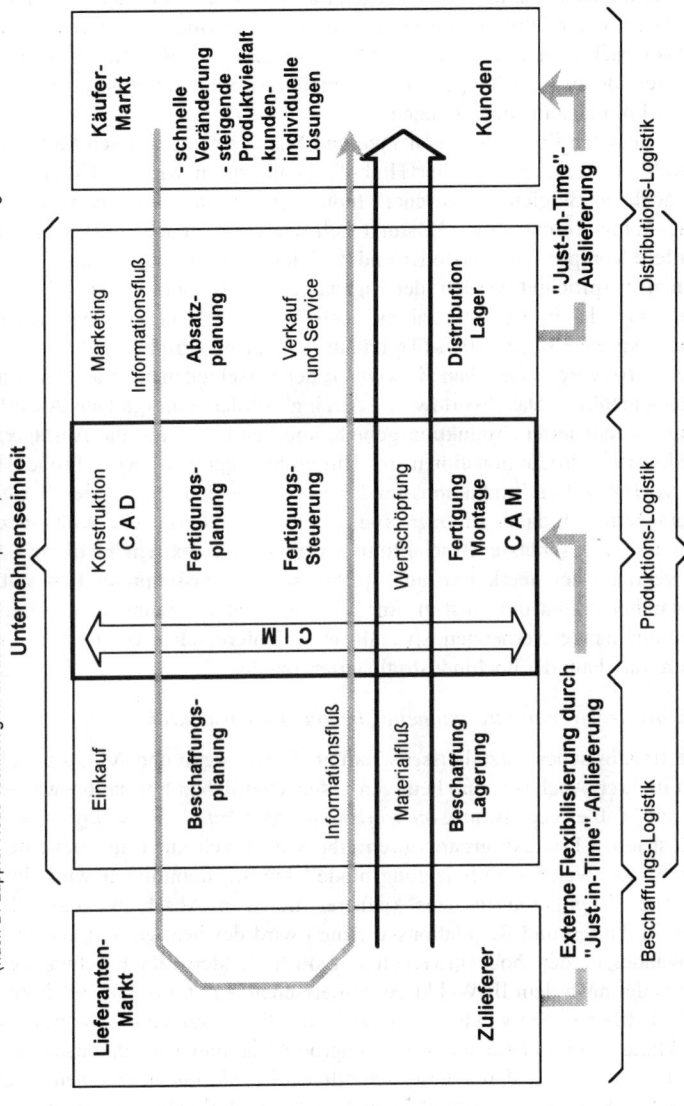

fälligkeit) langer Transportwege zu vermeiden. Die Strategie der externen Flexibilisierung kann darüber hinausgehend auch auf neue Formen der Arbeitsteilung innerhalb einer "Produktionskette" (die von verschiedenen Herstellern gebildet wird) gerichtet sein, um *ein flexibles Netzwerk spezialisierter Betriebe* zu organisieren, deren Beziehungen untereinander sowohl hierarchische als auch kooperative Formen annehmen können.

Die genannten Produktionskonzepte und Managementstrategien finden sich heute sowohl im Bereich typischer High-Tech-Industrien wie der Computerfertigung als auch im Bereich "klassischer" Industrien wie dem Automobilbau. Die deutsche Automobilindustrie z.B. stützt sich wie gesagt immer stärker auf kleine und mittlere Komponentenhersteller und Zulieferer, die rigoros auf das "just-in-time"-Prinzip verpflichtet werden; der Eigenanteil der großen Automobilfirmen an der Fertigung, der in den 70er Jahren noch bei ca. 80% lag, bewegt sich heute nur noch zwischen 30 und 40 % (Trend zur "schlanken" Produktion).

Die *wirtschafts-räumlichen Wirkungen* der verschiedenen Strategien sind höchst unterschiedlich: Das "worldwide sourcing" fördert eine globale Ausdifferenzierung spezialisierter Produktionsgebiete und beinhaltet v.a. die Auslagerung standardisierter Produktionslinien in Billiglohn-Regionen (vgl. Fröbel/Heinrichs/Kreye 1986). Die Produktionsstandorte in den vielen Städten der "Dritten Welt" entwickeln sich dabei zu einer "industriellen Peripherie" der Weltwirtschaft, die sich auf ungeschützte Beschäftigungsverhältnisse, extrem niedrige Löhne und Anwendung der überkommenen "fordistischen" Massenproduktion stützt. Demgegenüber drängt das "just-in-time" Prinzip eher zur räumlichen Agglomeration von miteinander vernetzten, spezialisierten Unternehmen vorzugsweise an Standorten innerhalb der hochindustrialisierten Länder.

"Innovative" versus "traditionelle" Produktionsstrukturen

Die französischen Sozialwissenschaftler D. Leborgne und A. Lipietz (1991) haben in ihren Analysen zum heutigen gesellschaftlichen Formationswandel herausgestellt, daß es gegenwärtig *mehrere konkurrierende Entwicklungsmodelle* für die industriellen Produktionsstrukturen gibt, wobei sich nicht mit Sicherheit voraussagen läßt, welches Entwicklungsmodell künftig dominieren wird. Im Rahmen des sog. "Regulationsansatzes" (näheres hierzu im Abschnitt 'Regionale Produktionsstrukturen und Regulationssysteme') wird der heutige wirtschaftliche Strukturwandel in den hochentwickelten Industrieländern als Ergebnis des Niedergangs der nach dem II. Weltkrieg vorherrschenden *"fordistischen"* Formation gesellschaftlicher Entwicklung interpretiert, die durch eine synchronisierte Entwicklung von standardisierter Massenproduktion und Massenkonsumtion gekennzeichnet war, und deren gesellschaftliche *Regulation* über einen "Kompromiß zwischen Kapital und Arbeit" erfolgte, der den Lohnabhängigen über die Kopplung von Produktivitätszuwächsen mit Einkommenssteigerungen einen wachsen-

72

den Wohlstand und sozialstaatliche Sicherheiten versprach. Aus diesem Blickwinkel sind die gegenwärtigen Prozesse der Auflösung dieses Modells durch "Flexibilisierung und Deregulierung" Triebkräfte der Herausbildung einer *neuen Formation* gesellschaftlicher Entwicklung. Im Rahmen der vielfältigen und zum Teil gegenläufigen Prozesse des gesellschaftlichen Strukturwandels ist jedoch nicht absehbar, *welche Form* industrieller Entwicklung sich künftig *durchsetzen* wird. In der gegenwärtigen Umbruchphase konkurrieren (mindestens) *zwei verschiedene Entwicklungs-Modelle*:

1. Das eine könnte als das Modell für *"innovative Produktionsstrukturen"* bezeichnet werden. Es umfaßt (a) auf der Ebene von Arbeitsbeziehungen die Partizipation der Arbeitskräfte im Produktionsbereich und die Aufwertung "handwerklicher" Qualifikationen (z.B. durch Gruppenarbeit); *Qualitäts*produktion geht hier vor *Billig*produktion; (b) auf der Ebene industrieller Organisationsbeziehungen beinhaltet dieses Modell den Übergang von der standardisierten Massenproduktion zur "flexiblen Spezialfertigung" und die Ausbildung von regional inte-

Organisationsformen industrieller Systeme

1. Das "fordistische" Modell

2. Das Modell der "flexiblen Vernetzung"

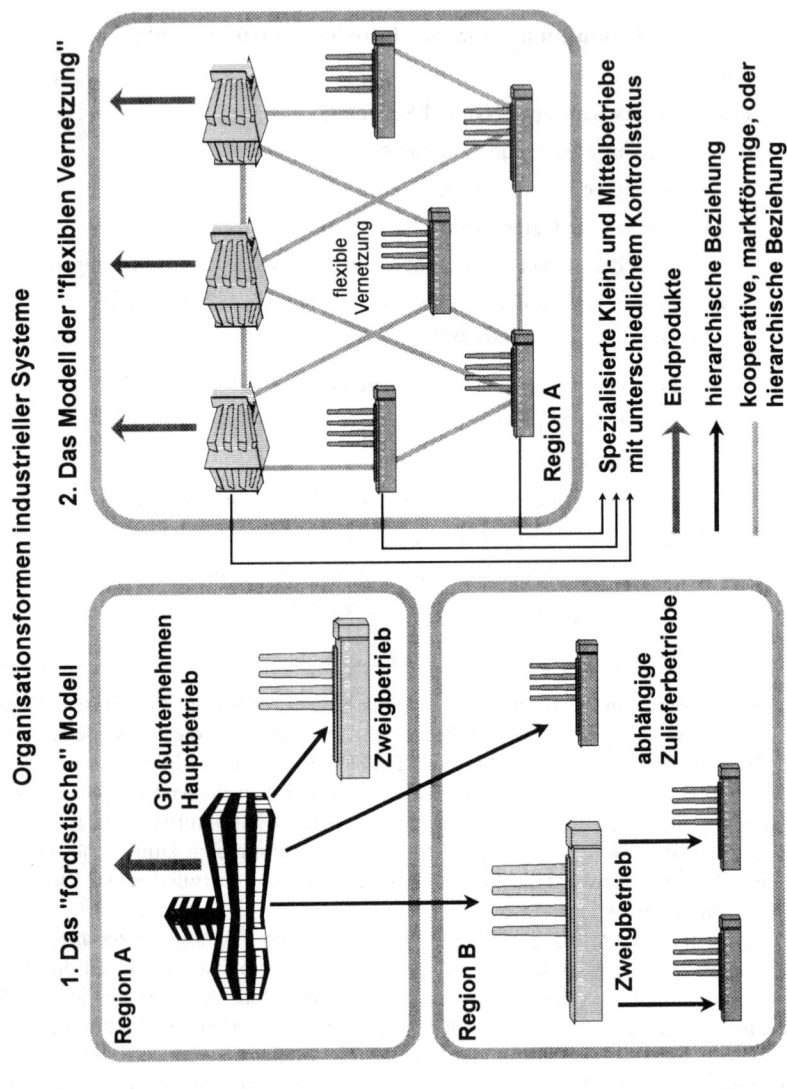

Region A

Großunternehmen
Hauptbetrieb

Zweigbetrieb

abhängige
Zulieferbetriebe

Region B

Zweigbetrieb

flexible
Vernetzung

Region A

Spezialisierte Klein- und Mittelbetriebe
mit unterschiedlichem Kontrollstatus

Endprodukte

hierarchische Beziehung

kooperative, marktförmige, oder
hierarchische Beziehung

grierten *Netzwerken* selbständiger kleiner und mittlerer Produktionsstätten ("Modell der flexiblen Vernetzung").

Besonders hervorzuheben ist hier die Bedeutung innovativer industrieller *Arbeitsbeziehungen*, von denen die Leistungsfähigkeit moderner Produktionskomplexe in starkem Maße abhängig ist: Den ersten Vorstoß machte der schwedische Volvo-Konzern bereits zu Beginn der 70er Jahre, indem er die Gruppenarbeit einführte, die zunächst nicht vorrangig der Produktivitätssteigerung dienen sollte, sondern unter dem Druck der Belegschaften, die sich über die öde Fließbandtätigkeit beklagten, eingeführt wurde. Darüberhinaus erweist sich (auf Basis japanischer Erfahrungen) die Qualität der Arbeitsbeziehungen im Sinne einer "Unternehmens-Kultur" als wesentliche Basis der Leistungsfähigkeit eines Produktionsmodells - die neuen flexiblen Produktionsmodelle funktionieren nur, wenn jeder Mitarbeiter mitdenkt und hochmotiviert ist und zwischen Belegschaft und Management ein Verhältnis gegenseitiger Achtung geschaffen wird. In der Entwicklung einer solchen Unternehmenskultur wird den Japanern, die auch in ihren ausländischen Zweigwerken die entsprechenden Arbeitsbeziehungen herstellen konnten, ein entscheidender Vorsprung zugeschrieben (Leborgne/Lipietz 1991; Ogger 1992).

Die *kooperative* Vernetzung selbständiger kleiner und mittlerer Produktionsstätten als innovatives Modell industrieller *Organisationsbeziehungen* könnte längerfristig eine höhere Wettbewerbsfähigkeit erreichen als die herkömmlichen, hierarchisch regulierten Komplexe der Großunternehmen mit ihren abhängigen Zulieferern. "Netzwerke aus miteinander kooperierenden Kleinbetrieben können dieselbe Schlagkraft entwickeln wie ein Konzerngigant. Dies versuchen derzeit z.B. einige kleinere deutsche Kfz-Zulieferer zu beweisen, die sich mit ausländischen Partnern verbünden, um gemeinsam als starke 'Systemanbieter' aufzutreten. (...) In dieser sich permanent verändernden Wirtschaftslandschaft wirken die großen Konzerne mit ihren starren Hierarchien wie Lastwagen in einem Formel-1-Feld. Zwar können sie kleinere Konkurrenten, die sich ihnen in den Weg stellen, noch plattwalzen, aber sie sind nicht mehr in der Lage, den rechts und links überholenden Flitzern den Weg zu verstellen" (Ogger 1992, 223).

2. Das zweite Modell könnte als Aufrechterhaltung und *partielle* Modifikation *"traditioneller Produktionsstrukturen"* bezeichnet werden. Es umfaßt (a) auf der Ebene von Arbeitsbeziehungen die Aufrechterhaltung überkommener hierarchischer Strukturen im Sinne einer quasi "militärischen" Fabrikorganisation, ferner die Flexibilisierung *der Beschäftigungsverhältnisse* und Polarisierung der Arbeitskräfte im Rahmen einer *fortgesetzten* standardisierten Massenproduktion und entsprechender Technologien, (b) auf der Ebene industrieller Organisationsbeziehungen die Beibehaltung einer starren vertikalen Gliederung des Produktionsapparates *oder* den Aufbau eines Netzwerks von *abhängigen* Subunternehmern, den Ausbau hierarchischer industrieller Kontrollbeziehungen in Form des

Zusammenkaufens von Misch-Konzernen und der rigorosen Einbindung *abhängiger* Zulieferbetriebe, und die fortgesetzte *räumliche* Auslagerung standardisierter Produktionsfunktionen in Billiglohn-Gebiete.

Nach Ogger bewirkt die in deutschen Großunternehmen nach wie vor verbreitete herkömmliche Form industrieller Arbeitsbeziehungen erhebliche Produktivitätseinbußen: "Die Herrschaft der Mittelmäßigen, durch eine genaue Definition der Zuständigkeiten und eine glasklare Befehlsstruktur zementiert, verhindert die Entfaltung kreativer Köpfe auf jeder Stufe der betrieblichen Hierarchie. Sie degradiert die Mitarbeiter zu bloßen Befehlsempfängern und gibt ihnen keine Chance, sich mit ihrem Betrieb zu identifizieren" (Ogger 1992, 169). Die Flexibilisierung der *innerbetrieblichen* Beschäftigungsverhältnisse erfolgt im Rahmen von Deregulierungsmaßnahmen hinsichtlich Arbeitszeit und Beschäftigungssicherheit.

Eine Reihe von ehemals vertikal durchorganisierten Großunternehmen reorganisiert sich heute als Netzwerksystem unter Aufrechterhaltung von hierarchischen Organisationsbeziehungen. Dabei behält die Stammfirma alle wesentlichen strategischen Funktionen, während zahlreiche Fertigungsfunktionen ebenso wie Planungs-, Marketing- und Distributionsfunktionen auf andere, formell unabhängige "unternehmerische Subjekte" übertragen werden, die nicht nur in Form herkömmlicher Subunternehmen, sondern auch in Form "neuer Selbständiger" (Kleinstbetriebe, Ein-Personen-"Dienstleister", Handwerker, Gelegenheitsarbeiter und "selbständige" Erwerbstätige) auftreten. An Stelle der herkömmlichen Lohnarbeitsbeziehung tritt hier eine Auftraggeber-Subunternehmer-Beziehung, die sich für die "an der Peripherie" des Netzwerksystems arbeitenden Personen dahingehend auswirkt, daß ihre Arbeitszeit und -bedingungen nicht mehr von gesetzlichen oder tarifvertraglichen Regelungen bestimmt werden, sondern sich den Produktions- und Zeitvorgaben des Auftraggebers bzw. der "Auftragslage" anzupassen haben. So trägt auch die Ausbreitung von Subunternehmer-Netzen zur Flexibilisierung von Beschäftigung und Arbeitsbeziehungen bei.

Die Zentralisierung von immer größeren Kapitalien "unter einem Kommando" hat sich in der Gegenwart durch den Zukauf bestehender Unternehmen weiter beschleunigt, wobei sich die Großunternehmen zu riesigen Misch-Konzernen (Konglomeraten) aufblähen. Solche Konglomerate können sich infolge ihrer zentralistischen Managementstrukturen und organisations-internen "Reibungsverluste" immer weniger an schnell veränderliche Marktbedingungen anpassen, und ebensowenig den durch "Diversifikation" angestrebten Risikoausgleich gewährleisten, da die Konzerne nach dem Einkauf in fremde Branchen und Geschäftsfelder in vielen Fällen verlustreiche Fehlentscheidungen treffen. Die Strategie des "global sourcing" in Form der (sukzessiven) Verlagerung von Produktionsfunktionen in (die sich jeweils "günstig" anbietenden) Billiglohn-Regionen erweist sich in all jenen Bereichen als kurzsichtig, wo sich auf dem Weltmarkt *Qualitäts-*

Produkte durchsetzen, die in Regionen mit einem zwar "hohen" Lohnniveau, aber hochqualifizierten Fachkräften und entwickelter Infrastruktur mit größerem Erfolg produziert werden können.

Die beiden konkurrierenden Entwicklungsmodelle industrieller Produktion sind *innerhalb* von nationalen Wirtschaftsräumen zum Teil *nebeneinander* in *verschiedenen* Regionen wirksam.

Zur Bedeutung regionaler Verflechtungsstrukturen

Da die Polarisierung der Stadtregionen nicht hinreichend aus sektoralen Strukturdifferenzen erklärt werden kann, gewinnt in der gegenwärtigen Regional- und Stadtforschung ein häufig vernachlässigter Bereich von Einflußfaktoren regionaler Differenzierung an Gewicht: die *Verflechtungs*-Strukturen innerhalb und zwischen Regionen. Dahinter steht die Hypothese, daß die Art und Intensität der Verflechtungen zwischen den Wirtschaftseinheiten verschiedener Regionen *und innerhalb* von Regionen die unterschiedliche Entwicklungsdynamik der (Stadt-) Regionen prägt. Diese Orientierung befördert auch eine Loslösung von traditionellen Ansätzen der auf "Standortfaktoren" gerichteten Standorttheorie, und den Übergang zu einem "integrierten Ansatz", der Standortentscheidungen stets als Bestandteil der einzelne Betriebsstätten *übergreifenden* Firmenstrategien versteht, und den regionalen Interaktionsstrukturen der Firmen besondere Aufmerksamkeit schenkt.

Die *produktionsbezogene Verflechtung* wird traditionell auf zwischenbetriebliche Lieferverflechtungen bezogen. Dabei läßt sich die räumliche Assoziation (nachbarschaftliche Ansiedlung) von Industriebranchen mit dem Grad ihrer interindustriellen (Liefer-) Verflechtung erklären (vgl. Streit 1967). Darüberhinaus kann die produktionsbezogene Verflechtung aber auch allgemeiner gefaßt und auf die Interaktions- und Kooperationsstrukturen im Bereich der industriellen Produktion bezogen werden.

Diesen Verflechtungsstrukturen wird heute in der Stadt- und Regionalforschung eine besondere Bedeutung für die Erklärung der disparitären räumlichen Wirtschaftsentwicklung zuerkannt. Wenn neue Rationalisierungsstrategien und Produktionskonzepte des Unternehmenssektors z.B. über organisatorisch-institutionelle Innovationen verwirklicht werden, und sich die dabei geschaffenen Vernetzungs- und Kooperationsstrukturen *in bestimmten Regionen* konzentrieren, kann dort ein besonders konkurrenzfähiges oder wachstumsstarkes regionales "Produktionsmilieu" entstehen.

Auch in der neueren industriegeographischen Forschung wird den regionsinternen Verflechtungsstrukturen des Produktionssektors große Aufmerksamkeit geschenkt, wobei die Existenz stabiler Kooperations-Beziehungen und vielfältiger materieller Verknüpfungen zwischen formell unabhängigen Firmen in einer Region als bedeutendes Merkmal von wachstumsstarken industriellen Strukturen gewertet werden.

Von den 70er bis zur Mitte der 80er Jahre stand der in den "altindustrialisierten" Wirtschaftsregionen vieler hochindustrialisierter Länder zu verzeichnende Prozess des industriellen Niedergangs im Mittelpunkt des Interesses; die funktionale Fragmentierung von Unternehmensaktivitäten und standörtliche Verlagerung von standardisierten Massenproduktions-Aktivitäten in periphere Regionen wurde als neues Muster der räumlichen Arbeitsteilung interpretiert (vgl. Massey 1984; Martin/Rowthorn 1986). Diese "Geographie der Deindustrialisierung" ist seit Mitte der 80er Jahre von einer anderen Schwerpunktsetzung abgelöst worden, die man als "Geographie der Re-Agglomeration" industrieller Aktivitäten umschreiben könnte: sie thematisiert vor allem die Herausbildung von *territorial integrierten flexiblen Produktionskomplexen* (vgl. z.B. Scott/Storper 1986; Scott 1988), die sich auf Beispiele wie das "Silicon Valley", das sog. "Dritte Italien" oder den britischen "M 4 -Korridor" beziehen.

Werden industrielle Produktionssysteme als ein Netzwerk von Beziehungen zwischen Unternehmen konzeptualisiert, gewinnt die Frage nach den *Formen der Koordination*, die von hierarchischen über marktförmige bis zu kooperativen Beziehungsmustern reichen können, an Bedeutung. Für die räumliche Organisation eines Netzwerks von Unternehmen sind aber auch die *Formen der Produktion* relevant. Produktionseinheiten der standardisierten Massenfertigung z.B. können in einer anderen Art und Weise miteinander verknüpft werden als Produktionseinheiten der Kleinserienfertigung oder spezialisierten Produktion mit schnell wechselnden Outputs. Den zuletztgenannten Produktionsformen wird eine hohe Empfindlichkeit hinsichtlich der *Kommunikations*-Kosten (z.B. Aufwendungen für häufige und flexible persönliche Kontaktaufnahmen, Verhandlungen und Abstimmungsprozesse) zugeschrieben; da die Kommunikationskosten mit zunehmender räumlicher Distanz anwachsen, ist zu erwarten, daß bei nichtstandardisierten bzw. "flexiblen" Produktionsformen ein starker Anreiz zur territorialen Integration bzw. räumlichen Agglomeration wirksam ist. Von solchen Tendenzen der Re-Agglomeration industrieller Produktionsaktivitäten wird das *gesamte* Standortgefüge der Produktion allerdings nur *in dem Maße* berührt, wie sich die "flexiblen" neuen Produktionsformen im Rahmen der *gesamten* industriellen Produktion durchsetzen (und dieses Ausmaß bleibt umstritten).

Das Konzept der "regionalen Produktions-Milieus"

Die französische Forschergruppe GREMI (Groupe de Recherche Europeen sur les Milieux Innovateurs) hat Mitte der 80er Jahre Ansätze für ein Konzept regionalwissenschaftlicher Analyse erarbeitet, nach dem die sozialökonomische Entwicklung einer Region als Resultat der Wechselwirkung zwischen (a) ihren Ressourcen, technologischen Produktionsbedingungen, wirtschaftlichen Verflechtungen und (b) ihren besonderen, historisch gewachsenen sozialen, kulturellen und politischen Orientierungen, Interaktionsmustern und Organisationsformen begriffen werden sollte (vgl. Aydalot/ Keeble 1988).

Werden die in einer Region lokalisierten Unternehmen nicht als isolierte Elemente der regionalen Wirtschaft betrachtet (im Sinne des "Behälter-Raum"-Konzepts), sondern als Teil eines regionalen "Milieus", das von vielfältigen ökonomischen und politischen Akteuren, von ihrer spezifischen "wirtschafts-kulturellen" Prägung und der Art ihrer Interaktionsbeziehungen konstituiert wird, kommt man zu einem Konzept, das die Regionen als Wirtschaftsräume fasst, deren "ökonomischer Erfolg" von der Qualität der regions-internen Verflechtungs- und Interaktionsbeziehungen bestimmt ist. Dies ist der Grundgedanke des Konzepts der "regionalen Produktions-Milieus" (vgl. Aydalot/ Keeble 1988; Camagni 1991; Läpple 1991). Darin spielt *die Region* in ihrer *gesellschaftsbezogenen* wirtschaftsräumlichen Eigenart eine maßgebende Rolle für die Erklärung von Entwicklungs- und Innovationspotentialen im Bereich der Produktion. Die Region wird folglich nicht als passiver räumlicher "Behälter" angesehen, wo mehr oder weniger wachstumsstarke oder innovative Unternehmen angesiedelt sind, sondern als der Rahmen eines aktiven "Milieus", aus dem heraus innovative Entwicklungen erzeugt und vorangetrieben werden. "Innovationsstarke" Regionen entwickeln sich gemäß dieser Perspektive auf der Basis eines regionsspezifischen Wirtschaftszusammenhangs, welcher die Verwertung von neuem Wissen und die schnelle regions-interne Verbreitung von Innovationen befördert, insbesondere auf der Basis einer historisch geformten "Unternehmenskultur", die auf Kooperation und Vernetzung der regionalen Unternehmen setzt. "Jedes Milieu stellt sich als eine spezifische Konstellation von ökonomischen, sozialen, kulturellen und politischen Akteuren und Elementen mit *spezifischen Organisations- und Umgangsformen* dar. Das Milieu versorgt die Unternehmen, die ihm angehören, mit dynamischen Impulsen, und umgekehrt wird das Milieu durch die Interaktion der Unternehmen reproduziert" (Häußermann 1992, 14). Das "Milieu" bezieht sich hier auf einen konkreten regionalen Handlungsrahmen und Lebenskontext gesellschaftlicher Akteure.

Das Konzept der "regionalen Produktions-Milieus" kann dazu beitragen, verschiedene Typen regionaler (auch städtischer) Produktionsstrukturen und -systeme nach der Qualität regions-interner Verflechtungsbeziehungen, nach Kontroll- und Kooperationsformen, Innovationspotentialen u.ä. zu unterscheiden. Hierbei ergibt sich eine Nachbarschaft zu dem im nächsten Abschnitt skizzierten Konzept der "regionalen Regulationssysteme".

Unter dem Einfluß spezifischer historischer Ausgangsbedingungen, einer besonderen Entwicklungsgeschichte und "wirtschafts-kulturellen" Prägung - im Sinne historisch entstandener Einstellungen und Wertorientierungen der wirtschaftlichen Akteure, traditioneller Regeln des Wettbewerbs und der Kooperation, sowie einer bestimmten technologischen Kultur - bilden sich *vielfältige* Strukturtypen regionaler Produktions-Milieus heraus.

Ein "innovationsförderndes" regionales Produktionsmilieu ist wiederholt jenen Wirtschaftsregionen zugeschrieben worden, die nicht von einzelnen oder wenigen Großunternehmen dominiert oder extern kontrolliert werden, sondern in denen eine Vielzahl von eher mittelständischen Firmen ein flexibles regionales Unternehmens-Netzwerk ausgebildet haben, das sich auf intensive Kooperationsbeziehungen und die räumliche Nähe zwischen den zusammenarbeitenden Firmen gründet. Das *spezifische* Produktions-*Milieu* umfasst hier vor allem vertrauensvolle Beziehungen, Partnerschaften, eingespielte Kooperationsformen zwischen den regionalen Firmen (sowie den Firmen und gesellschaftlichen Organisationen), und zum Teil gemeinschaftliche Institutionen (in Form von Wissenstransfer-, Marketing-, Kooperationseinrichtungen der regionalen Wirtschaft), welche zusammengenommen die Region als "kollektiven Akteur" erscheinen lassen.

So sind die Regionen des sog. Dritten Italiens (vgl. Bianchini 1991) ein Beispiel für die regions-interne kooperative Vernetzung von relativ autonomen kleinen bis mittelgroßen spezialisierten Firmen, das zugleich die Bedeutung wirtschafts- und arbeits-kultureller Differenzen in der regionalen Entwicklungsdynamik verdeutlicht: die "innovativen" Produktionsstrukturen des Dritten Italien sind historisch aus einem regional-spezifischen Milieu breiter Unterstützung für neue von Angehörigen der Arbeiterbevölkerung gegründete Kleinbetriebe, aus einer besonderen politischen Kultur und Tradition kooperativer Wirtschaftsbeziehungen hervorgewachsen, die sich von den Verhältnissen in den norditalienischen Zentren der industriellen Massenproduktion unterscheidet.

Ein Beispiel ist der Textildistrikt von Prato in der Region Florenz: Nachdem die Großbetriebe der Region in den 50er Jahren massenhaft Arbeiter entlassen und ihnen Maschinen verkauft oder vermietet, sie also zu Subunternehmern gemacht hatten, entwickelte sich in dieser Region ein ausgedehntes "Netzwerk kleiner Betriebe, in denen einer bis zwanzig Arbeiter (die nicht selten Mitglieder einer großen Familie waren) angestellt waren, die alle über intime Material- und Maschinenkenntnisse verfügten" (Piore/Sabel 1985, 239). Um die Abhängigkeit von den großen Unternehmen zu vermindern und ein flexibles Produktionssystem zu schaffen, war es notwendig, die vielen Kleinproduzenten mit ihren speziellen Fertigkeiten aktiv zu vernetzen. Eine solche koordinierende Funktion bekamen die sog. "Impannatori", welche die Aufgabe hatten, das Netzwerk von Kleinbetrieben zu organisieren, Rohstoffe einzukaufen, die Qualität der Kleidungsstücke zu kontrollieren, und schließlich das Marketing für die Produkte des Textildistrikts zu übernehmen. Die Impannatori schufen die Verbindung zwischen unbeständigen, weit entfernten Märkten, und einem Verbund spezialisierter kleinerer Unternehmen. Wichtig ist auch folgender Punkt: die örtlichen Banken, Unternehmer- und Handwerkerverbände sowie Gewerkschaften arbeiteten zusammen - sie unternahmen gemeinschaftlich Anstrengungen, um die Verbindung zwischen den Firmen flexibler zu machen. Die Impannatori wiederum übernahmen nach und nach auch Verantwortung für die Gestaltung der Produkte nach den Erfordernissen des Marktes (in diesem Falle: der Mode). Als "Gemeinschafts-Einrichtung" des regionalen Produktionssystems trieben die Impannatori die Unternehmen auch zu neuen Experimenten mit Materialien und Herstellungsverfahren, und die Textilfirmen von Prato machten es sich zur Gewohnheit, die neuesten Textiltechnologien schnell zu übernehmen, ja sogar zu modifizieren, um innovative Leistungen zu erzielen. Auf dieser Basis entwickelte sich ein höchst *kreatives* regionales Produktionsmilieu, in welchem technologische Innovation und die ständige Suche nach neuen Produkten in Verbindung mit einem gemeinschaftlich koordinierten Netzwerk spezialisierter Firmen zur Herausbildung einer wettbewerbsfähigen regionalen Ökonomie führte.

Auf dem anderen Extrem des Spektrums liegen Wirtschaftsregionen, die überwiegend externer Kontrolle unterworfen sind oder von einzelnen (evtl. multi-regionalen) Großunternehmen dominiert werden - derartige Wirtschaftsregionen bilden keine "regionale Einheit" im Sinne der zuvor skizzierten Milieubedingungen; hier ergibt sich vielmehr eine fragmentierte und räumlich desintegrierte Produktionsstruktur, die von regionsübergreifenden Strategien der räumlich-funktionalen Spezialisierung und der in großen Konzernen unternehmens-*intern* strukturierten Arbeitsteilung bestimmt wird. Das Produktions-Milieu solcher Regionen ist in wirtschafts-kultureller Hinsicht von dem weit verbreiteten Modell der bürokratisch hierarchischen Konzernwirtschaft, die auf Expansion des *einzel*wirtschaftlichen "Herrschaftsbereichs" statt auf Kooperation und "partnerschaftliche" Beziehungen setzt, geprägt (zur Management-Kultur deutscher Großunternehmen vgl. Ogger 1992). Die Dominanz solcher Großunternehmen erweist sich vielfach als Hindernis für die Entfaltung einer breitenwirksamen regionalen Innovationsdynamik.

Die Herausbildung regionsspezifischer Wirtschafts- und Arbeitskulturen wird von Miegel/Grünewald/Grüske (1991) in einer Studie über wirtschafts- und arbeits-kulturelle Unterschiede in Deutschland über eine Wirkungskette mehrerer

Bestimmungsfaktoren begründet: "*Dauerhafte Einflußfaktoren* wie Klima oder geographische Lage, *langfristige Einflußfaktoren* wie Geschichte, historische Rechtsordnungen und Herrschaftsstrukturen oder religiöse und ethische Prägungen, *aktuelle Einflußfaktoren* wie die gegenwärtige Politik, geltende Rechtsordnungen oder derzeit handelnde Institutionen oder Einzelpersönlichkeiten beeinflussen individuelle und *kollektive Denk- und Anschauungsweisen* (Mentalitäten). Da diese Einflüsse regional unterschiedlich sein können, bewirken sie regional unterschiedliche Mentalitäten. Diese unterschiedlichen Mentalitäten finden ihren konkreten Ausdruck und werden dadurch empirisch erfaßbar in regional unterschiedlichen *Neigungen und Verhaltensweisen* zu Beruf, Familie, Nachbarschaft, Einkommen usw. Die regional unterschiedlichen Neigungen und Verhaltensweisen (...) können sich zu regional unterschiedlichen Kulturen verdichten, die auch den Bereich Wirtschaft und Arbeit umfassen. Das begründet unterschiedliche *Wirtschafts- und Arbeitskulturen*. (...) Diese unterschiedlichen Wirtschafts- und Arbeitskulturen werden wiederum empirisch erfaßbar durch regional unterschiedliches *wirtschafts- und beschäftigungsrelevantes Handeln* von Einzelpersonen und Gruppen" (Miegel/Grünewald/Grüske 1991, 17f; Hervorhebg d. Verf.). Die wirtschafts- und beschäftigungsrelevanten Handlungsweisen wirken zurück auf die institutionellen Strukturen und Regulationssysteme, die Denk- und Anschauungsweisen der gesellschaftlichen Akteure sowie die Neigungen und Verhaltensweisen der regionalen Bevölkerungen, so daß hier *selbstverstärkende Effekte* wirksam sein können, die zur Verfestigung besonderer wirtschafts- und arbeitskultureller Prägungen führen. Diesem Prozeß können allerdings "Außeneinflüsse" entgegenwirken - in dem Sinne, daß die *regionalspezifischen* kulturellen Prägungen von raum-übergreifenden gesellschaftlichen und soziokulturellen Einflüssen mehr oder weniger stark überformt werden.

Insgesamt wird mit dem Konzept der regionalen Produktions-Milieus der besondere Stellenwert der "Kultur" einer Wirtschaftsregion im weitesten Sinne hervorgehoben - das Innovations- und Entwicklungspotential einer Region ist nach diesem Ansatz nicht allein von ihrer materiellen Ausstattung mit adäquaten Infrastrukturen, Forschungs- und Entwicklungseinrichtungen u.ä. abhängig, auch nicht von der selektiven Implantation einiger "High-Tech"-Betriebe, sondern in hohem Maße von den wirtschafts-kulturellen Eigenschaften der regionalen Akteure, ihren institutionellen Organisationsformen und Kooperationsbeziehungen, sowie den Bildungs-, Wissenstransfer- und Kooperationseinrichtungen zur Förderung der regionalen Ausbreitung von Innovationen (die Schaffung eines regionalen "Innovationsklimas" setzt die Aktivierung und Zusammenarbeit aller innovationsrelevanten Akteure voraus). Regionen lassen sich nicht einfach dadurch auf einen positiven Entwicklungspfad bringen, daß sie den herkömmlichen materiellen und personellen Standortanforderungen von Industrieunternehmen angepasst werden. Sie sind keine passiven "Behälter"-Räume, sondern aktive Milieus mit spezifischen Qualitäten und Potentialen, die nur zum Teil aus materiellen Raumausstattungen bestehen. Die regionsspezifischen Qualitäten und Potentiale umfassen vor allem auch kulturelle und institutionelle Eigenschaften der regionalen Akteure, sowie das Netz von Firmen und Einrichtungen, die zusammengenommen die Innovativität regionaler Milieus bestimmen, d.h. Kreativität, Kooperation und Konsens in der Wirtschaftsregion ermöglichen.

Das Konzept der regionalen Produktions-Milieus weist darauf hin, daß die in vielen Bereichen der Wirtschaft zu beobachtende Abkehr von den herkömmlichen Formen industrieller Organisation, die durch die Vorherrschaft großer integrierter Produktionskomplexe gekennzeichnet waren, und die Neuorientierung auf eine flexible Produktion im Rahmen von Netzwerken kleinerer und mittelgroßer Betriebseinheiten, aus wirtschaftsräumlicher Sicht heute *erweiterte* Anforderungen an die *regionalen* Standortqualitäten stellt:

**Regionale Standortanforderungen
einer flexiblen industriellen Organisation**

⇒ das Bestehen einer Vielfalt an Unternehmen und einer differenzierten regionalen Wirtschaftsstruktur (Branchen-Mix);

⇒ das Bestehen selbständiger und innovativer Unternehmen (d.h. Firmen mit einem autonomen Kontrollstatus, sowie Firmen mit einer hohen Innovationsbereitschaft und -aktivität);

⇒ die Verfügbarkeit von geeigneten Zulieferern als Voraussetzung für den Aufbau zwischenbetrieblicher Kooperationsnetzwerke;

⇒ das Vorhandensein gut funktionierender informeller Kommunikationskanäle und kooperativer Verhandlungsstrukturen innerhalb der regionalen Wirtschaft;

⇒ das Vorhandensein eines "dichten Netzes" an Einrichtungen zur Förderung von Innovation, Wissenstransfer und Kooperationsbeziehungen in der regionalen Wirtschaft;

⇒ das Vorhandensein gut ausgebildeter Arbeitskräfte mit einer vielfältigen Qualifikationsstruktur;

⇒ das Vorhandensein hochwertiger Einrichtungen im Bereich der Aus- und Weiterbildung, sowie im Bereich der Forschung und Entwicklung;

⇒ der Anschluß an ein leistungsfähiges Kommunikations- und Transportsystem;

⇒ das Vorhandensein hochwertiger Lebens- und Wohnbedingungen, eine "positive Umweltqualität", ein differenziertes Kulturangebot, sowie die Pflege und Erhaltung einer "regionalen Identität".

Regionale Produktionsstrukturen und Regulationssysteme

Wenn die Art und Weise der Regulation von Beziehungen und Interaktionsstrukturen zwischen den sozialökonomischen Akteuren und Wirtschaftseinheiten die städtische bzw. regionale Entwicklungsdynamik (mit-) bestimmt, wird es relevant, den Einfluß *regional unterschiedlicher* Formen der Regulation zu analysieren. Gesellschaftliche "Regulationssysteme" im Sinne von handlungsleitenden Regeln und Normen sowie Organisations-, Kontroll- und Kooperationsbeziehungen zwischen gesellschaftlichen Akteuren können als bedeutende Komponente der von komplexen Interak-tionsmustern und Verflechtungsbeziehungen konstituierten gesellschaftlichen Raumstrukturen angesehen werden. Die französischen Sozialwissenschaftler D. Leborgne und A. Lipietz stellen in diesem Zusammenhang die Regulationsweise und den Formwandel der Organisationsbeziehungen *des Produktionssektors* in den Mittelpunkt. Von Bedeutung ist aber auch die politische und kulturelle Dimension des Regulationssystems, d.h. die Regulation der Beziehungen zwischen den vielfältigen gesellschaftlichen "Akteuren" einer Region (Vertreter der regionalen Staatsorganisation, Unternehmen und Wirtschaftsverbände, Arbeitnehmer, lokale gesellschaftliche Organisationen, soziale Bewegungen u.a.).

Der "Regulationsansatz" im gesellschaftswissenschaften Kontext

Der von französischen Wirtschafts- und Sozialwissenschaftlern entwickelte "Regulationsansatz" kann für eine Integration von Stadt- und Gesellschaftstheorie und ein historisch differenziertes Verständnis des Entwicklungszusammenhangs von Gesellschaft und Raumstruktur produktive Anstöße geben (vgl. Krätke 1991). Regulationstheoretische Ansätze in der Geographie können als innovative Konzepte aus dem Bereich der *politisch-ökonomischen* Perspektive wirtschafts- und sozialgeographischer Forschung verstanden werden. Diese hat vor allem in der *internationalen* Diskussion zur Dynamik gesellschaftlicher Raumstrukturen großen Einfluß und Verbreitung gefunden - insbesondere in der angelsächsischen Wirtschafts- und Sozialgeographie.

Der "Regulationsansatz" will die Entwicklungsdynamik moderner kapitalistischer Gesellschaften in ihrer zeitlichen *und räumlichen* Differenzierung untersuchen (wobei die Begrifflichkeit des Ansatzes zunächst auf *nationale* Wirtschaftsräume bezogen wurde). Im Kern geht es den Vertretern des Regulationsansatzes darum, eine "nicht-lineare" Theorie der (kapitalistischen) gesellschaftlichen Entwicklung zu erarbeiten, die historische "Brüche" dieser Entwicklung thematisiert, und verschiedene Perioden und Phasen ebenso wie regional differenzierte Formen des modernen Kapitalismus unterscheidet. In diesem Bezugsrahmen wird die Gesellschaftsentwicklung als *Abfolge besonderer historischer "Formationen"* begriffen, die sich jeweils durch den Verbund eines bestimmten "Akkumulationsregimes" mit einer bestimmten "Regulationsweise" charakterisieren lassen.

Das "Akkumulationsregime" wird als ein makroökonomisches Entwicklungsmuster begriffen, das von dem jeweils vorherrschenden Produktionsmodell (sowie entsprechenden Technologien und Investitionsstrategien), den Lohnverhältnissen, und jeweils vorherrschenden sozialen Reproduktionsformen bzw. Konsummustern konstituiert wird. Die "Regulationsweise" umfasst Steuerungsmechanismen und Organisationsformen des Wirtschaftsprozesses, einen Komplex von ökonomischen und politisch-sozialen Institutionen sowie Regeln und Normen, die der Reproduktion des Gesamtsystems eine relative Stabilität verleihen. In der Abfolge historischer Formationen der (kapitalistischen) Gesellschaftsentwicklung verändern sich die Formen und Organisationsbeziehungen der Produktion, der Reproduktion, des Staates und der politischen Herrschaft. Hinsichtlich des Zusammenhangs von gesellschaftlicher Entwicklungsformation und Raumstruktur gehen Vertreter des Regulationsansatzes davon aus, daß jede historische Entwicklungsformation des Kapitalismus mit einem spezifischen Muster der räumlichen Organisation korrespondiert.

Die vorausgehende Periode kapitalistischer Gesellschaftsentwicklung wird als "Fordismus" tituliert. Nach einer groben Periodisierung (ohne Berücksichtigung nationaler Unterschiede) reicht die fordistische Entwicklungsphase von den 20er Jahren bis zu den 70er Jahren. Das fordistische *Produktionsmodell* der "standardisierten Massenproduktion" kombinierte das Arbeitsteilungsprinzip des Taylorismus mit intensivierter Mechanisierung/Maschinisierung und dem Prinzip der Fließfertigung (mit halbautomatischen Fließband-Anlagen), in Verbindung mit einer weitreichenden Konzentration der Produktion in Großbetrieben und einer Hierarchisierung der industriellen Organisationsbeziehungen durch fortschreitende Zentralisation des Kapitals (Großkonzerne und Multis). Zur Durchsetzung des fordistischen Akkumulationsregimes gehörte nicht zuletzt eine erhebliche Ausdehnung der Lohnarbeit bzw. die Zurückdrängung subsistenzwirtschaftlicher Produktionsformen im Agrar- und Haushaltssektor. Doch erst die Durchsetzung eines fordistischen *Konsummodells*, d.h. einer "Massenkonsumtion", die v.a. Automobile, Haushaltsgeräte und andere dauerhafte Konsumgüter bzw. *standardisierte* industrielle Produkte umfasste, ermöglichte die ökonomische Realisation der Produktivitätsgewinne der Massenproduktion. Mit dem neuen Konsummodell war zugleich eine "Modernisierung" der Lebensweise breiter Schichten der Bevölkerung verbunden. Die relativ stabile *Verkopplung* zwischen industrialisierter Massenproduktion und standardisierter Massenkonsumtion, die für das fordistische *Akkumulationsregime* kennzeichnend ist, wurde durch Regelungsmechanismen hergestellt und gesichert, die eine relativ stabile Kopplung von Produktivitätsgewinnen mit Lohnsteigerungen gewährleisteten, und eben dadurch eine expandierende Massenkonsumtion ermöglichten. Diese politisch-institutionellen Regelungs-Mechanismen kennzeichnen im Kern die fordistische *Regulationsweise*, ohne die das fordistische Akkumulationsregime nicht hätte stabilisiert wer-

85

den können. Zur fordistischen Regulation gehören insbesondere zentralisierte 'korporatistische' Arrangements zwischen Gewerkschaftsorganisationen, Unternehmerverbänden und staatlichen Institutionen, ebenso wie der (ebenfalls zur Stabilisierung der Massenkaufkraft beitragende) Ausbau des 'Sozialstaats'. Diese Regulation wurde durch einen 'gesellschaftlichen Kompromiß' stabilisiert, der unter dem Leitbild von Wachstum und Konsum die Kopplung von Produktivitätswachstum und Steigerung des Lebensstandards der Arbeiterbevölkerung vorsah.

Die fordistischen *Raumstrukturen* waren durch den Gegensatz zwischen schnell wachsenden "Agglomerationen/Metropolen", in denen sich die führenden Sektoren der fordistischen Massenproduktion und Dienstleistungsfunktionen konzentrierten, und den zurückbleibenden "peripheren" Regionen bestimmt. Die fordistischen Stadtregionen waren intern durch den Gegensatz von Zentrum und Suburbanisationen geprägt, wobei besonders der Prozeß der *Suburbanisierung*, die Entstehung von Trabantensiedlungen und "Schlafstädten" sowie von Eigenheim- und Reihenhaussiedlungen in Randzonen der Stadtregion als *typische* Entwicklung herausgestellt wird. Das fordistische (Massen-) Konsummodell hat nicht nur die Angleichung von Lebensbedingungen breiter Bevölkerungsschichten (verbunden mit der Erosion traditioneller soziokultureller Milieus) mit sich gebracht, das kleinfamiliäre Wohnen mit umfassender Haushaltsgeräte-Ausstattung und Autobesitz zum herrschenden Lebensmodell gemacht, sondern zugleich auch die *Standardisierung von Räumen* für städtisches Leben geschaffen. Das Modell der Massenproduktion hat die Standardisierung des Wohnungsbaus bestimmt, und auch auf diese Weise zur *Standardisierung von Lebenssphären* und Angleichung von Lebensstilen beigetragen. Dem Wohnungs- und Städtebau fiel gerade bei der Durchsetzung des fordistischen Konsummodells eine aktive Rolle zu: die "fordistischen" Konsummuster sind sowohl vom standardisierten Massenwohnungsbau als auch von einer fortschreitenden Suburbanisierung vorangetragen und befördert worden, indem diese Bau- und Siedlungsformen dazu beitrugen, die gesteigerte effektive Nachfrage der Lohnabhängigen auf eben jene Bereiche oder Gütergruppen zu lenken, die für die standardisierte Massenproduktion entscheidend waren.

Nach Ansicht der Vertreter des Regulationsansatzes erfolgte in den 70er Jahren ein historischer Bruch in der Entwicklung kapitalistischer Kernländer, der Übergang von einer Phase stetiger Akkumulation auf hohem Wachstumsniveau zu einer Phase stark reduzierter Wachstumsraten und unstetiger Akkumulationsdynamik. Ansätze zur Charakterisierung einer aufkommenden "post-fordistischen" Phase kapitalistischer Gesellschaftsentwicklung befassen sich mit Tendenzen zur Herausbildung eines neuen Akkumulationsregimes und einer veränderten Regulationsweise. Es wird davon ausgegangen, daß der Fordismus in eine tiefgreifende "Formationskrise" geraten ist, die den Übergang zu einer nach-fordistischen Formation gesellschaftlicher Entwicklung einleitet. Der Niedergang des Fordismus soll u.a. durch ein rückläufiges Produktivitätswachstum der Massenproduktions-Technologien, eine zunehmende Marktsättigung bei den maßgeblichen Warengruppen der fordistischen Massenproduktion, durch die Einschränkung von Expansionsmöglichkeiten infolge der fortgeschrittenen Einverleibung von ehemals nicht-kapitalistischen Bereichen in das dominante Wirtschaftsmodell ("innere Landnahme"), und durch eine Restrukturierung der internationalen Arbeitsteilung mit der Folge verschärfter Weltmarktkonkurrenz ausgelöst worden sein. Die Diskussion um eine neue, als "Postfordismus" titulierte Entwicklungsformation ist als Bemühen zu verstehen, aus den sich abzeichnenden gesellschaftlichen Veränderungen die *möglichen* künftigen Entwicklungslinien bei der Herausbildung eines neuen Akkumulationsregimes und einer neuen Regulationsweise zu entschlüsseln. Bisherige Versuche zur Charakterisierung von Konturen der sich gegenwärtig durchsetzenden neuen Formation gesellschaftlicher Entwicklung konzentrieren sich auf die Herausbildung eines *"flexiblen"* Akkumulationsregimes im Zusammenhang mit der Durchsetzung neuer Produktionskonzepte und Technologien, sowie einer zunehmenden Ausdifferenzierung von Sozialstrukturen, Lebensstilen und Konsummustern; darüberhinaus werden neue, flexibilisierte und stark konkurrenzförmige Regulationsweisen auf der institutionell-politischen Ebene verzeichnet. Hinzu kommen gravierende Veränderungen der weltweiten Arbeitsteilung im Kontext einer zunehmend *transnationalen* Organisation von Produktion und Kapitalverwertung.

Aus der Sicht von Vertretern des Regulationsansatzes sind auch die gegenwärtigen *räumlichen* Restrukturierungsprozesse von dem skizzierten gesamtgesellschaftlichen Strukturwandel determiniert: Moulaert/Swyngedouw z.B. gehen davon aus, daß jedes historische Akkumulationsregime mit einem spezifischen Muster der räumlichen Organisation korrespondiert, und daß der gegenwärtige Prozeß wirtschaftsräumlicher Restrukturierung als ein Weg verstanden werden könne, die Krise der bisherigen "fordistischen" Entwicklungsformation *auch* durch eine veränderte Organisation des gesellschaftlichen Raumes zu überwinden (Moulaert/Swyngedouw 1990). Dabei erschließt das sich heute durchsetzende "flexible Produktionssystem" zum Teil *neue Gebiete* als Produktionsräume; insgesamt werden interregionale Ungleichheiten in einer neuen, komplexeren Weise *reproduziert.* Zu den neuen Tendenzen der Raumentwicklung gehört nach diesem Ansatz vor allem die Formierung neuer regionaler Komplexe (cluster) von High-Tech-Betrieben, häufig in Gebieten "ohne industrielle Tradition"; ferner die selektive Konzentration von Forschung/Entwicklung und wachstumsstarken Industriebranchen in wenigen Regionen. Diejenigen Regionen und Städte, die sich in einem Prozeß des Niedergangs, der Schließung "älterer" Industrien befinden, seien mit dem "alten" (fordistischen) Akkumulationsregime assoziiert, während in neuerschlossenen oder wiederaufgewerteten Gebieten "Raum geschaffen wird" für neuartige ökonomisch-soziale, technologische und industrielle Strukturen. Nach Moulaert/Swyngedouw wird auch die *Städte-Hierarchie* von den genannten Restrukturierungstendenzen berührt: Sie werde zunehmend durch eine Stadtökonomie der die Produktion und Zirkulation organisierenden Dienstleistungen, d.h. Business Services, Banken, Versicherungen, Immobilienhandel, dominiert. Zweitens werde das überkommene Städtesystem auch durch neuartige Produktionskomplexe verändert: Kleinere und früher periphere Städte, die bislang kaum eine industrielle Basis hatten, können einen substantiellen Teil der neuen Wachstumspotentiale an sich ziehen. Zur Erklärung der heute verbesserten Konkurrenzposition einer Reihe von ehemals peripheren Städten werden günstige lokale Sozialstrukturen, geeignete Infrastruktureinrichtungen, sowie geringere Lohnkosten (für "manual workers") angeführt. Hier biete sich für das Kapital zudem die Möglichkeit, "seinen Raum selbst zu gestalten", nach eigenen Anforderungen und Vorstellungen neu auszubauen (Moulaert/Swyngedouw 1990).

Regional differenzierte Regulationsformen des Produktionssektors

Will man den "Regulationsansatz" für die Untersuchung ungleichmäßiger Regionalentwicklungen fruchtbar machen, stößt man auf das Problem, daß der Ansatz zwar die Entwicklungsdynamik kapitalistischer Gesellschaften in ihrer zeitlichen *und räumlichen* Differenzierung untersuchen will, aber die *intra-nationale* (regionale) Differenzierung von Regulationsweisen nur wenig Beachtung fand (Tickell/ Peck 1992). In den Wirtschafts- und Sozialwissenschaften wurde die Begrifflichkeit des Regulationsansatzes meist auf *nationale* Wirtschaftsräume bezogen. In der Geographie haben Anhänger des Regulationsansatzes neue Elemente der Raumentwicklung aufgegriffen und sogleich als räumliche Angelpunkte eines neuen "flexiblen Akkumulationsregimes" interpretiert (Scott 1988; Moulaert/Swyngedouw 1990). Der Regulationsansatz hat zunächst keine eigene Theorie räumlich ungleichmäßiger Entwicklung geliefert, sondern vor allem Tendenzen zur Herausbildung neuer Produktionsräume wahrgenommen und dabei vorhandene Konzepte der Wirtschaftsgeographie und Regionalökonomie (z.B. Konzepte räumlicher Arbeitsteilung sowie Kopplungseffekte und Agglomerationsvorteile) in einen *umfassenderen* gesellschaftswissenschaftlichen Ansatz *einbezogen*. Eine Ausnahme bilden die französischen Sozialwissenschaftler D. Leborgne und A. Lipietz, die bemüht sind, regionale Entwicklungstypen auf der Basis von Regulationssystemen zu unterscheiden. Um den Regulationsansatz für die Stadt- und Regionalforschung fruchtbar zu machen, müßte Leborgne/Lipietz' Ansatz zur Unterscheidung regional differenzierter Regulationssysteme (Leborgne/Lipietz 1991) weiterentwickelt werden. *Gegenstand* einer auf der regionalen Ebene wirksamen Regulation sind insbesondere die Beziehungen zwischen Unternehmen und Arbeitskräften sowie zwischen verschiedenen Unternehmen (und Unternehmensteilen). Von Bedeutung ist aber wie gesagt auch die "politische

88

Dimension" des Regulationssystems, d.h. die Interaktionsformen und Beziehungen zwischen den politischen Akteuren auf der regionalen Ebene. Aus der wirtschaftsgeographischen Perspektive wurden bisher vor allem Regulationsformen innerhalb des Unternehmenssektors in den Mittelpunkt gestellt.

Leborgne/Lipietz verstehen unter dem in einer bestimmten Periode vorherrschenden "Akkumulationsregime" ein *makroökonomisches* Muster der Entwicklung, so daß hier vorwiegend eine Differenzierung zwischen *nationalstaatlichen* Wirtschaftsräumen, aber weniger zwischen den *Regionen* auf der subnationalen Ebene angenommen wird. Dagegen bezieht sich die "Regulationsweise" auf Komponenten, die innerhalb eines nationalstaatlichen Wirtschaftsraums *regional differenziert* sind, wie (a) Lohnverhältnisse und industrielle Arbeitsbeziehungen, (b) Kontroll- und Organisationsbeziehungen zwischen den Unternehmen, und (c) Formen der staatlichen Einflußnahme und des politischen Zusammenwirkens gesellschaftlicher Akteure.

Leborgne/Lipietz (1991) gehen davon aus, daß eine *regionale Differenzierung* von Entwicklungsmodellen des Kapitalismus existiert, und daß die Chancen eines Landes, der globalen "Krise des fordistischen Entwicklungsmodells" zu begegnen, von der internationalen Konkurrenzfähigkeit seiner verschiedenen industriellen Wirtschaftsregionen (v.a. Stadtregionen) bestimmt sind. Die internationale Konkurrenzfähigkeit einer Region ist nach Leborgne/Lipietz *nicht* vorrangig von ihrer Anpassung an "neue Technologien" bestimmt, und ebensowenig von der Flexibilisierung der Beschäftigungsverhältnisse. Größten Einfluß auf die internationale Konkurrenzfähigkeit einer Region haben vielmehr die *Innovationen im Bereich industrieller Organisationsbeziehungen*.

Das "fordistische" Organisationsmodell ist die hierarchische firmen-*interne* Arbeitsteilung zwischen Funktionsabteilungen und zwischen Zweigbetrieben, d.h. die *organisatorische Zentralisierung* ("vertikale Integration") des Produktionszusammenhangs. Diese Industrieorganisation gründet sich v.a. auf großbetriebliche Komplexe der standardisierten Massenproduktion (Großbetriebe/Zweigbetriebe als Teil von Großunternehmen). Die Starrheiten, Produktivitätsgrenzen und mangelnde Anpassungsgeschwindigkeit an neue Marktsituationen, die der fordistischen Industrieorganisation zugeschrieben werden, können über die Organisation von Unternehmens-Netzwerken (und mit Hilfe einer flexiblen Steuerung und Kontrolle von Transaktionen zwischen Unternehmensteilen und zwischen Firmen) überwunden werden. Auf diesem Hintergrund erscheint heute die (auf eine begrenzte Bandbreite differenzierter Güter) *spezialisierte Firma* als Organisationseinheit, die Qualitätssteigerung und -sicherung, Innovationsgeschwindigkeit und Produktivitätssteigerung optimieren kann. Das Vorbild für "spezialisierte Firmen" ist die flexible Spezialfertigung durch selbständige kleine und mittlere Unternehmen. Eine *weitergehende* industrieorganisatorische Innovation bedeutet die Ausbildung von *Netzwerken* spezialisierter Firmen (mit dem Zusatzvorteil des

"Pooling" von Kapitalanlagen und Risiken sowie Forschungs- und Entwicklungsaufwendungen). Die industrieorganisatorischen Innovationen, die auf eine flexible Vernetzung des Produktionszusammenhangs ausgerichtet sind, können verschiedene Formen annehmen: (a) die *"schwache" organisatorische Dezentralisierung* umfasst (ähnlich wie beim alten fordistischen Modell) ein Netzwerk von Subunternehmen, die vom führenden Unternehmen *abhängig und kontrolliert* sind (Prinzip der Subordination); (b) die *"fortgeschrittene"* und *"starke" organisatorische Dezentralisierung* umfasst ein Netzwerk von spezialisierten Firmen und Subunternehmen, die über *marktförmige* oder über *kooperative* Beziehungen miteinander verbunden sind und jeweils die Kontrolle über ihre eigene Entwicklung behalten.

Die Modelle einer vernetzten industriellen Organisation können zweitens untergliedert werden nach dem Kriterium, ob sie *räumlich* dezentralisiert oder konzentriert sind: (A) *Räumliche Dezentralisierung* bedeutet hier territoriale Desintegration des Produktionszusammenhangs, die Verlagerung bestimmter Produktionsteile in externe Regionen oder ins Ausland (z.B. "höherwertige" Funktionen in hochentwickelte Industrieländer oder zentrale Stadt-Regionen, Arbeiten mit geringen Qualifikationsanforderungen oder Routinefunktionen in Billiglohn-Länder oder periphere Regionen); (B) *Räumliche Konzentration* bedeutet hier Vernetzung von Firmen *innerhalb einer Region*. Vorteile dieser territorialen Integration sind die regions-*interne* Nutzung von Multiplikatoreffekten (vgl. das regionalökonomische Polarisations-Konzept) und die bessere Ausbreitung von Innovationen infolge von "Nachbarschaftseffekten".

Mit Hilfe der dargestellten Kriterien kann eine *Typisierung von städtischen bzw. regionalen Produktionsstrukturen* nach unterschiedlichen Organisationsbeziehungen ihres Produktionssektors vorgenommen werden:

(1.) Stadtregionen mit *organisatorisch zentralisierten*, jedoch *räumlich dezentralisierten* Produktionsstrukturen werden von den überkommenen "fordistischen" Produktionszentren repräsentiert, wo sich v.a. Produktionsapparate der standardisierten Massenfertigung in regions-extern kontrollierten *Zweigbetrieben* von Großunternehmen konzentrieren, deren Aktivitäten einer firmen-internen hierarchischen Regulation unterliegen, und die vorwiegend überregionale Liefer- und Absatzbeziehungen haben. Die vertikal integrierten Großunternehmen selbst kontrollieren weiträumig verstreute (regions-externe) Zweigwerke. Fordistische Produktionszentren können allerdings auch die Form von organisatorisch *und zugleich* räumlich integrierten Industriekomplexen haben, wenn ein "Stammbetrieb" *innerhalb* derselben Region eine Reihe von Zweigbetrieben um sich gruppiert.

(2.) Stadtregionen mit (vorherrschend) *"schwacher" organisatorischer Dezentralisierung* und *räumlich dezentralisierten* Produktionsstrukturen: dies betrifft jene Städte - häufig in "Niedriglohn-Gebieten" -, in denen sich vor allem Zulieferbetriebe (Subunternehmen) von regions-externen Großunternehmen konzentrieren.

Aus einer Konzentration extern abhängiger Unternehmen können in der Stadtregion *spezialisierte Produktionsgebiete* entstehen, die mit dem traditionellen Wirtschaftsgefüge der Stadt nur schwach verbunden und vor allem exportorientiert sind (dabei können solche spezialisierten Produktionsgebiete durchaus sog. High-Tech-Produktionen umfassen). Dazu gehört eine überwiegend *hierarchische Regulation* der Unternehmensbeziehungen. Dieser Regionstyp ähnelt in seiner Regulationsform den "fordistischen" Stadtregionen (vgl. Ziffer 1), die von einer *firmen-internen* hierarchischen Arbeitsteilung zwischen Stamm- und Zweigbetrieben geprägt sind.

Die Übergänge zu post-fordistischen industriellen Organisationsbeziehungen lassen sich an drei weiteren Typen regionaler Produktionsstrukturen festmachen:

(3.) Stadtregionen mit *"schwacher" organisatorischer Dezentralisierung* und *räumlich konzentrierten* Produktionsstrukturen: hier sind jene industriellen Produktionskomplexe ("Entwicklungspole") angesprochen, bei denen sich führende Großunternehmen und ihre Zulieferfirmen in relativ enger räumlicher Nachbarschaft ansiedeln. Die organisatorische Dezentralisierung nimmt hierbei die Form eines *Unternehmens-Netzwerks* an, wobei das führende Unternehmen die Kontrolle über Endprodukte, Schlüsseltechnologien und Marktstrategien hat, die vorgelagerten Herstellungsprozesse bzw. die Fertigung von Komponenten jedoch an Subunternehmen (Zulieferfirmen) übertragen werden. Derartige Produktionskomplexe unterliegen einer hierarchischen Regulation durch das "führende" Unternehmen. Die Auslagerung zahlreicher Fertigungsfunktionen aus dem Hauptunternehmen in ein räumlich integriertes Netzwerk von Zulieferfirmen ist das Charakteristikum (aktuelle Beispiele sind die neuen regionalen Produktionskomplexe der deutschen Automobilindustrie in Mosel bei Zwickau und in Eisenach).

(4.) Stadtregionen mit *räumlich konzentrierten* Produktionsstrukturen und *fortgeschrittener organisatorischer Dezentralisierung* entstehen über die vorwiegend marktförmige Vernetzung spezialisierter Firmen innerhalb eines räumlich integrierten Produktionskomplexes. Hier sind regionale Produktionsstrukturen angesprochen, die von modernen spezialisierten Firmen (darunter viele kleine und mittlere Unternehmen) gebildet werden, welche sich unter Beibehaltung ihrer Eigenständigkeit mit den anderen in der Region ansässigen Spezialfirmen über flexible Marktbeziehungen verbinden. Regionale Ballungen einer Vielzahl von Spezialfirmen der High-Tech-Branche wie im kalifornischen "Silicon Valley" und "Orange County" bei Los Angeles können diesem Typ zugerechnet werden .

(5.) Stadtregionen mit *"starker" organisatorischer Dezentralisierung* und *räumlich konzentrierten* Produktionsstrukturen: hier geht es um Stadtregionen, deren Industriesektor aus einer Vielzahl von selbständigen spezialisierten Firmen besteht, die ein regionales Produktions-Netzwerk schaffen, das sich auf ein dichtes Gewebe von *partnerschaftlichen* Beziehungen zwischen den Firmen - aber auch zwischen Firmen, Arbeitnehmerorganisationen und lokalem Staat - gründet.

Typisierung regionaler Produktionsstrukturen
(nach industriellen Organisationsbeziehungen/Regulationsformen)

Verbindung von Organisations-einheiten / Räumliche Organisation	organisatorische Zentralisierung	organisatorische Dezentralisierung		
		"schwache"	"fortgeschrittene"	"starke"
räumliche Dezentralisie-rung	regions-extern kontrollierte Zweigbetriebe *) (1)	Extern abhängige Subunternehmen (Zulieferbetriebe) (2)	marktförmige Vernetzung spezialisierter Firmen **) (4)	kooperatives Netzwerk spezialisierter Firmen **) (5)
räumliche Konzentra-tion (territoriale Integration)	"mono-regionale" Großbetriebe *)	Großbetriebe *) mit regions-internem Netz abhängiger Subunternehmen (3)		

hierarchische Regulation → marktförmige Regulation → kooperative Regulation

- neue industrielle Entwicklungspole (Bsp. Eisenach, Mosel b.Zwickau)
- neue "flexible Produktionskomplexe" (Bsp. "Silicon Valley")
- mittelständisch geprägte Industriedistrikte (Bsp. "Drittes Italien")

= "Innovative Produktionsstrukturen"

= "Traditionelle Produktionsstrukturen"

*) v.a. Komplexe der standardisierten Massen-produktion (als Teil von Großunternehmen)

**) v.a. flexible Spezialfertigung durch kleine und mittlere Unternehmen mit einem "autonomen" Kontrollstatus

Dazu gehört eine *kooperative Regulation* der Unternehmensbeziehungen. Aus der engen Zusammenarbeit kleiner und mittlerer Firmen, die sich auch *gemeinschaftliche* Service-Institutionen für den regionalen Produktionssektor schaffen, entsteht hier ein *regional integriertes* kooperatives Unternehmens-Netzwerk. Als typisches Beispiel hierfür gelten die industriellen Distrikte des sog. "Dritten Italien" (verschiedene Gebiete in Mittel- und Oberitalien).

Die Typisierung von Regionen nach dem "Modell" ihrer industriellen Organisationsbeziehungen ist mit der Schwierigkeit konfrontiert, daß die verschiedenen "Modelle" innerhalb der Regionen kaum in reiner Form auftreten. Es wäre ferner problematisch, die wirtschaftsräumliche Typisierung von Stadtregionen allein auf der Basis einer *produktionszentrierten* Analyse vorzunehmen. Im Rahmen einer zeitgemäßen Stadtökonomie muß auch die wachsende Bedeutung der metropolitanen Komplexe *strategischer* Unternehmensaktivitäten (Direktions-, Kontroll- und Finanzkapazitäten sowie zugehörige Dienstleistungen) thematisiert werden.

Einzelne Beiträge zum Regulationsansatz in der Wirtschaftsgeographie verallgemeinern regionale Produktionsstrukturen, wie sie sich im Silicon Valley, Orange County und im 'Dritten Italien' herausgebildet haben, zu bestimmenden Elementen der ökonomischen Geographie der "post-fordistischen" Ära (Scott 1988; Moulaert/Swyngedouw 1990), wobei sie Gefahr laufen, die gesamtwirtschaftliche Bedeutung ebenso wie die "geographische Reichweite" von flexiblen Produktionskomplexen und neuen Produktionsräumen zu überschätzen. Die "neuen Produktionsräume" können eine Modifikation überkommener Regionalstrukturen bewirken, müssen aber insgesamt keine "neue ökonomische Geographie" hervorbringen. Im Zuge des gesellschaftlichen Formationswandels werden sich auch *innerhalb* der traditionellen Industrieregionen die Produktionsstrukturen verändern, und ein neues ökonomisches Entwicklungsmodell muß nicht zwingend über *räumliche* Strategien durchgesetzt werden: Für Scott (1988) ist die Durchsetzung eines "flexiblen Akkumulationsregimes" geographisch dadurch gekennzeichnet, daß sich die industrielle Dynamik von den alten fordistischen Industrieagglomerationen wegverlagert; die Lokalisierung neuartiger flexibler Produktionskomplexe in Räumen außerhalb der überkommenen Industrieagglomerationen ist ihm zufolge vor allem in Strategien zur Etablierung neuer industrieller Arbeitsbeziehungen begründet: neue Räume der Produktion ermöglichen den Zugriff auf Arbeitskräfte, die nicht von den alten fordistischen Arbeitsbeziehungen beeinflußt sind (z.B. einem hohen Grade gewerkschaftlicher Organisation) und erleichtern die Durchsetzung "flexibilisierter" Beschäftigungsverhältnisse. Demgegenüber argumentieren Tickell/Peck (1992), daß es unterschiedliche Strategien des Zugriffs auf "neue" Arbeitskraftpotentiale gebe, nämlich zum einen die von Scott herausgestellte Verlagerung von industriellen Aktivitäten in neue Produktionsräume (als *räumliche* Strategievariante), zum anderen aber auch die Änderung von Arbeitsbeziehungen *innerhalb bestehender* Produktionsräume (als *sozial-ökonomische* Strategievariante). Die Unternehmen können innerhalb der "fordistischen" Industrieregionen dazu übergehen, ihre Beschäftigten selektiv aus anderen Segmenten des *lokalen* Arbeitskräfteangebots (z.B. Immigranten, Frauen) zu rekrutieren. Die Durchsetzung eines "flexiblen Akkumulationsregimes" setzt in dieser Hinsicht nicht zwingend eine räumliche Verschiebung von industriellen Aktivitätszentren voraus, sondern kann bedeuten, daß in den alten Industrieagglomerationen eine Flexibilisierung und Deregulierung von *Beschäftigungsverhältnissen* unter Beibehaltung der fordistischen Produktions-Organisation und - Technologie stattfindet. So können sich auch *verschiedene Muster* der Durchsetzung "flexibler" Produktionssysteme im Wirtschaftsraum ergeben.

Erklärungen für die Herausbildung *territorial integrierter* Produktionssysteme verweisen meist auf eine zunehmende Instabilität der Märkte, die eine vertikale Desintegration des Produktionssystems befördert. Die Reorganisation des Produktionssystems in Form eines Netzwerkes spezialisierter Firmen/Produktionseinheiten muß aber nicht zwingend eine regions-interne Vernetzung hervorbringen, denn ein Unternehmensnetzwerk kann sich prinzipiell auch über weite räumliche Distanzen formieren. Die *territoriale* Integration wird mit Agglomerationsvorteilen begründet: ein aus vielen spezialisierten Produktionseinheiten gebildetes Unternehmensnetzwerk erfordert intensive Kommunikation, flexible Kooperationsmuster und vielfältige Transaktionen zwischen den Firmen. Geographische Nähe zwischen den beteiligten Firmen kann die Kooperation erleichtern, Kommunikations- und Transaktionskosten senken, die Verläßlichkeit von Lieferbeziehungen erhöhen und die Flexibilität des gesamten Netzwerks steigern. Darüberhinaus erleichtert räumliche Agglomeration den beteiligten Firmen ein "pooling" der Aufwendungen für gemeinsame service-Einrichtungen und technische Infrastrukturen.

Agglomerationseffekte liefern aber für sich genommen keine hinreichende Begründung für die (ja keineswegs das gesamte Produktions- und Regionalsystem betreffende) Re-Agglomeration industrieller Produktionsaktivitäten in territorial integrierten Unternehmensnetzwerken. Hier müssen eine Reihe von regionsspezifischen sozialen und kulturellen Bedingungen hinzutreten, insbesondere solche, die ein für die Kooperation zwischen regionalen Firmen/Managern, für neue Firmengründungen, für die regionale Ausbreitung von Innovationsaktivitäten usw. förderliches gesellschaftliches Umfeld schaffen. Intensive Kooperationsbeziehungen zwischen regionalen Firmen sind aus der Sicht vieler Regionalstudien in regionsspezifische gesellschaftliche und kulturelle Traditionen, Handlungsorientierungen und Umgangsformen eingebettet. Danach gründen sich z.B. *partnerschaftliche* Kooperationsformen innerhalb regionaler Unternehmensnetze darauf, daß sowohl Manager als auch Arbeitskräfte ihre "regionale Identität" schätzen oder über einen regionalen "Gemeinschaftssinn" verfügen, der z.B. in gemeinsamen religiösen/ethischen Überzeugungen, in ethnischen Gemeinsamkeiten u.a. wurzeln kann.

Die notwendige Erweiterung der Analyse regional differenzierter Produktions- und Regulationssysteme durch Einbeziehung von regionsspezifischen sozialen und kulturellen Bedingungen kann zu einer "kulturwissenschaftlichen" Einbettung dieser Regionalanalysen überleiten. Dabei können regulationstheoretische Ansätze mit regionalen "Milieu"-Konzepten verknüpft werden.

Regulationstheoretische Ansätze können im Bereich der geographischen Regionalforschung u.a. dazu beitragen, die Konsequenzen unterschiedlicher Regulationsformen industrieller Organisationsbeziehungen zu analysieren; ferner können sie die politische und kulturelle Dimension gesellschaftlicher Regulation ins Blickfeld rücken, d.h. den Einfluß regional differenzierter *gesellschaftlicher* "Regulationssysteme" auf die Stadt- und Regionalentwicklung.

Literatur zu Abschnitt 3:

Aglietta, M.: A theory of capitalist regulation, London 1979

Amin, A. (Hg.): Post-Fordism, Oxford 1994

Aydalot, Ph./Keeble, D. (Hg.) 1988: High Technology, Industry and Innovation Environments: the European experience. London, New York

Bathelt, H.: Schlüsseltechnologie-Industrien. Standortverhalten und Einfluß auf den regionalen Strukturwandel in den USA und in Kanada. Berlin/Heidelberg 1991

Benko, G./ Dunford, M. (Hg.): Industrial change and regional development: the transformation of new industrial spaces. London 1991

Berg, v.d./ Klaassen, J.: The contagiousness of urban decline, in: Berg/Burns/ Klaassen (Hg.): Spatial Cycles. Aldershot/Brookfield 1987

Bergman, E./Maier, G./Tödtling, F. (Hg.): Regions reconsidered: economic networks, innovation and local development in industrialised countries, London 1991,

Bianchini, F.: The Third Italy - model or myth ?, in: Athens Center of Ekistics (Hrsg.), Urban networking in Europe, "Ekistiks: the problems and science of human settlements", No. 350/351, 1991

Böventer, E.v. (Hg.): Regionale Beschäftigung und Technologieentwicklung, Berlin 1989

Borst, R. u.a. (Hg.): Das neue Gesicht der Städte. Theoretische Ansätze und empirische Befunde aus der internationalen Debatte. Basel, Boston, Berlin 1990

Buttler, F.: Entwicklungspole und räumliches Wirtschaftswachstum. Tübingen 1973

Buttler, F./Gerlach, K./Liepmann, P.: Grundlagen der Regionalökonomie, Reinbek 1977

Camagni, R. (Hg.): Innovation networks: spatial perspectives. London/New York 1991

Castells, M. (Hg.): High Technology, space, and society. Beverly Hills/London 1985

Castells, M.: Die neue urbane Krise: Raum, Technologie und sozialer Wandel am Beispiel der Vereinigten Staaten, in: Ästhetik und Kommunikation, Nr. 61/62, 1986

Castells, M.: The informational city. Oxford, Cambridge 1989

Cooke, Ph. (Hg.): Localities. London 1989

Cooke, Ph.: Regional Innovation systems: an evaluation of six European cases, in: Getimis, P./ Kafkalas, G. (Hg.): Urban and regional development in the new Europe. Athen 1993

Davis, M.: City of Quartz. London 1990

Dunford, M./Perrons, D.: The arena of capital. London/Basingstoke 1983

Dunford, M.: Technopoles: research, innovation and skills in comparative perspectives, in: TOPOS, Review of urban and regional studies, No. 5, Athens 1992

Esser, J./ Hirsch, J.: Stadtsoziologie und Gesellschaftstheorie. Von der Fordismuskrise zur "postfordistischen" Regional- und Stadtstruktur, in: Prigge, W. (Hg.): Die Materialität des Städtischen. Basel, Boston 1987

Ewers, H.J.: Strukturwandel und Wirtschaftsförderung in alten Industriestädten. in: ILS NRW (Hg.): Landes- und Stadtentwicklungsforschung des Landes NRW, Bd. 2.051, 1986

Friedmann, J.: A general theory of polarized development, in: Hansen, N.M. (Hg.): Growth centres in regional economic development, New York 1972

Glasmeier, A.: The Japanese Technopolis Programme: High Tech Development Strategy of Industrial Policy in Disguise ? in: International Journal of Urban and Regional Research, Vol. 12, No. 2. London 1988

Gottdiener, M.: The social production of urban space. Austin, Texas 1988

Gottlieb, M.: Long swings in urban development. New York, London 1976

Grabher, G.: Unternehmensnetzwerke und Innovation. Veränderungen in der Arbeitsteilung zwischen Groß- und Kleinunternehmen im Zuge der Umstrukturierung der Stahlindustrie (Ruhrgebiet) und der Chemischen Industrie (Rhein-Main). WZB, Berlin 1988

Grabher, G. (Hg.): The embedded firm - on the socioeconomics of industrial networks. London/ New York 1992

Grabow, B./Henckel, D.: Technik und neue Zeitordnungen: Folgen für die Städte, in: Friedrichs, J. (Hg.): Soziologische Stadtforschung, Opladen 1988

Häußermann, H./Siebel, W.: Die schrumpfende Stadt und die Stadtsoziologie, in: Friedrichs, J. (Hg.): Soziologische Stadtforschung, Opladen 1988

Hall, P./Markusen, A. (Hg.): Silicon landscapes, Boston 1985

Hall, P.: The geography of the fifth Kondratieff, in: Massey, D./Allen, J. (Hg.): Uneven Re-development. Cities and regions in transition. London 1988

Hansen, N.M. (Hg.): Growth centres in regional economic development, New York 1972

Henckel, D./ Nopper, E./ Rauch, N.: Informationstechnologie und Stadtentwicklung. Köln 1984

Henckel, D. u.a.: Produktionstechnologien und Raumentwicklung. Stuttgart 1986

Henderson, J./Castells, M. (Hg.): Global restructuring and territorial development. London 1987

Hirsch, J./Roth, R.: Das neue Gesicht des Kapitalismus, Vom Fordismus zum Post-Fordismus, Hamburg 1986

Hirschmann, A.: Die Strategie der wirtschaftlichen Entwicklung. Stuttgart 1967

Hübner, K.: Theorie der Regulation. Eine kritische Rekonstruktion eines neuen Ansatzes der Politischen Ökonomie, 2. Aufl., Berlin 1990

Kleinknecht, A.: Are there Schumpeterian waves of innovations ?, in: Cambridge Journal of Economics, Vol. 14, No. 1, Cambridge 1990

Krätke, S.: Strukturwandel der Städte, Städtesystem und Grundstücksmarkt in der "postfordistischen" Ära, Frankfurt-M./New York 1991

Krüger, Th.: Ökonomischer Strukturwandel in der Region Hamburg - Theorie und Empirie, in: Bukold, S./Thinnes, P. (Hg.): Boomtown oder Gloomtown ? Strukturwandel einer deutschen Metropole: Hamburg. Berlin 1991

Krummacher, M. u.a.: Regionalentwicklung zwischen Technologieboom und Resteverwertung. Die Beispiele Ruhrgebiet und München. Bochum 1985

Kujath, H.J.: Regeneration der Stadt. Ökonomie und Politik des Wandels im Wohnungsbestand. Hamburg 1986

Läpple, D.: Neue Technologien in räumlicher Perspektive, in: Informationen zur Raumentwicklung, Nr. 4/89, S. 213-226. Bonn, BfLR 1989

Läpple, D.: Thesen zum Zusammenhang von ökonomisch-technologischem Strukturwandel und regionaler Entwicklung, in: Bukold, S./Thinnes, P. (Hg.): Boomtown oder Gloomtown ? Strukturwandel einer deutschen Metropole: Hamburg. Berlin 1991

Leborgne, D./Lipietz, A.: Neue Technologien, neue Regulationsweisen: Einige räumliche Implikationen. in: Borst, R. et al. (Hg.): Das neue Gesicht der Städte. Theoretische Ansätze und empirische Befunde aus der internationalen Debatte. Basel, Boston, Berlin 1990

Leborgne, D./Lipietz, A.: Two Social Strategies in the Production of New Industrial Spaces. in: Benko, G./Dunford, M. (Hg.): Industrial Change and Regional Development: The Transformation of new Industrial Spaces. London, New York 1991

Lipietz, A.: New tendencies in the international division of labor: regimes of accumulation and modes of regulation, in: Scott, A.-J./Storper, M. (Hg.): Production, work, territory. The geographical anatomy of industrial capitalism. London 1986

Lutz, B.: Der kurze Traum immerwährender Prosperität, Eine Neuinterpretation der industriell-kapitalistischen Entwicklung im Europa des 20. Jahrhunderts, Frankfurt/New York 1984

Maier, G./Tödtling, F.: Regional- und Stadtökonomik. Wien/New York 1992

Malmberg, A.: Linkages, Labour, and Location: Local Industrial Change in an Internationalized Economy. Conference Paper, Workshop "On the Socio-Economics of Inter-Firm Cooperation", Social Science Center Berlin (WZB), Berlin 1990

Martin, R./Rowthorn, B. (Hg.): The Geography of De-Industrialisation. London 1986

Martin, R.: Industrial capitalism in transition: the contemporary reorganization of the British space-economy, in: Massey, D./Allen, J. (Hg.): Uneven Re-development. Cities and regions in transition. London 1988

Massey, D.: Spatial Divisions of Labour. Social Structures and the Geography of Production. London, Basingstoke 1984

Miegel, M./Grünewald, R./Grüske, K.-D.: Wirtschafts- und arbeitskulturelle Unterschiede in Deutschland. Zur Wirkung außerökonomischer Faktoren auf die Beschäftigung, Gütersloh 1991

Milgrom, P./Roberts, J.: Economics, organization and management, Englewood Cliffs 1992

Moulaert, F./Swyngedouw, E.: Regionalentwicklung und die Geographie flexibler Produktionssysteme. Theoretische Auseinandersetzung und empirische Belege aus Westeuropa und den USA. in: Borst, R. et al. (Hg.): Das neue Gesicht der Städte. Theoretische Ansätze und empirische Befunde aus der internationalen Debatte. Basel, Boston, Berlin 1990

Müller, J.H.: Methoden zur regionalen Analyse und Prognose, 2. Aufl., Hannover 1976

Müller, J.: Sektorale Struktur und Entwicklung der industriellen Beschäftigung in den Regionen der Bundesrepublik Deutschland. Berlin 1983

Myrdal, G.: Ökonomische Theorie und unterentwickelte Regionen. Stuttgart 1974

Naschold, F.: Technikentwicklung und gesellschaftliche Regulation. Das Projekt "Forschungszentrum Ulm". in: WSI-Mitteilungen, Nr. 3/89, 1989

Norton, R.D./ Rees, J.: The product cycle and the spatial decentralization of American manufacturing, in: Regional Studies, No. 13, 1979

Ogger, G.: Nieten in Nagelstreifen, Deutschlands Manager im Zwielicht, München 1992

Peet, R. (Hg.): International capitalism and industrial restructuring, London 1987

Perroux, F.: L'Économie du XXe siècle. Paris 1964

Perroux, F.: Les Espaces Économiques. in: Boudeville, J. (Hg.): L'Espace et les Poles de Croissance. Paris 1968

Piore, M.J./Sabel, C.F.: Das Ende der Massenproduktion, Berlin 1985

Pyke, F./Sengenberger, (Hg.): Industrial districts and local economic regeneration, Genf 1992

Richardson, H.W.: Regional growth theory, London/Basingstoke 1973

Ritter, W.: Allgemeine Wirtschaftsgeographie, München/Wien 1993

Rothwell, R./Zegveld, W.: Reindustrialization and Technology, Essex 1985

Sabel, C.F. u.a.: Regional prosperities compared: Massachusetts and Baden-Württemberg in the 1990's. WZB Berlin, Berlin 1987

Scott, A.-J./Storper, M. (Hg.): Production, work, territory. The geographical anatomy of industrial capitalism. Winchester, London 1986

Scott, A.J.: Metropolis. From the division of labour to urban form. Berkeley 1988

Scott, A.J.: New industrial spaces, London 1988

Sinz, M.: Perspektiven von Niedergang und Revitalisierung: Industrie und Gewerbe in der Stadtentwicklung, in: Informationen zur Raumentwicklung, Nr. 10/11, Bonn 1984

Storper, M./Scott, A.J.: The geographical foundations and social regulation of flexible production complexes, in: Wolch, J./Dear, M. (Hg.): Territory and social reproduction. London, Boston 1988

Storper, M./Walker, R.: The capitalist imperative. Territory, technology and industrial growth. Oxford 1989

Streit, M.: Über die Bedeutung des räumlichen Verbunds im Bereich der Industrie. Köln, Berlin, Bonn 1966

Sydow, J.: Unternehmensnetzwerke. Begriffe, Erscheinungsformen und Implikationen für die Mitbestimmung, Düsseldorf 1991

Tengler, H.: Die Shift-Analyse als Instrument der Regionalforschung. Stuttgart 1989

Thrift, N.: The geography of international economic disorder, in: Massey, D./Allen, J. (Hg.): Uneven Re-development. Cities and regions in transition. London 1988

Tickell, A./Peck, J.A.: Accumulation, regulation and the geographies of post-Fordism: missing links in regulationist research, in: Progress in Human Geography, No. 16, 1992

Veltz, P.: New Models of Production Organisation and Trends in Spatial Development. in: Benko, G./Dunford, M. (Hg.): Industrial Change and Regional Development: The Transformation of new Industrial Spaces. London, New York 1991

Whitehand, J.W.R.: The changing face of cities. A study of development cycles and urban form. Oxford 1987

Williamson, O.E.: The Economics of Organizations: The Transaction Cost Approach. in: American Journal of Sociology, No. 87, 1981

Windhorst, H.W.: Geographische Innovations- und Diffusionsforschung, Darmstadt 1983

Womack, J.P./Jones, D.T./Roos, D.: Die zweite Revolution in der Autoindustrie, Frankfurt/M. 1994

4. Dienstleistungen und metropolitane Komplexe strategischer Unternehmensaktivitäten

Bis Mitte der 70er Jahre war der Beschäftigtenanteil des Dienstleistungssektors in den meisten Industrieländern Westeuropas auf über 50 % aller Beschäftigten angestiegen. Dieser Bedeutungszuwachs der Dienstleistungen wurde innerhalb des "Drei-Sektoren-Konzepts" als Ausdruck eines grundlegenden sektoralen Strukturwandels interpretiert, in dessen Verlauf die Wirtschaft sich von der Agrargesellschaft (die durch eine Dominanz des "primären" Sektors gekennzeichnet sei) über die Industriegesellschaft, in welcher der "sekundäre" Sektor die führende Rolle spielt, weiterentwickelt zu einer "Dienstleistungsgesellschaft", die durch die Dominanz des "tertiären" Sektors gekennzeichnet sei. Damit war die große Hoffnung verbunden, daß die Expansion des tertiären Sektors in der Lage sei, die seit den 60er Jahren verzeichneten Arbeitsplatzverluste im Industriesektor zu kompensieren. Diese Hoffnung hat sich nicht erfüllt. Die größten Arbeitsplatzzuwächse im tertiären Sektor gab es nicht, wie Thesen vom Übergang zu einer "Dienstleistungsgesellschaft" unterstellten, bei den *konsumorientierten* Dienstleistungen, sondern im Bereich der *produktionsorientierten* Dienstleistungen. Somit blieb die Entwicklung des Dienstleistungsbereichs in hohem Maße *abhängig* von der Entwicklungsdynamik des Industriebereichs. In der *regionalen* Wirtschaftsentwicklung zeigte sich, daß meist gerade jene Regionen, deren Industriebereich durch eine positive Entwicklung charakterisiert ist, die größte Expansion im Bereich der produktionsorientierten Dienstleistungen verzeichnen. Die Expansion von produktionsorientierten Dienstleistungen beruht dabei zum einen auf der "Tertiärisierung der Produktion", d.h. auf dem Bedeutungszuwachs von Forschung und Entwicklung, Produktionsplanung und Logistik, Design und Marketing, Service und Kundendienst innerhalb des Industriebereichs (auf Kosten des Anteils direkter Fertigungstätigkeiten), zum anderen auf der Entscheidung vieler Industrieunternehmen, eine Reihe von früher unternehmens-intern erbrachten Dienstleistungsfunktionen über den Markt zu beziehen. Die Auslagerung von Funktionen an selbständige Dienstleistungsunternehmen (die dem "tertiären" Sektor zugerechnet werden) umfasste u.a. Unternehmens- und Steuerberatung, EDV-Beratung und Service, Buchhaltung, Werbung, Logistik. Die produktionsorientierten Dienstleistungsfunktionen expandierten *auf der Basis* von Veränderungen im Industriebereich. Im Zuge dieser Entwicklung sind wiederum die Industrieunternehmen zur Sicherung ihrer Wettbewerbs- und Anpassungsfähigkeit mehr und mehr darauf angewiesen, ein vielfältiges und leistungsfähiges Angebot hochwertiger Dienstleistungen nutzen zu können. Insofern ist von einer *Wechselwirkung* zwischen produktionsorientierten Dienstleistungsfirmen und Industrieunternehmen auszugehen.

100

Funktionale Beschäftigungsstrukturen und Stadtentwicklung

Die wirtschaftsräumliche Struktur der hochindustrialisierten Länder ist generell durch eine ausgeprägte *funktionale* räumliche Arbeitsteilung charakterisiert. F.J. Bade (1987) hat untersucht, welchen Stellenwert die funktionale Struktur der *Beschäftigten* für die Entwicklungsdynamik der Stadtregionen besitzt. Dabei hat er festgestellt, daß *branchenübergreifend* die höherwertigen produktionsorientierten Dienstleistungsfunktionen in den großstädtischen Agglomerationen konzentriert sind. *Zwischen* diesen Stadtregionen bestehen allerdings Unterschiede im Ausmaß der Spezialisierung auf solche Dienstleistungsaktivitäten.

Bade hat einen starken Zuwachs von produktionsorientierten Dienstleistungen *innerhalb des "sekundären Sektors"* (industrieller Sektor) festgestellt: während die Gesamtzahl der Beschäftigten im Warenproduzierenden Gewerbe zwischen 1961 und 1982 um rund 1,9 Mio abnahm, ist der Umfang der sogenannter *Produktionsdienste* in diesem Sektor um 800000 Beschäftigte angestiegen (*"Tertiärisierung der Industrie"*).

Zur Untersuchung der funktionalen Arbeitsteilung in ihrer räumlichen Dimension hat Bade das Bundesgebiet in Agglomerationen, unterteilt in deren Kerne (Kernstädte) und Ränder (Umlandkreise), und Nicht-Agglomerationen (gering verdichtete und periphere Gebiete) gegliedert. Im Rahmen dieser Raumgliederung zeigten die Dienstleistungen eine eindeutig stärkere Präferenz für die Verdichtungszentren als die Fertigungsaktivitäten. Zwischen den verschiedenen Dienstleistungsaktivitäten waren jedoch Unterschiede festzustellen: So sind gerade die Produktionsdienste, die zu den Gewinnern des wirtschaftlichen Strukturwandels zählen, in stärkerem Maße in den Agglomerationskernen konzentriert. Dies gilt insbesondere für die Technischen Dienste und noch stärker für Unternehmensberatung, EDV und Marketing.

Die funktionale räumliche Arbeitsteilung ist *sektoral übergreifend* ausgebildet: In jedem der 62 Wirtschaftszweige sind die "höherwertigen" Produktionsdienste wie Forschung und Entwicklung, der Leitende Verwaltungsbereich oder die anderen Unternehmensdienste (Unternehmensberatung, EDV und Marketing) immer stärker auf die Zentren konzentriert als die jeweilige Gesamtbeschäftigung. So ist die räumlich-funktionale Arbeitsteilung durch die Spezialisierung der Verdichtungszentren auf "höherwertige" Dienstleistungsaktivitäten charakterisiert. Diese Spezialisierung ist unabhängig davon, in welchem Wirtschaftszweig und Unternehmen die höherwertigen Aktivitäten ausgeübt werden.

Die funktionale Spezialisierung einer Region auf *höherwertige Produktionsdienste*, darunter besonders Forschung und Entwicklung (F/E), wird heute mehr und mehr als *indirekter* Bestimmungsgrund der regionalen Entwicklungsdynamik betrachtet, insofern als die Konzentration der betreffenden Funktionen einer Region besondere *Innovationskraft* im Bereich der Produkt- und Verfahrensent-

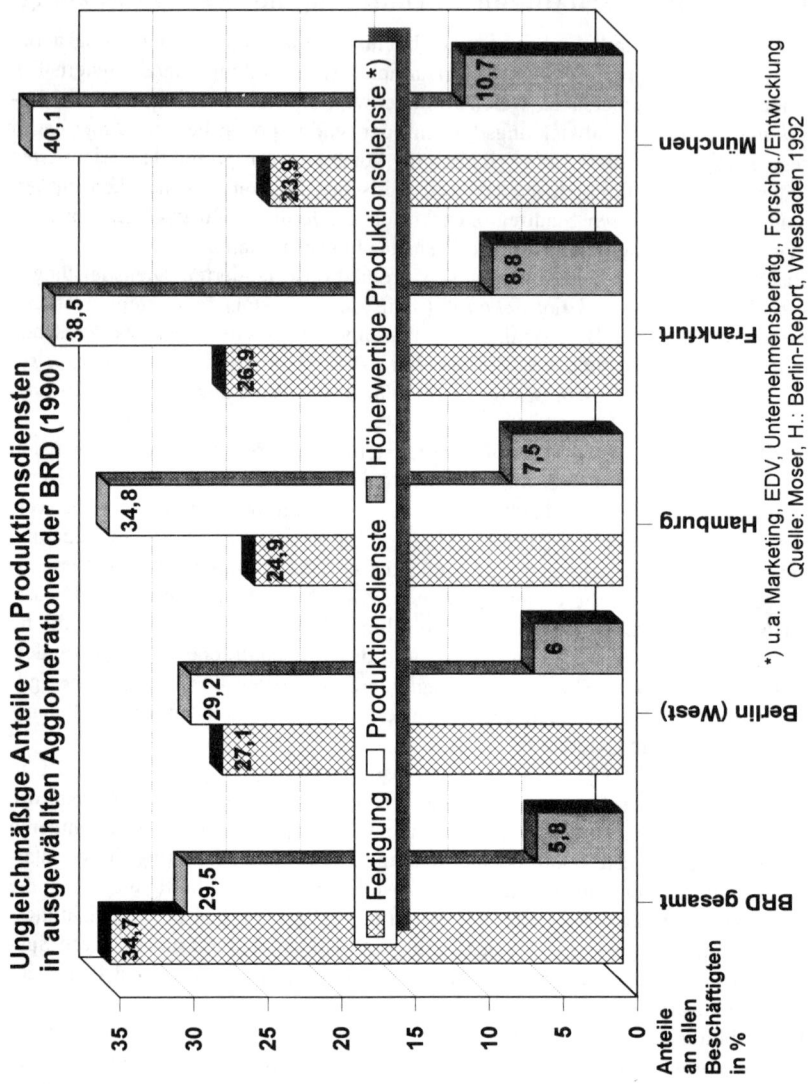

Ungleichmäßige Anteile von Produktionsdiensten in ausgewählten Agglomerationen der BRD (1990)

Legend: Fertigung □ Produktionsdienste ▨ Höherwertige Produktionsdienste *)

München: 40,1 / 23,9 / 10,7
Frankfurt: 38,5 / 26,9 / 8,8
Hamburg: 34,8 / 24,9 / 7,5
Berlin (West): 29,2 / 27,1 / 6
BRD gesamt: 34,7 / 29,5 / 5,8

Anteile an allen Beschäftigten in %

*) u.a. Marketing, EDV, Unternehmensberatg., Forschg./Entwicklung
Quelle: Moser, H.: Berlin-Report, Wiesbaden 1992

wicklung ermöglicht. Dieser Ansatz bezieht sich theoretisch meist auf Schumpeters Konzept der "Innovationszyklen". Vernachlässigt wird bei der Übertragung dieses Konzeptes auf Fragen der *regionalen* Entwicklung, daß erst die Anwendung von Forschungs- und Entwicklungsergebnissen bzw. die Ausbreitung ("Diffusion") von Innovationen einen Entwicklungsschub schaffen kann. Die Orte der Anwendung von Innovationen müssen aber nicht mit den Orten der Produkt- und Verfahrensentwicklung übereinstimmen. In vielen Städten, die sich aufgrund ihrer Ausstattung mit Forschungs- und Entwicklungseinrichtungen als "Technologiemetropolen" betrachten, stehen möglichen Stärken in der Erforschung und Entwicklung neuer Technologien gravierende Schwächen *auf der Anwendungsseite* gegenüber: das Fehlen von Unternehmen in der Stadtregion, welche die Forschungs- und Entwicklungsergebnisse verwenden. Der *Transfer* zwischen Forschungs-/Entwicklungseinrichtungen und regionaler Wirtschaft ist von ausschlaggebender Bedeutung, und dafür ist das Vorhandensein (oder die Schaffung) eines regionalen "Innovations-Milieus" erforderlich. Erst wenn Innovationsaktivitäten eine regions-interne Breitenwirkung entfalten, ist eine besondere *regionale* Schubkraft der Forschungs- und Entwicklungsaktivitäten zu erwarten.

Eine "Strukturkomponenten-Analyse" bezogen auf die funktionale Struktur der Aktivitäten (Fertigung, produktionsorientierte und haushaltsorientierte Dienste) in den Stadtregionen der Bundesrepublik hatte interessanterweise zum Ergebnis, daß *auch* die funktionale Struktur nur eingeschränkte Bedeutung für die Entwicklungsdynamik der Stadtregionen - gemessen an der Beschäftigtenentwicklung - besitzt (vgl. Bade 1987). Bei der *funktionalen* Strukturkomponenten-Analyse wird (analog zur sektoralen) ermittelt, wie sich die Gesamtbeschäftigung einer Region verändert hätte, wenn sich die Anzahl der Beschäftigten in den einzelnen Funktionsbereichen genau wie im Bundesdurchschnitt entwickelt hätte; anschließend wird diese fiktive Größe der tatsächlichen Beschäftigtenentwicklung gegenübergestellt. Bade zeigte wiederum gravierende Abweichungen zwischen der tatsächlichen Entwicklung in den Agglomerationen (1976-1983) und der aufgrund ihrer funktionalen Struktur zu erwartenden Veränderung. Die nördlichen Verdichtungsgebiete (mit Ausnahme des Ruhrgebiets) besaßen eigentlich eine günstigere funktionale Struktur als die meisten der südlichen Verdichtungsgebiete, und dennoch haben sie Beschäftigungsverluste erlitten; in den südlichen Agglomerationen dagegen wurde die strukturbedingte Entwicklung in den meisten Fällen von der tatsächlichen Zunahme übertroffen. Fazit: Auch die funktionale Struktur einer Region besitzt nur geringe Aussagekraft für die tatsächliche Beschäftigtenentwicklung.

Nichtsdestoweniger könnte die Bedeutung der funktionalen Spezialisierung der Beschäftigten einer Region statt in ihrem direkten Beitrag zur regionalen Beschäftigungsentwicklung darin liegen, die "Konkurrenzfähigkeit" des regionalen Unternehmenssektors zu beeinflussen und damit *indirekt* zur Beschäftigungsentwicklung beitragen. Die sog. Produktionsdienste und darunter vor allem die "höherwertigen" Funktionen sind wie gesagt in den Agglomerationen der Bundesrepublik *ungleichmäßig* konzentriert.

Die fortschreitende Agglomeration der hochrangigen Dienstleistungen in ausgewählten großstädtischen Zentren wird von Brake als Prozess der "tertiären Restrukturierung" des Städtesystems beschrieben (vgl. Brake 1988). Hierbei wird die fortschreitende funktionale Differenzierung *innerhalb* des Dienstleistungssektors und die selektive Standortverteilung der verschiedenen Dienstleistungsfunktionen thematisiert. Ausgangspunkt ist die Unterscheidung zwischen "*unmittelbar* produktionsorientierten" Dienstleistungen, zu denen v.a. Produkt- und Verfahrensentwicklung gezählt wird, und "*mittelbar* produktionsorientierten" Dienstleistungen, die v.a. Finanzierung, Marketing, Unternehmensberatung umfassen.

Die *unmittelbar* produktionsorientierten Dienstleistungen sind in ihrer standörtlichen Orientierung auf die räumliche Vernetzung mit den "Anwendern" neuer Produkte und Verfahren angewiesen, und damit vor allem auf Standortzentren der "High-Tech"-Produktion und auf Regionen mit innovativen Produktionsstrukturen ausgerichtet.

Demgegenüber sind die *mittelbar* produktionsorientierten Dienstleistungen kaum auf die standörtliche Vernetzung mit einer besonderen regionalen Produktionsstruktur angewiesen, sondern mit transregionalen oder internationalen Geschäftsbeziehungen und Kapitalströmen befasst. Die Standortorientierung richtet sich hier auf Zentralität innerhalb des weltweiten Netzes von Finanz-, Kontroll- und Konkurrenzbeziehungen, und folgt den Agglomerationsvorteilen, die bestehende städtische Finanz- und Direktionszentren bieten. Auf dieser Basis entsteht ein städtischer Entwicklungstyp, der heute als "Global City" umschrieben wird.

"Global Cities": Städte als raumübergreifende Direktionszentren der Produktion und Finanzwirtschaft

Städte werden in der gegenwärtigen Raumforschung zunehmend als Teil eines Systems konkurrierender Standortzentren und als Teil von Städte-Hierarchien betrachtet, mit der Konsequenz, daß stadtökonomische Analysen in einen regionalen und großräumigeren Bezugsrahmen integriert werden. "Die in früheren stadtwirtschaftlichen Studien häufig isolierte Betrachtung einer Stadt gilt heute im Rahmen der großräumigen/internationalen Arbeitsteilung, der funktionsräumlichen Verflechtungen mit innovierter Logistik ('rollende Läger') und der Multi-regionalisierung von Unternehmen als inadäquater Forschungsansatz. Insbesondere Großstädte stehen teilweise in weltweiter Stadtkonkurrenz und werden von internationalen wirtschaftlichen Entwicklungsprozessen massiv beeinflußt. (...) Von der relativen Position der Stadt in diesem großräumigen Konkurrenzsystem hängt ihre weitere Entwicklung entscheidend mit ab" (Fürst 1989, S. 217). Doch kann die Rede von einem "Städtesystem" erst dadurch mit Inhalt gefüllt werden, daß die funktionalen und hierarchischen Beziehungen zwischen Stadtregionen im Kontext übergreifender wirtschaftlicher und gesellschaftlicher Entwicklungen erfasst werden.

Während sich die Produktionsaktivitäten über zunehmend größere geographische Distanzen weltweit verteilen, werden strategische Funktionen des Unternehmenssektors, d.h. die Entscheidungen und die Kontrolle darüber, was, von wem, wo und wie produziert wird, in bestimmten Großstädten - den Metropolen oder sog. "Gobal Cities" - selektiv konzentriert. Diese Städte werden zu "geographischen Knotenpunkten" einer transnational organisierten Ökonomie. Sie werden zum Standort von wirtschaftlichen, finanziellen und politischen Entscheidungszentren mit einer Vielzahl dazugehöriger unternehmens - und konsumorientierter Dienstleistungsbetriebe.

Die Gestalt des gegenwärtigen, sowohl im nationalen Wirtschaftsraum als auch im globalen Rahmen der Weltwirtschaft hierarchisch strukturierten Städtesystems wird vom sog. "Global City" Ansatz thematisiert (der ursprünglich auch als "World City" -Ansatz tituliert wurde). Ausgangspunkt ist hier die These, daß die Art und Weise der Integration einer Stadt in das weltwirtschaftliche System ihre ökonomisch-soziale und baulich-räumliche Entwicklung bestimmt. Das Erkenntnisinteresse dieses Ansatzes konzentriert sich allerdings auf die Herausbildung von "Global Cities", die die räumlichen Knotenpunkte der Produktions-, Finanz- und Kontrollbeziehungen des *internationalisierten* Kapitals bilden. Der Global City -Ansatz kann jedoch auch zur Untersuchung der Hierarchisierung des Städtesystems *innerhalb* eines nationalen oder multiregionalen - z.B. des europäischen - Wirtschaftsraumes herangezogen werden, da er keineswegs auf ein Konzept zur Analyse von 3 - 5 "Weltstädten" wie New York, Tokyo, London, Paris,

Los Angeles reduziert werden muß. Vielmehr thematisiert er verschiedene *Kriterien* einer Hierarchisierung der Städte, die nicht nur im globalen Bezugsrahmen der Weltwirtschaft, sondern auch im intra-nationalen Wirtschaftsraum (oder im multiregionalen Gebiet der EU-Länder) von Bedeutung sind.

Friedmann (1986) hat eine "World City" Hierarchie anhand von sieben Kriterien herausgearbeitet; als "World City" oder "Global City" werden nur Städte eingestuft, die *alle* Kriterien erfüllen: bedeutendes Finanzzentrum; Sitz von Hauptquartieren transnationaler Unternehmen (einschließlich ihrer regionalen Zentralen); schnell wachsender "business-service sector" (d.h. unternehmensorientierte Dienstleistungen); Sitz internationaler Institutionen; Zentrum industrieller Produktionsstätten; bedeutender Knotenpunkt von Verkehrs- und Transportlinien; bedeutende Einwohnerzahl.

Smith/Feagin (1987) betrachten die internationale Städte-Hierarchie nach dem Kriterium der "Reichweite" der Direktions- und Kontrollpotentiale des städtischen Unternehmenssektors (auf dem einen Extrem finden sich Städte mit "weltweiten Kommandofunktionen", auf dem anderen Extrem Städte mit extern gesteuerten spezialisierten Produktionsfunktionen - "Ausführungsstädte").

Cohen (1981) hat für die USA eine *intra*-nationale Städtehierarchie herausgearbeitet, die nach dem Grad der *Internationalisierung* des städtischen Unternehmens- und Bankensektors gegliedert ist. Ein "Internationalisierungs-Index" wird für die in einer Stadt ansässigen Unternehmen aus dem Kreis der 500 größten US-Firmen gebildet, indem deren Anteil am Auslandsumsatz (der 500 größten Firmen) durch den Anteil am Gesamtumsatz dividiert wird. Eine Stadtregion, in der ein Großteil der einbezogenen Unternehmen umfangreiche internationale Geschäftsbeziehungen hat, erreicht damit einen Index-Wert von 1.0 oder mehr (Beispiel New York: 1974 vereinigten die hier ansässigen Unternehmen aus dem Kreis der 500 größten Firmen 40,5 % der Auslandsumsätze dieser Firmengruppe, und 30,3 % des Gesamtumsatzes dieser Gruppe auf sich; der Internationalisierungs-Index beträgt 1.34). Cohen definiert Städte, die einen Index-Wert von 1.0 und mehr erreichen, als "international cities". Cohen strebt keine eindimensionale Klassifizierung der US-Städte an, sondern zieht weitere Kriterien heran: die Bedeutung einer Stadt als Finanzzentrum und als Zentrum unternehmensbezogener Dienstleistungen.

Für den Finanzsektor bildet er einen abgewandelten Internationalisierungs-Index, der sich auf die in einer Stadt ansässigen Banken aus dem Kreis der 300 größten Banken bezieht; gemessen wird der Anteil des städtischen Bankensektors an den ausländischen Bankeinlagen (der 300 größten Banken) im Verhältnis zu seinem Anteil an den Inlands-Einlagen dieser Gruppe. Gestützt auf diesen Indikator unterscheidet Cohen "internationale, nationale, und regionale Finanzzentren". Aus der *Kombination* beider Internationalisierungs-Indices entwickelt er die Struktur der US-Städtehierarchie.

106

Das Global City -Konzept

⇒ räumlich selektive Konzentration von unternehmerischen Entscheidungs- und Kontrollkapazitäten in bestimmten metropolitanen Stadtregionen.
Diese Metropolen sind die geographischen *Knotenpunkte* einer zunehmend *transnational* organisierten Ökonomie.

⇒ Ausgangsthese: die Art und Weise der Integration einer Stadt in das weltwirtschaftliche System bestimmt ihre ökonomisch-soziale und baulich-räumliche Entwicklung

Kriterien der Hierarchiebildung im internationalen Städtesystem:

1. nach Friedmann/Wolff: *World Cities* bzw. **Global Cities** sind

- Sitz von Hauptquartieren transnationaler Unternehmen (u. ihrer regionalen Zentralen)
- bedeutendes Finanzzentrum
- Standort eines schnell wachsenden Sektors unternehmensorientierter Dienstleistungen
- Sitz internationaler Institutionen
- bedeutender Knotenpunkt von Transport- und Verkehrslinien
- Zentrum industrieller Produktionsstätten
- Städte mit einer bedeutenden Einwohnerzahl

⇒ Global Cities sind intern durch extreme Arbeitsmarktspaltungen,
durch die Expansion "informeller" Wirtschaftsaktivitäten, und
durch eine ausgeprägte sozial-räumliche Polarisierung gekennzeichnet

2. Smith/Feagin unterscheiden in der internationalen Städtehierarchie nach dem Kriterium der **"Reichweite" von Direktions- und Kontrollkapazitäten** u.a.

- Städte mit *weltweiten* Kommandofunktionen (Global Cities)
- Städte mit *spezialisierten* Kommandofunktionen, in denen sich die Hauptquartiere besonderer Industrien konzentrieren
- Städte mit *staatlichen* Kommandofunktionen, die Sitz der zentralen Regierungs- und Verwaltungsinstitutionen sind
- Städte mit *spezialisierten Produktionsfunktionen*, in denen sich besondere Industrien konzentrieren - dazu gehören auch Städte mit extern gesteuerten Produktionsfunktionen: "Ausführungsstädte"

3. Cohen gliedert die Städtehierarchie nach dem **Grad der Internationalisierung** des städtischen Unternehmens- und Bankensektors; unterschieden werden "international Cities", "national Cities", und "regional Cities"

⇒ die Rangstellung einer Stadt als unternehmerisches Entscheidungs- und Kontrollzentrum beruht *nicht* allein auf der *Anzahl* der ansässigen Unternehmens-Hauptquartiere, sondern eher auf "**metropolitanen Komplexen strategischer Unternehmensaktivitäten**"

Als "global cities" an der Spitze der Städtehierarchie sind nach Cohen nur diejenigen Städte zu klassifizieren, die sowohl in ihrem Unternehmenssektor als auch in ihrem Bankensektor einen hohen Grad der Internationalisierung erreicht haben. Cohen (1981) hat auch die *Entwicklung* und Veränderung der US-Städtehierarchie thematisiert. Anhand der langfristigen Entwicklung der intra-nationalen Verteilung von Hauptquartieren der 500 größten Unternehmen auf die US-Städte stellte er fest, daß das Netzwerk der "headquarter cities" im Zeitverlauf *expandierte* (wobei sich eine bedeutende Konzentration von Unternehmenszentralen in einer *größeren Anzahl* von Städten herausgebildet hat); zugleich hat sich die Bedeutung *internationaler* Wirtschaftsfunktionen in den wenigen "global cities" des US-Städtesystems weiter verstärkt (wobei auch die internationalen Aktivitäten von Firmen, deren Zentrale *außerhalb* der "global cities" angesiedelt war, zunehmend mit den Finanzinstitutionen und Dienstleistungsanbietern der "global cities" verkoppelt waren).

Die fortschreitende selektive Konzentration von Direktions- und Kontrollkapazitäten in bestimmten metropolitanen Zentren führt nach Cohen zu einer langfristig *verstärkten* Hierarchisierung des Städtesystems: Die "national cities" und die "regional cities" verlieren relativ an Kontrollkapazität und könnten sich tendenziell zum "Hinterland" der wenigen Welt-Metropolen (global cities im engeren Sinne) entwickeln. Innerhalb des nationalen Städtesystems könnten sich auf diese Weise Abhängigkeitsbeziehungen ausbilden, die den "dependency relationships" zwischen verschiedenen Ländern im weltwirtschaftlichen Rahmen ähneln. Die Intensivierung hierarchischer Beziehungen im Städtesystem kann zur "Erosion" des lokal verankerten Unternehmenssektors einer Stadt führen, indem lokale Unternehmen - vermittelt über Unternehmens-Zusammenschlüsse, Aufkäufe und Beteiligungen - zunehmend einer "externen" Kontrolle und Steuerung unterworfen werden.

Zusammenfassend ist zu betonen, daß die Hierarchisierung des Städtesystems *nicht eindimensional* anhand der Verteilung von Unternehmens-Hauptquartieren festgestellt werden kann. Vielmehr sollte die Analyse der Städtehierarchie auf die *Komplexe* von Institutionen der Geschäftswelt, die strategische und kontrollierende Unternehmensaktivitäten wahrnehmen, ausgerichtet werden. Die Rangstellung einer Stadt als unternehmerisches Entscheidungs- und Kontroll-Zentrum beruht nämlich nicht allein auf der bloßen Anzahl der ansässigen Unternehmens-Hauptquartiere, sondern auf der Agglomeration von Unternehmensverwaltungen, Finanzinstitutionen und hochrangigen unternehmensbezogenen Dienstleistungsfirmen sowie ihrer funktionalen Verflechtung. Strukturwandel und Hierarchisierung des Städtesystems sollten daher aus der Perspektive des Bedeutungszuwachses "*metropolitaner Komplexe* von strategischen Unternehmensaktivitäten", d.h. des eng *verflochtenen* Systems von Hauptquartieren des Unternehmens- und

Finanzsektors *und* der vielfältigen unterstützenden Dienstleistungsfirmen analysiert werden.

Die verschiedenen Ansätze zur Klassifizierung von Rangpositionen der Städtehierarchie beziehen sich auf den Zusammenhang von Stadtentwicklung und weltwirtschaftlicher Entwicklung sowie Thesen über die maßgeblichen Dimensionen einer Hierarchisierung der Städte. Friedmann/Wolff z.B. formulierten (1982) als zentrale These, daß sich das mit der "neuen internationalen Arbeitsteilung" umschriebene *weltweite System* von Produktion und Märkten *räumlich* in Form eines globalen Netzwerks von Städten artikuliert, daß sich eine weltweite funktionale Arbeitsteilung zwischen den Stadtregionen herausbildet. Die "neue internationale Arbeitsteilung" umfasst die Internationalisierung der Produktion in Form eines weltweit verteilten Systems von Produktionsstätten ebenso wie die Internationalisierung der Finanzmärkte und der unternehmensbezogenen Dienstleistungen. Diese fortgeschrittene Internationalisierung des Kapitals benötigt "Knotenpunkte" zur Koordination und Kontrolle der weltweiten ökonomischen Aktivitäten. "Global Cities" sind die materielle Manifestation, die greifbaren räumlichen Verankerungspunkte dieser globalen Kontrollkapazität und damit die führenden Zentren innerhalb des Städte-Netzwerks.

Die Hierarchisierung des Städtesystems wird somit an der ungleichmäßigen Verteilung der wirtschaftlichen Kommando- und Kontrollfunktionen bzw. der Komplexe von strategischen Unternehmensaktivitäten festgemacht.

"Global Cities" können als Standortzentren für überregional und international ausgerichtete Wirtschaftsaktivitäten, die sich relativ "abgehoben" von ihrem näheren lokalen und regionalen Umfeld entwickeln, charakterisiert werden. Für diese Zentren des Finanzkapitals, der hochrangigen Unternehmens-Hauptquartiere und spezialisierten Dienstleistungen sind Prosperität oder Niedergang von *lokalen* Produktionsaktivitäten weithin unerheblich; das lokale Umfeld wird hier vorrangig als "Raumreserve" für die Expansion von Büro- und Geschäftszentren und Gentrifizierungs-Projekte genutzt.

Hierarchische Beziehungen innerhalb des Städtesystems werden nach dem "Global-City"-Ansatz in erster Linie über *Kontrollverflechtungen* zwischen Stadtregionen ausgebildet, aber auch *monetäre Transferverflechtungen* werden von Vertretern der Global City Perspektive angesprochen, indem die dominierenden Zentren des Städtesystems zugleich "den Reichtum der von ihnen beherrschten Welt an sich ziehen und damit zu führenden Orten der Akkumulation von Kapital werden" (Friedmann/Wolff 1982, S. 319).

Die Standortverteilung von Hauptverwaltungen der größten in der Bundesrepublik Deutschland angesiedelten *Industrieunternehmen* ist mehrfach dokumentiert worden. Bereits 1977 hatten fast 80 % der 500 größten Unternehmen der Bundesrepublik Deutschland ihr Hauptquartier in einer der 11 Agglomerationen lokalisiert; und je größer das Unternehmen, umso eher war das Hauptquartier in einer

Unternehmens-Zentralen im deutschen Städtesystem

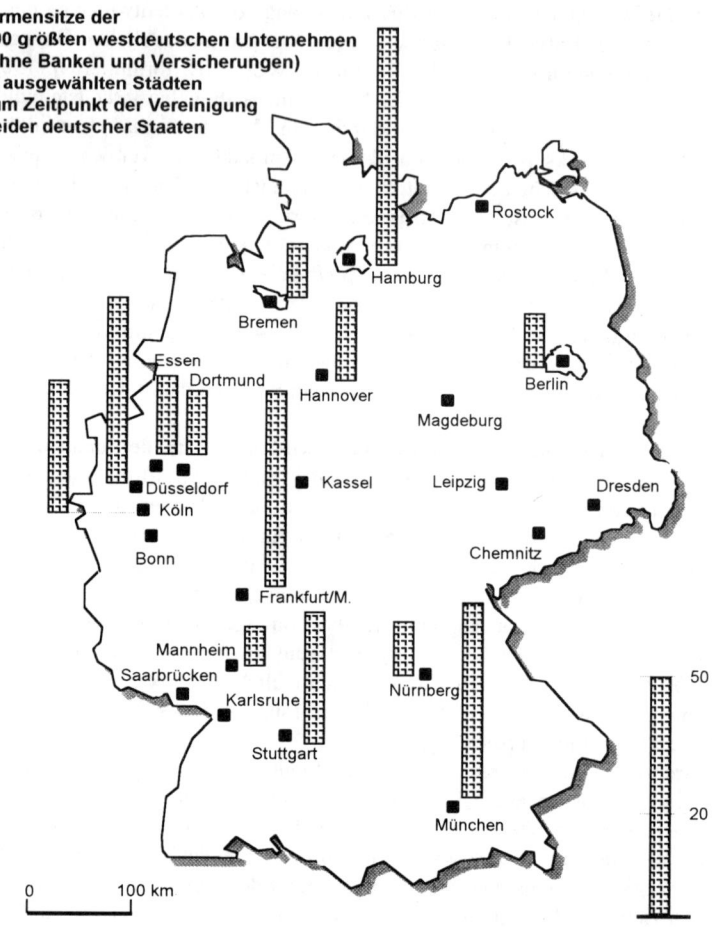

Firmensitze der
500 größten westdeutschen Unternehmen
(ohne Banken und Versicherungen)
in ausgewählten Städten
zum Zeitpunkt der Vereinigung
beider deutscher Staaten

Rostock

Hamburg

Bremen

Essen
Dortmund
Hannover

Berlin

Magdeburg

Düsseldorf
Köln

Kassel

Leipzig

Dresden

Bonn

Chemnitz

Frankfurt/M.

Mannheim
Saarbrücken
Karlsruhe

Nürnberg

Stuttgart

München

50

20

0   100 km

(nach A. Eickelpasch: Perspektiven des Wirtschaftsraumes Berlin,
Berlin 1992)

110

der 5 zentralen Agglomerationen [Hamburg, Rhein-Ruhr (Düsseldorf/Essen), Rhein-Main (Frankfurt), Stuttgart, München] angesiedelt (Bade 1983). *Der Grad der räumlichen Zentralisierung* von Unternehmens-Hauptquartieren in wenigen "Headquarter-Cities" differiert in verschiedenen Ländern: In der Bundesrepublik Deutschland sind - z.B. im Unterschied zu Großbritannien und Frankreich - "die Headquarterfunktionen *stärker räumlich verteilt*. Die 5 wichtigsten Standorte Hamburg, Frankfurt, Düsseldorf, München und Essen vereinigten 1982 189 Hauptverwaltungen auf sich. Dies entsprach 38 % der 500 in die Auswertung einbezogenen Firmen (...). Für die Großräume von London und Paris werden demgegenüber Konzentrationen genannt, die zwischen 65 und 85 % liegen." (Nuhn/ Sinz 1988).

In der Bundesrepublik Deutschland hat sich ein Städtesystem herausgebildet, in dem nicht *eine* nationale Metropole dominiert - wie z.B. in Großbritannien London oder in Frankreich Paris, sondern mehrere bedeutende Großstadt-Agglomerationen nebeneinander bestehen. In diesem "polyzentralen" Städtesystem verteilen sich die Metropolenfunktionen auf mehrere Städte - insbesondere Hamburg, Frankfurt/M., Düsseldorf, München, (und in Zukunft auch wieder Berlin). Dabei verfügen die *einzelnen* metropolitanen Zentren der Bundesrepublik im Vergleich zu den international bedeutsamen "Global Cities" über eine relativ geringe Konzentration von Hauptquartieren der weltgrößten Unternehmen. Konsequenz der polyzentralen Struktur des bundesdeutschen Städtesystems ist eine *intensivierte Städte-Konkurrenz* auf der sub-nationalen Ebene und erweiterte Möglichkeiten für Positionsverschiebungen *innerhalb* der bundesrepublikanischen Städtehierarchie.

Zur verstärkten oder akzentuierten Hierarchisierung des Städtesystems in der gegenwärtigen gesellschaftlichen Umbruchphase gehört nicht nur die *fortschreitende* räumliche Konzentration von Finanzzentralen und Unternehmenshauptquartieren in ausgewählten Großstädten. Deren Dominanz wird vielmehr durch die zunehmende Zentralisierung *des Kapitals* erweitert: in der Gegenwart ist eine *Intensivierung der Unternehmens-Aufkäufe und -Übernahmen* festzustellen. Die Zentralisierung des Kapitals wird beschleunigt, wenn mehr und mehr Firmenaufkäufe an die Stelle von Sachinvestitionen zum Aufbau neuer Produktionsstätten treten. Logan/Molotch (1987) zeigten am Beispiel der USA, daß die Hierarchie der US-Städte in einer weithin gleichen Rangordnung der Firmenaufkäufe ihre Entsprechung findet (vgl. auch Blair/Endres 1991). Die "Headquarter Cities" sind auch Sitz der Unternehmen, die die größte Anzahl von Aufkäufen tätigen. Dabei geht es mehr und mehr um die Übernahme von Firmen, die mit den bisherigen Produkten des Aufkäufers nicht das geringste zu tun haben. Die Firmenaufkäufe sind zum Bestandteil einer reinen Finanzanlage-Strategie geworden. Dies kann *auch* damit verbunden sein, die übernommenen Firmen beschleunigt "auszupressen", um sie wieder mit Gewinn abzustoßen. Dabei werden ehemals gesunde

Firmen völlig herabgewirtschaftet. Prozesse beschleunigter Kapital-Zentralisierung können innerhalb der Städte mit destruktiven Manipulationen verbunden sein: Immobilienfachleute berichten, daß z.b. im Bereich des *Handelskapitals* Firmenaufkäufe und Übernahmen in den letzten Jahren beträchtlich zu genommen haben - diese Zentralisationsprozesse "verstärken den Verdrängungswettbewerb, der zum Beispiel mit dem Mittel der Besetzung unrentabler Parallel-Standorte, um sie gegen andere Mitbewerber abzuschirmen, geführt wird. Ist dann die regionale Marktdominanz erreicht, wird der überflüssige Standort aufgegeben. (...) Mitunter werden auch Konkurrenzbetriebe nur aufgekauft, um sie zu schließen, das heißt um Kapazität aus dem Markt zu nehmen" (Waldmann 1987, S. 75). Ungeachtet der zum Teil destruktiven Konsequenzen befestigen und stärken regional weit gestreute Unternehmens-Aufkäufe die "Dominanz" der vorhandenen städtischen Direktionszentren, denn in diesen Städten konzentrieren sich die führenden Banken und Großunternehmen, die als Aufkäufer der kleineren Firmen auftreten. Die entsprechenden Manipulationen werden u.a. im Bereich der unternehmensbezogenen Dienstleistungsbranchen arrangiert und vermittelt.

Kontroll-Verflechtungen und monetäre Transfer-Verflechtungen im Städtesystem

Das Städtesystem ist als ein Netzwerk von Aktivitätszentren (innerhalb eines nationalen oder auch weiterreichenden Wirtschaftsraumes) zu verstehen, die über Transporte von Gütern und Personen, über Informationsflüsse, Direktiven und Kontrollbeziehungen sowie monetäre (Kapital-) Transfers miteinander verbunden sind. Die *Art und Weise* der Verflechtungen bestimmt auch die ungleichmäßige Entwicklung der einzelnen Aktivitätszentren.

Die Kontroll-Verflechtung basiert auf der kapitalbezogenen Beherrschung und Abhängigkeit im Unternehmenssektor. Hier geht es um *nicht unmittelbar* produktionsbezogene Verflechtungen. Dabei ist die Unterscheidung von regionsinternen und regionsexternen Kontrollbeziehungen wichtig. In diesem Kontext stellt sich die Frage, ob die besondere Entwicklungsdynamik bestimmter Stadtregionen darauf beruht, daß sie einen "Beherrschungs-Überschuß" gegenüber anderen Regionen aufweisen.

Empirisch ist dieser Problemkreis von Gräber u.a. (1987) untersucht worden. Ihre Studie bezieht sich auf die regionalen Abhängigkeits- oder Beherrschungsbeziehungen von *Mehrbetriebs-Unternehmen des Verarbeitenden Gewerbes* in der Bundesrepublik. Die Bedeutung der externen Kontrolle könnte noch wesentlich deutlicher gemacht werden, wenn es gelänge, weitere kontrollrelevante Verflechtungsbeziehungen wie z.B. die Kapitalverflechtungen zwischen *formell* selbständigen Unternehmen zu erfassen: Mittels einer gesonderten Erhebung in mehreren Bundesländern stellten Gräber u.a. fest, daß das Ausmaß der Kontrollverflechtungen erheblich größer ist, als es die amtliche Statistik ausweist. Dabei hat vor allem die Kontrolle über Kapitalverflechtungen großes Gewicht (während einseitige Liefer- und Bezugsverflechtungen sich als weniger relevant erwiesen); die über Kapitalbeteiligungen ausgeübte Kontrolle betrifft insbesondere die heterogene Gruppierung der "Einbetriebs-Unternehmen".

Die Beherrschung/Abhängigkeit kann organisatorisch-institutionell (rechtlich unselbständige Zweigbetriebe) oder kapitalbezogen verankert sein (100 %ige Tochterunternehmen, oder Unternehmen mit mehrheitlicher Kapitalbeteiligung von Seiten eines anderen Unternehmen); darüberhinaus können Unternehmen über einseitig dominante Absatz- bzw. Beschaffungsbeziehungen kontrolliert werden (produktionsbezogene Verflechtung).

Gräber u.a. (1987) weisen nach, daß - im Unterschied zur Branchenstruktur - die Kontrollstruktur einen deutlichen Einfluß auf das Niveau und die Entwicklung der regionalen Wirtschaftsaktivität hat, und auch die Funktionalstruktur einer Region (Beschäftigtenanteile in einzelnen betrieblichen Funktionen) prägt. Die Kontrollbeziehungen folgen nach Gräber et al bestimmten räumlichen Verteilungsmustern: (1.) Generell besteht ein massives Beherrschungsübergewicht der hochverdichteten Regionen gegenüber allen anderen Regionstypen, während sich in den ländlich-peripheren Regionen sowie im Umland der Ballungszentren Abhängigkeitsüberschüsse konzentrieren. (2.) Bei den Kontrollverflechtungen überwiegen solche, die über nicht allzu große Distanzen reichen, d.h. die Zentren kontrollieren ihr jeweiliges Umland. (3.) Es besteht ein erhebliches Ausmaß externer Kontrolle *zwischen* den hochverdichteten Regionen, und einzelne herausragende Zentren wie Stuttgart, München, Frankfurt und Hamburg vereinigen die wesentlichen Anteile der Beherrschung auf sich.

Als Indikator zur Abbildung der Beherrschung wurde in der Studie die Zahl der Beschäftigten in extern kontrollierten Zweigbetrieben in Relation zu den Beschäftigten in den Regionen, in denen die zugehörigen Stammbetriebe ihren Sitz haben, verwendet (vgl. Gräber et al 1987). Danach sind es die *hochverdichteten* Regionen, von denen in Relation zu ihren eigenen Beschäftigtenzahlen eine beachtliche Beherrschung ausgeht. In einem weiteren Arbeitsschritt haben Gräber et al "Kontrollbilanzen" (bezogen auf die Differenz zwischen der von einer Region ausgehenden Beherrschung und der in ihr bestehenden Abhängigkeit) aufgestellt, welche die relative Kontrollposition einer Region (Abhängigkeits- oder Beherrschungs-Überschuß) anzeigen. Auf der Ebene von siedlungsstrukturellen Raumtypen ergab sich, daß die Beherrschung, die überwiegend von hochverdichteten Regionen mit günstiger Struktur ausgeht, nicht so sehr auf der Beherrschung der ländlich-peripheren Regionen und der Regionen mit Verdichtungsansätzen beruht, sondern auf Kontrollbeziehungen *zwischen den hochverdichteten Regionen*.

"Es gibt ein erhebliches Ausmaß externer Kontrolle zwischen den hochverdichteten Regionen. Darin spiegelt sich eine Zentrenhierarchie" (Gräber et al 1987, 175). Bei einer differenzierteren Analyse auf der Ebene von Arbeitsmarktregionen gibt es viel mehr Einzelregionen mit einer negativen als mit einer positiven Kontrollbilanz. "Es sind also sehr wenige Arbeitsmarktregionen, die viele andere Arbeitsmarktregionen beherrschen" (Gräber et al 1987, 156). *Zwischen* den Arbeitsmarktregionen in *hochverdichteten* Gebieten bestehen große Differenzen: bedeutende Beherrschungs-Überschüsse vereinigen z.B. die Regionen München, Stuttgart, Frankfurt, Hamburg, Köln-Leverkusen und Essen-Mühlheim auf sich, während sich deutliche Abhängigkeits-Überschüsse z.B. in den Regionen Bremen, Saarbrücken, Bochum, Duisburg-Oberhausen und Aachen feststellen lassen. Gräber et al stellen somit heraus, daß die Hierarchie (der Kontrollpotentiale) *zwischen* den hochverdichteten Arbeitsmarktregionen genauso stark ausgeprägt ist wie die Abhängigkeit der ländlich-peripheren von den hochverdichteten Regionen (ein Hinweis auf die Polarisierung zwischen den Großstadtregionen). Dabei können einzelne *Zentren der Beherrschung* ausgemacht werden: So vereinigen bezüglich der kontrollierten Investitionssumme die drei Arbeitsmarktregionen Stuttgart, München und Frankfurt zusammen bereits 80,7 % der gesamten Beherrschungsüberschüsse auf sich. Werden noch die beiden Arbeitsmarktregionen Hamburg und Köln-Leverkusen hinzugenommen, sind fast 93 % der gesamten Beherrschungsüberschüsse erreicht (vgl. Gräber et al 1987). Innerhalb der Gruppe hochverdichteter Arbeitsmarktregionen besteht somit eine ausgeprägte Hierarchie der Kontrollpotentiale. Das *gesamte* Ausmaß der Beherrschung und die selektive Konzentration dieser externen Kontrolle auf bestimmte Stadtregionen in der Bundesrepublik konnte von Gräber et al infolge der Beschränkung auf Mehrbetriebs-Unternehmen des Verarbeitenden Gewerbes nicht nachgewiesen werden; zu diesem Zwecke müßten auch die (vorwiegend kapitalbezogenen) Kontrollbeziehungen zwischen formell selbständigen "Einbetriebs-Unternehmen" und zwischen Unternehmen des Finanz- und Produktionssektors ermittelt werden.

Die Transfer-Verflechtung zwischen Stadtregionen

Die Transfer-Verflechtung bezieht sich auf die Struktur der *monetären* Transferströme - insbesondere der Kapital-Transfers - zwischen den Regionen. Monetäre Transfer-Verflechtungen *basieren* auf Kontroll-Verflechtungen, gehen in ihrer möglichen Wirkung aber über die der Kontrollpotentiale hinaus. Hier ist die Unterscheidung von "Zufluß-Regionen" und "Abfluß-Regionen" wichtig. In diesem Kontext stellt sich die Frage, ob die besondere regionale Entwicklungsdynamik und Wirtschaftskraft bestimmter Regionen - gemessen an Kennziffern der "Bruttowertschöpfung" - darauf beruht, daß sie monetäre Transfers aus abhängigen Regionen auf sich konzentrieren, d.h. einen "Aneignungs-Überschuß" realisieren. Transfer-Strukturen sind bereits konzeptionell schwierig zu erfassen, weil z.B. eine Stadtregion mit Aneignungs-Überschuß zugleich als Vermittlungsort der *Umverteilung* des Kapitaleinsatzes zwischen Regionen fungieren kann - d.h. es gibt kapitalbezogen abhängige, doch prosperierende Zufluß-Regionen, nicht nur kapitalbezogen beherrschte Abfluß-Regionen. Die statistischen Daten über die regionale "Wertschöpfung" sind wegen der Zurechnung dieser Wertgrößen zum Hauptsitz der übergeordneten Unternehmenseinheit hinsichtlich der *Wertschöpfung* irreführend, weil sie auch die über Transfers *angeeigneten* Werte enthalten - insbesondere bei multi-regionalen Unternehmen.

Es ist zu vermuten, daß die Transfer-Verflechtungen im Unternehmenssektor heute immer größeren Einfluß bei der disparitären Entwicklung von Stadtregionen haben. Als möglicherweise bedeutender Bestandteil regionaler Verflechtungszusammenhänge sind die monetären Transfer-Verflechtungen bisher weithin vernachlässigt worden. Dabei ist zu vermuten, daß ungleichgewichtige Finanzströme zwischen Stadtregionen die Polarisierung des Städtesystems verstärken.

Der "Beherrschungs-Überschuß" einer Stadtregion (nach Gräber et al 1987) kann sich in einen "Aneignungs-Überschuß" umsetzen, wenn der *Entzugseffekt* bei Profiten und anderen Besitzeinkommen größer ist als die Reinvestition in die Entzugs-Region. Die regional polarisierte Wertaneignung stärkt wiederum den Beherrschungs-Überschuß; darüberhinaus kann ein Aneignungs-Überschuß innerhalb der dominanten (Aneignungs-) Region Multiplikatoreffekte auslösen, die ihren Wachstumsvorsprung befestigen.

Das *Schema* zur Transfer-Verflechtung zwischen Stadtregionen stellt ausgewählte Transferströme zwischen Abfluß-Region, Aneignungs-Region, und Zufluß-Region dar (am Rande sind auch "neutrale" Regionen mit ausgeglichenem Abfluß/Zufluß-Verhältnis aufgeführt); im Schema sind nur Transferströme innerhalb des Unternehmenssektors hervorgehoben. Die schematische Darstellung kann auch als Orientierungshilfe für die Unterscheidung von Entwicklungs-Phasen mit einem *Funktionswechsel abhängiger Regionen* genutzt werden:
(a) Eine "Zufluß-Region" (mit Neuinvestitions-Schub) kann in späteren Phasen zur "Abfluß-Region" werden, soweit externe Investitionen von der kontrollierenden Region zwecks langfristiger Realisierung von Aneignungs-Überschüssen getätigt werden. (b) Eine zuerst "neutrale" Region mit unabhängigen Unternehmenseinheiten kann über externe Finanzanlage- und Beteiligungs-Aktivitäten seitens der Aneignungs-Region zur Abfluß-Region gemacht werden.

Transfer-Verflechtung zwischen Stadtregionen

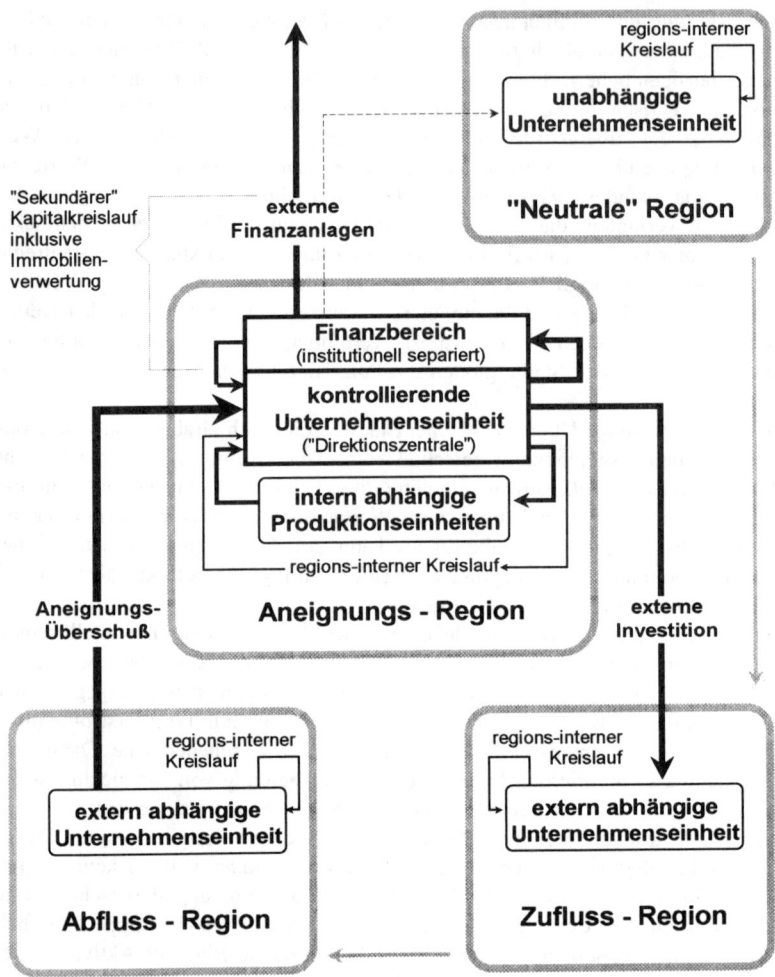

Wenn auf Basis der regionalen Transfer-Beziehungen ein "Phasenmodell" gebildet wird, kann ein *Formwandel der Vernetzung* des Städtesystems beschrieben werden: Von der "extensiven" Vernetzung durch physische Transferbeziehungen zur "intensiven" Vernetzung durch zunehmende Kontroll-Verflechtung und monetäre Transferbeziehungen. Eine "Intensive" Vernetzung des Städtesystems wäre gleichbedeutend mit der Zunahme hierarchischer Beziehungen, mit der Transformation "neutraler" Regionen in Abfluß-Regionen unter der Kontrolle weniger bedeutender Aneignungs-Regionen.

Auf Basis der Intensivierung von Transfer-Verflechtungen beruhen Rangstellung und ökonomisches Potential der großen Städte immer weniger auf ihren zentralörtlichen Funktionen für die umgebende Region, sondern vielmehr auf *regionsübergreifenden* Kontrollkapazitäten sowie dem Potential zur Zentralisierung von Kapitalströmen und zur Aneignung von Werten; die "Metropolen" des Städtesystems sind Verschiebe-Bahnhöfe der Kapitalverwertung. So wird die Entwicklung vieler Städte mehr als je zuvor von Entscheidungen bestimmt, die in anderen, weit entfernten Städten getroffen werden. Die Orte der Wertschöpfung und die Orte der Wert- *Aneignung* fallen mehr und mehr auseinander: in Duisburger oder Bremer Produktionsstätten geschaffene Werte können ohne weiteres von Kapitalbesitzern und Rentiers in Frankfurt oder New York angeeignet werden. Für die Einwohner von Duisburg oder Bremen kann diese überlokale Transfer-Struktur aber zur Verschlechterung ihrer lokalen Lebensbedingungen führen, während es für Kapitalbesitzer und Rentiers völlig gleichbleibt, ob die von ihnen angeeigneten Werte in Duisburger, Bremer, oder auch in brasilianischen Produktionsstätten geschaffen wurden, oder ihnen über die Frankfurter, die Londoner oder New Yorker Börse vermittelt worden sind.

Die Stadtforschung ist weithin auf (technische und organisatorische) Innovationen der Produktionssphäre konzentriert; ebenso bedeutsam sind aber die *Innovationen der Finanzsphäre,* die sich in den Formen einer Flexibilisierung von Geld- und Finanzmärkten, zunehmenden Unternehmens-Aufkäufen (fortgesetzte Kapitalkonzentration), der institutionellen Separierung von Produktions- und Finanzbereich im Unternehmenssektor, und einer zunehmenden Integration der Immobilienverwertung in den "sekundären Kapitalkreislauf" der Finanzanlagen durchsetzen (vgl. Krätke 1991). Zu diesen Innovationen gehört auch die "Managementstrategie" des diversifizierten und flexiblen Portfolio-Management von Finanzanlagen (inklusive Beteiligungen und Immobilien). Neben den Produkt-, Verfahrens- und Organisations-Innovationen sind folglich auch "Finanz-Innovationen" zu berücksichtigen. Diese Art von Innovationen entwickelt sich im Kontext einer zunehmenden Entkopplung von monetärer und "realwirtschaftlicher" Sphäre der Kapitalverwertung (vgl. Hickel 1987; Hübner 1988). Darüberhinaus entwickelt sich - parallel zu neuen Organisationsbeziehungen *der Produktion* (vgl. oben) -

innerhalb der (großen) Unternehmen eine institutionelle Abtrennung von Produktions- und Finanzbereich. Auch diese Prozesse sind Bestandteil von neuen Organisationsbeziehungen im Unternehmenssektor.

Die These, daß sich der Anteil des in der Industrie geschaffenen und realisierten Mehrwerts verringern wird, während der im Finanzsektor, im Spekulationsgeschäft, und im Immobiliensektor realisierte Teil wachsen werde, ist bereits 1970 vorgetragen worden; dieser "sekundäre Kapitalkreislauf" würde den primären Kapitalkreislauf der Produktion zunehmend "überrunden" und dabei eine weitreichende Restrukturierung räumlicher Beziehungen einleiten (vgl. Levèbvre 1990). Tatsächlich hat auf der Ebene internationaler Wirtschaftszusammenhänge die Institutionalisierung flexibler Wechselkurse mit einer quasi marktförmigen Regulation seit den 70er Jahren ein explosives Wachstum von Finanztransaktionen mit sich gebracht, die Mobilität des Geldkapitals zwischen den Anlagesphären nachhaltig erhöht und ein starkes Wachstum des monetären Weltmarkts ausgelöst. Seitdem ist der monetäre Weltmarkt zu einer verselbständigten Verwertungssphäre von Geldkapital geworden, hat sich eine "Entkopplung zwischen monetärer und realer Sphäre der Weltwirtschaft" (Hübner 1988) herausgebildet. Der enorme Bedeutungszuwachs dieses "sekundären Kapitalkreislaufs" von Finanzanlagen und -transaktionen läßt sich als Folgewirkung "des Aufbaus überschüssiger Liquidität im realwirtschaftlichen Akkumulationsprozeß interpretieren, die zu den herrschenden Verwertungsbedingungen nicht produktiv investiert wird. (...) Damit sich die überschüssige Liquidität des realen Sektors strukturell in ein Wachstum des monetären Sektors 'übersetzt', müssen die Verwertungsbedingungen des monetären Sektors für anlagesuchendes Geldkapital komparativ günstiger gestaltet sein. (...) Der realwirtschaftliche Unternehmenssektor hat sich diesen Verwertungsstrukturen angepaßt, indem ein relativ großer Anteil der erzielten Profite in Finanzanlagen fließen und Zinserträge einen immer größeren Anteil des cash flow ausmachen" (Hübner 1988, S. 58 und 62). Daß sich die Verselbständigung der monetären Verwertungssphäre unter direkter Beteiligung des realwirtschaftlichen Unternehmenssektors entwickelt, kann mit der Formel der "Entkopplung von Produktion und Kapitalverwertung" umschrieben werden. Auch für die Industrieunternehmen der Bundesrepublik Deutschland ist diese strukturelle Veränderung der Kapitalanlage-Strategien nachgewiesen worden.

Die verbreitete Vorstellung, nicht-ausgeschüttete Gewinne im Unternehmenssektor würden in Sachinvestitionen umgesetzt, erscheint also korrekturbedürftig. Tatsächlich ist eine zunehmende Verwendung von unternehmerischen Gewinnen bzw. eigenen Finanzierungsmitteln für die Geldvermögensbildung (anstelle von Sachanlageinvestitionen) zu verzeichnen, d.h. eine Umschichtung der unternehmerischen Vermögensbildung zugunsten von Finanzanlagen (vgl. Hickel 1987). Eigentlich müßten hier auch jene *Grundstücke und Gebäude* im Besitz von Unternehmen des Verarbeitenden Gewerbes, die *nicht* den eigenen Produktionszwecken, sondern der Immobilienverwertung dienen, dem Bereich "Finanzanlagen" (statt wie üblich dem Sachvermögen) zugerechnet werden. Die wachsende Bedeutung des finanziellen Überbaus für die *Produktions*-Unternehmen geht u.a. auf mangelnde Absatzerwartungen, zunehmende Risiken der Kapitalfixierung, und relative Renditevorteile bei den Finanzanlagen zurück. Sie äußert sich empirisch in der Ausweitung des "Forderungsvermögens", das Kassenmittel, kurz- und langfristige Forderungen, Wertpapiere und Beteiligungen umfaßt. Allerdings müssen diejenigen Forderungen, die mit dem bloßen Anwachsen von Lieferungen und Leistungen einhergehen, abgezogen werden, um den *Bedeutungsgewinn des Finanzierungsvermögens* gegenüber dem Sachvermögen zu verdeutlichen.

Das Forderungsvermögen der Unternehmen des Verarbeitenden Gewerbes *ohne* Forderungen aus Lieferungen und Leistungen betrug im Durchschnitt der Jahre 1971-1975 noch 39,4 % im Verhältnis zum Sachvermögen; bis 1990/91 ist das (bereinigte) Forderungsvermögen auf einen Betrag angewachsen, der 73,2 % des Wertumfangs des Sachvermögens erreicht. Hinter dem stark angewachsenen Forderungsvermögen stehen u.a. folgende Verwendungsarten der unternehmenseigenen Finanzierungsmittel: 1. der Erwerb inländischer Beteiligungen und Aufkauf von Unternehmen (mit der Folge einer verstärkten Unternehmenskonzentration), 2. die Hereinnahme von in- und ausländischen Finanzpapieren (Aktien, Wertpapiere u.ä.) in das "Portfolio" der Unternehmen, und 3. Auslandsinvestitionen (vgl. Hickel 1987), die wiederum zum großen Teil nicht in den Aufbau neuer Fabriken, sondern in Zukäufe bestehender Unternehmen fließen.

So wird besonders den deutschen Großunternehmen nachgesagt, daß sie zugunsten von Finanzgeschäften seit Jahren Innovationsmöglichkeiten und produktive Investitionen vernachlässigen, d.h. sich lieber 'an ihrer fetten Geldkatze wärmen': "Der Münchner Siemens-Konzern zum Beispiel verstand es im Laufe der Jahre, sich ein Liquiditätspolster von rund 20 Milliarden Mark zuzulegen. Diese gewaltige Finanzmasse, angelegt in Wertpapieren, Aktien oder als Festgeld, ist viel größer als das Aktienkapital des Konzerns und entspricht zu manchen Zeiten beinahe dem Börsenwert des gesamten Konzerns, so daß das Unternehmen an der Börse bereits als 'Bank mit angeschlossener Elektroabteilung' verspottet wird. Tatsächlich brauchen sich die () Führungskräfte des Konzerns nicht mehr besonders anzustrengen, denn die Milliarden in der Kasse des Finanzverwesers werfen genug Zinsen ab, um am Jahresende einen stattlichen Gewinn vorzuweisen, auch wenn im Geschäft mit der Elektrotechnik kaum etwas verdient wurde" (Ogger 1992, 35).

Der Bedeutungszuwachs von verselbständigten Finanzgeschäften in Unternehmen des Produktionssektors wird gewöhnlich erst im Zusammenhang mit "Skandalfällen" öffentlich wahrgenommen: So wurde im Dezember 1993 der Vorstandschef der Metall-Gesellschaft (MG) abgelöst, weil bei Termingeschäften dieses Unternehmens an der New Yorker Börse - die mit den 'normalen' Geschäf

Bedeutungszuwachs des Finanzvermögens in Produktionsunternehmen:

Sachvermögen und Forderungsvermögen der Unternehmen des Verarbeitenden Gewerbes

1971 - 1991 ; Jahresdurchschnittswerte in Mrd. DM:

☐ Sachvermögen ⊠ Forderungsvermögen *)

*) ohne Forderungen aus Lieferungen und Leistungen

Mrd . DM

650 600 550 500 450 400 350 300 250 200 150 100 50 0

im Verhältnis zum Sachvermögen

Periode	Sachvermögen	Forderungsvermögen	Verhältnis
1971-1975	330	130	= 39,4%
1976-1980	406	194	= 47,8%
1981-1983	483	247	= 51,1%
1984-1986	500	322	= 64,4%
1987-1989	566	412	= 72,8%
1990-1991	665	487	= 73,2%

Periode: 1971-1975   1976-1980   1981-1983   1984-1986   1987-1989   1990-1991

Quelle: bis 1983 - R. Hickel: Ein neuer Typ der Akkumulation ?, Hamburg 1987, S.117;
ab 1984: Eigene Berechnung nach Deutsche Bundesbank: Monatsberichte, Nov. 1986, 1987, 1988, 1989, 1991, 1992, 1993

ten eines Industrieunternehmens nichts zu tun haben - Spekulations-*Verluste* in Milliarden-Umfang gemacht wurden, so daß die ganze Firma zusammenzubrechen drohte, und für die Sanierung mindestens 7500 Arbeitsplätze geopfert werden sollen. In den Jahren zuvor waren u.a. der VW-Konzern, bei dem mit Devisenspekulationen 480 Millionen Mark Verlust gemacht worden waren, und der Klöckner-Konzern, wo das 'artfremde' Geschäft mit Ölterminkontrakten einen Verlust von 750 Millionen Mark brachte, in die Schlagzeilen geraten.

Mit der Verselbständigung von Finanzanlagen gegenüber Sachinvestitionen im Bereich der *Produktions*-Unternehmen korrespondiert ein Trend zu verselbständigten Finanzgeschäften *auch im Bankensektor*: zwar sind Finanzgeschäfte das ureigene Aktionsfeld der Unternehmen dieses Sektors, doch zeichnet sich hier ein stark wachsender Anteil der "derivativen" (abgeleiteten) Geschäfte wie z.B. Finanz-Swaps, Futures und Optionen am Geschäftsvolumen der deutschen Banken ab (vgl. Deutsche Bundesbank, Monatsberichte, Nr. 10/1993); im Jahre 1993 umfaßten diese Geschäftsarten, welche die spezifischen "Finanzinnovationen" dieses Sektors darstellen, bereits 53 % des Geschäftsvolumens aller deutschen Banken (weit höhere Anteile werden u.a. von den Großbanken erreicht). Es handelt sich hierbei um *verselbständigte* Finanzgeschäfte innerhalb des *Finanz*sektors, insofern als "die traditionell in einzelnen Bankgeschäften (zum Beispiel Kredit-, Einlagengeschäft) enthaltenen Preis- bzw. Risikoelemente (zum Beispiel Zins-, Währungs-, Bonitätsrisiko) faktisch *herausgelöst* und *jeweils einzeln* mit dem Basisbetrag erfaßt werden, während das Basisgeschäft weiterhin zu Buche steht" (Monatsberichte der Deutschen Bundesbank, Nr. 10/1993, 60). Infolge der minimalen Liquiditätsanforderungen können diese abgeleiteten Geschäfte eine gewaltige Ausdehnung erfahren, die dann in keinem Verhältnis zu den Basisbeträgen bzw. zu realwirtschaftlichen Größenordnungen stehen, und die Stabilität der Finanzmärkte gefährden.

Die Finanz-Innovationen des gesamten Unternehmenssektors prägen die Stadtökonomie der metropolitanen Zentren und der "Global Cities". Ihr zunehmendes Gewicht wird aus dem Blickwinkel städtischer Anpassungs- und Umbauprozesse eine *Akzentuierung* der stadtökonomischen und stadträumlichen Wirkungskraft der Finanz- und Kontroll-Funktionen herbeiführen - mit gravierenden Folgen für das *innerstädtische* Raumgefüge. Die zunehmende Verselbständigung von finanzwirtschaftlichen Verwertungsstrategien, von Finanzanlagen gegenüber "realen" Produktionsaktivitäten korrespondiert auf der Ebene des Städtesystems mit der räumlich selektiven Ausbildung internationaler Finanz- und Direktionszentren, die von den Produktionsbeziehungen der traditionellen Stadtökonomie mehr und mehr verselbständigt sind.

Die Finanzinnovationen sind in bestimmter Weise mit der funktionalen räumlichen Spezialisierung verknüpft: In den "führenden" Zentren des Städtesystems konzentrieren sich im Bereich der sog. "produktionsorientierten Dienstleistungen" neben den "F+E" -Aktivitäten (Forschung/Entwicklung) *auch* die "D/S/A" - Aktivitäten: Dealer, Schieber, Abwickler. Aktivitäten, die sich geschäftsmäßig mit Aufkauf und "Abwicklung" von Betriebsstätten befassen, mit dem Verschieben von Kapitalien, mit Spekulationsgeschäften verschiedenster Art (einschließlich diverser Immobiliengeschäfte). Hinter den sog. "produktionsorientierten" Dienstleistungen verbergen sich gerade auch D/S/A -Aktivitäten, bei denen es sich vielfach um produktions-*schädigende* Aktivitäten handelt. Beispiel NARVA -Glühlampenfabrik in Berlin: die West-Berliner Immobilienfirma Klingbeil versuchte 1991 diesen wirtschaftlich stabilen Ost-Berliner Betrieb zu erwerben, um ihn zu schließen und das Betriebs-*Grundstück* "höherzuverwerten". Diese Übernahme konnte noch verhindert werden. Doch nur ein Jahr später gelang es dem Münchner Immobilienhändler Härtl, das Grundstück zu erwerben. Auch Härtl wollte den Produktionsbetrieb "abwickeln", hatte aber versprochen, mehr als 1000 Ersatz-Arbeitsplätze in einem neuen Gewerbepark in Berlin-Johannisthal zu schaffen. Inzwischen gibt es auf dem NARVA-Gelände keine Glühlampenproduktion mehr, sondern einen neuen Büropark: "Narva-City". Für die Einlösung des Versprechens zur Bereitstellung von Ersatzarbeitsplätzen gab es dagegen großzügigen Aufschub bis 1996.

Eine Stadtpolitik, die sich auf die Förderung der funktionalen Eliten des "produktionsorientierten Dienstleistungssektors" und seiner Projekte konzentriert, wird in vielen Fällen auch die Förderung von Funktionsträgern der D/S/A -Aktivitäten und Vernichtung von städtischen Produktionsaktivitäten beinhalten.

Es ergeben sich somit zwei konträre Interpretationen des Charakters der "führenden" Zentren des Städtesystems: (a) Ewers' These (Ewers/Puls 1990, S.37), daß Städte, nachdem sie Zentren physischer Produktion und des Sachkapitals wurden, heute dynamische Zentren des technisch-organisatorischen Wissens sowie der Informationsproduktion und -verteilung werden - wobei sich die wachstumsstärksten Zentren hier als "Trendführer" etabliert haben. (b) Die These, daß sich die heute dynamischen großstädtischen Zentren auf der Basis eines Übergangs vom "produktionsorientierten Industriekapitalismus" zu einem finanzwirtschaftlichen Akkumulationsregime (bzw. einer "Casino-Ökonomie") zu Zentren der raumübergreifenden Kontrolle von Wirtschaftsaktivitäten und der Disposition über monetäre Transfers (Wertaneignung) und Spekulationsaktivitäten entwickeln. Das Verhältnis zwischen den beiden 'Schwerpunkten' bzw. das Ausmaß, in dem bestimmte Stadtregionen durch technisch-organisatorische Innovationen *oder* durch Finanz-Innovationen (inklusive Transfers) zu "führenden" Zentren werden, läßt sich allerdings nur schwer quantifizieren.

Literatur zu Abschnitt 4:

Albert, M.: Kapitalismus contra Kapitalismus, Frankfurt/M. 1992

Allen, J.: The geographies of service, in: Massey, D./Allen, J. (Hg.): Uneven Re-development. Cities and regions in transition. London 1988

Blair, J.P./Endres, C.R.: Metropolitan size and corporate merger behaviour, in: Urban Affairs Quarterly, Vol. 27, No. 2, London 1991

Bade, F.J.: Large corporations and regional development, in: Regional Studies, Vol.17, 1983

Bade, F.J.: Regionale Beschäftigungsentwicklung und produktionsorientierte Dienstleistungen, Berlin 1987

Bade, F.J.: Expansion und räumliche Ausbreitung der Dienstleistungen, Dortmund (Institut für Landes- und Stadtentwicklungsforschung) 1990

Cohen, R.B.: The new international division of labour, multinational corporations and urban hierarchy. in: Dear, M./Scott, A.J. (Hg.): Urbanization and urban planning in capitalist society. London 1981

Daniels, P.: Producer services and the post-industrial space-economy, in: Massey, D./ Allen, J. (Hg.): Uneven Re-development. Cities and regions in transition. London 1988

Decker, F.: Einführung in die Dienstleistungsökonomie, Paderborn 1975

Deubner, Ch. u.a. (Hg.): Die Internationalisierung des Kapitals. Frankfurt-M./New York 1979

Dunn, E.S.: The Development of the U.S. Urban System. Baltimore 1980

Eickelpasch, A.: Perspektiven des Wirtschaftsraumes Berlin. in: Institut für Soziale Stadtentwicklung e.V. (Hg.): Wohnort und Arbeitsplatz Berlin. Berlin 1992

Ewers, H.J./Puls, K.: Kreativitätsentwicklung als bestimmender Faktor bei der Gestaltung von Metropolen. Konsequenzen für die Wissenschafts- und Technologiepolitik in Berlin. in: Akademie f. Raumforschung und Landesplanung (Hg.): Stadtforschung in Ost und West. Perspektiven und Möglichkeiten der Kooperation der großen Zentren in Europa. Berlin 1990

Ewers, H.J./Gornig, M.: Openness of Urban Systems as a Prerequisite for Urban Sustainability: The German Example. in: Nijkamp, P. (Hg.): Sustainability of Urban Systems. A Crossnational Evolutionary Analysis of Urban Innovation. Oldershot 1990

Feagin, J.R./ Smith, M.P.: "Global Cities" und neue internationale Arbeitsteilung, in: Borst, R. et al. (Hg.): Das neue Gesicht der Städte. Theoretische Ansätze und empirische Befunde aus der internationalen Debatte. Basel, Boston, Berlin 1990

Feagin, J.R.: Free enterprise city. New York 1988

Friedmann, J./Wolff, G.: World City Formation: An Agenda for Research and Action. in: International Journal of Urban and Regional Research, Vol. 6, No. 3, London 1982

Friedmann, J.: The World City Hypothesis. in: Development and Change, Vol. 17, No. 1, 1986

Gräber, H./Holst, M./Schackmann-Fallis, K.P./Spehl, H.: Externe Kontrolle und regionale Wirtschaftspolitik. 2 Bde. Berlin 1987

Hall, P.: National Capitals, World Cities and the New Division of Labour. in: Ewers, H.J./Goddard, J.B./Matzerath, H. (Hg.): The Future of the Metropolis. Economic Aspects. Berlin, New York 1986

Hickel, R.: Ein neuer Typ der Akkumulation ? Anatomie des ökonomischen Strukturwandels - Kritik der Marktorthodoxie. Hamburg 1987

Hübner, K.: Flexibilisierung und die Verselbständigung des monetären Weltmarkts. Hindernisse für einen neuen langen Aufschwung?, in: Prokla, Nr. 71, Berlin 1988

Keil, R.: Weltstadt - Stadt der Welt. Internationalisierung und lokale Politik in Los Angeles. Münster 1993

King, A.D.: Global Cities. Post-Imperialism and the Internationalization of London. London, New York 1990

Krätke, S.: Strukturwandel der Städte, Städtesystem und Grundstücksmarkt in der "postfordistischen" Ära, Frankfurt-M./New York 1991

Krätke, S.: Stadtsystem im internationalen Kontext und Vergleich, in: Wollmann, H./ Roth, R. (Hg.): Kommunalpolitik. Politisches Handel in den Gemeinden, Opladen 1994

Lange, B.-P./Rodenberg, H.-P. (Hg.): Die neuen Metropolen. Hamburg 1994

Lee, R./Schmidt-Marwede, U.: Interurban competition? Financial centres and the geography of financial production, in: International Journal of Urban and Regional Research, Vol. 17, Nr. 4, Oxford 1993

Lefèbvre, H.: Die Revolution der Städte. Frankfurt-M. 1990

Leyshon, A./Thrift, N.J.: Liberalisation and Consolidation: The Single European Market and the Remaking of European Financial Capital. in: Environment and Planning A, Vol. 24, No. 1, London 1992

Logan, J.R./ Molotch, H.L.: Urban fortunes. The political economy of place. Berkeley, Los Angeles, London 1987

Noyelle, T.J./ Stanback, T.M.: The Economic Transformation of American Cities. Totowa N.J. 1984

Nuhn, H./Sinz, M.: Industriestruktureller Wandel und Beschäftigungsentwicklung in der Bundesrepublik Deutschland, in: Geographische Rundschau, Nr. 1/1988

Ogger, G.: Nieten in Nagelstreifen, Deutschlands Manager im Zwielicht, München 1992

Olbrich, J.: Regionale Strukturpolitik mit Büroarbeitsplätzen ? in: Raumforschung und Raumordnung, 42. Jg. 1984

Petz, U.v./ Schmals, K. (Hg.): Metropole, Weltstadt, Global City - Neue Formen der Urbanisierung. Dortmund 1992

Price, D.G./Blair, A.M.: The changing geography of the service sector, London 1989

Pryke, M.: An International City going "global": Spatial Change in the City of London. in: Environment and Planning D: Society and Space, Vol. 9, No. 2, London 1991

Reissert, B./ Schmid, G./ Jahn, S.: Mehr Arbeitsplätze durch Dienstleistungen ? Ein Vergleich der Beschäftigungsentwicklung in den Ballungsregionen der Bundesrepublik Deutschland. WZB Berlin, Berlin 1989

Sassen, S.: The mobility of labor and capital, A study in international investment and labor flow, Cambridge 1988

Sassen, S.: The Global City: New York, London, Tokyo. Princeton 1991

Sassen, S.: Global City: Internationale Verflechtungen und ihre innerstädtischen Effekte, in: Häußermann, H./Siebel, W. (Hg.): New York - Strukturen einer Metropole, Frankfurt-M. 1993

Sassen, S.: Neue Zentralität, in: Noller, P./Prigge, W./Ronneberger, K. (Hg.): Stadt-Welt. Über die Globalisierung städtischer Milieus, Frankfurt-M./New York 1994

Sassen, S.: Cities in a world economy, Thousand Oaks 1994

Scharpf, F.W.: Strukturen der post-industriellen Gesellschaft, in: Soziale Welt, Nr. 37, 1986

Smith, M.P./ Feagin, J.R. (Hg.): The Capitalist City. Oxford 1987

Soja, E.W.: Ökonomische Restrukturierung und Internationalisierung der Region Los Angeles. in: Borst, R. u.a. (Hg.): Das neue Gesicht der Städte. Theoretische Ansätze und empirische Befunde aus der internationalen Debatte. Basel, Boston, Berlin 1990

Thrift, N.J.: The Fixers: The Urban Geography of International Commercial Capital. in: Henderson, J./Castells, M. (Hg.): Global Restructuring and Territorial Development. London 1987

Welzk, S.: Boom ohne Arbeitsplätze, Frankfurt/M. 1986

Wolf, K. (Hg.): Zum System und zur Dynamik hochrangiger Zentren im nationalen und internationalen Maßstab, (Frankfurter Geographische Hefte, Nr. 58), Frankfurt/M. 1989

5. Polarisierung der Städte im neuen Europa

"Polarisierung der Städte" ist die Formel, mit der in vielen westeuropäischen Ländern seit den 80er Jahren ein *Auseinanderdriften* der Wirtschafts- und Beschäftigungsentwicklung städtischer Agglomerationen *innerhalb des nationalen Wirtschaftsraums* umschrieben wurde. Eine zunehmende Polarität im Städtesystem war zuerst in den USA als Gegensatz zwischen den "declining snowbelt cities" und den "sunbelt boomtowns" herausgearbeitet worden. In der Bundesrepublik Deutschland wurden analoge Entwicklungsmuster der Stadt- und Regionalstruktur als Süd-Nord-Gefälle thematisiert; auch in Großbritannien wurde ein Süd-Nord-Gefälle zwischen prosperierenden südenglischen Stadtregionen und vom Niedergang betroffenen nordenglischen Industriestädten herausgestellt. In Italien, wo die Diskussion jahrzehntelang auf das Nord-Süd-Gefälle zwischen den norditalienischen Industriestädten und den wirtschaftlich unterentwickelten süditalienischen Regionen konzentriert war, wurde eine neue Stufe disparitärer Raumentwicklung diskutiert, die sich auf die Polarität zwischen den prosperierenden Städten des sog. "Dritten Italien" (Teile der Regionen Emilia Romagna, Lombardei, Toskana und Veneto) und den von wachsender Arbeitslosigkeit betroffenen Industriestädten des Nordens bezog. Auch in Frankreich, dessen Städtesystem von einer traditionellen Dominanz der nationalen Metropole ("Paris et le désert francais") geprägt ist, wurde eine erweiterte Ausdifferenzierung des Städtesystems thematisiert, die an der selektiven Konzentration neuer Wachstumspotentiale in bestimmten Stadtregionen im Süden des Landes (z.B. Toulouse, Grenoble, Montpellier) anknüpfte. Obgleich das Städtesystem vieler Länder Europas gleichermaßen einem Prozess der "Polarisierung" unterlag, weisen die wirtschaftsräumlichen Polaritäten des Stadt- und Regionsystems in den einzelnen Länder jeweils besondere Ausprägungen auf.

Das Konzept des "Städte-Systems"

Auf der Basis einer Raumvorstellung, nach der Wirtschaftsräume durch sozial-ökonomische Verflechtungsbeziehungen strukturiert werden, bietet sich an, die disparitäre Entwicklung von Stadtregionen aus einer Perspektive zu betrachten, die als "urban systems"-Konzept bezeichnet werden kann: in dem Maße wie die Bedeutung der internen *und externen* Verflechtungszusammenhänge von Stadtregionen thematisiert wird, müßte über die einzelne Stadtregion hinausgehend *das Städtesystem* zum Forschungsgegenstand werden.

Die Entwicklung des Städtesystems kann als ein Prozeß "kumulativer" Verstärkung von Strukturdifferenzen zwischen den Städten beschrieben werden, bei dem bestimmte Städte, die schon frühzeitig eine "bevorteilte" Position innerhalb des

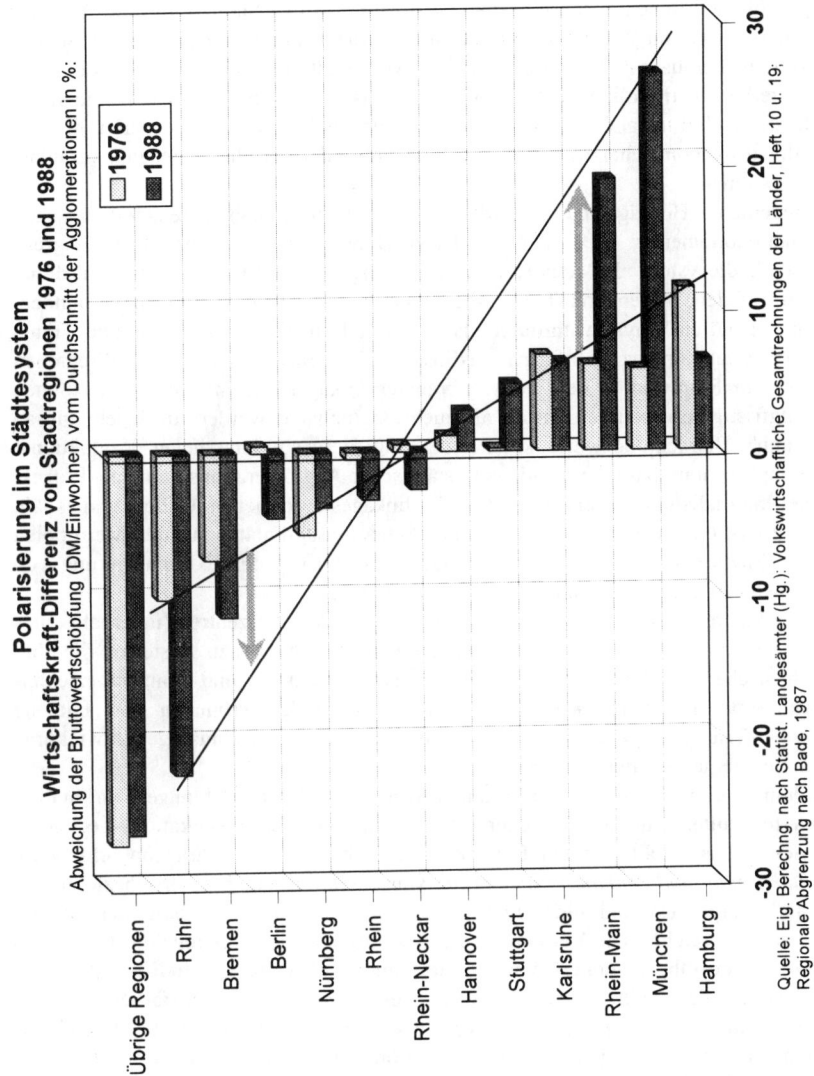

Polarisierung im Städtesystem

Wirtschaftskraft-Differenz von Stadtregionen 1976 und 1988

Abweichung der Bruttowertschöpfung (DM/Einwohner) vom Durchschnitt der Agglomerationen in %:

1976
1988

Übrige Regionen
Ruhr
Bremen
Berlin
Nürnberg
Rhein
Rhein-Neckar
Hannover
Stuttgart
Karlsruhe
Rhein-Main
München
Hamburg

-30   -20   -10   0   10   20   30

Quelle: Eig. Berechng. nach Statist. Landesämter (Hg.): Volkswirtschaftliche Gesamtrechnungen der Länder, Heft 10 u. 19;
Regionale Abgrenzung nach Bade, 1987

Systems erreichen konnten, ihre Vorteilsposition im Zuge von Wachstum und Strukturanpassung weiter befestigen und ausbauen können; dabei werden die engen ökonomischen Wechselbeziehungen *zwischen* den Städten und die Ausbreitungseffekte von Wachstumsprozessen einer Stadt innerhalb des weiteren Städtesystems herausgestellt. Die Entwicklung von Stadtregionen, die nicht zu den bevorteilten metropolitanen Zentren gehören, ist im Rahmen dieses dynamischen Systems eher instabil, z.b. von externen Entscheidungszentren gesteuert, die den Abbau ökonomischer Kapazitäten in kleineren oder peripheren Städten veranlassen können.

Bedeutende Beiträge zu einem urban systems -Konzept haben die amerikanischen Stadtökonomen A. Pred (1977) und E.S. Dunn (1980) erarbeitet. Dunn begreift das Städtesystem als "activity network structure". Die Stadtregionen sind durch verschiedene Arten von Transferbeziehungen zwischen Aktivitäten verbunden: dazu gehören "physical throughputs" (materiell-physische Transfers) und Transfers in der Form von "Informationsflüssen". Die Entwicklung von Stadtregionen ist vom Formwandel der "activity transfer linkage" beeinflußt. Diese können langfristig sowohl internalisiert als auch externalisiert werden. In Anlehnung an Dunn's Betrachtungsweise könnte z.B. die Herausbildung neuer Produktionskomplexe innerhalb der Randzonen städtischer Agglomerationsräume als Prozess der Internalisierung von activity transfer linkages beschrieben werden, und es läßt sich z.B. die Auslagerung bestimmter Produktionsaktivitäten aus den Metropolen des Städtesystems in "periphere" Städte als Prozess der Externalisierung von transfer linkages interpretieren (vgl. Dunn 1980).

Das Städtesystem ist hier als ein Netzwerk von Aktivitätszentren (innerhalb eines nationalen oder auch weiterreichenden Wirtschaftsraumes) zu verstehen, die über physische Transfers, über Informationsflüsse, Direktiven und Kontrollbeziehungen sowie monetäre (Kapital-) Transfers miteinander verbunden sind. Die *Art und Weise* der Verflechtungen bestimmt auch die ungleichmäßige Entwicklung der einzelnen Aktivitätszentren.

Dunn hat insbesondere den Wandel von Kontroll-Verflechtungen im Städtesystem unter dem Einfluß neuer Informations- und Kommunikations-Technologien herausgestellt. Mit dem Einsatz neuer Technologien wurde Dunn zufolge die *funktionale und räumliche Reichweite* von Direktions- und Kontrollbeziehungen stark vergrößert und eine *intensivierte ökonomische Vernetzung* des Städtesystems erreicht. "Die Veränderung der räumlichen und funktionalen Reichweite von Kontrollbeziehungen bewirkt zusammen substantielle Modifikationen im Netzwerk der Städte. Bestimmte Aktivitäten werden tendenziell stärker agglomeriert und zentralisiert. Für die Unternehmen ergeben sich erweiterte Möglichkeiten, die hochrangigen Managementfunktionen für mehr und mehr Betriebseinheiten (die häufig in ganz verschiedenen Produktions- und Informationsprozessen engagiert sind) in ein gemeinsames Direktionszentrum zusammenzuführen. Darü-

128

berhinaus können die traditionell an der Spitze der Kontroll-Hierarchie angesiedelten Funktionen (wie das Finanzmanagement, die Überwachung operativer Einheiten und die Regulation externer Transaktionen) immer leichter an metropolitanen Standorten angesiedelt werden, die weit entfernt von den ausführenden Produktionseinheiten liegen (...). Die Entwicklungen im Bereich der Informationsverarbeitung erleichtern zugleich die Dezentralisierung anderer Aktivitäten. Viele Produktionseinheiten können nun auf der Suche nach einem Zugang zu billigeren Ressourcen und Arbeitskräften sowie neuen Märkten an weit entlegene Standorte verlagert werden" (Dunn 1980, S.40; Übers. d. Verf.). Auf dieser Basis befördern die funktional und räumlich erweiterten Kontroll-Verflechtungen eine zunehmende Hierarchisierung des Städtesystems.

Dunn zufolge sollte aber der "Systemcharakter" eines urban system nicht zu eng gefaßt werden (Dunn 1980, S. 31 f): Die Städte innerhalb eines nationalen Wirtschaftsraumes können *nicht* in dem Sinne als "System" verstanden werden, daß sie einen Komplex verbundener Elemente mit einer gemeinsamen Zwecksetzung oder einer übergeordneten Steuerungsinstanz darstellen, wohl aber in dem Sinne, daß sie ein Netzwerk von miteinander durch Transfer- und Abhängigkeitsbeziehungen verbundenen Einheiten (Stadtregionen) bilden. Die *einzelne* Stadt erscheint aufgrund ihrer Einbindung in vielfältige "grenzüberschreitende" Wirtschaftskreisläufe (vgl. Thompson 1965; Goodall 1974) als ein weithin "offenes System". Ihre Entwicklung im Rahmen des gesamten Städtesystems wird nicht nur von "lokalen" Akteuren gesteuert, vielmehr ist die einzelne Stadtregion mehr oder weniger stark externen Einflüssen ausgesetzt. Das Städtesystem als Ganzes besitzt z.B. in den ungleichmäßig verteilten unternehmerischen Kontrollzentren *interne regulierende Kräfte,* die seine Entwicklung bestimmen, ohne einen übergeordneten "Plan" zu verfolgen.

Der amerikanische Stadtökonom A.Pred hat in Anlehnung an die von G.Myrdal für die ungleiche Entwicklung von Nationalökonomien vorgetragene Entwicklungstheorie (vgl. die "Polarisationstheorie") das Konzept der zirkulär-kumulativen Entwicklung von Städten dargelegt. Pred geht davon aus, daß die Entwicklung des Städtesystems primär ökonomisch bestimmt ist, und sich die einzelnen Städte (als "Subsysteme") je nach ihren Ausgangsbedingungen unter dem Einfluß gegenseitiger Abhängigkeiten und vermittelt über selbstverstärkende Effekte ungleichmäßig (weiter-) entwickeln. Im Mittelpunkt dieses Ansatzes stehen die im gesamtwirtschaftlichen Entwicklungsprozeß erweiterten Verflechtungen und Abhängigkeiten zwischen verschiedenen Städten und metropolitanen Standortzentren.

Die Entwicklungsperiode des Städtesystems nach dem 2. Weltkrieg kann als eine Phase interpretiert werden, in der die großen *multi-regionalen* Unternehmen die Ausbreitung von Wachstumsimpulsen zwischen den Städten maßgeblich beeinflußten und steuerten. Die ökonomische Interdependenz des Städtesystems wird im Zuge des Wachstums der multi-regionalen Unternehmen über *inner-organi-satorische Verflechtungen* gesteigert. Dazu tragen insbesondere inter-regionale Unternehmens-Zusammenschlüsse und Kapitalbeteiligungen bei. Wenn innerhalb einer multi-regionalen Organisation eine untergeordnete Einheit expandiert oder neu errichtet wird, expandieren auch die übergeordneten Einheiten bzw. das "Hauptquartier". So ergibt sich eine *asymmetrische Struktur* der ökonomischen Beziehungen zwischen den Städten: Wachstumsimpulse innerhalb eines großen metropolitanen Zentrums müssen nicht notwendigerweise gleichmäßig verteilte Multiplikatoreffekte im Städtesystem (zugunsten kleinerer oder peripherer Städte) nach sich ziehen. Vielmehr können (umgekehrt) Wachstumsimpulse unter dem Regime von multi-regionalen Unternehmen asymmetrisch zugunsten der metropolitanen Zentren wirken. Die Ausbreitung von Wachstumsimpulsen zugunsten der großen metropolitanen Zentren wird zum Teil auf intra-organisatorisch vermittelten *monetären Transfers zwischen Städten* beruhen: So kann ein Investitionsschub in einer untergeordneten Einheit in einer kleineren oder peripheren Stadtregion über kurz oder lang zum Rückfluss bzw. Abfluss der Investitionserlöse in die kontrollierende Unternehmenseinheit in einem metropolitanen Zentrum führen.

Das Städtesystem im Prozeß der Europäischen Integration

Stadt- und Regionalforscher haben in verschiedenen europäischen Ländern die Polarisierung der Städte *im jeweiligen nationalen Wirtschaftsraum* als neue Form räumlich disparitärer Entwicklung herausgestellt. Wie wird sich aber das Städtesystem weiterentwickeln, wenn im Zuge der Europäischen Integration, zu der sowohl die Schaffung des europäischen Binnenmarktes und die Aufnahme weiterer Länder in die Europäische Union (EU), als auch die Wiedervereinigung beider Teile Deutschlands *und* die Einbeziehung ostmitteleuropäischer (und osteuropäischer) Länder gehört, ein erweiterter gesamteuropäischer Wirtschaftsraum entsteht ?

Innerhalb der EU-Länder zeigen sich bereits gravierende *regionale* Disparitäten. Eine Kommission der EG hatte 1987 die unterschiedliche "Problemintensität" von 160 Regionen im EG-Raum mit einem synthetischen Index erfasst, der Indikatoren zur Wirtschaftskraft und zur Arbeitsmarktstruktur kombinierte. Danach lagen in der Bundesrepublik nur zwei Regionen unter dem EG-Durchschnitt, während alle portugiesischen, spanischen, griechischen und irischen Regionen weit darunter lagen (Götzmann/Seifert 1991). Darüberhinaus zeigte der Index für Großbritannien und die Bundesrepublik ein ausgeprägtes Süd-Nord-Gefälle, für Italien ein extremes Nord-Süd-Gefälle.

Dunford (1992) hat die Wirtschaftskraft von EG-Regionen verglichen und betont, daß sich von den 10 wirtschaftsstärksten Regionen der EG die Hälfte in Westdeutschland befinden, die anderen in "metropolitanen" Regionen in Frankreich, England, den Niederlanden und Dänemark. Unter den EG-Regionen mit einem unterdurchschnittlichen Sozialprodukt je Einwohner befinden sich auf der einen Seite eine Gruppe von *nordwesteuropäischen* Regionen, die vom Niedergang "traditioneller" Industrien (Bergbau, Stahl, Schiffbau und Textilindustrie) betroffen ist, auf der anderen Seite die Gruppe der industriell unterentwickelten *südeuropäischen* Regionen. Die Unterscheidung von "zentralen" und "peripheren" Regionen ist *im europäischen Rahmen* weniger an ihrer geographischen Lage (z.B. Nord/Süd), sondern vielmehr an ihrer wirtschaftlichen Rangstellung (und Konkurrenzfähigkeit) festzumachen.

Die vorhandenen regionalen Disparitäten im EU-Raum werden sich künftig weiter verstärken, da die Schaffung eines großen Binnenmarktes besonders die bereits wirtschaftsstarken Regionen begünstigt. Die regionalen Strukturdifferenzen werden auch durch fortschreitende Konzentrationsprozesse im Unternehmenssektor verfestigt. "Gewinner" der EU-Integration werden v.a. die heute schon europaweit operierenden finanzstarken Unternehmen sein, die zum größten Teil aus der Bundesrepublik, Großbritannien und Frankreich kommen (wobei die Bundesrepublik an den 100 größten Unternehmen der EU einen Anteil von ca. 30 % hat). Die Konzentrationsprozesse im Zuge der fortschreitenden Internationalisierung des europäischen Unternehmenssektors bewirken eine verstärkte Orientierung der strategischen Funktionen führender Firmen auf die *entwickelten* Regionen der *wirtschaftlich führenden* Länder Europas. Die Strukturen der "Neuen Internationalen Arbeitsteilung" (Fröbel/Heinrichs/Kreye 1986), bei der arbeitsintensive Teilfertigungen mit überwiegend gering qualifizierten Tätigkeiten in den "peripheren" Regionen lokalisiert werden, werden dabei auch im europäischen Raum reproduziert.

Die europäische Integration wird nach den Ergebnissen verschiedener Binnenmarktstudien (z.B. Sinz/Steinle 1989) auch die *intra-nationale Polarisierung* zwischen den Regionen in der Bundesrepublik Deutschland verstärken. Danach werden verschiedene *Branchen* von der Einführung des Binnenmarktes in unterschiedlicher Weise betroffen. Potentielle "Verliererbranchen" wie die eisenschaffende Industrie und der Bergbau haben ihren Standort vorrangig in sog. altindustrialisierten Regionen, "gefährdete" Branchen der Textil-, Bekleidungs- und Nahrungsmittelindustrie sind in den "peripheren" Regionen der Bundesrepublik überdurchschnittlich vertreten; umgekehrt sind die potentiellen "Gewinnerbranchen" vorwiegend in wachstumsstarken Agglomerationen der Bundesrepublik angesiedelt, so daß diese Stadtregionen durch den europäischen Binnenmarkt zusätzliche Wachstumsimpulse erhalten können.

Allerdings sind Studien, die von der "Betroffenheit" bestimmter Branchen Rückschlüsse auf die "Betroffenheit" bestimmter Regionen ziehen, stets problematisch, da sie von der möglichen *regional spezifischen* Innovations- und Entwicklungsdynamik, in die eine Branche eingebettet ist, abstrahieren. Für die Entwicklungsperspektiven einer Region ist nicht in erster Linie ihre Branchenstruktur bedeutsam. "Potentielle Gewinnerbranchen" des europäischen Binnenmarktes können sich in Gebieten, in denen keine "innovativen" regionalen Produktionszusammenhänge ausgebildet werden, durchaus *ungünstig* entwickeln. "Wie schnell Prognosen über regionale Entwicklungsperspektiven 'auf Sand gebaut' sind, wenn intraregionale Verflechtungs- und Kooperationszusammenhänge als ein typisches Merkmal strukturstarker Agglomerationen ausgeblendet werden, zeigen verschiedene 'Binnenmarktstudien' in einem Detail. Sie sagen z.B. für den Raum Paderborn vergleichsweise günstige Entwicklungstendenzen voraus (...); offenbar, weil vor allem durch das Unternehmen Nixdorf statistisch eine zukunftsträchtige Branchenstruktur und (bislang) hohe Wachstumsraten signalisiert werden. Mit der Krise dieses Konzerns treten möglicherweise auch regionale Krisensymptome auf, da der strukturelle Unterbau fehlt, der den Niedergang eines Konzerns oder einer Branche zu kompensieren vermag" (Heine 1991, S.72). Auf diesem Hintergrund ist nochmals die Bedeutung von regionalwissenschaftlichen Konzepten zu betonen, die (unter Berücksichtigung von Verflechtungs- und Kooperationszusammenhängen) zwischen *regionalspezifischen* Produktionsstrukturen und -"Milieus" differenzieren.

Europäische Wachstumsregionen und Raumstrukturmodelle

Nicht nur innerhalb des nationalen Wirtschaftsraumes verschiedener Länder, sondern auch auf der gesamt-europäischen Maßstabsebene ist die Herausbildung einer "polarisierten" Raumstruktur konstatiert worden: So wurden besonders während der Vorbereitungsphase zur Schaffung des europäischen Binnenmarktes großräumig orientierte Untersuchungen über "europäische Wachstumszentren der Zukunft" erstellt (vgl. RECLUS 1989; Nam/Nerb/Reuter/Russ 1990), welche die kurz *vor* der deutschen Wiedervereinigung und der Öffnung ostmitteleuropäischer Länder gegebene wirtschaftsräumliche Konstellation in einem Raumstrukturmodell zu verdeutlichen suchten. Danach entstehen in Europa zwei verdichtete "wirtschaftliche Kraftfelder", und zwar zum einen eine *Nord-Süd-Achse* in Europas dichtbesiedeltstem und höchstentwickeltem Raum, die von Süd-England über die Rhein-Rhone-Linie bis in die Lombardei reicht (mit London und Mailand als Endpunkten); zum anderen eine *Ost-West-Achse* von der Toscana über Mailand, Lyon bis Barcelona und Valencia - dieser europäische "Sunbelt" erscheint als Ost-West-Schiene am Mittelmeer.
"Die traditionellen nationalen Ballungsgebiete um London, Paris und Madrid profitieren auch in den neunziger Jahren von ihrer Rolle als Verwaltungs- und

Dienstleistungszentren. Immer mehr in eine solche Funktion wachsen auch Brüssel als Sitz der EG-Kommission und Berlin hinein. Am meisten prosperieren werden jedoch Wirtschaftszentren mittlerer Größe, die auf der 'Banane' oder dem 'Sunbelt' liegen und wirtschaftliche Aktivitäten der Metropolen an sich ziehen. (...) Kennzeichnend für diese Wachstumszentren ist neben ihrer geographischen Zentrallage eine führende Stellung in hochwertiger industrieller Fertigung und bei produktionsorientierten Dienstleistungen. Dazu kommen attraktive Freizeit- und Kulturangebote (...). Relativ verschlechtern wird sich die Lage insbesondere für die peripher zu den Kraftfeldern Zentraleuropas gelegenen Gebiete wie Irland, der Norden Großbritanniens, Süditalien, Griechenland und Portugal. Auch ländliche Räume wie das französische Zentralmassiv sowie alte Problemregionen wie Lothringen gehören dazu. Die Position der schwachen Regionen verschlechtert sich zudem durch die Integration der Ostwirtschaften" (Nam/Nerb/Reuter/ Russ 1990, 19ff). Als "Aufsteigerregionen" wurden hier u.a. Schwaben, (D), die Region Provence-Alpes-Côte d'Azur (F), Worcester/Warwickshire (GB), Emilia-Romagna, Toskana, Venetien (I), Valencia (E) identifiziert.

Die sogenannte "Banane" (Nord-Süd-Achse) und der "Sunbelt" stellen *konstruierte* Raumgebilde dar (die eine naturwissenschaftlichen Vorstellung von "Kraftfeldern" auf den Wirtschaftsraum projizieren), in denen eine Reihe von "etablierten" Wirtschaftszentren und "aufsteigenden" Wirtschaftszentren weiträumig zusammengefasst werden. Diese kurz vor der Wiedervereinigung Deutschlands und der Öffnung ostmitteleuropäischer Länder entwickelte "neue ökonomische Landkarte Europas" wurde aufgrund einer vielschichtigen *Bewertung von Wettbewerbsfaktoren und Standortqualitäten* europäischer Regionen erstellt. Dabei wurde zwischen den beiden nicht ohne weiteres miteinander vergleichbaren Regionsgruppen "etablierte Wirtschaftszentren" und "Aufsteigerregionen" unterschieden. Angesichts der Probleme der Quantifizierung und Vergleichbarkeit, die sich bei jedem internationalen wirtschafts- und sozialstatistischen Vergleich einstellen, wurde die Einstufung europäischer Regionen nach ihrer Wettbewerbsfähigkeit mit Hilfe einer Punktebewertung (ähnlich dem Verfahren der Nutzwertanalyse) vorgenommen. Nach dem gewählten Bewertungsverfahren konnte eine Region insgesamt 100 "Punkte" erreichen; bewertet wurde erstens die regionale "*Wirtschaftsstruktur*" (max. 40 Punkte) nach den Kriterien Entwicklungsstand, Entwicklungsdynamik, industrielle Struktur, produktionsnahe Dienstleistungen, wirtschaftliches Umfeld (z.B. Nähe zu Unternehmen der gleichen Branche), zweitens die "*Raumlage*" (max. 25 Punkte) nach den Kriterien Infrastruktur (Kommunikation, Verkehr, Energie usw.) und "Zentralitätseffekte" (unter Zugrundelegung der Entfernungen zwischen einer gegebenen Region und allen anderen untersuchten Regionen, sowie des Verkehrssystems); drittens die "*Raumqualität*" (max. 30 Punkte) nach den Kriterien Verfügbarkeit und Qualität von Arbeitskräften, Universitäten/außeruniversitäre Forschung, Aus- und Weiterbildung, Verfüg

Die "blaue Banane" und der europäische "Sunbelt"

Schematische Darstellung nach Ifo-Schnelldienst, Heft 9/90, München 1990

Osteuropa-Impuls

Grampian
Aberdeen

West Yorkshire

Cheshire
NORD–SÜD–ACHSE

Hamburg

WorcesterEast
Anglia

Hannover
Berlin

Warschau

London

Ruhrgebiet

Leipzig

Brüssel
Frankfurt

Südhessen

Prag

Paris
Ile-de-France

Stuttgart
München
Schwaben

Wien

Budapest

Lyon
Zürich

Lombardia
Mailand

Rhone-Alpes

Piemont

Provence-Alpes-Côte d'Azur

Bologna
Emilia-Romagna

Toskana

SUNBELT

Navarra

Katalonien

Rom
Latium

Madrid

Barcelona

Valencia

 Ausgewählte "Aufsteiger"- Regionen

barkeit von Wohnungen, Industrie- und Gewerbeflächen, Kultur- und Freizeit-
angebot; darüberhinaus wurden sonstige für die Entwicklung eines Wirtschaftsraumes in den 90er Jahren bedeutende Faktoren (mit max. 5 Punkten) einbezogen, wobei insbesondere Regionen der (alten) BRD einen "Osteuropa-Bonus" erhielten. Die Einzel-Ergebnisse der hier skizzierten Form einer international vergleichenden Bewertung von Wirtschaftsregionen sind natürlich von den gewählten Bewertungskriterien, den konkreten Bewertungsmaßstäben, und von der Gewichtung der Faktoren abhängig. Auch die konkrete Bewertung einzelner Regionen bleibt stets fragwürdig - so erreichten in der Gruppe etablierter Wirtschaftszentren z.B. die Regionen München und Stuttgart nach der Ifo-Analyse insgesamt
eine höhere Bewertungszahl als die Regionen Paris (Ile-de-France) und London;
in der Gruppe der aufsteigenden Wirtschaftszentren erhielt z.B. das Ruhrgebiet
eine höhere Bewertungszahl als die europäischen "Sunbelt"-Regionen Provence-
Alpes-Cote d'Azur, Emilia-Romagna, Toskana und Venetien. Die Gesamtbewer-
tung der regionalen Wettbewerbsfähigkeit verliert mit zunehmender Anzahl der
einbezogenen Kriterien stets an Transparenz. Demgegenüber müssen tiefergehen-
de, *qualitativ* vergleichende Regionalstudien auf eine enger begrenzte Auswahl
von Regionen beschränkt werden.
Nach der skizzierten wirtschaftsgeographischen Raum-Konstruktion - die nach
dem gleichen Muster um eine mittlere "Achse" von Paris nach Berlin und Warschau ergänzt werden könnte - erstreckt sich von London über Amsterdam und
Basel bis Mailand ein gebogener Korridor, in dem viele der dicht besiedelten
wirtschaftsstarken *Stadt*-Regionen Europas liegen. Dieser Korridor ist auch unter
dem Namen der "blauen Banane" bekannt geworden (RECLUS 1989), welche
eine *großräumige* Polarisierung des europäischen Städtesystems geographisch
versinnbildlichen soll. Innerhalb des Korridors der "blauen Banane" sind allerdings Städte mit höchst unterschiedlichen Produktionsstrukturen (z.B. Duisburg
und Stuttgart) lokalisiert, während bedeutende metropolitane Stadtregionen Europas wie Paris, Hamburg und Berlin in eine nahezu "periphere" Position rücken.
Der 'Conseil régional d'Ile de France' hat demgegenüber 1991 eine modifizierte
Karte der wirtschaftsräumlichen Entwicklungsachsen des neuen Europa vorgestellt: nach dieser Raum-Konstruktion umfasst das wirtschaftliche "Zentrum"
Europas ein Gebiet, das sich vom "goldenen Dreieck" London, Paris und Brüssel
ausgehend nach Hamburg und Berlin erstreckt (und von Berlin weiter "ausstrahlt"
nach Osten in Richtung Warschau), sowie nach Süden in Richtung Zürich und
München; von Paris ausgehend werden Entwicklungsachsen in südwestlicher
Richtung nach Spanien und in südöstlicher Richtung nach Lyon und Marseille
verzeichnet, wo die Südost-Achse auf den Mittelmeer-Bogen (Sunbelt) trifft, der
sich von Valencia über Barcelona bis Turin und Mailand erstreckt. Die Gestalt
dieses wirtschaftsräumlichen Gefüges ist mit dem Namen des "blauen Sterns"
charakterisiert worden. Doch ist die Frage nach der künftigen ökonomisch-funk-

tionalen Hierarchie *zwischen den Stadtregionen* Europas allein mit dem Blick auf solche großräumigen Entwicklungskorridore und Polarisierungsstrukturen nicht zu beantworten.

Das Modell der europäischen "Kraftfelder" und Entwicklungsachsen wollte die mit der europäischen Integration verbundene Neudefinition von Kernzonen und Peripherien sichtbar machen. Als "Peripherie" des von der blauen Banane umschriebenen Wirtschaftsraumes erschienen z.b. Nordengland, Westfrankreich, Portugal, Süditalien, Nordeuropa und Ostmitteleuropa. Mit der Wiedervereinigung Deutschlands und der Öffnung Ostmitteleuropas wird das Raumstrukturbild Europas aufs Neue modifiziert: Das Modell der blauen Banane wird durch die Verschiebung der europäischen Peripherie nach Osten, die Reaktivierung von West-Ost-Verbindungen und die mögliche Ausbildung neuer Entwicklungsachsen relativiert. Den Stadtregionen Berlin, Prag, Wien und Budapest z.B. werden heute "Brückenkopf-Funktionen" in dem sich neu formierenden erweiterten europäischen Wirtschaftsraum zugeschrieben, und mit dem Anschluß der Länder Skandinaviens an die europäische Union kann sich eine zweite Nord-Süd-Achse im Osten Mitteleuropas herausbilden, die von Stockholm über Kopenhagen, Berlin, Prag und Wien bis Budapest reichen würde.

Raumstrukturmodelle wie das der "blauen Banane" wurden wie gesagt aufgrund einer Bewertung von *Wettbewerbsfaktoren und Standortqualitäten* europäischer Regionen erstellt, wobei die Kriterien-Auswahl und deren Gewichtung ganz im Rahmen traditioneller wirtschaftsgeographischer und regionalökonomischer Analysen verbleibt. Dabei ist die Frage nach den gesellschaftlichen Grundlagen der Entstehung und den wirtschaftlich-sozialen Funktionsbedingungen der "Aufsteigerregionen" Europas ist mit den *traditionellen* Ansätzen der Wirtschaftsgeographie und Regionalanalyse, die sich mehr an Raum-"Ausstattungen", Struktur- und Standort-Faktoren als an räumlichen Beziehungsnetzen und regionsspezifischen Interaktionsformen orientieren, nicht zu beantworten. Mit den herkömmlichen Ansätzen lassen sich die Regionen mit einer "positiven" Entwicklung *identifizieren*, aber deren Entwicklung nicht befriedigend erklären.

Im Kontext der zunehmenden Internationalisierung wirtschaftlicher und politischer Verflechtungen werden heute jedoch die wirtschafts- und sozialräumlichen *Differenzen* innerhalb des erweiterten europäischen Wirtschaftsraumes deutlicher wahrgenommen. Damit ist zugleich die Aufmerksamkeit für "regionale" Aspekte der Entwicklung gewachsen. Zahlreiche regionalwissenschaftliche Befunde deuten auf eine polarisierte Entwicklung von Städten und Regionen im neuen Europa hin (vgl. Dunford/Kafkalas 1992; Getimis/Kafkalas 1993), und es wird erwartet, daß sich dieses Entwicklungsmuster im Zuge der Integration ostmitteleuropäischer Länder noch stärker akzentuieren wird. In diesem Kontext stellt auch *die Art und Weise der Integration* ostdeutscher und ost-mitteleuropäischer Städte und Regionen in das neue wirtschaftsräumliche Gefüge Europas (Eingliederung in das

Netz der "wettbewerbsfähigen" europäischen Regionen, oder funktionale Spezialisierung auf geringqualifizierte Produktionen, oder Marginalisierung?) eine neue Herausforderung für die wirtschafts- und sozialgeographische Forschung. Die europäische Integration begünstigt wie gesagt die führenden Unternehmen in den metropolitanen Stadtregionen und bereits wirtschaftsstarken Regionen, während die ökonomisch schwachen (Stadt-) Regionen zu Anpassungsstrategien (z.B. die Profilierung als Anbieter von Niedriglohn-Standorten) gezwungen werden. Durch die Einbeziehung *ostmitteleuropäischer* Nachbarländer in den Wirtschaftsraum Europas entsteht eine intensivierte Konkurrenz von "peripheren" (Stadt-) Regionen um die Ansiedlung von Produktionsstätten. Der Strukturwandel des europäischen *Städtesystems* wird davon geprägt sein, daß sich die Hierarchie der Stadtregionen hinsichtlich der selektiven Verteilung und Konzentration (a) von Direktions- und Kontrollkapazitäten sowie (b) von innovativen Produktionsstrukturen akzentuiert.

Strukturwandel des europäischen Städtesystems als Prozeß der ökonomisch-funktionalen Hierarchisierung

Im Prozess der europäischen Integration bildet sich aufgrund einer zunehmenden Internationalisierung des Unternehmenssektors und der erweiterten Kontrollverflechtung zwischen den Stadtregionen eine *stärker akzentuierte* Polarisierung des Städtesystems heraus. Der Internationalisierungs-Schub im europäischen Unternehmenssektor bewirkt eine verstärkte standörtliche Orientierung der Direktions- und Finanzfunktionen führender Firmen auf die *entwickelten* Stadtregionen der *wirtschaftlich führenden* Länder Europas. So haben sich bereits innerhalb der Länder der EU die Konzentrationstendenzen durch Unternehmens-Zusammenschlüsse und Aufkäufe verstärkt. Seit Beginn der 80er Jahre ist insbesondere die Zahl der *europaweiten* Unternehmenszusammenschlüsse und Firmenaufkäufe von Jahr zu Jahr stärker angewachsen (Amin 1992). Die Anzahl der Unternehmens-Zusammenschlüsse und des Erwerbs von Mehrheitsbeteiligungen im Industriesektor ist allein in den Ländern der Europäischen Gemeinschaft seit 1980 jahresdurchschnittlich um 25 % angewachsen, mit einem deutlich steigenden Anteil von grenzüberschreitenden, europaweiten Zusammenschlüssen: So gab es bei den 1000 größten Industrieunternehmen der EG 1982/83 insgesamt 117 Unternehmens-Zusammenschlüsse/Übernahmen von Mehrheitsbeteiligungen, darunter 38 aus der Kategorie europaweiter (grenzüberschreitender) Transaktionen; im Jahre 1988/89 erreichte die Anzahl der Zusammenschlüsse/Übernahmen bereits 492, darunter 197 aus der Kategorie europaweiter Konzentrationsaktivitäten. Paradoxerweise läuft die von dem Konzentrations-Schub ausgelöste "Globalisierung" der kapitalbezogenen Unternehmensverflechtungen in Europa *parallel* zu einer

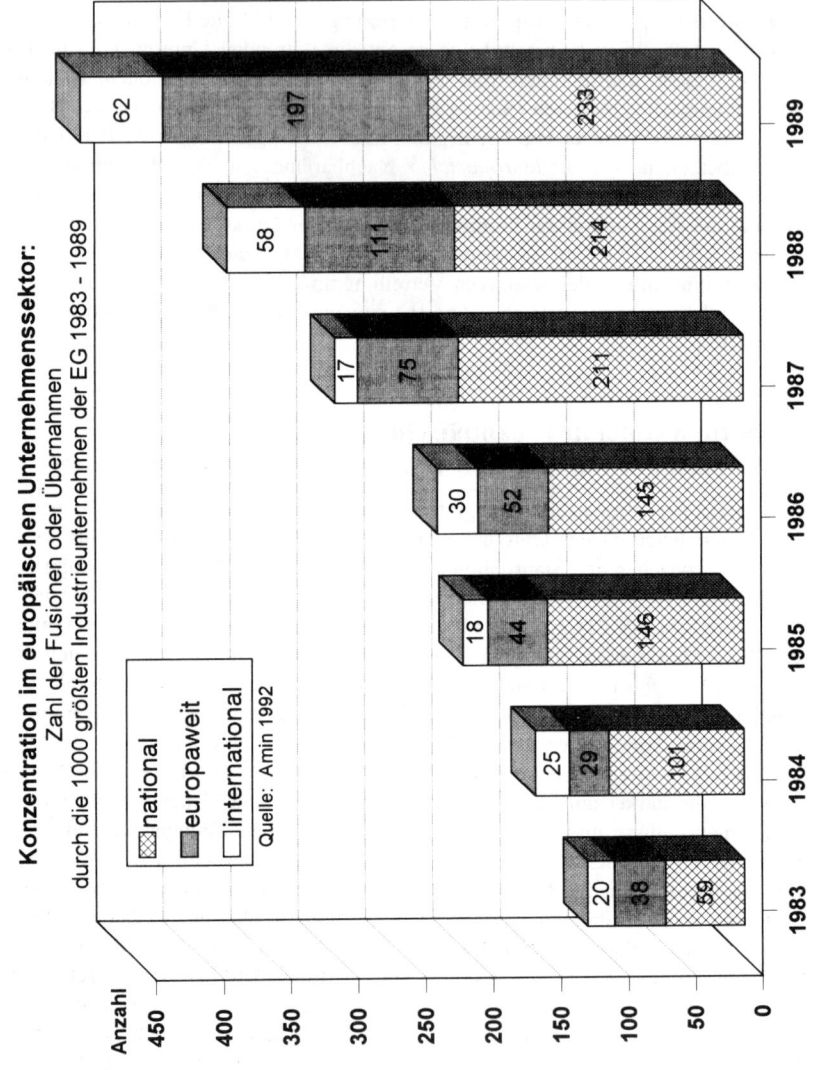

Konzentration im europäischen Unternehmenssektor:
Zahl der Fusionen oder Übernahmen
durch die 1000 größten Industrieunternehmen der EG 1983 - 1989

national
europaweit
international

Quelle: Amin 1992

partiellen "Regionalisierung" der Produktion, d.h. zum Bedeutungszuwachs regions-*interner* Verflechtungszusammenhänge bei der Entwicklung konkurrenzfähiger städtischer Produktionsstrukturen (vgl. hierzu Kapitel 3).

Wenn der Strukturwandel des europäischen Städtesystems als ein Prozess *ökonomisch-funktionaler Hierarchisierung* betrachtet wird, sind Analysen des Städtesystems, die die Bevölkerungskonzentration und -entwicklung in den Mittelpunkt stellen, wenig aussagekräftig. Aus einer gesamteuropäischen Perspektive gehören die bevölkerungsreichsten Städte oder Stadtregionen in vielen Fällen *nicht* zu den wirtschaftsstärksten Zentren. Die Hierarchisierung des europäischen Städtesystems ist ebensowenig von der mehr oder weniger *gleichgewichtigen* Bevölkerungsverteilung im jeweiligen *nationalen* Städtesystem bestimmt: Zwar bestehen zwischen den Ländern Europas große Differenzen im Grad der Bevölkerungskonzentration in Großstädten oder in der jeweils größten Stadt (vgl. Kunzmann/Wegener 1991), doch existieren zwischen den Ländern mit einem relativ hohen "Urbanisierungsgrad" (d.h. mit einer hochgradigen Konzentration der Bevölkerung in Städten, wie z.B. in Deutschland und Spanien) große Differenzen in der Wirtschaftskraft; ebenso gibt es Länder mit annähernd gleicher Wirtschaftskraft und sehr unterschiedlichem Urbanisierungsgrad (z.B. Großbritannien und Italien). Auch das Schrumpfen oder Wachstum der *Einwohnerzahl* von Städten in Europa (vgl. Cheshire/Hay 1989; van den Berg et al 1982) ist gegenwärtig für die Frage, ob sich eine Stadt *ökonomisch* im Wachstum oder Niedergang befindet, bzw. welche Rangstellung und Funktion sie im Zuge der wirtschaftlichen Restrukturierung des europäischen Städtesystems erhält, nur von untergeordneter Bedeutung.

Um eine *Orientierungshilfe* zur ökonomisch-funktionalen Hierarchie europäischer Stadtregionen zu geben, werden nachfolgend einige relevante "Rang-Kategorien" des Städtesystems aufgelistet:

1. "Global Cities"

Typisierungs-Merkmale: Übergewicht von Unternehmenszentralen und Finanzzentren mit *internationalem* Geschäftsfeld, Konzentration hochrangiger unternehmensbezogener Dienstleistungen. Beispiele: London, Paris

2. "Europäische metropolitane Stadtregionen"

Typisierungs-Merkmale: Konzentration von Unternehmenszentralen und Finanzzentren mit *europaweitem* Geschäftsfeld, Konzentration hochrangiger unternehmensorientierter Dienstleistungen, bedeutender Standort für "innovative" Produktionsstrukturen *oder* standardisierte Produktionen. Beispiele: Amsterdam, Brüssel, Frankfurt/M., Hamburg, Berlin, München, Zürich, Mailand, Stockholm

3. "National bedeutende Stadtregionen":

Typisierungs-Merkmale: Standort intra-national bzw. regional bedeutsamer Unternehmen und Dienstleistungen, Standort für "innovative" Produktionsstrukturen *oder* standardisierte Produktionen. Beispiele: Lyon, Madrid, Barcelona, Lissabon, Rom, Athen, Glasgow, Birmingham, Düsseldorf, Dortmund, Kopenhagen, Helsinki, Oslo, Warschau, Prag, Budapest

4. "Städte mit einer Spezialisierung auf innovative Produktionsstrukturen"

Typisierungs-Merkmale: eine Konzentration von Produktionsstätten und Firmen mit 'flexibler' Produktion und Vernetzung, sowie ein vielfältiges Angebot von unmittelbar produktionsorientierten Dienstleistungen. Beispiele: Grenoble, Stuttgart, Toulouse, Montpellier, Bologna, Bristol, Cambridge, Valencia

5. "Städte mit einer Spezialisierung auf Funktionen der standardisierten Massenfertigung"

Typisierungs-Merkmale: Übergewicht von (häufig extern kontrollierten) Betrieben mit traditionellen industriellen Organisationsformen. Beispiele: Turin, Porto, Manchester, Liverpool, Thessaloniki, Duisburg

6. "Marginalisierte Stadtregionen"

Typisierungs-Merkmale: Niedergang oder Fehlen lebensfähiger industrieller Produktionsstätten, geringes Angebot unternehmensbezogener Dienstleistungen, bedeutender Umfang der "informellen" Ökonomie. Beispiele: Neapel, Palermo

Hauptkomponenten der skizzierten Hierarchie des europäischen Städtesystems sind (A) die Qualität und "Reichweite" von Kontrollkapazitäten, Finanz- und Dienstleistungsfunktionen, (B) die Spezialisierung auf "innovative" oder traditionelle industrielle Produktionsstrukturen. Diese "Komponenten" können für empirische Studien jeweils in eine Reihe von Einflußfaktoren und darauf bezogene Indikatoren aufgegliedert werden - zur Komponente "Produktionsstruktur" gehören (unter anderem) z.B. Einflußfaktoren wie (a) die Intensität regionsinterner Produktions-Verflechtungen (Indikatoren: der Anteil regionsinterner Vorleistungen am Output der regionalen Industrie, die Anzahl der regionsinternen Zulieferer usw.), und (b) die Intensität regionaler Innovationsaktivitäten (Indikatoren: Anteil von "neuen" Produkten und Verfahren an der regionalen Produktion; Beschäftigte in Forschungs- und Entwicklungsabteilungen, die Anzahl von Transfer- und Kooperations-Einrichtungen usw.).

Beide Komponenten sind auf bestimmten Stufen der Hierarchie *überlagert*: "Europäische metropolitane Stadtregionen" können sich in ihren *Produktionsstrukturen* mehr oder weniger stark auseinanderentwickeln (Beispiel: München versus Berlin), solange sowohl "innovative" als auch traditionelle ("fordistische") Strukturen existenzfähig bleiben; ihre Rangstellung in der Städtehierarchie hängt vor allem von den Komplexen "strategischer" Unternehmensaktivitäten ab. Bei der mittleren Stufe der "national bedeutenden Stadtregionen" handelt es sich um das

Hierarchie und Dynamik von Stadtregionen in zwei Dimensionen

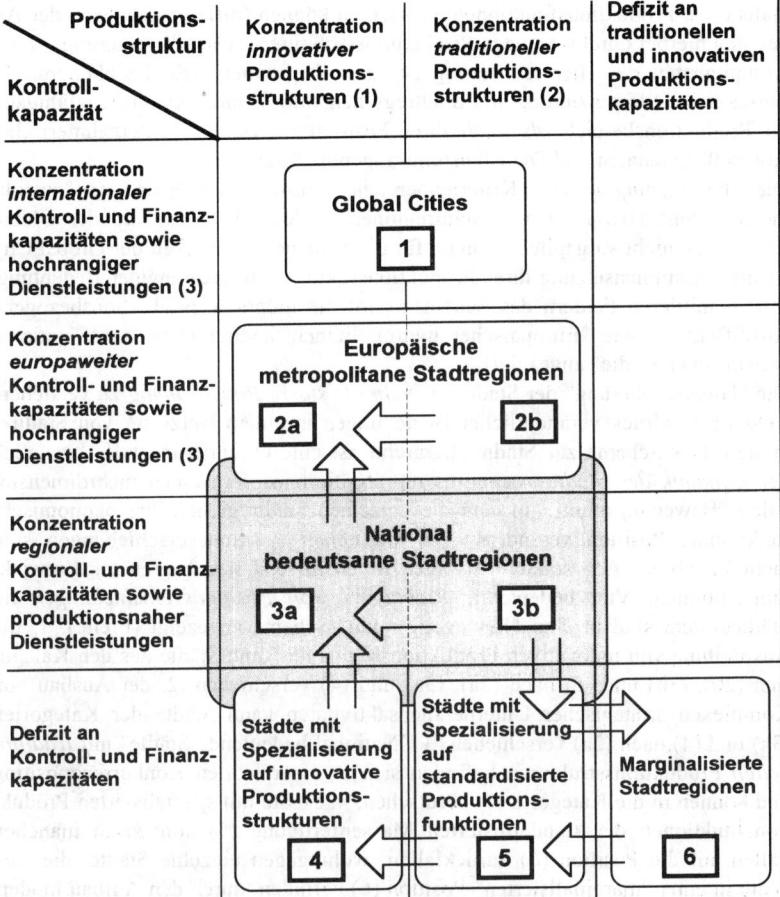

Produktions- struktur / Kontroll- kapazität	Konzentration *innovativer* Produktions- strukturen (1)	Konzentration *traditioneller* Produktions- strukturen (2)	Defizit an traditionellen und innovativen Produktions- kapazitäten
Konzentration *internationaler* Kontroll- und Finanz- kapazitäten sowie hochrangiger Dienstleistungen (3)	**Global Cities** **1**		
Konzentration *europaweiter* Kontroll- und Finanz- kapazitäten sowie hochrangiger Dienstleistungen (3)	**Europäische metropolitane Stadtregionen** **2a**	**2b**	
Konzentration *regionaler* Kontroll- und Finanz- kapazitäten sowie produktionsnaher Dienstleistungen	**National bedeutsame Stadtregionen** **3a**	**3b**	
Defizit an Kontroll- und Finanz- kapazitäten	Städte mit Spezialisierung auf innovative Produktions- strukturen **4**	Städte mit Spezialisierung auf standardisierte Produktions- funktionen **5**	Marginalisierte Stadtregionen **6**

(1) Innovative industrielle Organisationsformen ("neue Technologien" nachrangig...)
(2) Vertikal integrierte, "fordistische" industrielle Organisation
(3) Kontroll-, Finanz- und Dienstleistungskapazitäten zusammengenommen
     bilden "metropolitane Komplexe strategischer Unternehmensaktivitäten"

141

(schwierig abzugrenzende) *Übergangsfeld* von Städten, die *entweder* zur Rangstufe einer "Europäischen Metropole" aufsteigen (abhängig vom Ausbau ihrer Kontrollkapazitäten und Dienstleistungsangebote), *oder* sich zu Städten mit spezialisierten Produktionsfunktionen entwickeln können (differenziert nach der Art der sich hierbei durchsetzenden Produktionsstrukturen). Die Überlagerung zweier Komponenten der Hierarchisierung ist darin begründet, daß die ökonomisch-funktionale Differenzierung von Stadtregionen *sowohl* ihrer Konkurrenzfähigkeit im Produktionsbereich *als auch* ihrer Position im Bereich unternehmerischer Kontrollkapazitäten und Dienstleistungsangebote folgt.

Die Überlagerung der zwei Kriterienbereiche wird in dem Schema einer "zweidimensionalen" Hierarchie von Stadtregionen verdeutlicht. Das Feld der Global City wurde nicht aufgegliedert, denn für die Konkurrenzfähigkeit der Global City ist die Zusammensetzung ihres Produktionssektors von nachrangiger Bedeutung. In den mittleren Feldern des Schemas wird die mögliche produktionsbezogene Ausdifferenzierung "Europäischer metropolitaner Stadtregionen" und "national bedeutsamer Städte" angezeigt.

Die "Hierarchisierung" der Städte ist *nicht als starre Rangordnung* zu verstehen, sondern Ausdruck veränderlicher Beziehungen in einem Netzwerk von Stadtregionen. Das Schema zur Städte-Hierarchie ist eine Orientierungshilfe bezüglich der *Dynamik des Städtesystems*; es repräsentiert insofern einen mehrdimensionalen "Bewegungsraum", in dem die einzelnen Stadtregionen ihre ökonomisch-funktionale Position verändern. Die *möglichen* Positionsverschiebungen sind nicht beliebiger Art, sondern erfolgen in einem Rahmen begrenzter Entwicklungsoptionen. Vier bedeutende *Richtungen von Positionsverschiebungen* im Städtesystem sind in dem "Bewegungsraum"-Schema angezeigt (Pfeile): 1. die Ausbreitung von innovativen Produktionsstrukturen kann Städte aus den Kategorien (2b), (3b) und (5) nach (2a), (3a) und (4) verschieben; 2. der Ausbau von Komplexen strategischer Unternehmensaktivitäten kann Städte der Kategorien (3a) und (4) nach (2a) verschieben; 3. "National bedeutende Städte" mit *traditionellen* Produktionsstrukturen befinden sich in einer labilen Konkurrenzposition und können in die Kategorie (5) abrutschen; 4. Städte mit spezialisierten Produktionsfunktionen der standardisierten Massenfertigung (5) können in manchen Fällen auf die Position (6) zurückfallen, wohingegen einzelne Städte, die sich heute in einer "marginalisierten" Position (6) befinden, durch den Aufbau moderner Produktionskapazitäten und den Anschluß an neue Produktions-Netzwerke eine verbesserte Position ((5) oder (4)) erreichen können.

Die aktuelle Stellung einer Stadtregion in dem europaweiten System der Standortzentren zu bestimmen, kann nur ein Ausgangspunkt der vergleichenden Analyse des europäischen Städtesystems sein - die darüber hinaus interessierende Frage ist, *in welche Richtung* sich bestimmte Stadtregionen entwickeln und welche Position sie innerhalb des dynamischen Städtesystems *künftig* erreichen können.

Das Städtesystem im neuen Europa

Schema zur ökonomisch-funktionalen Rangstellung ausgewählter Stadtregionen

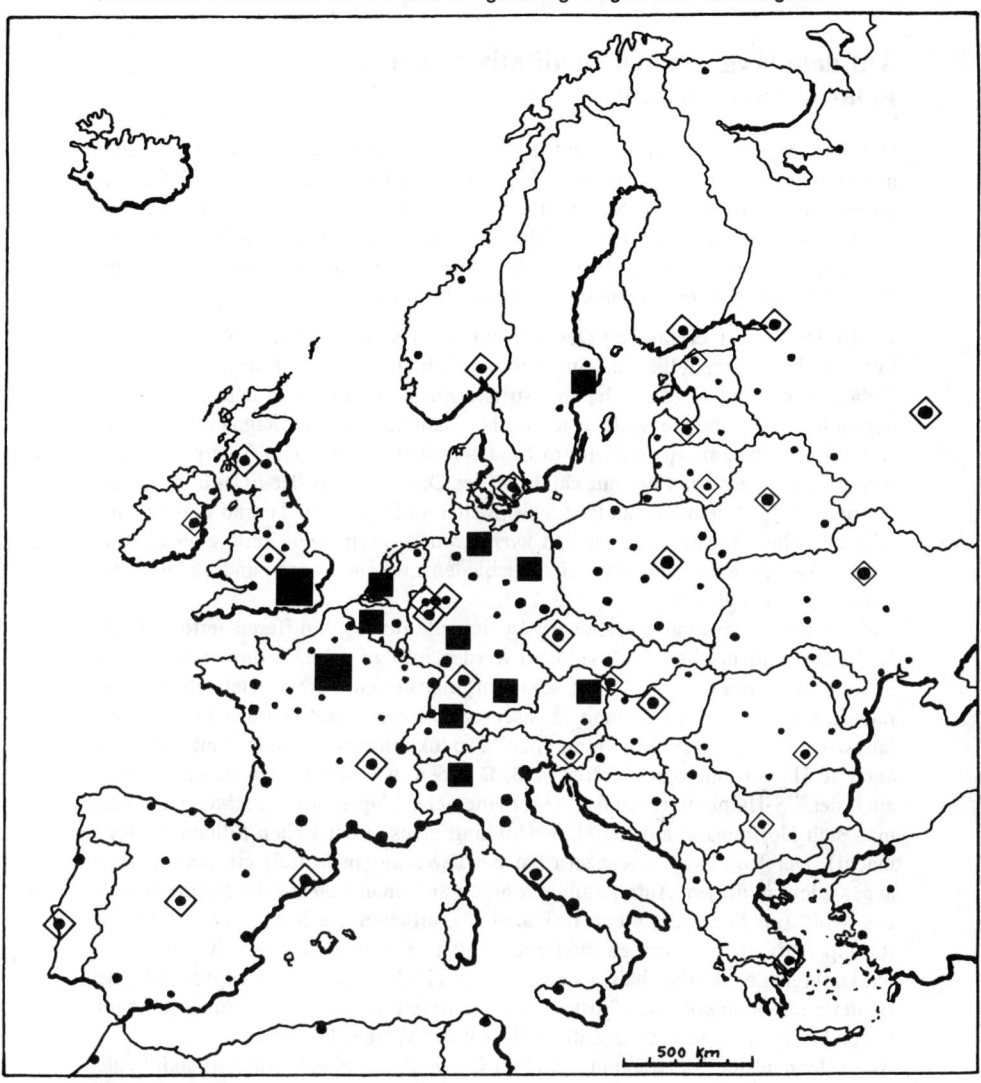

■ **Global Cities**

■ **Europäische metropolitane Stadtregionen**

◈ **National bedeutsame Stadtregionen**

● **Städte nachgeordneter Rangkategorien (Auswahl)**

143

Auf dem Weg zu einer qualitativ neuen Polarisierungsstruktur ?

Die europäische Integration bringt *auf zweierlei Ebenen* des Städtesystems eine neue Polarisierungsstruktur hervor: Zum einen verstärken sich die Entwicklungsdifferenzen zwischen den Stadtregionen im jeweiligen nationalen Wirtschaftsraum, wobei sich speziell in Deutschland ein prägnantes West-Ost-Gefälle ergibt, zum anderen entsteht eine akzentuierte Polarisierung zwischen den städtischen Entwicklungstypen *im gesamteuropäischen Maßstab*.

1. Mit der Wiedervereinigung Deutschlands ist das vieldiskutierte Süd-Nord-Gefälle der Bundesrepublik von einem wesentlich stärker akzentuierten West-Ost-Gefälle überformt worden. Der industrielle Zusammenbruch in den neuen Bundesländern verwandelte viele ostdeutsche Stadtregionen in Stagnationsgebiete. Die Wirtschaftskraft (gemessen am Sozialprodukt je Einwohner) betrug *in den neuen Bundesländern* 1991 nur ca. 30 % des Durchschnitts der EU - und lag damit ungefähr auf dem Niveau Portugals. Mitten in Deutschland ergab sich ein Gefälle zwischen prosperierenden und *wirtschaftlich* peripheren Teilregionen, dessen Stärke den extremen Niveauunterschieden zwischen nord- und südeuropäischen Regionen gleicht.

Auf der Ebene des Städtesystems ergibt sich allerdings ein differenzierteres Bild: Nicht alle ostdeutschen Stadtregionen werden infolge des Deindustrialisierungs-Schubs zu "peripheren" Gebieten oder marginalisierten Städten; vielmehr ist eine räumlich *selektive* Entwicklung abzusehen: *einzelne* Stadtregionen Ostdeutschlands werden zu Inseln mit "modernen" Produktionsräumen umgebaut, einzelne auch zu Hochtechnologie-Zentren (z.B. Dresden, wo neben Siemens inzwischen auch der US-Halbleiterhersteller AMD eine neue Chip-Fabrik errichten will, und man sich Hoffnungen auf die Herausbildung eines "sächsischen Silicon Valley" macht). Der Volkswagen-Konzern hat bei Zwickau (in Mosel) ein neues Werk angesiedelt: in diesem Automobilwerk beschränkt man sich auf die Kernfertigung des 'Golf' (im Sinne der "lean production"), arbeiten die Mitarbeiter in Teams (Gruppenarbeit), und werden moderne Logistik-Konzepte angewandt - im näheren Umkreis des Werkes haben sich bereits viele Zuliefer-Firmen angesiedelt, die Bauteile und Komponenten "just-in-time" anliefern (in den neuen Bundesländern waren bis 1994 insgesamt 72 Zulieferfirmen des Werkes lokalisiert).

Als bedeutendster "Entwicklungspol" im Osten Deutschlands etabliert sich heute die Region Berlin, die von westeuropäischen und westdeutschen Firmen zu einem "vorgeschobenen Standortzentrum zur wirtschaftlichen Erschließung" ost-mittel- und osteuropäischer Länder ausgebaut wird. Das *insulare* Wachstum in Regionen wie Berlin, Leipzig, Dresden kann für andere ostdeutsche Regionen "Entzugseffekte" bringen, die mit einer fortlaufenden Abwanderung qualifizierter

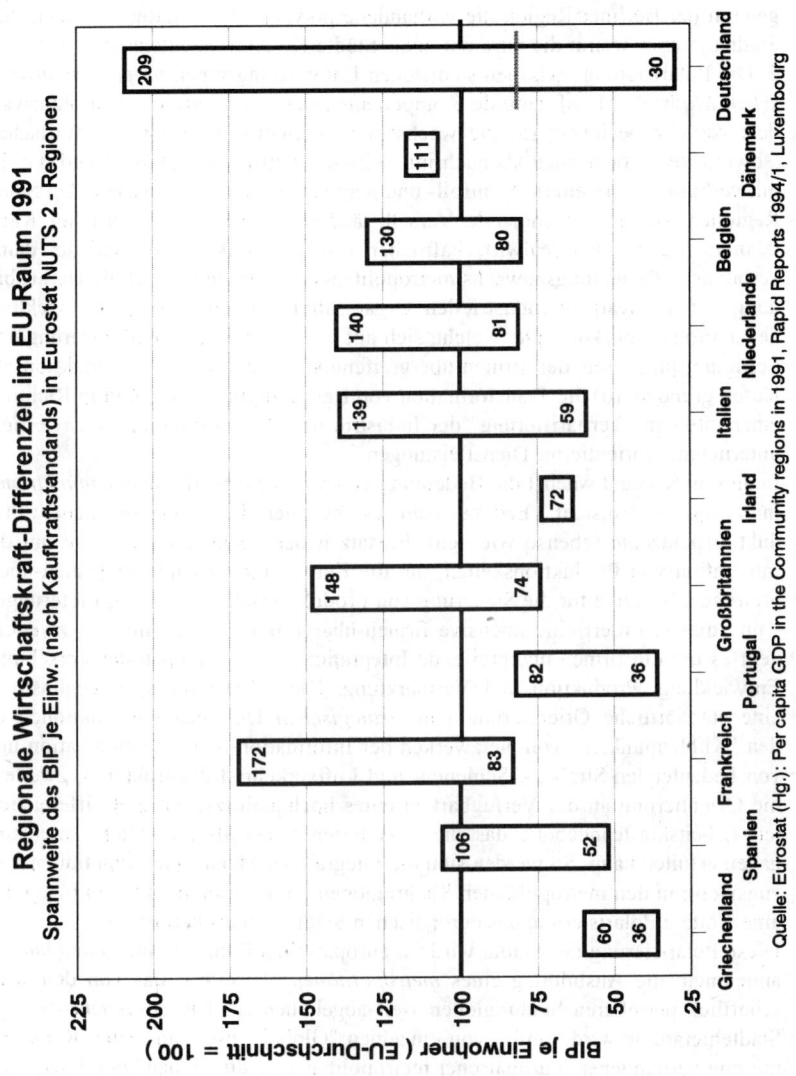

Regionale Wirtschaftskraft-Differenzen im EU-Raum 1991

Spannweite des BIP je Einw. (nach Kaufkraftstandards) in Eurostat NUTS 2 - Regionen

BIP je Einwohner (EU-Durchschnitt = 100)

Quelle: Eurostat (Hg.): Per capita GDP in the Community regions in 1991, Rapid Reports 1994/1, Luxembourg

145

Arbeitskräfte zusammenhängen. Zugleich *erweitert* sich mit dem Bedeutungsgewinn der Berliner Region die vorhandene polyzentrale Struktur des deutschen
Städtesystems, womit die intra-nationale Städte-Konkurrenz intensiviert wird.
2. Die Polarisierung zwischen städtischen Entwicklungstypen *im gesamteuropäischen Maßstab* ist auf zentrale Komponenten des wirtschaftlichen Strukturwandels zurückzubeziehen: (a) die wachsende Internationalisierung der Wirtschaft
(sowohl im europäischen als auch im weltwirtschaftlichen Rahmen) und die damit verbundene erweiterte Kontroll- und Kapitalverflechtung zwischen den Stadt-
Regionen, (b) die zunehmende Verselbständigung finanzwirtschaftlicher Kapitalanlagen gegenüber realwirtschaftlichen Produktionsaktivitäten und der damit
verbundene Bedeutungszuwachs metropolitaner Finanzzentren, (c) die Herausbildung von innovativen industriellen Organisationsformen und die Entwicklung
neuer Produktionskonzepte, welche sich auf das Prinzip der Flexibilisierung von
Fertigungsprozessen der firmen-übergreifenden Integration von Produktionsab-
läufen gründen, (d) die Transformation von Beschäftigungsstrukturen in Richtung
einer internen "Tertiärisierung" der Industrie und der Ausbreitung hochwertiger
unternehmensorientierter Dienstleistungen.

In diesem Kontext wächst die Bedeutung von *integrativen Managemenfunktionen*
in zweierlei Hinsicht: Erstens geht es bei der Durchsetzung neuer Produktionskonzepte (ebenso wie beim Einsatz neuer Technologien) heute um die
Integration von Produktionsketten, um die Entwicklung komplexer firmen-über-
greifender Systeme für die Steuerung von Produktionsaktivitäten und Lieferungen
- und dies erfordert eine intensive firmen-übergreifende Koordination; zweitens
geht es um die firmen-übergreifende Integration von Funktionen der Forschung,
Entwicklung, Produktion und Vermarktung. Diese Entwicklungen begünstigen
eine standörtliche Orientierung von *strategischen* Unternehmensfunktionen an
den "Knotenpunkten" von Netzwerken der Information und Kommunikation und
von bedeutenden Straßen-, Schienen- und Luftverkehrs-Infrastrukturen, zweitens
die Orientierung an der Verfügbarkeit eines hochqualifizierten und differenzierten Arbeitskräfteangebots, das die erweiterten Kontroll- und Managementauf-
gaben erfüllen kann. So werden sich die integrativen Managementfunktionen vorzugsweise in den metropolitanen Stadtregionen konzentrieren und damit zugleich
eine weitere Polarisierung des europäischen Städtesystems befördern.

Diese Polarisierung der Städte wird im europäischen Rahmen eine *neue Qualität*
annehmen: die Ausbildung eines *metropolitanen Netzwerks*, das von den wirtschaftlich peripheren Stadtregionen weit abgehoben ist. Die *gesamteuropäische*
Städtehierarchie wird künftig von einzelnen "Global Cities" und einer Reihe damit eng verbundener "europäischer metropolitaner Stadtregionen" dominiert. Auf
einer mittleren Stufe der Städtehierarchie befinden sich Städte, die in ihrem jeweiligen *regionalen* Wirtschaftszusammenhang zentrale Funktionen wahrnehmen. Auf dem anderen Extrem liegen dann erstens die vom Netz der metropoli-

146

tanen Zentren abhängigen, auf gering qualifizierte Produktionsfunktionen spezialisierten Städte, und zweitens die vom europäischen Produktionszusammenhang abgekoppelten, "aufgegebenen" Städte. Diese *beiden* Kategorien werden die "Peripherie" des europäischen Städtesystems bilden, die sich *geographisch* bisher vor allem in einzelnen Regionen Nordeuropas und im südeuropäischen Raum lokalisieren ließ. Durch die Einbeziehung der ostmitteleuropäischen Länder in den erweiterten gesamteuropäischen Wirtschaftsraum wird sich die "Peripherie" des europäischen Städtesystems *nach Osten hin ausweiten,* da nur wenige der ostmitteleuropäischen Städte Chancen haben, in das Netzwerk der europäischen metropolitanen Zentren eingeschlossen zu werden. Die Entwicklung des "West-Ost-Gefälles" im europäischen Städtesystem wird von der *Art und Weise der Integration* dieser Städte in die ökonomisch-funktionale Hierarchie der Standortzentren bestimmt.

Die geographische Ausweitung der "Peripherie" intensiviert die *Konkurrenz* zwischen peripheren Städten - um industrielle Produktionsfunktionen konkurrieren heute z.B. Städte in Portugal und Spanien mit Städten in Polen und der Tschechischen Republik. Nach einer Umfrage des Deutschen Industrie- und Handelstages (DIHT) unter 15 000 Unternehmen in Westdeutschland geht die Wahl europäischer Fertigungsstandorte immer stärker in die strategischen Überlegungen der Firmen ein. Während bisher eine Verlagerung der heimischen Produktion besonders in südeuropäische Länder wie Portugal, Spanien und Italien angestrebt wurde, zeichnet sich inzwischen eine Neuorientierung auf ostmitteleuropäische Länder ab. So planten nach einer Umfrage des DIHT 1993 bereits 30 % der deutschen Industriebetriebe eine Verlagerung von Teilen der Produktion ins Ausland - vorwiegend in die östlichen Nachbarstaaten (Länder Ostmitteleuropas). Der Elektrokonzern "ABB" z.B. hatte sich bis 1993 in Polen 13 Gesellschaften mit zus. rund 7000 Beschäftigten zugelegt; das Unternehmen "Linde/Jungheinrich" z.B. verlagerte 1993 die Elektromotoren-Fertigung aus Hamburg in ein neues Werk bei Brünn in der Tschechischen Republik; die Siemens AG hat mittlerweile mehr als 50 Joint-Ventures in ostmittel- und osteuropäischen Ländern gegründet (wobei hier nach Aussagen der für das Osteuropa-Geschäft Verantwortlichen die Öffnung und Sicherung neuer Absatzmärkte im Vordergrund stehen soll). Der "Trend nach Osten" kommt auch darin zum Ausdruck, daß die Auslandsinvestitionen deutscher Firmen in Ungarn, Polen, der Tschechischen Republik und der Slowakei 1993 um 28 % anstiegen, während die *gesamten* Auslandsinvestitionen deutscher Firmen im gleichen Jahr um 20 % zurückfielen.

Im Rahmen der neuen Polarisierungsstruktur des europäischen Städtesystems wird es zu einer verstärkten Konkurrenz auch unter den im jeweiligen nationalen Zusammenhang bedeutenden Städten ("*mittlere* Hierarchie-Stufe") kommen, die jetzt darum kämpfen müssen, in das *europäische* Netz metropolitaner Zentren integriert zu werden, und nicht auf den Rang einer abhängigen Stadtregion mit spezialisierten Produktionsfunktionen abzusinken. Die bereits *etablierten* metropolitanen Zentren Europas stehen weiterhin in Konkurrenz miteinander, doch geht es auf dieser oberen Stufe der Städtehierarchie mehr um graduelle Verschiebungen von Vorteilspositionen. Alle Großstädte Europas sind seit geraumer Zeit bemüht, Teil des europäischen Netzes bedeutender Unternehmens-, Kommunikations- und Verkehrszentren zu werden. In diesem europaweiten Konkurrenzkampf der Großstädte wird es Gewinner und Verlierer geben, wobei sich ungeachtet der Erfolgschancen in nahezu allen Großstädten der Entwicklungsdruck auf Innenstadtbereiche und attraktive Standorte an Verkehrsknotenpunkten erhöht und die anspruchsvollen Projekte zur Steigerung der internationalen Konkurrenzfähigkeit der Stadt meist vorhandene funktionsfähige sozialräumliche Gefüge destabilisieren.

Der Polarisierungsprozeß wird nicht zuletzt durch die ungleichmäßige Entwicklung der verkehrs-infrastrukturellen Voraussetzungen zur Integration einer Stadt in das Netz der europäischen Metropolen befördert. Für die hochrangigen Geschäftsfunktionen des Unternehmenssektors ist die Erreichbarkeit einer Stadt im internationalen Luftverkehr und der Anschluß an das Netz europäischer Hochgeschwindigkeits-Bahnen von größter Bedeutung. Frankreich hat sich auf dem Gebiet des Ausbaus von Hochgeschwindigkeits-Bahnen einen großen Vorsprung erarbeitet. Mit den superschnellen TGV's werden heute leistungsfähige neue Verbindungsachsen zwischen Paris, London und Brüssel nach Spanien sowie nach Nord- und Mittelitalien geschaffen, durch die sich deutliche Verbesserungen in der Erreichbarkeit wichtiger Städte im Westen, Südwesten und Süden des Kontinents ergeben. Mit dem Ausbau dieser Verkehrsinfrastrukturen wird die Dominanz der "Europäischen metropolitanen Stadtregionen" weiter gestärkt, wobei die Städte im Osten Deutschlands und in Ostmitteleuropa bislang noch über weniger effiziente Raumverknüpfungen verfügen. Von der internationalen Erreichbarkeit der Zentren werden auch Städte im "Hinterland" der Metropolen profitieren, wohingegen die wirtschaftliche Entwicklung von Städten, die außerhalb des Radius eines leistungsfähigen internationalen Flughafens oder in der "Grauzone" zwischen den Korridoren der Hochgeschwindigkeits-Verkehrslinien lokalisiert sind, weiter zurückfallen dürfte (vgl. Kunzmann/Wegener 1991).

Die Vollendung des Binnenmarktes und Erweiterung der EU führt insgesamt zu einer *stärkeren Ausdifferenzierung* der europäischen Städtehierarchie: mit einigen wenigen "global cities" und europäischen Metropolen an der Spitze, von denen aus die weltwirtschaftliche Integration der EU organisiert wird, zweitens mit einer Reihe von "national" bedeutsamen Städten und "regionalen" Zentren, deren Einflußbereich sich vor allem auf Wirtschaftsräume *innerhalb* der einzelnen EU-Länder erstreckt. Schließlich wird der erweiterte europäische Wirtschaftsraum viele Stadtregionen mit spezialisierten Produktionsfunktionen umfassen (d.h. von den Metropolen aus gesteuerte alte und neue "Ausführungs-Städte").

Das europäische Netz der Hochgeschwindigkeits-Bahnen

Leitplan des Hochgeschwindigkeitsnetzes bis 2010

Schematische Darstellung des Verbandes der Deutschen Bahnindusrie

Erweiterte Wirtschaftsverflechtungen zwischen den Stadtregionen der EU stimulieren auch eine Formierung neuer inter-regionaler *Kooperationsstrukturen*. Auf dem Hintergrund der intensivierten Städtekonkurrenz haben eine Reihe von Städten transnationale Kooperationsbeziehungen entwickelt bzw. kooperative Netzwerke europäischer Städte geschaffen (z.B. die Gruppe der "Eurocities"). Im Unterschied zu traditionellen *nationalen* Städtevereinigungen (z.B. Deutscher Städtetag), die vor allem auf den "Verteilungskampf" zwischen lokaler und zentraler Ebene der nationalen Staatsorganisation ausgerichtet sind, sind die neuen transnationalen Städte-Kooperationen darauf zugeschnitten, die Konkurrenzfähigkeit einer Gruppe von Städten *aktiv* zu fördern. Dazu gehört z.B. die "Eurocities"-Gruppe (mit Frankfurt/M., Stuttgart, Mainz, Birmingham, Amsterdam, Rotterdam, Eindhoven, Lyon, Montpellier, Straßburg, Nizza, Mailand, Barcelona, Lodz, und weiteren Städten), die gemeinsame Konferenzen organisieren und gemeinsame Projekte (im Bereich der Technologie- und Wirtschaftsförderung) initiieren.

Die besonderen Entwicklungsbedingungen europäischer Grenz-Regionen

Ein Blick auf die politische Landkarte zeigt, daß Europa in seinem westlichen und mittleren Teil einen stark *fragmentierten* Großraum darstellt, so daß es in Europa eine Vielzahl von Grenzregionen gibt, d.h. Regionen, deren ökonomische und soziale Entwicklung vom Vorhandensein einer nahegelegenen zwischenstaatlichen Grenze direkt beeinflußt wird. Grenzregionen sind zugleich Räume der Abgrenzung und Räume der gegenseitigen Durchdringung. Daraus ergeben sich besondere Entwicklungsbedingungen. In der Regionalwissenschaft wurde häufig angenommen, daß solche Regionen in ihrem Entwicklungsprozeß beeinträchtigt sein müßten, unter anderem deshalb, weil sie im jeweiligen nationalstaatlichen Regionalsystem meist zu den "peripheren" Regionen gezählt werden. Gleichwohl gibt es im internationalen Kontext eine Reihe Grenzregionen mit hoher ökonomischer Entwicklungsdynamik. Dies deutet darauf hin, daß die Entwicklung von Grenzregionen mehr durch regionalökonomische und politische Faktoren als durch ihre geographische Lage bestimmt ist.

Traditionelle Standorttheorien haben Grenzregionen als "Konflikträume" betrachtet, in denen nationalstaatlich unterschiedliche ökonomische, politische und kulturelle Zielsetzungen und Prioritäten räumlich aufeinander treffen und zwischen den Teilräumen Barrieren schaffen, die einen zusätzlichen negativen Effekt auf die Entwicklung dieses Typus peripherer Regionen ausüben. Zugleich wurden aber auch einige positive Standortqualitäten von Grenzlagen herausgestellt: So kann z.B. die Verzögerung des Gütertransports an der Grenze - die in bestimmten Fällen wegen des *Ausmaßes* der Verzögerung negativ bewertet wird - die Ansiedlung spezieller Aktivitäten (wie Güterverkehrszentren als Schnittstellen zwischen verschiedenen Transporträumen und Verkehrssystemen) stimulieren. In Grenzlagen wurden unter den Rahmenbedingungen protektionistischer Politik auch häufig "Zollumgehungs-Fabriken" eingerichtet, die das Eindringen in die Märkte des Nachbarlandes erleichterten. Diese Art von Standortkriterien hat allerdings in den zwischen Mitgliedsländern der Europäischen Union gelegenen Grenzregionen weithin an Bedeutung verloren. In der US-amerikanisch/mexicanischen Grenzregion wurde über politische Maßnahmen eine Öffnung des Grenzraumes für den "passiven Veredelungsverkehr" erreicht, so daß auf der mexicanischen Seite Billiglohnfabriken zur Weiterverarbeitung US-amerikanischer Vorprodukte zum Re-Export auf den US-amerikanischen Markt entstanden (sog. "Lohnveredelungsindustrie") und damit in der Grenzregion eine starke (allerdings ökonomisch-funktional höchst einseitige) industrielle Entwicklungsdynamik in Gang kam.

Es empfiehlt sich folglich, Grenzregionen nicht einfach aus der Perspektive des jeweiligen nationalen Wirtschaftsraumes als periphere Gebiete mit speziellen Entwicklungsbarrieren zu betrachten, sondern als Teile eines globalen wirtschaftsräumlichen Gefüges, die in der räumlichen Arbeitsteilung eine veränderliche Position einnehmen. Im Kontext der internationalen räumlichen Arbeitsteilung betrachtet verfügen Grenzregionen - vorausgesetzt sie sind "durchlässig" - über besondere Charakteristika, die für die Ansiedlung bestimmter Produktions- und Wirtschaftsaktivitäten relevant sind (vgl. Ratti 1988; Herzog 1991):

1. Der "Nachbarschaftseffekt": Grenzregionen sind Räume der Abgrenzung und zugleich Räume des gegenseitigen Kontaktes. Eine Ansiedlung in diesem Gebiet kann deshalb attraktiv sein, weil sie es Firmen ermöglicht, Vorteile der Nähe zum Nachbarn - z.B. die Präsenz von ökonomischen Akteuren, die über spezielle Kenntnisse der beiden benachbarten politisch-institutionellen Systeme verfügen - mit Konzepten der Reorganisation der räumlichen Verteilung von Wirtschaftsaktivitäten zu kombinieren. Zum "Vorteil der Nähe" gehört im Kontext von Strategien der Verlagerung von Produktionsaktivitäten der Sachverhalt, daß Grenzregionen meist über die Transport- und Verkehrslinien des jeweils wirtschaftsstärkeren Gebietes erreichbar sind, was im Vergleich zu sehr weiträumigen Verlagerungen günstig erscheinen kann.

2. Der "Arbeitsmarkteffekt": in Grenzregionen kann eine erhöhte Flexibilität des Arbeitsmarktes durchgesetzt werden. Die Grenze schafft durch ihre Kontroll-Funktion Bedingungen für eine strikte Segmentierung und erleichterte Kontrolle der regionalen Arbeitskräfte, die dem Produktionskonzept mancher Unternehmen entgegenkommt. Durch Veränderung gesetzlicher Bestimmungen kann insbesondere die numerische Flexibilität des regionalen Arbeitsmarktes reguliert werden.

3. Der "Durchlässigkeitseffekt": Grenzregionen sind Räume gegenseitiger wirtschafts- und arbeitskultureller Durchdringung, mit intensiven Pendlerbeziehungen, häufigen Wanderungsbewegungen, und dem ständigen Zusammentreffen unterschiedlicher Traditionen, Mentalitäten und Handlungsorientierungen. In einem derartigen "Milieu" bestehen erhöhte Anforderungen an die Anpassungsfähigkeit

der sozialen und ökonomischen Akteure, und es sind tendenziell höhere Risiken in Kauf zu nehmen.

Im Zuge des wirtschaftlichen Strukturwandels verändern sich auch die Entwicklungschancen von Grenzregionen. In der Periode von 1950 bis etwa Mitte der 70er Jahre bestanden für europäische Grenzregionen im Kontext von Unternehmens-Strategien der räumlich-funktionalen Arbeitsteilung und von Produktionskonzepten des "international sourcing" relativ günstige Entwicklungsbedingungen: Die hierarchische räumliche Arbeitsteilung im internationalen Produktionssystem trat in dieser Periode besonders in den Arbeitsmarktrelationen zutage. In europäischen Grenzregionen bestanden bedeutende Lohndifferenzen zwischen den beiden Seiten der jeweiligen Grenzregion; dies hat Firmen aus dem jeweils wirtschaftsstärkeren Gebiet vorteilhafte Gelegenheiten geboten, "lohnkostenintensive" Produktionsaktivitäten in der Grenzregion zu lokalisieren, und die Arbeitsplätze für Pendler von der anderen Seite der Grenze zugänglich zu machen.

Der Arbeitsmarkt von Grenzregionen ist nicht nur sozialökonomisch, sondern auch institutionell segmentiert: Es gibt zum einen den "freien" Arbeitsmarkt für jene Arbeitskräfte, die über ein dauerhaftes Bleibe-, Wohn- und Arbeitsrecht (auf der einen Seite der Grenze) verfügen; in diesem ("primären") Arbeitsmarktsegment sind relativ stabile Beschäftigungsverhältnisse, vergleichsweise gute Löhne und Arbeitsbedingungen zu finden. Zum anderen gibt es den "kontrollierten" Arbeitsmarkt für das Angebot externer Arbeitskräfte bzw. Pendler von der anderen Seite der Grenze - deren Beschäftigung bleibt von politisch administrativen Regulationsmaßnahmen abhängig, wobei Arbeitserlaubnis und Arbeitsverträge periodisch erneuert werden müssen, und die Mobilität der externen Arbeitskräfte entsprechend eingeschränkt ist. Für dieses ("sekundäre") Arbeitsmarktsegment ist eine Instabilität von Arbeitsplätzen und Beschäftigungsverhältnissen, ein niedriges Lohnniveau sowie ein hoher Anteil geringqualifizierter Tätigkeiten charakteristisch. Die duale Struktur des Arbeitsmarktes spielte in dieser Periode die Rolle eines "Katalysators" der ökonomischen Entwicklung von Grenzregionen (häufig aber nur für die eine Seite des Grenzgebietes).

Die ab Mitte der 70er Jahre einsetzende ökonomische und gesellschaftliche Umbruchphase ist im Bereich der Industrie mit tiefgreifenden Umstrukturierungsprozessen verbunden, die auch eine Reorganisation der Muster räumlicher Arbeitsteilung mit sich bringen. Zu den neuen Tendenzen der Raumentwicklung gehört (a) die Schaffung eines *globalen* Systems räumlich-funktionaler Arbeitsteilung durch weiträumige Verlagerung von industriellen Produktionsaktivitäten, verbunden mit Prozessen einer Deindustrialisierung in traditionellen Produktionsräumen, (b) die Entstehung neuer Produktionsräume mit hohem Besatz an Hochtechnologieunternehmen *außerhalb* der bestehenden "altindustrialisierten" Regionen, und (c) die im Vergleich zum Niedergang traditioneller Zentren der Massenproduktion positive Entwicklungsdynamik von "industriellen Distrikten" mit einer Vielzahl kleiner und mittlerer Unternehmen, die ein territorial integriertes Produktionssystem ausgebildet haben. In diesem Kontext hat sich eine positive Entwicklungsdynamik auch in einigen ehemals "peripheren" Regionen durchgesetzt, wenn sie eine hohe Innovationsaktivität und flexible industrielle Organisationsformen aufwiesen oder neu initiieren konnten. Die Durchsetzung neuer Technologien, Produktionskonzepte und industrieller Organisationsformen schafft insgesamt eine neue Dynamik der räumlichen Verteilung industrieller Aktivitäten innerhalb des europäischen Wirtschaftsraumes. Es stellt sich die Frage, welche Bedeutung die skizzierten Veränderungen für europäische Grenzregionen haben.

Unter den Rahmenbedingungen des gegenwärtigen technologischen und ökonomischen Strukturwandels können europäische Grenzregionen nicht mehr ohne weiteres auf dieselben Standortvorteile setzen, die noch in der vorausgehenden Entwicklungsperiode von Bedeutung waren und innerhalb des überkommenen Gefüges der räumlichen Arbeitsteilung ihre Position bestimmten. Die Strukturen der räumlichen Arbeitsteilung, die sich im neuen Europa herausbilden, sind komplexer als in der vorausgehenden Periode. So könnte z.B. der "Nachbarschaftseffekt" bzw. die Nähe des Grenzraumes zum Kerngebiet eines wirtschaftsstarken Landes an Bedeutung verlieren, was die Anziehungskraft der Grenzregionen für produktive Investitionen schmälern würde: Viele Großunternehmen des Industriesektors verfolgen eine Strategie des "global sourcing", wobei sie mit der höchst weiträumigen "interkontinentalen" Verlagerung von Produktionsaktivitäten ihre funktionale und räumliche Organisation in einer Art und Weise aufgliedern, die jenseits der Logik von räumlicher Nähe und regionalem Verbund liegt. Auf der anderen Seite verfolgen Großunternehmen heute auch die Strategie, ihre Aktivitäten innerhalb großer Wirtschaftsregionen (wie Europa, Südostasien, USA) zu konzentrieren. Diese Art der *großräumigen* "Regionalisierung" kann z.B. im europäischen Rahmen Produktionsstandorte in ostmitteleuropäischen Ländern aufwerten, bedeutet aber keineswegs, daß Standorte in *Grenzregionen* dieser Länder zur Europäischen Union bevorzugt würden. Ferner verändern sich mit dem Einsatz neuer Technologien im Industriesektor auch die Anforderungen an regionale Arbeitsmärkte. Es werden differenzierte Qualifikationsprofile benötigt, d.h. sowohl spezialisierte und hochqualifizierte als auch geringqualifizierte Arbeitskräfte. Die überkommene Segmentierung des regionalen Arbeitsmarktes harmoniert nicht ohne weiteres mit den Anforderungen technologisch innovativer Betriebsstätten. Der Arbeitskräftebedarf solcher Betriebe ist nicht aus einem partiellen Segment des regionalen Arbeitsmarktes zu decken, und wird nicht unbedingt mit den überkommenen Strukturen des Arbeitsangebots von Grenzregionen korrespondieren. Gegenüber den angeführten Strategien des "global sourcing" haben in Teilen des Unternehmenssektors auch Strategien an Bedeutung gewonnen, die auf eine territoriale Integration von Produktionsaktivitäten im Sinne der (relativ kleinräumigen) regionalen Vernetzung einer Vielzahl spezialisierter Produktionseinheiten setzen. Solche flexiblen regionalen Produktionssysteme sind auf funktionsfähige Kommunikations- und Kooperationsstrukturen angewiesen. In einer grenzüberschreitenden Region müssen hier tatsächlich besondere Barrieren überwunden werden, weil in ihren Teilräumen nationalstaatlich unterschiedliche institutionelle Rahmenbedingungen sowie unterschiedliche ökonomische und politische Prioritäten aufeinander treffen, so daß es im Vergleich zu politisch-institutionell "homogenen" Regionen auf jeden Fall schwieriger ist, in grenzüberschreitenden Räumen zwischen den Unternehmen beider Seiten funktionsfähige Kommunikations- und Kooperationsstrukturen zu schaffen. Bemühungen zur Entwicklung integrierter "Euroregionen" richten u.a. gerade auf die Überwindung derartiger Probleme. Darüberhinaus scheint auch die Eigenschaft von Grenzregionen, Zonen gegenseitiger kultureller Durchdringung zu sein, zunächst eher hinderlich: funktionsfähige kooperative Verhandlungsstrukturen und Beziehungsnetze können sich erfahrungsgemäß leichter in solchen Regionen herausbilden, wo die wirtschaftlichen und sozialen Akteure eine gemeinsame "regionale Identität" entwickelt haben. Regionale Bindung und Identifikation ist aber in einer grenzüberschreitenden Region, die vom ständigen Zusammentreffen unterschiedlicher Traditionen, Mentalitäten und Handlungsorientierungen sowie häufigen Wanderungen gekennzeichnet ist, schwieriger zu erreichen als in stärker "geschlossenen" Regionen. Traditionale Formen regionaler Identitätsbildung waren regelrecht auf die Abgrenzung gegenüber der Außenwelt gegründet. Demgegenüber können möglicherweise auch neue Formen regionaler Identitätsbildung mit weniger "insularem" Charakter entwickelt werden, z.B. über die aktive Identifikation mit dem grenzüberschreitenden und sozusagen "kosmopolitischen" Charakter eines Gebietes. Zusammengenommen ist unter den gegenwärtigen Rahmenbedingungen kein Verlaß darauf, daß Grenzregionen aus ihrer speziellen geographischen Position heraus Standortvorteile bieten würden. Stattdessen müssen die Standortqualitäten europäischer Grenzregionen heute aufs Neue identifiziert und *aktiv entwickelt* werden. Dazu gehören u.a. die im Rahmen von "Euroregionen" institutionalisierten Kooperationsformen. Eine aktive Entwicklungspolitik für Grenzregionen kann z.B. darauf orientiert werden, die regionale Anpassungsfähigkeit und Kreativität zu steigern, statt auf überkommene Konzepte der Ansiedlung von "Lohnveredelungs-Industrien" zu setzen. In einzelnen europäischen Grenzregionen werden partiell bereits "innovative" Entwicklungskonzepte verfolgt, die nicht mehr Billiglohnarbeit von Grenzraumbewohnern in den Mittelpunkt stellen. Dazu gehören z.B. erfolgreiche Bemühungen von Firmen, die zuvor abhängige Zulieferer im System der Massenproduktion waren, sich zu Produzenten nach dem Modell der flexiblen Spezialfertigung weiterzuentwickeln, und dabei "know how" und Qualitätsproduktion in den Mittelpunkt zu stellen.

Literatur zu Abschnitt 5:

Akademie für Raumforschung und Landesplanung (Hg.): Stadtforschung in Ost und West, Perspektiven und Möglichkeiten der Kooperation der großen Zentren in Europa, Hannover 1990

Akademie für Raumforschung und Landesplanung/DATAR (Hg.): Perspektiven einer europäischen Raumordnung, Hannover 1992

Amin, A.: Big firms versus the regions in the Single European Market, in: Dunford, M./ Kafkalas, G. (Hg.): Cities and Regions in the New Europe. London 1992

Berg, L. v.d. u.a.: Urban Europe: A Study of Growth and Decline. Oxford 1982

Bundesministerium für Raumordnung, Bauwesen und Städtebau (Hg.): Raumordnerische Aspekte des EG-Binnenmarktes. Studie A: Auswirkungen des europäischen Binnenmarktes auf die Raum- und Siedlungsstruktur in Westdeutschland, bearb. v. Ache, P./ Bremm, H.-J./Kunzmann, K., Bonn 1992

Cheshire, P./Hay, D.: Urban Problems in Western Europe: An Economic Analysis. London, Unwin Hyman 1989

Chtouris, S./Heidenreich, E./Ipsen, D.: Von der Wildnis zum urbanen Raum. Zur Logik der peripheren Verstädterung am Beispiel Athen, Frankfurt-M./New York 1993

Clout, H./Blacksell, M./King, R./Pinder,D.: Western Europe - Geographical perspectives, London 1994

Conti, S./Spriano, G.: Urban structure, technological innovation and metropolitan networks, in: Athens Center of Ekistics (Hrsg.), Urban networking in Europe I, "Ekistiks: the problems and science of human settlements", No. 350/351, 1991

Dunford, M.: Socio-Economic Trajectories, European Integration and Regional Development in the EC. Research Paper, No. 1, University of Sussex, Brighton 1992

Dunford, M. /Kafkalas, G. (Hg.): Cities and Regions in the New Europe. London 1992

Dunford, M./Perrons, D.: Regional inequality, regimes of accumulation and economic development in contemporary Europe, London 1994

Empirica/ BfLR/ IfO/ EloKEPE (Hg.): The spatial consequences of the integration of the New German Länder into the Community and the impact of the developments of the countries of Central and Easternm Europe on the Community territory, Bonn 1993 (Bundesforschungsanstalt für Landeskunde und Raumordnung)

Friedrichs, J. et al. (Hg.): Süd-Nord-Gefälle in der Bundesrepublik ?, Opladen 1986

Fröbel, F./Heinrichs, J./Kreye, O.: Umbruch in der Weltwirtschaft. Reinbek 1986

Getimis, P./ Kafkalas, G. (Hg.): Urban and regional development in the new Europe. Athen 1993

Götzmann, B./Seifert, V.: Räumliche Disparitäten und EG-Regionalpolitik. in: Heine, M. /Kisker, K.P./Schikora, A. (Hg.): Schwarzbuch EG-Binnenmarkt, Berlin 1991

Gornig, M./Häußermann, H.: Regionen im Süd/Nord- und West/Ost-Gefälle, in: Roth, R./Wollmann, H. (Hg.): Kommunalpolitik. Politisches Handeln in den Gemeinden, Opladen 1993

Häußermann, H./ Siebel, W.: Neue Urbanität, Frankfurt-M. 1987

Häußermann, H./ Siebel, W.: Polarisierte Stadtentwicklung. Ökonomische Restrukturierung und industrielle Lebensweisen, in: Prigge, W. (Hg.): Die Materialität des

Städtischen, Stadtentwicklung und Urbanität im gesellschaftlichen Umbruch, Basel 1987

Häußermann, H.: Regional perspectives of East-Germany after the unification of the two Germanies, in: Getimis, P./ Kafkalas, G. (Hg.): Urban and regional development in the new Europe. Athen 1993

Hall, P./Hay, D.: Growth centers in the European urban system, London 1983

Hardy, S./Hart, M./Albrechts, L./Katos, A.: An enlarged Europe, Regions in competition ?, London 1994

Heine, M.: EG-Binnenmarkt und Regionalentwicklungen in der Bundesrepublik Deutschland. in: Heine, M./Kisker, K.P./Schikora, A. (Hg.): Schwarzbuch EG-Binnenmarkt, Berlin 1991

Henckel, D. u.a. (Hg.): Entwicklungschancen deutscher Städte - Die Folgen der Vereinigung, Stuttgart/Berlin/Köln 1993

Herzog, L.A.: Cross-national urban structure in the era of global cities: The US-Mexico transfrontier metropolis, in: Urban Studies, Vol. 28, No. 4, 1991

Hilpert, U.: Archipelago Europe: islands of innovation, Brüssel 1992

Krätke, S.: Stadtsystem im internationalen Kontext und Vergleich, in: Roth, R./Wollmann, H. (Hg.): Kommunalpolitik. Politisches Handeln in den Gemeinden, Opladen 1993

Kommission der EG: Dritter periodischer Bericht über die sozio-ökonomische Lage und Entwicklung der Regionen der Gemeinschaft, Luxemburg 1987

Kunzmann, K.R./Wegener, M.: The Pattern of Urbanisation in Western Europe 1960-1990. Universität Dortmund, Institut für Raumplanung, Dortmund 1991

Läpple, D.: Trendbruch in der Raumentwicklung. Auf dem Weg zu einem neuen industriellen Entwicklungstyp ? in: Informationen zur Raumentwicklung, Nr. 11/12. 1986, Bonn 1986

Läpple, D.: "Süd-Nord-Gefälle". Metapher für die räumlichen Folgen einer Transformationsphase: Auf dem Weg zu einem post-tayloristischen Entwicklungsmodell?, in: Friedrichs, J. u.a. (Hg.): Süd-Nord-Gefälle in der Bundesrepublik?. Opladen 1986

Marlow, D.: Eurocities: From urban networks to a European urban policy, in: Athens Center of Ekistics (Hrsg.), Urban networking in Europe II, "Ekistiks: the problems and science of human settlements", No. 352/353, 1992

Masser, I./Sviдén, O./Wegener, M.: The geography of Europe's futures. London/New York 1992

Mingione, E.: Social conflict and the city, Oxford 1981

Nam, Ch.W./ Nerb,G./ Reuter, J./ Russ,H.: Wettbewerbsfähigkeit ausgewählter EG-Regionen, in: Ifo-Schnelldienst, Nr. 9/90, München 1990

Parkinson, M.: Urban economic change in Europe: policy implications for the European Community, in: Getimis, P./ Kafkalas, G. (Hg.): Urban and regional development in the new Europe. Athen 1993

Perrons, D.: The regions and the Single Market, in: Dunford, M. /Kafkalas, G. (Hg.): Cities and Regions in the New Europe. London 1992

Perroux, F.: Les Espaces Économiques. in: Boudeville, J. (Hg.): L'Espace et les Poles de Croissance. Paris 1968

Pred, A.: City Systems in Advanced Economies. New York 1977

Ratti, R.: Development theory, technological change and Europe's frontier regions, in: Aydalot, Ph./Keeble, D.: High Technology, industry and innovative environments, The European experience, London 1988

RECLUS: Les Villes Européennes. Rapport pour la DATAR. Paris 1989

Schätzl, L.: Wirtschaftsgeographie der Europäischen Gemeinschaft, Opladen 1993

Sinz, M./Steinle, W.: Regionale Wettbewerbsfähigkeit und europäischer Binnenmarkt, in: Raumforschung und Raumordnung, Nr. 1/1989

Strübel, M. (Hg.): Wohin treibt Europa ? Der EG-Binnenmarkt und das Gemeinsame Europäische Haus, Marburg/Berlin 1990

Welzmüller, R. (Hg.): Marktaufteilung und Standortpoker in Europa, Köln 1990

6. Die vielfach geteilte Stadt: Sozialökonomische Spaltungen im Innern der Städte

In einer Gesellschaft, die nicht nur von vielfältigen sozialen Differenzen, sondern auf Basis ihrer Produktions- und Verteilungsverhältnisse von sozialen Gegensätzen geprägt ist, bilden sich auf städtischer Ebene *sozialräumliche Strukturen*, die der Ungleichheit von sozialen Reproduktionsbedingungen eine raumbezogene Ordnung verleihen. Sozialräumliche Spaltungen der Stadtstruktur sind kein Spezifikum der gegewärtigen gesellschaftlichen Entwicklungsformation. In frühkapitalistischen Industriestädten z.B. wurde eine akzentuierte sozialräumliche Polarisierung auf der Basis von Klassengegensätzen verzeichnet. Soziale Ungleichheit, die einen negativ bewerteten Zustand der sozialen Differenzierung von Reproduktionsbedingungen, Erwerbschancen, gesellschaftlichen Positionen usw. bezeichnet, ist in verschiedenen Gesellschaften und historischen gesellschaftlichen Entwicklungsformationen unterschiedlich ausgeprägt, z.B. standes-, kasten-, geschlechts-, rassen-, klassen- oder schichtungsbezogen (wobei sich auch vielfältige Kombinationen ergeben können). Solche Differenzierungen wie auch sozialkulturell differenzierte "Milieus" in den Städten wurden mitunter durch die plakative Formel "Stadt der Reichen - Stadt der Armen" überdeckt. Die sozialräumliche Struktur der Städte unterliegt ebenso wie die ihr zugrundeliegenden gesellschaftlichen Strukturbedingungen historischen Veränderungen; es kommt darauf an, sozialräumliche Differenzierungen und Gegensätze in ihren *historisch-spezifischen* Formen zu erfassen. In der Gegenwart zeichnet sich in den Städten Europas eine *Vervielfältigung* sozialräumlicher Spaltungen und eine *zunehmend kleinräumige* Segregation von Bevölkerungsgruppen ab.

Innerstädtische Raumstruktur aus der Sicht der "Sozialökologie" und Sozialraumanalyse

Die wissenschaftliche Behandlung der sozialräumlichen Stadtstruktur ist stark vom Ansatz der "Sozialökologie" (der sog. Chikagoer Schule) geprägt worden, der die Dynamik von Stadtwachstum und innerer Differenzierung städtischer Teilgebiete anhand US-amerikanischer Städte der 20er Jahre thematisierte. Die klassische Sozialökologie betrachtet die Stadt wie einen natürlichen "Organismus", in dem eine Reihe von Organen lokalisiert sind, zwischen denen Anpassungs- und Stoffwechselprozesse stattfinden, welche insgesamt zur Aufrechterhaltung oder Wiederherstellung eines Gleichgewichts streben. Durch die Übertragung und Anwendung physiologischer und insbesondere bioökologischer Konzepte auf die Stadtanalyse werden gesellschaftliche Strukturen wie eine natürliche Umwelt behandelt, in der die Menschen mit eher unbewußten Anpassungs-reaktionen agieren. "Unter dieser Perspektive werden die Funktionen der ver-schiedenen Stadtviertel - Slum, Ghetto, Zentrum, Subzentrum, Arbeiterquartier, Industriequartier, Oberschichtwohnviertel, Vergnügungszentrum usw. - zu Pro-dukten der Anpassung der Menschen an ihre Umwelt, die ihrerseits für eine spe-zifische Selektion der Bevölkerung in diesen Gebieten - den sogenannten 'natural areas' - sorgt" (Krämer-Badoni 1991, 19). Über die 'natural areas' schrieb R.E. Park 1925: "Einer der Begleitumstände, die das Wachstum einer Gemeinde mit sich bringt, ist die soziale Selektion und Segregation der Bevölkerung, einerseits die Bildung von natürlichen Gruppen und andererseits von natürlichen Sozial-gebilden (...). Die Chinatowns, die Kleinsizilien und andere sogenannte 'Ghettos', die den Betrachtern des urbanen Lebens bekannt sind, sind bestimmte Typen ei-ner allgemeineren Art der 'natural areas', welche durch die Bedingungen und Ten-denzen des Stadtlebens unweigerlich entstehen. Bevölkerungssegregationen wie diese entstehen zuerst auf einer sprachlichen und kulturellen Basis und dann auf-grund von Rassen. (...) Natürliche Gebiete sind die Heimat natürlicher Gruppen" (Park 1974, 94 ff). Die Herausbildung von Villenvierteln und Slums erscheint aus der sozialökologischen Sicht als Ergebnis eines natürlichen Wettbewerbs zwi-schen (wirtschaftlich) Starken und Schwachen.

Obgleich die Konzeption der Sozialökologie in gesellschaftstheoretischer Hin-sicht höchst fragwürdig erscheint, ist nicht zu verkennen, daß die Chikagoer Schule *Beschreibungssysteme* zur empirischen Erfassung von Prozessen der so-zialräumlichen Umstrukturierung in Städten erarbeitet hat, die in der stadtsozio-logischen und sozialgeographischen Forschung bis heute verwendet werden; dazu gehören z.B. das Prinzip der *Konzentration und Dispersion* von Nutzungen in be-stimmten Gebieten, *Segregation* als Prozeß der selektiven Konzentration von spezifischen Bevölkerungsgruppen in Teilgebieten der Stadt, *Invasion* als Prozeß des Eindringens einer Bevölkerungsgruppe oder Nutzung in angrenzende Gebiete (die zuvor keinen relevanten Anteil dieser Gruppe oder Nutzung aufwiesen), *Sukzession* als vollständiger Wechsel der Bevölkerung oder Nutzung in einem Teilgebiet, und schließlich das Prinzip der *Dominanz*, wonach die "ökonomisch stärkeren" Bevölkerungsgruppen oder Nutzungen in einem Gebiet dessen Ge-samt-Entwicklung kontrollieren können. Krämer-Badoni betont, daß der sozial-ökologische Ansatz "unbeschadet der Analogie zu Tier- und Pflanzenökologie durchaus valide und generalisierungsfähige Beschreibungssysteme für städtische Prozesse hervorgebracht hat. Es ist, als habe die Entwicklung deskriptiver Kate-gorien und die konkrete Forschungtätigkeit an der "biotischen" Grundlegung kei-nen Schaden genommen (...). So sind in der Chikagoer Schule eine ganze Reihe von Begriffen für die Soziologie fruchtbar gemacht worden, die vor allem Pro-zesse des Städtewachstums gut beschreiben. (...) Die Verwendung dieser Begrif-fe, ihrer Nutzbarmachung für die Soziologie der Stadt lag eine aus der empirischen Beobachtung resultierende Erkenntnis zugrunde: Die Erfahrung nämlich, daß unter dem enormen, auf die Immigration zurückgehenden Wachstumsdruck der amerikanischen Stadt die Expansion der Stadt sich nicht etwa in einfachen Anlagerungen vollzog, sondern in äußerst komplexen Prozessen, welche die interne Struktur der Stadt einem dauernden Veränderungsprozeß unterwarfen" (Krämer-Badoni 1991, 20).

Die Chikagoer Schule hat verschiedene dynamische Modelle städtischer Raumstrukturen entwickelt. Burgess lokalisierte am Beispiel Chikago's die Teilgebiete der Stadt in einem Schema konzentrischer Zonen, und beschrieb anhand dieses Modells die von einem städtischen Bevölkerungswachstum (Zuwanderungsschub) ausgelösten sozialräumlichen Restrukturierungsprozesse, die sich wellenförmig (über Prozesse der Invasion, Segregation und Sukzession) im Stadtraum ausbreiten: Das Anwachsen der Bevölkerung erhöht in Burgess' Modell die Attraktivität des Hauptgeschäftszentrums, wo die Renditen und Grundstückswerte steigen. Der vom Zentrum ausgehende Wachstumsdruck bewirkt eine Vernachlässigung der angrenzenden Gebiete in Erwartung einer späteren Umnutzung (für Geschäftszwecke). Die rund um die City gelegenen verwahrlosten Gebiete ("zone in transition") werden zum Auffangbecken von Immigranten. Im Zuge einer nachfolgenden Migrationswelle, die sich wiederum zuerst in der "zone in transition" festsetzt, werden die bisherigen Bewohner "nach außen" in angrenzende Gebiete verdrängt, von wo aus sich der Prozess von Invasion, Verdrängung und Nutzungswandel sukzessive in den anderen Teilen der Stadt fortsetzt. Hoyt hat dieses Modell später auf Basis einer Untersuchung der räumlichen Entwicklung "gehobener" Wohngebiete in US-amerikanischen Städten modifiziert, und eine *sektorale* Überformung des Bildes der konzentrischen Zonen herausgestellt. Schließlich wurden die Modelle der räumlichen Gliederung der Stadtstruktur noch um das "Mehrfach-Kern"-Modell ergänzt, welches u.a. auch die Ausdifferenzierung von Haupt- und Nebenzentren im Stadtraum einbezieht.

Nach dem 2. Weltkrieg wurde von amerikanischen Soziologen unter Verwendung der empirischen Beschreibungssysteme der Sozialökologie (jedoch ohne Rückgriff auf das sozialökologische Basiskonzept) die *Sozialraumanalyse* entwickelt, die eine Welle quantitativer Beschreibungen und Kartierungen innerstädtischer Wohngebietsstrukturen in Bewegung setzte. Das Verfahren der Sozialraumanalyse gründet sich nicht auf ein gesellschaftstheoretisches Konzept, sondern geht von einzelnen statistischen Trends der sozialökonomischen Entwicklung aus, bestimmt auf dieser Grundlage *Faktoren* der Analyse wie z.B. soziale Position/wirtschaftlicher Status, Wohnbedingungen und familiärer Status, Segregation/ethnischer Status, um diesen Faktoren dann *aus Zensusdaten übernommene Variablen* (wie z.B. Ausbildung, Alter und Geschlecht, Wohnungsstandard, Herkunft und Staatsangehörigkeit, usw.) zuzuordnen. "Mittels dieser Variablen können durch die Anwendung () statistischer Verfahren einzelne Zensusbezirke im Koordina-

Das dynamische Modell der konzentrischen Stadtstruktur

(nach E.W. Burgess; aus Park/Burgess/McKenzie: The City, Chikago/London 1974)

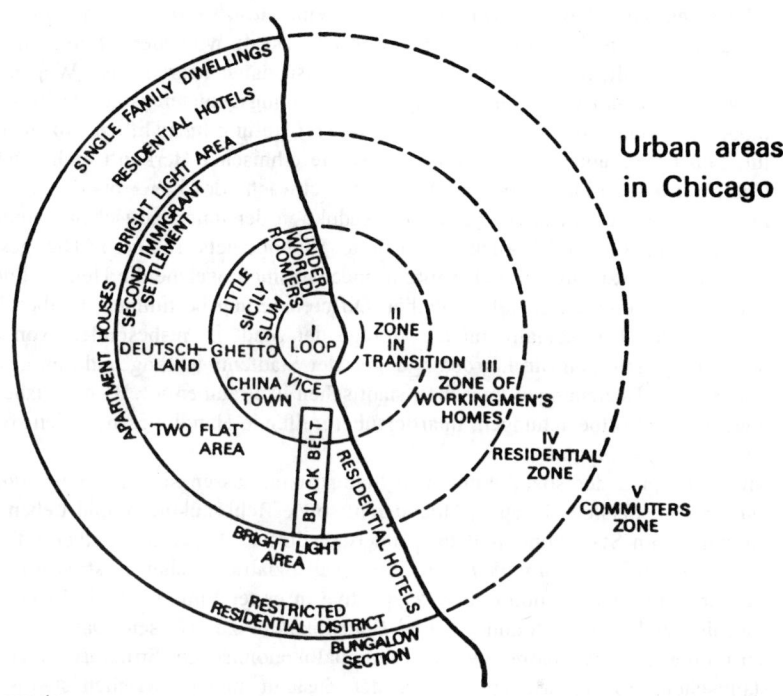

Urban areas in Chicago

Legende:

Zone I : "Loop" - Central Business District/ zentrales Geschäftszentrum
(Büro- und Geschäftsnutzungen)

Zone II : "Zone in Transition"
(a) citynahe Industrie- und Gewerbe,
(b) degradierte Wohnquartiere (Slum/Ghetto),
(c) erste Ansiedlung von Immigranten

Zone III : "Zone of Working-Men's Homes"
(a) innenstadtnahe einfache Wohnquartiere,
(b) zweite Ansiedlung von Immigranten

Zone IV : "Residential Zone"
gehobene (mittelständische) Wohnquartiere

Zone V : "Commuters Zone"
(a) randstädtische gehobene Wohnquartiere (Villenviertel),
(b) Pendler-Einzugsgebiet

tensystem soziale Position - Verstädterung (Wohnbedingungen) - Segregation verortet werden. Durch die Zusammenfassung statistisch ähnlicher Zensusbezirke lassen sich schließlich mehr oder weniger homogene 'Sozialräume' konstruieren" (Hartmann u.a. 1986, 71). Das Ergebnis ist eine *sozialstatistische Ableitung* der sozialräumlichen Stadtstruktur, deren Aussagekraft von der (fragwürdigen) kategorialen Gliederung und Qualität der Zensusdaten begrenzt ist. Wegen der verwaltungstechnischen Abgrenzung von Erhebungsgebieten ist es auch kaum möglich, "homogene" Sozialräume, deren Bevölkerung hinsichtlich Sozialstruktur, Lebensbedingungen und Lebensstil sowie ethnischer Herkunft einheitlichen Charakter hat, zu identifizieren. Die größte Schwäche des Konzepts der "Sozialraumanalyse" besteht allerdings in der Reduktion der innerstädtischen Raumdifferenzierung auf sozialstatistisch kartierte Wohngebietsstrukturen. Die gesellschaftlichen Beziehungen und Wirkungsmechanismen, welche die Herausbildung und Veränderung der sozialräumlichen Differenzierung bestimmen, bleiben hier ausgeblendet. Das sozialräumliche Gefüge der Stadt ist insbesondere von den ökonomisch-sozialen Strukturbedingungen der Stadtentwicklung und den gesellschaftlichen Beziehungen zwischen städtischen Teilräumen - z.B. Arbeitsbeziehungen, Kontrollbeziehungen, quartiersübergreifende Handlungsstrategien sozialer Akteure - geprägt.

Mit Konzepten der sozialräumlichen Stadtstruktur lassen sich die *Verteilungsmuster* von sozialen Gruppen, Nutzungen, sowie Reproduktions- und Lebensbedingungen im Stadtraum (und die Änderung dieser Muster im Zeitverlauf) beschreiben; die *Determinanten* der Prozesse sozialräumlicher Restrukturierung sind aber aus stadtökonomischer Perspektive in erster Linie über die Mechanismen des städtischen Wohnungs- und Bodenmarktes zu erfassen. Dabei ist wiederum der *Zusammenhang* zwischen regionalökonomischem Strukturwandel und städtischem Bodenmarkt ebenso wie der Zusammenhang zwischen städtischer Arbeitsmarkt- und Wohnungsmarktentwicklung zu beachten.

Von den Planungswissenschaften sind in besonderem Maße die funktions-räumlichen Strukturveränderungen innerhalb *wachsender* Großstadt-Regionen in den Vordergrund gestellt worden - Prozesse der *Suburbanisierung*, der Umschichtung von Bevölkerung und Arbeitsplätzen innerhalb der Agglomerationsgebiete waren für lange Zeit ein diskussionsbeherrschendes Thema. Suburbanisierung wird generell als *intra-regionale Dekonzentration* von Bevölkerung, Arbeitsplätzen und Infrastrukturen in "verdichteten" Regionen mit einer großen Kernstadt verstanden. So hatte sich in der Bundesrepublik Deutschland z.B. der *Anteil* der Agglomerationsgebiete an allen Arbeitsplätzen seit den 60er Jahren nur wenig verändert, doch kam es zu erheblichen Umschichtungen *innerhalb der Agglomerationen*: Die Kerngebiete mußten erhebliche Verluste hinnehmen, während die Ränder der Agglomerationen ihren Anteil vergrößert haben. Nach Bade (1987) sind die in den Kernen abgebauten Arbeitsplätze zu einem großen Teil in ihren angrenzenden Randgebieten "versickert"; eine vergleichbare Umschichtung zwischen Agglomerations-Kernen und -Randgebieten ergab sich auch bei den Bevölkerungsanteilen (vgl. Bucher/Kocks 1987).

Sozialökonomische Spaltungen im Innern der Städte

Sozialräumliche Spaltungen, die schon lange vor der gegenwärtigen gesellschaftlichen Umbruchphase die Stadtstruktur charakterisierten, verändern ihre Form: Heute dehnen sich im Zentrum der Großstädte die "Zonen der Herrschaft und des Luxus" und die kleinräumig verteilten Orte des "gehobenen Wohnens" für die Bessergestellten ebenso aus wie die "Inseln der Armut" in den innerstädtischen Altbauwohnquartieren oder in randstädtischen Sozialbau-Siedlungen.

Die *innerhalb* der großen Städten erfahrbare Ausdifferenzierung und Polarisierung lokaler Lebensverhältnisse hängt mit dem ökonomisch-sozialen Strukturwandel auf gesamtgesellschaftlicher Ebene und mit der Polarisierung der Städte im nationalen Wirtschaftsraum zusammen. Ehemals bedeutende Zentren industrieller Produktion stagnieren oder erleiden einen Niedergang, während sich andere Städte und Regionen zu neuen Wachstumszentren entwickeln. Der Ausbau dieser Städte zu international konkurrenzfähigen "Dienstleistungsmetropolen" mit hochrangigen Kulturangeboten und luxuriösen Konsumzentren für die "führenden" Schichten der gegenwärtigen Gesellschaft bringt eine ausgeprägte Polarisierung des städtischen Sozialgefüges mit sich.

"In den meisten westlichen Industrienationen ist vor dem Hintergrund globaler ökonomischer Krisenerscheinungen (...) eine Zunahme ökonomisch und sozial benachteiligter Bevölkerungsgruppen festzustellen. Umfang und Struktur dieser neuen Marginalität unterscheiden sich in ihrer quantitativen und qualitativen Dimension (...) von der tradierten 'urban underclass' und deren Verteilung in städtischen Räumen" (Naroska 1992, 251). Während in der US-amerikanischen Forschung zum Phänomen einer "urban underclass" und ihren stadträumlichen Verteilungsmustern (Ghettoisierung) Untersuchungsansätze dominieren, die den Zusammenhang zwischen ökonomisch-sozialer Marginalisierung und *ethnischer* Zugehörigkeit in den Vordergrund stellen, werden in der Bundesrepublik die gesellschaftlichen Entstehungsbedingungen einer in den Städten konzentrierten "deklassierten" Bevölkerung (als Sammelbezeichnung für marginalisierte Gruppen verschiedener Art) vor allem an einer *Krise des Beschäftigungssystems* festgemacht. Zugleich wird die "Mehrdimensionalität" von Prozessen der Deklassierung betont, d.h. die häufig anzutreffende *Überlagerung* von ökonomischer, sozialer, und räumlicher Marginalisierung. Zur Herausbildung einer "neuen" urban underclass gehört "erstens das ständige Anwachsen der marginalisierten Gruppen; zweitens ihre zunehmende Verarmung, die aufgrund der Konstruktion des sozialen Sicherungssystems in der Bundesrepublik vorprogrammiert ist (...); drit-

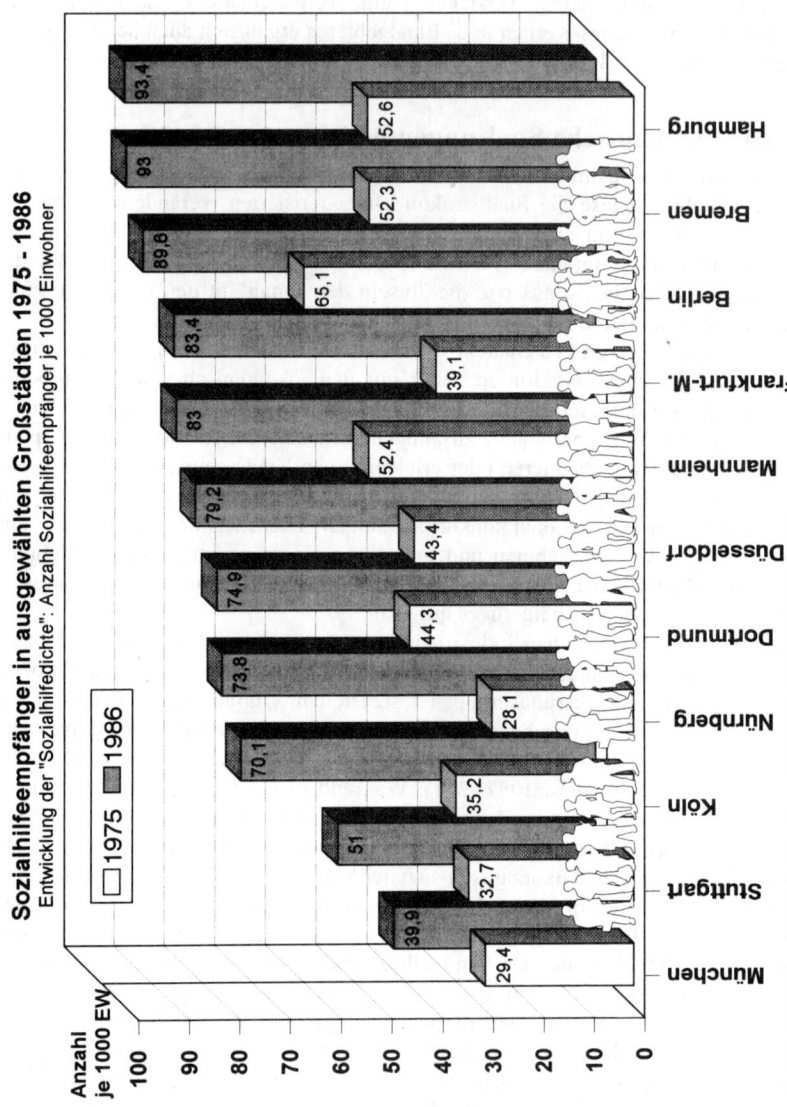

Sozialhilfeempfänger in ausgewählten Großstädten 1975 - 1986
Entwicklung der "Sozialhilfedichte": Anzahl Sozialhilfeempfänger je 1000 Einwohner

Anzahl je 1000 EW

□ 1975 ■ 1986

	1975	1986
München	29,4	39,9
Stuttgart	32,7	51
Köln	35,2	70,1
Nürnberg	28,1	73,8
Dortmund	44,3	74,9
Düsseldorf	43,4	79,2
Mannheim	52,4	83
Frankfurt-M.	39,1	83,4
Berlin	65,1	89,8
Bremen	52,3	93
Hamburg	52,6	93,4

Quelle: H. Becker, Wohnungsfrage und Stadtentwicklung, Berlin 1989

tens die allmähliche Zersetzung und Auflösung bisheriger Sozialkontakte und - beziehungen, da die gemeinsamen sozialen Bezüge und materiellen Voraussetzungen dafür entfallen; viertens schließlich die sozialräumliche Konzentration und Isolierung der Ausgegrenzten in Arbeitslosen- und Elendszonen" (Krummacher u.a. 1985, 63).

Das mit der "Krise des Beschäftigungssystems" einhergehende Anwachsen marginalisierter Gruppen und die fortschreitende Aufspaltung der Beschäftigten- und Sozialstrukturen korrespondiert mit der Herausbildung einer "Stadt der Inseln", d.h. mit einer Vervielfältigung sozialräumlicher Spaltungen und einer im Verhältnis zur überkommenen Zonierung des Stadtraums zunehmend kleinteiligeren Ausdifferenzierung des sozialräumlichen Gefüges im Innern der Städte. Doch nicht einfach die Tatsache, *daß* in den Städten eine soziale Segregation festzustellen ist, erzeugt einen gesellschaftlichen Problemdruck, sondern die gegenwärtige Tendenz zur sozialen *Desintegration* der städtischen Gesellschaft, die mit einer *Polarisierung* des sozialräumlichen Gefüges verbunden ist.

Polarisierung städtischer Arbeitsmärkte

In den städtischen Metropolen sind vielfältige Prozesse der ökonomischen Restrukturierung zu beobachten: sie umfassen sowohl die Schließung "traditioneller" Industriebetriebe als auch die Neugründung von Unternehmen im Dienstleistungsbereich oder im "High-Tech" -Sektor, auf dem anderen Extrem aber auch die Entstehung von sog. "sweatshops" im produzierenden Gewerbe, in denen vor allem Immigranten zu Arbeitsbedingungen tätig werden, die aus der Dritten Welt "re-importiert" scheinen.

Im Rahmen der internationalen Arbeitsteilung werden die metropolitanen Zentren des Städtesystems weiter zu "Dienstleistungsmetropolen" ausgebaut, d.h. - treffender ausgedrückt - zum Standort von wirtschaftlichen, finanziellen und politischen Entscheidungszentren sowie einer Vielzahl dazugehöriger produktions- und unternehmensorientierter Dienstleistungsbetriebe. Dabei entstehen auf der einen Seite hochrangige und hochbezahlte Arbeitsplätze in den Bereichen Unternehmensführung, Organisation und Marketing, Finanzen und Versicherungen, Immobilienhandel, Rechts- und Unternehmensberatung, EDV-Dienste sowie Forschung und Entwicklung. Auf der anderen Seite wachsen zugleich die "niederen" Dienstleistungsjobs: Es entstehen massenhaft gering entlohnte, wenig qualifizierte und meist ungeschützte Arbeitsplätze im Bereich von Bürohilfstätigkeiten, Reinigungs- und Botendienste, der Gastronomie, in Hotels, urbanen Freizeiteinrichtungen und privaten Haushalten. Hauptsächlich im Bereich der Dienstleistungen entstanden in den letzten Jahren neue Arbeitsplätze mit ungeschützten sozialversicherungsfreien Beschäftigungsverhältnissen.

Parallel zu der polarisierten Entwicklung der Arbeitsplätze im Dienstleistungsbereich setzt sich der Arbeitsplatzabbau im Fertigungsbereich weiter fort; im Zuge dieses Deindustrialisierung-Prozesses reduzieren sich die Arbeitsplätze für
dauerhaft beschäftigte (Fach-) Arbeiter mit mittleren Einkommen.

So entsteht eine doppelte Spaltung des städtischen Arbeitsmarktes: einmal die
zwischen Beschäftigten und Arbeitslosen, zum anderen die Spaltung zwischen
"hochrangigen" und "niederen" Arbeitsplätzen. Für die "niederen" Dienstleistungen stellen Frauen und Immigranten das flexible Hauptreservoir dar. Entlang von
Trennungslinien, die hauptsächlich durch Geschlecht und ethnische Zugehörigkeit bestimmt sind, entsteht innerhalb der Metropolen und städtischen Wachstumszentren eine polarisierte Beschäftigtenstruktur, die den gesamtgesellschaftlichen Trend zur Flexibilisierung und Deregulierung des Arbeitsmarkts unterstützt. Vom Umbau der Stadt zur "Dienstleistungsmetropole" wird die Gruppierung hochbezahlter Fach- und Führungskräfte profitieren, während die Masse der
Erwerbssuchenden - darunter insbesondere Frauen und Immigranten - um die
"niederen" und prekären Jobs konkurrieren oder ihr Überleben durch "informelle"
Wirtschaftsaktivitäten sichern muß.

Die Massenarbeitslosigkeit und verstärkte Zuwanderung aus Osteuropa hat in
manchen bundesdeutschen Großstädten das schnelle Aufblühen einer "Schattenwirtschaft" deutlich sichtbar werden lassen: Straßenverkäufer, Bettler und
Schwarzmarkthändler sowie "Hütchen"-Spieler gehören in den Innenstädten wieder zur normalen Straßenscene. Für Berlin z.B. wurde geschätzt, daß sich künftig
mehrere hunderttausend Personen mit "informellen" Wirtschaftsaktivitäten oder
Gelegenheitsjobs aller Art durchschlagen werden, d.h. ohne reguläres Beschäf-
tigungsverhältnis für Niedrigstlöhne im Baugewerbe, im Reinigungs- und Gast-
stättengewerbe und in privaten Haushalten "schwarz" arbeiten werden.

Die Ausbreitung von "Dritte-Welt"-Arbeitsverhältnissen in den Metropolen der
hochindustrialisierten Länder betrifft heute sowohl marginalisierte Teile der *einheimischen* Bevölkerung als auch - in besonderem Maße - Immigranten bzw. aus
Ländern der Dritten Welt, aus Ostmitteleuropa und Osteuropa zuwandernde Arbeitskräfte. Die Ausbreitung solcher Arbeitsverhältnisse ist Teil des gesellschaftlich übergreifenden Trends zur Flexibilisierung der Beschäftigungsverhältnisse, welcher auch die Reduzierung von "Kernbelegschaften" zugunsten einer wachsenden "Peripherie" von Gelegenheitsarbeitern, Zeitbeschäftigten, Leiharbeitern und ähnlichen Beschäftigtenkategorien umfasst.

Die Konzentration von Armut und Arbeitslosigkeit in den metropolitanen Zentren
des Städtesystems (die nach Angaben der OECD mittlerweile in allen hochindustrialisierten Ländern um sich greift) gab in den USA schon in den 60er Jahren
den Anstoß für ein Konzept des Arbeitsmarktes, das auch Diskriminierungsprak-
tiken miteinbezieht: danach findet eine *Segmentierung des städtischen Arbeits-*

marktes in Teilsektoren statt, zwischen denen die Mobilität der Arbeitskräfte beschränkt ist und in denen Firmen und Beschäftigte jeweils unterschiedliche Verhaltensorientierungen aufweisen. Der segmentierte Arbeitsmarkt spaltet sich nach diesem Konzept vor allem in zwei Teilsektoren auf: Der "primäre" Sektor ist charakterisiert durch Firmen, die Arbeitsplätze mit stabilen Beschäftigungsverhältnissen und relativ hohen Löhnen bieten, und die den Arbeitskräften Aufstiegsmöglichkeiten durch innerbetriebliche Weiterqualifizierung bieten ("interner" Arbeitsmarkt). Demgegenüber existiert dann ein "sekundärer" Arbeitsmarktsektor mit gering bezahlten und unstabilen Arbeitsplätzen, der vor allem durch Firmen genutzt wird, die einer unstabilen Auftragslage oder stets wechselnden Marktsituation gegenüberstehen; diese Firmen bieten den Arbeitskräften typischerweise auch keine internen Qualifizierungs- und Aufstiegsmöglichkeiten. Die fluktuierenden Beschäftigten des "sekundären" Arbeitsmarktes haben nur geringe Chancen, einen Arbeitsplatz im "primären" Sektor zu erhalten.

So ist der Arbeitsmarkt in den Städten hochindustrialisierter Länder mit dem Konzept einer "polarisierten" Struktur zu beschreiben: die Spaltung in einen Sektor gutbezahlter qualifizierter Arbeitsplätze mit geschützten und langfristigen Beschäftigungsverhältnissen, und einen "sekundären" Arbeitsmarkt-Sektor mit Niedriglöhnen und prekären (ungeschützten und kurzfristigen) Beschäftigungsverhältnissen, wobei sich der Anteil des "sekundären" Arbeitsmarktes in der gegenwärtigen Phase wirtschaftlichen Strukturwandels mehr und mehr ausweitet.

Die modernen "flexiblen" Produktionskonzepte stützen sich häufig in besonderem Maße auf die Anwendung von prekären Beschäftigungsverhältnissen sowie den Einsatz von "marginalisierten" Arbeitskräften, insbesondere Zuwanderer und Frauen (Borst 1990). Wirtschaftsverbände und "Deregulierungs-Kommissionen" empfehlen die Aussetzung von Tarifverträgen per Betriebsvereinbarung, die Verlängerung des zulässigen Zeitrahmens für befristete Arbeitsverhältnisse, und die Zulassung von Leiharbeit für alle Branchen und Berufsgruppen. Die in den EG-Ländern zwischen 1983 und 1987 neugeschaffenen Arbeitsplätze umfassten nach Angaben der ILO (1992) zu 70 % Teilzeit-Jobs. Vor allem im Bereich der expandierenden Dienstleistungsfunktionen wurden in der Bundesrepublik in den letzten Jahren Vollzeit-Arbeitsplätze zugunsten von Teilzeitarbeitsplätzen abgebaut, von denen wiederum ein großer Teil sog. "geringfügigen", d.h. sozialversicherungsfreien Beschäftigungsverhältnissen zuzurechnen ist. Darüberhinaus ist die Arbeitsmarktentwicklung von einer starken Zunahme der Leiharbeit und Schwarzarbeit gekennzeichnet. Allein in Westdeutschland ist nach Angaben der IG Bau-Steine-Erden die Zahl der ungeschützten Beschäftigungsverhältnisse von 2,8 Millionen Ende 1987 bis auf 6,3 Millionen Ende 1990 angewachsen. Nach Angaben der ILO (1992) hat sich zwischen 1982 und 1987 auch die Zahl der Leiharbeits-Firmen mehr als verdoppelt. Mehr als die Hälfte aller neuen Arbeitsplätze in Frankreich, Deutschland, Spanien, den Niederlanden und Luxembourg umfassten *befristete* Beschäftigungsverhältnisse bzw. Zeitverträge (ILO 1992). Diese Entwicklung läßt sich als "Erosion des Normalarbeitsverhältnisses" umschreiben (Hinrichs 1989) - aus der Perspektive des in den führenden Industrieländern zuvor erreichten 'Standards' der Beschäftigungsverhältnisse. Die sich hier ausbreitenden "irregulären" Beschäftigungsverhältnisse stellen dagegen aus der Perspektive von Ländern der sog. Dritten Welt den Normalfall dar.

1982 publizierte William W. Goldsmith den Artikel *"Bringing the Third World home"* (Goldsmith 1987), der die wachsende Bedeutung sog. "Weltmarktfabriken" und die *globale* Ausbreitung prekärer Arbeitsverhältnisse und -bedingungen herausstellte. Im Mittelpunkt stand die These, daß heute eine *Globalisierung städtischer Probleme* in der Art stattfinde, daß Entwicklungen, die bisher mit Städten der sog. "Dritten Welt" assoziiert wurden, jetzt auch in den städtischen Metropolen der hochindustrialisierten Länder eintreten - nämlich die Ausbreitung von "frühkapitalistischen" Arbeitsverhältnissen und -bedingungen. Goldsmith betonte zweitens, daß die Metropolen der Weltwirtschaft viele Städte Asiens, Afrikas und Lateinamerikas als globale Werkbänke mit billigen und ungeschützten Arbeitskräften funktionalisieren. Die industriellen Produktionsstandorte in den Städten Asiens, Afrikas und Lateinamerikas entwickeln sich dabei (nach Leborgne/Lipietz 1990) zu einer "neo-fordistischen Peripherie" der Weltwirtschaft, die sich auf ungeschützte Lohnarbeitsverhältnisse und prekäre Arbeitsbedingungen unter Anwendung der überkommenen "fordistischen" Massenproduktion (mit entsprechenden Technologien) stützt. Solche Arbeitsverhältnisse waren im Industriesektor der "Dritten Welt" seit langem verbreitet - neuartig ist eher die Entwicklung, daß seit den 70er Jahren eine umfangreiche Massenproduktion von Industriegütern in Städten der Dritten Welt *für den Re-Export* auf die Märkte in den Städten der industriellen Kernländer stattfindet. Unter diesen Bedingungen der Weltmarktkonkurrenz wird es für die Arbeiterschaft der hochindustrialisierten Länder immer schwieriger, ihr vergleichsweise hohes Lohnniveau, ihre relativ guten Arbeitsbedingungen und sozialen Absicherungen zu verteidigen, mit der Konsequenz, daß sie heute in vielen "revitalisierten" städtischen Industrie- und Gewerbezonen der Metropolen des Industriesystems selbst den Lohn- und Arbeitsverhältnissen ihrer Brüder und Schwestern aus der "Dritten Welt" ausgesetzt werden. In dem Maße wie "Dritte Welt" -Arbeitsbedingungen partiell auch in die Städte der hochindustrialisierten Länder "heimgebracht" werden, spart man sich den traditionellen Export solcher Jobs in die Städte Asiens, Afrikas und Lateinamerikas. So betont z.B. Castells das Aufblühen eines neuen "informellen" Sektors mitten in New York: "Die Bekleidungsindustrie gehört in New York mittlerweile zu 80 % zur Schattenwirtschaft, das Geschäft der Innenausstatter spielt sich zu 100 % im 'Untergrund' ab, auch mit der Elektroindustrie verhält es sich nicht viel anders. Es gibt Elektronikläden, die Ersatzteile für Computer verkaufen, welche zu 70 % aus der Schattenwirtschaft stammen, und diese Läden finden sich inmitten von Manhattan. Die dritte Welt hat die erste eingeholt, nicht nur bei den Arbeitskräften, sondern auch bei der Güterproduktion selbst" (Castells 1991, S. 211; vgl. auch Sassen 1993). Auf der extremen Seite des polarisierten Arbeitsmarktes liegen die Arbeitsplätze in den neu entstehenden "sweatshops" innerstädtischer Gewerbezonen, die zum großen Teil von Immigranten und besonders von Frauen eingenommen werden. "Sweatshops", in denen unter schlechtesten Arbeitsbedingungen und mit völlig ungeschützten Beschäftigungsverhältnissen gearbeitet wird, sind dem kleingewerblichen Sektor der Stadtökonomie zuzurechnen und arbeiten häufig als Zulieferer für den "modernen" Industriesektor.

Städtische Wirtschaftsstrukturen und Arbeitsplätze sind sowohl in den Industrieländern als auch in Ländern der sog. "Dritten Welt" mit dem *Konzept einer dualen Struktur* untersucht worden.

1. In den hochentwickelten Industrieländern wurde unterschieden zwischen (a) einem "modernen", dynamisch-expansiven Sektor, der sich durch großbetriebliche industrielle Organisation, kapitalintensive Technologien und die Orientierung an großräumigen oder internationalen Märkten auszeichnet, und (b) einem "traditionellen" Sektor, der durch die Dominanz von Kleinbetrieben (häufig Familienbetriebe), handwerkliche Produktionsformen und eine eher kleinräumige, auf die Nahversorgung gerichtete Marktorientierung bestimmt wird. Dieser traditionelle Sektor ist in den hochentwickelten Industrieländern im Zuge der Ausbreitung der Massenproduktion seit dem Zweiten Weltkrieg immer mehr zurückgedrängt worden. Er war das Rekrutierungsreservoir für die Lohnarbeiter des "modernen" Sektors, der nicht nur die Industrie, sondern auch den Dienstleistungsbereich umfasst. Diese Dualität von "modernem" und "traditionellem" Sektor ist jedoch *nicht deckungsgleich* mit der Dualität des Arbeitsmarktes: so gibt es gerade im sog. "modernen" Industriesektor starke Tendenzen zur Deregulierung und Ausbreitung "prekärer" Beschäftigungsverhältnisse. Demgegenüber gibt es in vielen Betrieben des "traditionellen" Sektors weiterhin reguläre und "geschützte" Beschäftigungsverhältnisse.

2. Auf diesem Hintergrund wurde ein *zweites* Konzept der "Dualwirtschaft" in hochindustrialisierten Ländern entwickelt, welches die Unterscheidung zwischen einem "formalen" und einem "informellen" Sektor der Ökonomie in den Mittelpunkt stellte; zur informellen Ökonomie wurde z.B. die Schwarzarbeit, die "Schattenwirtschaft", die "Alternativökonomie", und in manchen Fällen auch die Haushaltsarbeit gerechnet. Die gesellschaftliche Bedeutung und Dynamik von Tätigkeiten, die unabhängig vom formellen Arbeitsmarkt organisiert sind, stand im Vordergrund der Debatte. Dabei wurde wiederholt herausgestellt, daß der (führende) formale Sektor die im informellen Sektor Tätigen mit Marginalisierung bedrohe: Die im formalen Sektor gegebene Segmentierung zwischen siche-

ren, gut bezahlten, angenehmen Arbeitsplätzen für qualifizierte Arbeitskräfte und unsicheren, kurzfristigen, schlecht bezahlten Arbeitsplätzen für gering Qualifizierte wird vermittelt über inter-sektorale Abhängigkeitsbeziehungen in der Weise an den informellen Sektor weitergegeben, daß hier die prekären Arbeitsplätze (im Sinne ständiger Existenzbedrohung, unsicheren Einkommens usw.) vorherrschen.

3. Die städtischen Wirtschafts- und Arbeitsplatzstrukturen *in den Ländern der "Dritten Welt"* waren schon seit Beginn der 70er Jahre mit dem Konzept einer dualen Struktur analysiert worden, wobei die Diskussion um den sog. "informellen Sektor" im Mittelpunkt stand. Ausgangspunkt war die Feststellung, daß der "moderne" Sektor mit seinen großbetrieblichen Organisationsformen, regulären Lohnarbeitsverhältnissen, kapitalintensiven und meist importierten Technologien, in Ländern der "Dritten Welt" nur einen relativ kleinen Anteil an den städtischen Arbeitsplätzen hat. Der größte Teil der Beschäftigten in den Städten der "Dritten Welt" arbeitet *außerhalb* des modernen Industriesektors. Es gab viele Versuche, diesen anderen Teil der Wirtschaft als den "informellen Sektor" zu fassen. Die einflußreichste "Definition" dieses Sektors stammt von der International Labour Organization (ILO) - sie umfaßt eine Aufzählung von *Merkmalen* informeller Wirtschaftsaktivitäten. Dazu gehört u.a. das Vorwiegen von Familienbetrieben und Kleinstbetrieben, eine geringe Größenordnung der wirtschaftlichen Operationen, die Arbeit für eher lokale Märkte, der Einsatz von arbeitsintensiven Produktionsverfahren. Zu erweitern wäre diese Liste der Merkmale um die Dominanz unregulierter und ungeschützter ("prekärer") Beschäftigungsverhältnisse. Die Definition der ILO war darauf gerichtet, dem "informellen Sektor" nicht nur die klassischen Müllsammler, Straßenverkäufer und Schuhputzer zuzurechnen, sondern auch die vielen nicht formell registrierten kleinbetrieblichen Produktionsstätten, Läden und Dienstleistungsgeschäfte, die häufig sehr effizient und wirtschaftlich arbeiten. Nach der Definition der ILO ist der informelle Sektor nicht auf die "Armutsökonomie" der Straßenhändler und Gelegenheitsarbeiter zu reduzieren. Danach umfaßt dieser Sektor allerdings eine recht heterogene Mixtur von Wirtschaftsaktivitäten, und so hat auch die Kritik am Konzept des informellen Sektors herausgestellt, daß keine wirklich operationale Abgrenzung zum "modernen" unternehmerischen Sektor gefunden wurde. Es empfiehlt sich allerdings, den *kleingewerblichen Sektor* mit seinen Produktionsbetrieben, Werkstätten, Läden und Dienstleistungsgeschäften von den *marginalisierten Wirtschaftsaktivitäten* zu unterscheiden, die die "eigentliche" Armutsökonomie ausmachen, und die fliegenden Händler, Essensverkäufer, Schuhputzer, Hausdienerinnen, Gelegenheitsjobber und Bettler umfassen. Bei diesen Arbeitsmöglichkeiten herrscht die größte Fluktuation und Instabilität sowie schärfste Konkurrenz, da in den schnell wachsenden Städten der Länder Afrikas, Asiens und Lateinamerikas insbesondere die Zuwanderer vom Land von solchen Aktivitäten leben müssen. Ein

Überleben ist unter diesen Bedingungen nur durch höchste Flexibilität und Findigkeit zu sichern. Auf diesem Hintergrund ist in Städten der "Dritten Welt" auch die Polarisierung des Arbeitsmarktes viel stärker akzentuiert als in den Städten hochindustrialisierter Länder. Langfristige Beschäftigungsverhältnisse mit guten Löhnen und sozialen Schutzvorschriften haben nur marginale Bedeutung. Die Spaltung des städtischen Arbeitsmarktes ist auch hier *nicht deckungsgleich* mit der dualen *sektoralen* Gliederung der Stadtökonomie. So beschäftigen Unternehmen des "modernen" Sektors in großem Umfang Gelegenheitsarbeiter mit minimalen Löhnen und ohne jegliche soziale Absicherungen. Die Sektoren der kleingewerblichen und der marginalisierten Arbeit rekrutieren überproportional viele Kräfte ohne Ausbildung sowie Frauen und Kinder, deren Verdienste am unteren Ende der Lohnskala liegen. In diesen Sektoren herrscht "informelle Lohnarbeit". Auf der anderen Seite gibt es im kleingewerblichen Sektor der Städte Asiens, Afrikas und Lateinamerikas häufig auch geschützte Beschäftigungsverhältnisse - und zwar in Betrieben, die von "Solidaritäts-Gruppen" getragen sind, wie z.B. lokale Kooperativen oder Familienbetriebe, deren Mitglieder in schlechten Zeiten nicht einfach rausgeworfen werden. So bestehen in manchen Bereichen *informell geschützte* Beschäftigungsverhältnisse. Dazu tragen die in den Städten Afrikas, Asiens und Lateinamerikas verbreiteten *partikularistischen Anwerbungspraktiken* bei: Betriebe des informellen Sektors sind meist bestrebt, Angehörige der gleichen ethnischen Gruppe, Familienangehörige der bereits Beschäftigten oder Leute aus deren Heimat-Dörfern in das Geschäft zu bringen. Die informellen Wirtschaftsaktivitäten absorbieren immer neue Zuwanderer vom Land und verschaffen der anwachsenden Masse der Stadtbewohner eine Überlebensbasis, indem sie Verdienstchancen auf dem Markt für "niedere" Dienstleistungen und einfachste Gebrauchsgüter auf eine wachsende Zahl von Beschäftigten verteilen, die keinen Zugang zu Erwerbsmöglichkeiten im "modernen" Sektor der städtischen Wirtschaft haben.

Die These der globalen Ausbreitung irregulärer oder prekärer Arbeitsverhältnisse kann zusammenfassend auf zwei Punkte bezogen werden: (a) Die Verlagerung von gering qualifizierten arbeitsintensiven Produktionsfunktionen in periphere Regionen (bzw. an Billiglohn-Standorte) stellt sich heute als eine Form der externen Flexibilisierung der Industrieorganisation dar. Transnational operierende Unternehmen nutzen die regional differenzierten Lohnverhältnisse und Arbeitsbedingungen - insbesondere das Angebot billiger und ungeschützter Arbeitskräfte - auf einem globalen Maßstab. (b) Die Polarisierung des städtischen Arbeitsmarktes in den metropolitanen Zentren der Industrieländer kann in pointierender Weise als "Re-Import" von prekären, ungeschützten, billigen "Dritte-Welt"-Arbeitsverhältnissen interpretiert werden. Diese Arbeitsverhältnisse betreffen marginalisierte Teile der *einheimischen* Bevölkerung hochindustrialisierter Länder, in besonderem Maße aber *Immigranten*. Die Ausbreitung solcher Arbeitsverhältnisse ist Teil eines globalen Trends zur Flexibilisierung von Beschäftigungsverhältnissen, der die Reduzierung von "Kernbelegschaften" zugunsten einer wachsenden Peripherie von Zeitbeschäftigten, Gelegenheitsarbeitern, Leiharbeitern und "selbständig Beschäftigten" umfasst.

Mit der Beschäftigung von Immigranten in prekären Arbeitsverhältnissen bzw. dem Import von ausländischen Arbeitskräften werden die *Überlebensstrategien* dieser Leute in die *"Ausländerquartiere"* der städtischen Metropolen hochindustrialisierter Länder gebracht und dort für die beschleunigte gesamtgesellschaftliche Durchsetzung einer Flexibilisierung der Arbeitsbeziehungen nutzbar gemacht. In die "Ausländerquartiere" der metropolitanen Zentren hochindustrialisierter Länder werden dabei nicht in erster Linie "fremde Kulturen" importiert, sondern zunächst einmal die wirtschaftlichen Überlebensstrategien von Menschen, die seit langem gelernt haben, mit extremen Formen der ökonomisch-sozialen Marginalisierung zu leben. Insbesondere die von den Immigranten in ihren Heimatländern als Überlebensnotwendigkeit erlernte Anpassungsfähigkeit wird in die Städte hochindustrialisierter Länder als Ressource für die Durchsetzung eines neuen ökonomischen Entwicklungsmodells übertragen. In den Quartieren der Immigranten konzentrieren sich "Anbieter" billiger und flexibler Arbeitskraft, welche die Ausbreitung informeller Wirtschaftsaktivitäten in den Städten hochindustrialisierter Länder vorantragen. Immigranten bringen auch ihre sozialen Organisationsformen mit, die ihnen ein Überleben ermöglichen: So bilden sich in den "Ausländerquartieren" der Städte lokale Gemeinschaften (häufig auf ethnischer Basis) mit zahlreichen "internen" Verflechtungen und Wirtschaftsbeziehungen, die neue quartiersbezogene Arbeitsplätze und vielfältige Ansatzpunkte für kleingewerbliche unternehmerische Aktivitäten entstehen lassen. Immigranten zeichnen sich durch eine hohe Anpassungsfähigkeit an neue gesellschaftliche Situationen aus, durch die Bereitschaft und erlernte Fähigkeit, mit schwierigsten Arbeits- und Existenzbedingungen zurechtzukommen. Die Flexibilität dieser Leute stellt eine "soziale Kompetenz" dar, die im Prozess der Durchsetzung einer neuen Formation gesellschaftlicher Entwicklung in den hochindustrialisierten Ländern an Bedeutung gewinnt.

Zusammenfassend führen die skizzierten Entwicklungen in den metropolitanen Zentren hochindustrialisierter Länder zu einer erweiterten Ausdifferenzierung des städtischen Arbeitsmarktes (bzw. der Arbeits-"Gelegenheiten"), wobei sich gerade die irregulären Beschäftigungsverhältnisse, die schlecht bezahlten Arbeitsplätze und informellen Erwerbsaktivitäten beschleunigt ausbreiten. Bei einer fortschreitenden Polarisierung des Arbeitsmarktes ist in den Städten zugleich mit einer Verstärkung der Einkommensunterschiede zu rechnen, die auch für die sozialräumliche Stadtstruktur relevant sind.

Differenzierungen städtischer Arbeitsplätze

(auf der Basis von Konzepten dualer Wirtschaftsstrukturen und dualer Arbeitsmärkte)

Wirtschafts-Sektor		Arbeits-Sektor		
			reguläre Besch.	"irreguläre" Besch.
Formeller Sektor	"Moderner" Sektor	Moderner Dienstleistungs-bereich, einschl. Management und Produktionsdienste, technische Dienste, Forschung, Entwicklung, Beratung; Handel, Banken, Öffentliche Dienste	Qualifizierte Tätigkeiten; formelle Lohn-arbeitsverhältnisse	"niedere Dienst-leistungs-Jobs", prekäre Beschäfti-gungsverhältnisse, Niedriglöhne
		Moderner Fertigungs-bereich, Fabriken der Massen- und Spezialfertigung, Bau- und Transportfirmen	Reguläre Fabrik-arbeit, Bauarbeit, Transportarbeit; formelle Lohnar-beitsverhältnisse, Niedriglöhne für geringqualifizierte Tätigkeiten	teilweise Leiharbeit, befristete Beschäft., Gelegenheitsarbeit; prekäre Beschäfti-gungsverhältnisse, Niedriglöhne
	"Traditioneller" kleingewerbli-cher Sektor	Kleinbetriebe des städtischen Versorgungs-Handwerks, Kleinhandel, Personen-Dienste, Gastronomie	formelle Lohnar-beitsverhältnisse, Niedriglöhne für geringqualifizierte Tätigkeiten	teilweise ungeschützte Beschäftigungs-verhältnisse
Informeller Sektor	Kleingewerbe	Kleingewerbliche Familienbetriebe und Kooperativen		Informell geschützte Arbeitsverhältnisse in "Solidaritäts-gruppen"-Betrieben
		"Sweatshops", Heimarbeit (Subcontracting)		Ungeschützte Lohn-arbeitsverhältnisse, Montage- oder Fertigungtätigkeit, Niedrigstlöhne
	Armuts-ökonomie, Marginalisierte Wirtschafts-aktivitäten	"Informelle" Tätigkeiten		Haushalts-Dienste auf informeller Basis ("geringfügig Beschäftigte"), Selbstorganisierte Tätigkeiten im Straßenverkauf, Dienstleistungen, Gelegenheitsarbeit
		"Halblegale" oder "illegale" Tätigkeiten		Schwarzarbeit, Prostitution, Bettelei, Verkauf von Schmuggelwaren, Kleinkriminalität

173

Auf dem Weg zu einer vielfach geteilten Stadt

In den metropolitanen Zentren des Städtesystems gehen Prozesse der Polarisierung von Beschäftigtenstrukturen und Prozesse sozialräumlicher Polarisierung Hand in Hand. Die Vervielfältigung sozialräumlicher Differenzierungen kann auf Basis des Konzepts der "*quartered city*" beschrieben werden (Marcuse 1989): Im Unterschied zur "Sozialraumanalyse" ist nach diesem *qualitativen* gesellschaftsbezogenen Konzept das sozialräumliche Gefüge der Stadt von den gesellschaftlichen *Beziehungen* zwischen städtischen Teilräumen - z.B. Arbeitsbeziehungen, Kontrollbeziehungen, quartiersübergreifende Handlungsstrategien sozialer Akteure - geprägt. Marcuse sucht die sozialräumliche Differenzierung der gegenwärtigen Großstadt an charakteristischen Quartieren mit spezifischen Nutzergruppen festzumachen, und die Beziehungen zwischen diesen Quartieren zu definieren. Die "Hierarchisierung" städtischer Teilräume ist u.a. über Arbeits-Beziehungen zwischen den Quartieren vermittelt. Dabei können 4 - 5 typische Quartiere der "vielfach geteilten" Stadt *qualitativ* unterschieden werden:

(a) Die "Stadt der Herrschaft und des Luxus" - sie erscheint als städtische Raumzone der gesellschaftlichen "Führungseliten", für die der Stadtraum, insbesondere die City, weniger Wohnquartier als vielmehr ein Ort der Machtausübung (unternehmerische Direktion und Kontrolle) und der Profitaneignung ist. Die Führungseliten sind hoch mobil. Sie können auch in Villen außerhalb der Stadt leben. Wenn sie im Stadtzentrum wohnen, nutzen sie exklusive City-Appartements, die in manchen Ländern bereits durch umfangreiche Sicherheitsmaßnahmen von anderen Wohnquartieren und sozialen Schichten abgeschottet sind. Die Stadt der Herrschaft und des Luxus dominiert über die anderen Quartiere, doch ist sie von den Dienst- und Arbeitsleistungen der Bewohner anderer Quartiere abhängig.

(b) Die "gentrifizierte Stadt" - diese städtische Raumzone dient den funktionalen Eliten, den Führungskräften und hochbezahlten Spezialisten aller Art als Wohnstandort. Die soziale Gruppe der "Gentrifizierer", die überwiegend aus kinderlosen Haushalten mit ein oder zwei Erwerbstätigen besteht, pflegt einen stark individualisierten, berufs - und konsumorientierten Lebensstil. Ihre Wohnquartiere umfassen aufgewertete innerstädtische Wohnviertel mit luxusmodernisierten und/ oder zu Eigentumswohnungen umgewandelten Altbauten oder Fabriketagen und luxuriös gestaltete Neubaublocks. Die Bewohner der gentrifizierten Stadt arbeiten meist in leitenden oder hochrangigen Positionen in der "Stadt der Herrschaft und des Luxus". Angehörige ethnischer Minderheiten mit ähnlich marktkonformer Lebensweise werden weitgehend toleriert.

(c) Die "mittelständische Stadt" - diese städtische Raumzone umfasst die Quartiere der bessergestellten Arbeiterschichten und des traditionellen Mittelstands. Sie verspricht "Sicherheit" sowie stabile Konsummuster für die traditionellen Kleinfamilien-Haushalte. Der "mittelständischen Stadt" können sowohl suburbane Einfamilienhaus-Gebiete, als auch innenstadtnah gelegene "bürgerliche" Miethaus-Viertel zugerechnet werden. Die Bewohner dieser Quartiere verfügen über stabile Beschäftigungs- und Einkommensverhältnisse und sind bestrebt, sich von den "unteren" Schichten und ethnischen Minderheiten abzugrenzen.

(d) Die "Mieter-Stadt"- sie umfasst die Quartiere der gering entlohnten Arbeiterschichten und Dienstleistungsbeschäftigten mit häufig ungesicherten Beschäftigungsverhältnissen. Die Mieter-Stadt gewährt keine Sicherheit und Stabilität, sondern ist stets von den Flächenansprüchen "höherer" Nutzungen oder vom ökonomisch-sozialen Niedergang und baulichen Verfall bedroht. Nach ihrer baulichräumlichen Gestalt umfassen diese Quartiere die klassischen Arbeitermietkasernen-Viertel ebenso wie "neue" Großsiedlungen des öffentlich geförderten Wohnungsbaus. Die Bewohner der Mieter-Stadt stellen die große Masse der Arbeitskräfte städtischer Industrie- und Gewerbezonen, und die Masse der Dienstleistungsbeschäftigten, die in der "Stadt der Herrschaft und des Luxus" und in der "gentrifizierten Stadt" die untergeordneten Arbeitsfunktionen erfüllen. Der Anteil von Angehörigen ethnischer Minderheiten an dieser Gruppierung ist relativ hoch.

(e) Die "aufgegebene Stadt" - diese städtische Raumzone ist das Quartier der Verarmten, der gesellschaftlich Ausgegrenzten, der dauerhaft Erwerbslosen, die keine Chance regulärer Beschäftigung erhalten. Die "aufgegebene Stadt" ist gewöhnlich auch der Ort, wo sich Angehörige sozial diskriminierter, außerhalb der "Mehrheitsgesellschaft" stehender ethnischer Gruppen konzentrieren. Gelegenheitsarbeit und "informelle" Wirtschaftsaktivitäten bestimmen die Existenzbedingungen in diesen Quartieren. Manche Bewohner erhalten die "Chance", gelegentlich als Dienstkräfte in der Stadt der Herrschaft und des Luxus, der gentrifizierten und der mittelständischen Stadt, oder in neuen "sweatshops" städtischer Gewerbezonen zu arbeiten. Nach ihrer baulich-räumlichen Gestalt umfassen diese Quartiere dem Verfall preisgegebene Altbau-Viertel, zunehmend aber auch degradierte Neubausiedlungen, sowie in manchen Fällen Barackenstädte (wie die neuen innerstädtischen Wohnwagensiedlungen in Berlin), Obdachlosensiedlungen und Slums an der städtischen Peripherie.

Das Konzept einer *vielfach* geteilten Stadt erscheint aussagekräftiger als die plakative Vorstellung von einer zweigeteilten Stadt ("dual city": Stadt der Reichen/ Stadt der Armen). Gleichwohl handelt es sich nur um eine *pointierende qualitative Beschreibung* sozialräumlicher Differenzierungen, die in der Realität nicht in Rein-Form auftreten (und statistisch nicht ohne weiteres meß- und lokalisierbar sind).

Die Vervielfältigung sozialräumlicher Differenzierungen bedeutet eine Auflösung großflächiger "Zonen" städtischer Wohnnutzung in eine Vielzahl besonderer Quartiere, die sich im Stadtraum *als Inseln* ausbilden. Die Ausdifferenzierung von Wohnquartieren und Arbeitsverhältnissen entwickelt sich in einem korrespondierenden Verhältnis. Die Herausbildung von "Ausländerquartieren" ist ein

Teil dieses Differenzierungsprozesses, der sich auch innerhalb der (jeweiligen nationalen) "Mehrheitsgesellschaft" vollzieht.

In der "aufgegebenen Stadt" treffen diejenigen Gruppierungen zusammen, die auf die Schattenseite des gesellschaftlichen Polarisierungsprozesses geraten. Die Verschiebung des stadträumlichen Gefüges äußert sich im Kontext der "vielfach geteilten Stadt" einerseits in der Neuentstehung, räumlichen Erweiterung und Verlagerung von spezifischen Quartieren, andererseits in der Restrukturierung von Arbeitsbeziehungen zwischen den Quartieren. Diejenigen Quartiere, die beim gegenwärtigen Umbau der Städte die größte Entwicklungsdynamik (Neuentstehung und/oder Erweiterung) aufweisen, sind die "gentrifizierte" und die "aufgegebene Stadt".

Neue Inseln für funktionale Eliten: Die "gentrifizierte" Stadt und die Ausdifferenzierung von Lebensweisen

Konzepte der "Klassengesellschaft", die in der Bundesrepublik noch in den Zeiten der Studentenbewegung höchst prominent waren, sind in der Sozialstrukturanalyse seit den 70er Jahren zunehmend verdrängt worden. In den 80er Jahren konzentrierten sich Sozialstrukturanalysen auf dem Hintergrund von Thesen über einen mit dem gesellschaftlichen Formationswandel einhergehenden "Individualisierungsschub" zunehmend auf die Differenzierung der Lebensstile sozialer Gruppen: Der Prozeß der Individualisierung sei mit der Auflösung klassengesellschaftlicher Strukturen und Milieus und mit einer Pluralisierung von Lebensstilen verbunden. Lebensstile können als räumlich-zeitlich veränderliche Muster der Lebensführung verstanden werden, die sowohl von materiellen und kulturellen "Ressourcen" als auch von der Familien- und Haushaltsform sowie den Einstellungen und Werthaltungen abhängen (Müller 1994). Mit "Ressourcen" sind die Lebenschancen und die jeweiligen (begrenzten) Wahlmöglichkeiten gemeint, mit der Haushalts- und Familienform die jeweilige Lebens-, Wohn- und Konsumeinheit, mit den Einstellungen und Werthaltungen (oder auch "Mentalitäten") vor allem die jeweils vorherrschenden Lebensziele. Das Konzept der Lebensstile umfasst gleichermaßen ökonomisch-materielle wie auch kulturelle Dimensionen. Wo die ökonomisch-materielle Dimension vernachlässigt wird, kann leicht der Eindruck entstehen, daß Lebensstile und Konsummuster vorrangig eine Frage des Geschmacks seien (d.h. unabhängig von den jeweils benötigten Ressourcen). Obgleich die Diskussion um Tendenzen zur "Individualisierung und Pluralisierung der Lebensstile" nachzuweisen bemüht ist, daß in der Gegenwart klassengesellschaftliche Milieus weitgehend aufgelöst und Sozialgruppen zunehmend durch differenzierte Lebenslagen fragmentiert seien, lassen sich nach wie vor soziale Milieus unterscheiden, wenn unter Milieu eine sozial-kulturelle Einheit verstanden wird, die durch einen Bevölkerungsteil mit gemeinsamer kultureller Orientierung, religiöser Prägung, regionaler Tradition, wirtschaftlicher Lage, und schicht-spezifischer Zusammensetzung gebildet wird. Zum Begriff des sozialen Milieus gehört meist die Vorstellung einer "relativ homogenen" Gruppe von Personen, in der eine "erhöhte Binnenkommunikation" gegeben ist, wobei man realistischer-weise im Blick behalten muß, daß soziale Milieus weder vollständig homogen noch in ihrer Kommunikation nach außen hin abgeschlossen sind. Meist sind mit Milieus auch "Gruppen, die in bestimmten Räumen leben" angesprochen, so daß der Milieubegriff eine enge Beziehung zum Raum unterstellt. Im Zuge von Ten-denzen der Globalisierung kann aber der enge Raumbezug bzw. die örtliche Bin-dung bestimmter Milieus auch zunehmend aufgelöst erscheinen (man denke an die internationalen Eliten der Geschäftswelt). Wieweit sozial-kulturelle Milieus in der Gegenwart durch Tendenzen zur Individualisierung von Lebensstilen frag-mentiert und aufgelöst werden, bleibt eine offene Forschungsfrage. Die Berück-sichtigung der "kulturellen" Dimension in der Analyse sozialer Strukturen hat insgesamt die Aufmerksamkeit für *differenzierte Formen* sozialökonomisch struk-turierter Ungleichheit erhöht.

Gentrifizierung bezeichnet die soziale "Aufwertung" innenstadtnaher Wohnquar-tiere mit der Folge einer Verdrängung der zuvor ansässigen Bewohner. Die *In-tensivierung* von Gentrifizierungs-Prozessen ist ein bedeutendes Element des sozialräumlichen Strukturwandels in prosperierenden Großstädten. Umnutzungs- und Aufwertungsprozesse innerhalb der städtischen "Wohnfunktion" können heute ein ebenso großes Gewicht erhalten wie die Umnutzung citynaher Wohn-quartiere für expandierende Flächenansprüche von Banken, Unternehmenszen-tralen und produktionsorientierten Dienstleistungen. Von Aufwertungsprozessen werden vor allem citynah gelegene Wohnquartiere mit guten Wohnumfeldquali-täten, einem Angebot an vielfältigen Dienstleistungseinrichtungen und relativ gu-ter Bausubstanz erfaßt. Die Aufwertung innerstädtischer Wohnviertel wird vom Immobilienkapital durch die Schaffung eines neuen "urbanen Ambiente" mit luxusmodernisierten Altbauten, postmodernen Neubauten als "Lückenfüller" und "neuen Räumen der Konsumtion" organisiert. Durch die baulich-räumliche Um- und Neugestaltung von Altbauwohnvierteln schafft sich das Immobilienkapital neue Verwertungsmöglichkeiten mit erhöhtem Grundrentenaufkommen. Gentrifi-zierungs-Prozesse sind mit Verdrängungsprozessen verbunden: In der Nutzungs-konkurrenz um Wohnungen in begehrten citynahen Quartieren setzen sich die Haushalte mit höherem Einkommen gegen die Bewohner mit niedrigem Einkom-men durch. In der gegenwärtigen Phase der Stadtentwicklung kommt es dabei zu einer Neuschaffung von Räumen des Konsums und Wiederaneignung der Innen-stadt als Wohnort durch "führende Schichten" bzw. funktionale Eliten der gegen-wärtigen kapitalistischen Gesellschaft.

Einen bedeutsamen Einflußfaktor bei der Polarisierung des sozialen und räumlichen Gefüges der Städte bildet die *Konkurrenz der Städte um Konsumpotentiale*: Städte versuchen, ihre Konkurrenzposition durch die Anziehung gehobener Konsumentenschichten, durch die Förderung der Ansiedlung von Bevölkerungsgruppen mit hohem Kaufkraftpotential zu verbessern. Das Modell des Massen-Konsums standardisierter Industrieprodukte, das die vorausgehende gesellschaftliche Entwicklungsphase bestimmte, wird seit den 70er Jahren in stärker ausdifferenzierte und *hierarchisierte* Konsummuster transformiert. Im Zuge dieser Entwicklung hat sich die Konkurrenz um das Kaufkraftpotential der Besserverdienenden intensiviert. Dies veranlaßt die Städte zu aufwendigen Investitionen und Eingriffen in das städtische Raumgefüge. Die konkurrierende Stadt will einen größeren Anteil der gesamtgesellschaftlich zirkulierenden Einkommen an sich ziehen. Dazu gehört die Zulassung oder Förderung von sozialen "Aufwertungsprozessen" und die Subventionierung der baulichen Aufwertung innerstädtischer Wohngebiete, ihres Umbaus zu "gehobenen" Wohnquartieren, aber auch die Unterstützung von Projekten zur Neuschaffung von "*Konsumenten-Palästen*" für den gehobenen Bedarf - die Anlage von neuen Laden-Passagen, räumlich integrierten Konsum-Tempeln für den "Erlebniskauf", die Ausbreitung von exotischen und exklusiven Restaurants usw..

Die *Produktion* gentrifizierter Quartiere, die mitunter als "Revitalisierung" der Stadt gefeiert wird, bedeutet eine Realisierung neuer Verwertungsmöglichkeiten für innerstädtische Grundstücke, insbesondere durch die Neuschaffung baulich - räumlicher Arrangements mit erhöhtem Grundrentenaufkommen. Für den amerikanischen Stadtforscher Neil Smith ist die Entstehung einer Situation "suboptimaler" Grundstücksverwertung ("rent gap") maßgebliche *Voraussetzung* für Neuinvestitionen, die zur Herstellung gentrifizierter Raumkomplexe benötigt werden (Smith 1987). Mit dem "rent gap" wird nur der Sachverhalt umschrieben, daß auf bestimmten Grundstücken eine Wohnnutzung mit *potentiell* höherem Rentenaufkommen und/oder einer erhöhten Verwertung des "Gebäudekapitals" realisierbar wird, und die *potentiell* erzielbaren Erträge stets das Preisniveau städtischer Grundstücke regulieren (Krätke 1991). Die aktuell *realisierten* Erträge lassen das Grundstück ökonomisch "untergenutzt" erscheinen. Nach Smith schafft allerdings erst eine zeitliche Abfolge von Investition und Desinvestition in die Gebäude die Voraussetzungen für den Gentrifizierungsprozeß; das "rent gap" entsteht ihm zufolge aus der Desinvestition im Bereich innerstädtischer Altbau-Wohnquartiere (Smith 1987). Gelegenheiten für eine erhöhte Grundstücksverwertung können aber ebenso in baulich gut instandgehaltenen Wohnquartieren entstehen, d.h. die *Umnutzung* setzt nicht zwingend Desinvestition voraus. In attraktiven innerstädtischen Wohnquartieren läßt bereits die Chance zur "*sozialen*" Aufwertung, die über Veränderungen der städtischen Beschäftigtenstruktur und die wachsenden

Flächenansprüche hochbezahlter Beschäftigtenkategorien vermittelt wird, das von Smith herausgestellte "rent gap" entstehen.

Prozesse der Gentrifizierung werden auf der *Angebotsseite* vom Immobilienkapital reguliert; auf der *Nachfrageseite* können sie als Folge der Herausbildung neuer Lebensstile und Konsummuster bei den "bessergestellten" Schichten betrachtet werden. Gentrifizierung sollte aber nicht verkürzt als Ausdruck gewandelter Konsumenten-Präferenzen interpretiert werden: Diese Formen des Stadtumbaus sind Konsequenz und Bestandteil von *weiterreichenden* ökonomisch-sozialen Restrukturierungsprozessen, die in den Städten eben auch "neue Räume der Konsumtion" hervorbringen. Neuen Raum zu schaffen für veränderte und hierarchisierte Konsummuster gehört zur Durchsetzung eines neuen makroökonomischen Entwicklungsmusters, und beschränkt sich keineswegs auf den Umbau von Wohnquartieren.

Die gegenwärtige Wiederentdeckung der "Innenstadt als Wohnort" bedeutet *längerfristig* stets die Wiederaneignung innenstadtnaher Wohnquartiere durch die funktionalen Eliten des gegenwärtigen Gesellschaftsmodells. Der zahlungskräftigen Nachfrage, die sich auf zentral gelegene Wohnviertel guter Qualität richtet, gehören überdurchschnittlich häufig jene jüngeren, aufstiegsorientierten, mobilen, qualifizierten und *gut bezahlten Beschäftigtengruppen* an, die sich im Zuge des wirtschaftlichen Strukturwandels in den expandierenden großstädtischen Kontroll -, Finanz - und Dienstleistungszentren konzentriert haben.

Als ein weiterer Erklärungszusammenhang im komplexen Prozeß der Gentrifizierung können die sozialen Prozesse angesehen werden, die - gemessen an der Kleinfamilie traditionellen Musters - zu veränderten "Lebensstilen" der städtischen Mittelschichten mit der Folge einer starken innerstädtischen Wohnstandortorientierung führen. Noch in den 70er Jahren zogen jüngere, aufstiegsorientierte, zahlungskräftige Mittelschicht-Haushalte vorwiegend in die Vorortsiedlungen der Großstädte, um dort im Eigenheim oder in der Neubauwohnung das kulturell vorgegebene Kleinfamilienleben zu führen. Im Unterschied zu diesen höheren Einkommensgruppen, die die Prozesse der Suburbanisierung in den 60er und 70er Jahren bestimmt haben, handelt es sich bei den beruflich erfolgreichen Schichten, die in marktkonformer Weise seit über 10 Jahren die Innenstädte großer Dienstleistungs - und Wachstumszentren erobern, überwiegend um Haushalte mit *nicht-kleinfamilialen Lebensformen* und anderen normativen Orientierungen. Unter den "Gentrifizierern" sind vor allem sog. Single - oder - Dinks ("double income no kids") - Haushalte anzutreffen. Vor allem der Doppelverdiener-Haushalt ohne Kinder mit zwei qualifiziert Erwerbstätigen wird auf Grund seiner beträchtlichen Zahlungsfähigkeit den potentiellen "Gentrifizierern" zugerechnet. Für den "*Lebensstil*" der jüngeren, qualifiziert erwerbstätigen, mobilen Beschäftigtengruppe mit hohem Einkommen werden individualistisch-materialistische Verhaltensweisen als typisch angenommen, die mit einer ausgeprägten Berufs-

und Karriereorientierung, einem hedonistischen Lebensentwurf im Bereich der Freizeit und des Konsums und vor allem mit der Ablehnung eines kleinfamiliären Lebensmodells tradierten Musters einhergehen. Die sozialen Gruppen der Yuppies und Dinks führen im Regelfall ein stark berufsorientiertes Leben. Teile der Hausarbeit werden durch eine ganze Palette spezialisierter Waren und kommerzieller oder persönlicher Dienstleistungen ersetzt. Daß diese haushalts- und konsumorientierten Dienstleistungen überwiegend von Frauen in meist ungeschützten Beschäftigungsverhältnissen erbracht werden, unterstreicht nur die Tendenzen der *sozialen Polarisierung.*

Ein an den Bedürfnissen und dem Geschmack dieser Bevölkerungsgruppe orientiertes vielfältiges Angebot an Einkaufsmöglichkeiten und privaten Dienstleistungen im Wohnumfeld ist eine Voraussetzung und Konsequenz des "Yuppie-Lebensstils". Das Bedürfnis nach einer Vielfalt sozialer Beziehungen macht innerstädtische Stadtviertel mit einer Vielzahl von Kontaktmöglichkeiten durch Kneipen, Kinos, Clubs etc. als Wohnstandort besonders attraktiv. Als Folge der hohen Bewertung individueller Freiräume und Rückzugsmöglichkeiten genießt die eigene Wohnung als Konsumgut eine hohe Priorität. Nachgefragt werden großzügig geschnittene, gut ausgestattete Wohnungen mit genügend vielen Räumen und einer attraktiven architektonischen Gestaltung: "Bürgerliche" Altbauwohnungen aus der Gründerzeit, neu ausgebaute Dachwohnungen, Fabriketagen in städtischen Mischgebieten, oder auch Wohnungen in "postmodernen" Neubauten können diese Ansprüche erfüllen. Vor allem auf Altbauwohnungen in bevorzugten innerstädtischen Wohnlagen geht von dieser Bevölkerungsgruppe ein massiver Nachfragedruck aus, der die Umwandlung von Miet - in Eigentumswohnungen lukrativ werden läßt. Und noch etwas ist am Lebensstil der Yuppies auffällig: der sog. demonstrative Konsum. Man hat Spaß daran *zu zeigen,* daß man über Geschmack und Geld verfügt. Standardisierte, billige Massenprodukte werden abgelehnt. Nicht-massenproduzierte, sich den Anschein des Individuellen gebende Waren und exclusive Dienstleistungen werden bevorzugt. Man will sich von der Masse abheben. Auch in diesem Sinne wird die großzügig geschnittene Altbauwohnung mit Jugendstilelementen und Stuckdecken dem Standard-Bungalow am Stadtrand vorgezogen. Diese Konsumentenschicht beschleunigt mit ihrer Nachfrage nach Luxuskonsumgütern, privaten Dienstleistungen und "Erlebniseinkäufen" den Aufwertungsprozeß innerstädtischer Wohnquartiere.

Im Rahmen des von privaten Verwertungsmechanismen bestimmten Wohnungsmarktes und der zunehmenden Verknappung preiswerter Mietwohnungen kommt es gegenwärtig auch mehr und mehr zu Verdrängungsprozessen *innerhalb* von Gruppen mit niedrigen Einkommen: In diesen Fällen betreffen Gentrifizierungsprozesse, die zunächst auf "attraktive" innenstadtnahe Wohnviertel beschränkt schienen, weitere Wohnviertel im Stadtgebiet. In diesen weniger attraktiven Quartieren werden die "marginalen Gentrifizierer" zu Trägern eines sozialen Umnutzungsprozesses, bei dem ebenfalls niedrige Einkommensschichten aus ihren angestammten Vierteln verdrängt werden. Im Unterschied zum "klassischen" Gentrifizierungsprozess bringt diese Form der Umnutzung zunächst noch keine nachhaltige Steigerung des Grundrentenaufkommens. Doch entwickelt sich eine sozialräumliche Ausdifferenzierung auch innerhalb von Quartieren, die der "Mieter-Stadt" oder bereits der "gentrifizierten Stadt" zugerechnet werden können.

Die Entstehung dieser zweiten sozialen Gruppe von "Gentrifizierern" mit einer ausgeprägten innerstädtischen Wohnstandortorientierung ist ebenfalls in den Rahmen der Ausdifferenzierung von Beschäftigungsverhältnissen, des Einkommensgefüges und der städtischen Lebensweisen in den Großstädten der hochindustrialisierten Länder zu stellen. Die soziale Gruppe der "marginalen Gentrifizierer", die auch "Pioniere" (Dangschat 1988) oder nach ihren Arbeits - und Lebensformen "Alternative" genannt (Häußermann/Siebel 1987) werden, umfaßt meist jüngere Leute mit hohem Bildungsstand und überwiegend nicht-kleinfamiliären Lebensformen, die sozio-kulturell den Mittelschichten zuzurechnen sind. Diese Gruppe tritt in Gentrifizierungsprozessen häufig als "Vorläufer" auf, und meist wird sie im Zeitverlauf von den Gruppen mit höherem Einkommen verdrängt. Trotz gewisser Gemeinsamkeiten vor allem hinsichtlich des Bildungsstandes und einer in den gesellschaftlichen Umbauprozessen wurzelnden Infragestellung bisher "bürgerlicher" Lebensformen, unterscheiden sich beide Gruppen von "Gentrifizierern" ganz wesentlich hinsichtlich Einkommenshöhe, Beschäftigungssituation und Lebensweise, einschließlich der Konsummuster. Im Unterschied zu den "echten Gentrifizierern" verfügen die "marginalen Gentrifizierer" über ein geringeres Einkommen, und häufig sind sie ungesicherten Beschäftigungsverhältnissen ausgesetzt. Ein Teil dieser sehr heterogenen Gruppe versucht durch Selbsthilfeaktivitäten und Tätigkeiten im informellen Sektor, meist verbunden mit staatlichen Transfereinkommen, mit verschlechterten ökonomischen Bedingungen zurecht zu kommen. Sie sind auf niedrige Wohn - und Transportkosten und Stadtviertel mit dichten Versorgungsnetzen angewiesen. Gesucht wird die Nähe zum Arbeits - oder Ausbildungsplatz, vor allem aber die gute Erreichbarkeit von vielfältigen Einkaufs - und Freizeitmöglichkeiten. Alleinlebende, nichteheliche Lebensgemeinschaften und Wohngemeinschaften bevorzugen als Wohnstandort innerstädtische Wohnviertel mit einer Vielzahl von Kontaktmöglichkeiten in einer "urbanen" Atmosphäre. Stadtteile, die von einer kulturellen oder subkulturellen Szene geprägt sind und viele Kneipen und Kinos beherbergen, sind besonders beliebt.

Besonders für die Gruppe der "marginalen Gentrifizierer" gilt, daß Erfahrungen mit unterschiedlichen Wohn - und Lebensformen einerseits bewußt gewollt sind (Spiegel 1986); andererseits kann die Ablehnung des kleinfamiliären Lebensmodells als "kulturelle Grundlage der Revitalisierung der Innenstädte" (Häußermann 1988) jedoch nicht allein mit einem Zugewinn an Handlungs - und Gestaltungsspielraum erklärt werden, sondern auch mit der zum Teil aufgezwungenen ungesicherten Lebensperspektive vieler jüngerer Leute, die tradierte biographische Muster nicht mehr zuläßt. Dies gilt vor allem für Frauen, für die die traditionelle Ehe - und Familienversorgung brüchig geworden, der Weg in eine gesicherte berufliche Existenz aber nicht weniger gefährdet ist (vgl. Borst 1990). Die Gentrifizierung bewirkt eine Modifikation von Wohngebietsstrukturen *innerhalb* des gegebenen städtischen Raumgefüges. Die vorhandene Standortverteilung der "Wohnfunktion" bleibt erhalten. *Neue Räume* für gehobene Wohnfunktionen entstehen dort, wo sich der Gentrifizierungsprozess auf ehemalige innerstädtische Gewerbezonen (z.B. die London Docks) und aufgegebene Industrieflächen richtet. Im Zuge der innerstädtischen Raumentwicklung wird die in der vorangegangenen Phase der Stadtentwicklung durchgesetzte *großflächige* Funktionsdifferenzierung durch eine *mehr kleinräumige Differenzierung* überformt, da Gentrifizierungs-Prozesse *räumlich selektiv* wirksam sind, d.h. nicht den gesamten Raum innenstadtnaher Wohnquartiere betreffen. Dabei entstehen mehr oder weniger ausgedehnte *Inseln* der Gentrifizierung. Stadtpolitische Konflikte um die Stadterneuerung werden künftig mehr und mehr von der ökonomisch-sozialen "Aufwertung" städtischer Wohnquartiere und den davon ausgelösten Verdrängungs-Effekten bestimmt sein.

Zur Ökonomie "aufgegebener" Stadtquartiere

Die Herausbildung "aufgegebener" Quartiere wurde traditionell als Prozess der Slumbildung umschrieben. Mit Bezug auf funktionsräumliche Hierarchien innerhalb der Stadt kann hier auch von "degradierten" Quartieren gesprochen werden. Die Vielfalt ihrer baulich-räumlichen Erscheinungsformen umfasst sowohl die einem baulichen Verfall preisgegebenen innenstadtnahen Mietshausviertel, als auch die mehr oder weniger ausgedehnten "Slums" an der städtischen Peripherie, oder die im Innern der großen Städte entstehenden "Spontansiedlungen" in Form von Barackenstädten und Wagenburgen. Die Degradation eines Stadtquartiers wird über den Verfall bzw. die Qualitätsverschlechterung der Bausubstanz und des Wohnumfeldes unmittelbar sichtbar (bei den Spontansiedlungen liegt die Abweichung von den Standards der "Mehrheitsgesellschaft" noch offener zutage). Zwar bildet die *bauliche Degradation* eines Gebiets häufig den ersten Anhaltspunkt für eine faktische oder drohende ökonomisch-soziale Abwertung des Quartiers, doch ist zu betonen, daß allein die Qualität der Bauten und des Wohnumfelds oder gar der "natürliche" Alterungsprozeß der Bausubstanz keine hinreichende Bedingung für Degradationsprozesse darstellt. Sozialökonomische Untersuchungen dieses Phänomens konzentrieren sich vielmehr auf das Investitionsverhalten der Haus- und Grundeigentümer und die Entwicklung des Wohnungsmarktes innerhalb einer Stadt. Diese wird von Veränderungen des sozialstruktu-

182

rellen Gefüges der Stadtbevölkerung beeinflußt, insbesondere von der inneren "Polarisierung der Städte".

Ein früher US-amerikanischer Untersuchungsansatz zur Herausbildung von Sanierungsgebieten stellte die Wirkung sog. Wohnumfeldeffekte (Externalitäten) in den Mittelpunkt, und konzentrierte sich dabei auf ein "strategisches Dilemma" beim Investitionsverhalten der Hauseigentümer: Wenn ein Teil der Hauseigentümer in einem Gebiet durch Investitionen die "Wohnattraktivität" des Gebietes steigert bzw. aufrechterhält, profitieren davon besonders *auch diejenigen* Eigentümer, die *keine* Investitionen vornehmen. Sind die Hauseigentümer mit Desinvestitionsverhalten im Übergewicht, so werden ebenso diejenigen Eigentümer negativ betroffen, die noch ausreichende Erhaltungsinvestitionen vornehmen. Die Durchführung von Investitionen in einem Gebiet hat damit einen positiven externen Effekt für den einzelnen *nicht* investierenden Eigentümer. Dieses "strategische Dilemma" wirkt sich unter Umständen so aus, daß *kein* Hauseigentümer mehr Investitionen durchführt und eine kumulative Abwärtsentwicklung des Gebietes eingeleitet wird. Anders ausgedrückt: Wenn die Rendite eines Hauseigentümers auch von der Qualität des baulichen Wohnumfeldes beeinflußt wird, dann erzielt derjenige Eigentümer die höchste Rendite, der eine (von anderer Seite) verbesserte Umfeldqualität ökonomisch "internalisieren" kann, ohne eigene Mittel einzusetzen. Die "Selbstblockade" der Hausbesitzer kann nur durch staatliche Gebote, mit Hilfe öffentlicher Stadterneuerungsprogramme und/oder mit Hilfe nachbarschaftlicher Selbsthilfeaktivitäten der Quartiersbewohner überwunden werden.

Ein anderer, ebenfalls in den USA entwickelter Erklärungsansatz für die Herausbildung von degradierten Quartieren stellt gesamtstädtische Wohnungsmarkt-Entwicklungen in den Mittelpunkt, und bezieht sich auf die "Filtering-Theorie" des Wohnungsmarktes: Danach unterteilt sich der Wohnungsmarkt in Teilmärkte mit Wohnungen ähnlicher Qualität und Preise. Es wird angenommen, daß die Qualität einer Wohnung durch Abnutzung/Alterung nach und nach sinkt, d.h. daß eine Wohnung "herunterfiltert". Der Filtering-Prozeß betrifft auch auf den Umzug von Haushalten von einem Teilmarkt zum anderen: Filtering-Prozesse sollen zu einem ständigen "Herauf-filtern" der Haushalte führen, indem diese in Wohnungen mit höherem Qualitätsniveau umziehen. Dabei wird angenommen, daß neue Wohnungen nur für hohe Einkommensschichten gebaut werden, und daß die Schichten mit hohem Einkommen in die jeweils neugebauten Wohnungen umziehen; dadurch entsteht auf dem Teilmarkt, der von diesen Haushalten verlassen wird, ein preisdrückender Angebots-Überschuß.

Wenn nun aber die Hausbesitzer bei einer Preissenkung auf den Teilmärkten mit freigewordenen Wohnungen versuchen, ihre Rendite durch Desinvestition (unterlassene Instandhaltung) zu stabilisieren, kann ein kumulativer Prozeß von Desinvestition, Qualitätsverfall und evtl. Mietpreisverfall entstehen. Eine Verbesserung des Wohnstandards wird dann mit Ausnahme der höchsten Einkommensgruppen nicht erreicht. Auf diese Weise wurde im Rahmen der Filtering-Theorie durch die Abkehr von der realitätsfernen Annahme, daß alle Hausbesitzer stets die notwendigen Instandhaltungsinvestitionen tätigen, die Entstehung von Sanierungsgebieten erklärt.

Die Filtering-Theorie ist sehr umstritten (näheres dazu im Abschnitt zum städtischen Wohnungsmarkt). So gründet sich das Filtering-Konzept auf die realitätsferne Annahme einer unbeschränkten Mobilität der Haushalte. Tatsächlich haben nicht alle Bevölkerungsgruppen gleiche Chancen, zwischen verschiedenen Teilmärkten zu wechseln.

Ein Konzept des Wohnungsmarktes, das die Existenz von Mobilitätsbarrieren zwischen Teilmärkten herausstellt, liefert die Theorie des "segmentierten Wohnungsmarktes". Ihr Ausgangspunkt war die Beobachtung, daß in den Städten *unterschiedliche* Mietpreise für Wohnungen ähnlicher Qualität gezahlt werden, je nach Quartiers-Lage der Wohnung und sozialem Status der Bewohnerschaft eines Quartiers. Danach spaltet sich der Wohnungsmarkt in zahlreiche Teilmärkte auf, die relativ "abgeschottet" sind, d.h. zwischen denen räumliche, preisbezogene und soziale Barrieren bestehen. Ein segmentierter Wohnungsmarkt spaltet sich in verschiedene *gegeneinander relativ undurchlässige* Teilmärkte mit jeweils besonderen Angebots- und Nachfragestrukturen. Die Möglichkeit auf einen anderen Teilmarkt zu wechseln (Mobilitätschance) ist bei Bevölkerungsgruppen mit geringem Einkommen und unsicheren Beschäftigungschancen sowie bei sozial diskriminierten Gruppen stark eingeschränkt.

Entsteht unter diesen Bedingungen auf einem "Unterschicht"-Teilmarkt die Konstellation eines Nachfrageüberhangs, so ist die Folge ein "überhöhtes", den Qualitätsabstufungen des Wohnungsangebotes gegenläufiges Mietpreisniveau. Für die baulichen Verfallserscheinungen in "degradierten" Quartieren sind solche Marktverhältnisse von entscheidender Bedeutung: Weil zwischen den verschiedenen sozialen Gruppen der Stadtbevölkerung soziale, ökonomische und sozial-kulturelle Barrieren bestehen, die eine Mobilität verhindern, wird es für Hausbesitzer möglich, auf den "Unterschicht"-Teilmärkten, d.h. in der Regel in Gebieten mit schlechter Wohnsubstanz und einer Bewohnerschaft mit niedrigen Einkommen, unangemessen hohe Wohnungsmieten zu verlangen (Westphal 1979). Infolge solcher Marktkonstellationen hat die bauliche Degradation in bestimmten Wohnquartieren keine negativen Konsequenzen für die Vermietbarkeit und ermöglicht sogar eine Steigerung der erzielbaren Rendite.

Als entscheidender Grund für die Entstehung von degradierten Gebieten wird häufig eine *Konzentration* unterer Einkommensgruppen in bestimmten Wohnquartieren, einmal infolge der Abwanderung von höheren Einkommensgruppen, zum anderen infolge von Nachfragesteigerungen nach "billigem" Wohnraum angeführt. In Güssow's Analyse "zur Ökonomie städtischer Sanierungsgebiete"

(Güssow 1976) werden drei charakteristische Entwicklungsverläufe bei der Entstehung von "degradierten" Gebieten genannt: (a) Desinvestition der Hausbesitzer in Erwartung einer Nutzungsänderung (z.B. Cityerweiterung in innenstadtnahre Wohngebiete). (b) Desinvestition der Hausbesitzer als Reaktion auf eine "soziale Entmischung" (gemeint ist hierbei immer die Abwanderung *zahlungskräftiger* Mietergruppen - die sozial entmischten "Ghettos" der reichen Stadtbewohner werden nicht als Problem betrachtet). Das bedeutet genaugenommen: Desinvestition wird als Reaktion auf eine Verringerung der Mietzahlungsfähigkeit im Gebiet betrachtet. Die Abwanderung zahlungskräftiger Bewohner gilt als Erklärung für einen "Verslumungsprozess". (c) Desinvestition wird darüberhinaus auch als Reaktion auf eine *Zuwanderung* von niedrigen Einkommensgruppen oder von sozial diskriminierten Gruppen in ein Quartier angesehen. Hierbei kann es sich unter Umständen um Bevölkerungsgruppen handeln, die aus anderen Gebieten der Stadt verdrängt wurden (so kann eine mit Verdrängungseffekten verbundene Stadterneuerung in einem Gebiet wiederum Desinvestition in anderen Gebieten hervorrufen). Güssow interpretiert die sozialökonomische Degradation von Stadtquartieren (in einer die Betroffenen *diskriminierenden* Ausdrucksweise) als Folge eines "sozialen Wohnumfeldeffektes": danach *reagieren* Hauseigentümer mit einer Verschlechterung der Bausubstanz auf eine "Verschlechterung des sozialen Umfeldes", wobei mit dem Hinzutreten des oben genannten "baulichen Wohnumfeldeffektes" eine kumulative Abwärtsentwicklung des Gebietes eingeleitet wird.

Bei der Herausbildung "aufgegebener" Quartiere verstärken sich wechselseitig zweierlei Effekte: die durch ein geringes Einkommen oder z.B. ethnische Zugehörigkeit *eingeschränkten Wahlmöglichkeiten* bestimmter Gruppen von Stadtbewohnern am Wohnungsmarkt, *und* die soziale Stigmatisierung der *räumlichen Konzentration* von Armut oder besonderen ethnischen Gruppen. "Erst die räumliche Häufung der Wohnnachfrager mit niedrigem Einkommen macht einen solchen Wohnteilmarkt lukrativ (...) und erst die räumliche Konzentration dieses Wohnteilmarktes macht Stigmatisierungseffekte möglich" (Fürst 1977, S.22). Die degradierten Quartiere sind aufgrund der eingeschränkten Wahlmöglichkeiten bzw. geringen Zahlungsfähigkeit ihrer Bewohner gegen andere Wohnungsteilmärkte abgeschottet. Vermieter können ihre Rendite in solchen Quartieren über vergleichsweise hohe *Quadratmeter*-Mieten (vgl. die Ausführungen zum segmentierten Wohnungsmarkt) und durch Qualitätsabbau (unterlassene Instandhaltung) sichern. Im Falle von "Barackensiedlungen" liegt die von anerkannten Standards abweichende Qualität der Behausungen und des Wohnumfeldes offen zutage; aber auch im Falle von herabgewirtschafteten Mietshausquartieren ist die Qualitätsverschlechterung unmittelbar sichtbar "und wird - das ist der zweite Effekt - von anderen sozialen Gruppen als Indikator für den Lebensstil der Bewohner gewertet: daran werden Merkmale zur Beurteilung der Bewohner geknüpft, die ih-

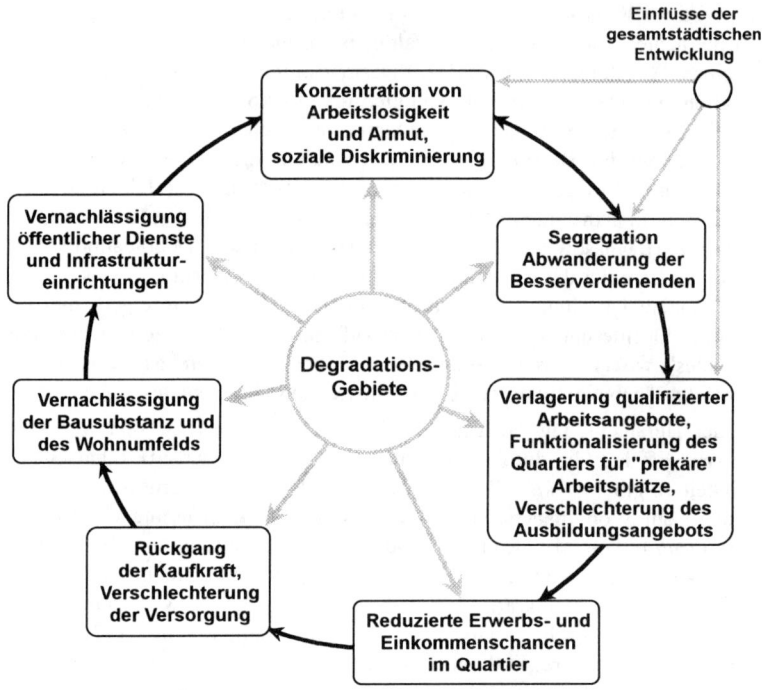

Der zirkuläre und kumulative Degradationsprozeß
"aufgegebener Stadtquartiere"

Einflüsse der
gesamtstädtischen
Entwicklung

Konzentration von
Arbeitslosigkeit
und Armut,
soziale Diskriminierung

Vernachlässigung
öffentlicher Dienste
und Infrastruktur-
einrichtungen

Segregation
Abwanderung der
Besserverdienenden

Degradations-
Gebiete

Vernachlässigung
der Bausubstanz und
des Wohnumfelds

Verlagerung qualifizierter
Arbeitsangebote,
Funktionalisierung des
Quartiers für "prekäre"
Arbeitsplätze,
Verschlechterung des
Ausbildungsangebots

Rückgang
der Kaufkraft,
Verschlechterung
der Versorgung

Reduzierte Erwerbs- und
Einkommenschancen
im Quartier

nen quasi als Etikett angehängt werden, womit sie 'stigmatisiert' werden" (Fürst 1977, S.22).

Im Bereich der Stadtpolitik wird heute vielfach der Begriff "sozialer Brennpunkt" als Ausdruck für die *räumliche* Konzentration von meist "einkommensschwachen" Haushalten in bestimmten Quartieren der Stadt verwendet. Dabei wird ein "Brennpunkt" implizit als Gefahrenquelle für die Mehrheitsgesellschaft gewertet, und die soziale Situation, in der sich die betroffenen Haushalte befinden, wird den *Gebieten,* in denen diese Menschen leben, sozusagen von außen zugeschrieben. Um solche Wertungen beiseite zu lassen, empfiehlt sich, von "benachteiligten Personengruppen, die in benachteiligenden Wohngebieten leben" zu sprechen (Alisch/Dangschat 1993).

Die räumliche Konzentration Benachteiligter in benachteiligenden Wohn- und Wohnumfeldbedingungen ist z.B. für Hamburg (methodisch im Rahmen der Traditionen der "Sozialraumanalyse") von Alisch/Dangschat (1993) gezeigt worden . Hierbei wurden Teilräume (statistische Bezirke) der Stadt Hamburg zunächst nach ihrer sozialen Struktur, und in einem zweiten Schritt nach ihren Wohnbedingungen zu Clustern ("Bündeln") mit einer ähnlichen Ausprägung der berücksichtigten Indikatoren zusammengezogen. Dabei wurden z.B. folgende *Indikatoren für die Konzentration sozial Benachteiligter* herangezogen: Sozialhilfe- und Arbeitslosengeldempfänger als Kerngruppe der sozial Benachteiligten, Anteil der "Niedrigverdiener" mit weniger als 16.000 DM p.a., Anteil der Erwerbslosen, Anteil der Bewohner mit Hauptschulabschluß, Anteil der ausländischen Bewohner. Mit Hilfe der Merkmals-Ausprägung dieser Indikatoren wurden 5 Cluster gebildet. Für *benachteiligende Wohn- und Wohnumfeldbedingungen* wurden z.B. vier *Indikatoren* herangezogen: Anteil Substandardwohnungen, Anteil überbelegter Wohnungen, Anteil Untermieter-Haushalte, Anteil Sozialmietwohnungen. Anhand der Merkmals-Ausprägung dieser Indikatoren wurden 4 Cluster gebildet. Anschließend erfolgte eine raumbezogene *Überlagerung* der beiden unterschiedlichen Arten von Benachteiligung: dadurch ergeben sich neue Cluster, die eine *Kombination* der Konzentration von sozialer Benachteiligung und benachteiligenden Wohnbedingungen anzeigen können. Auf dem einen Extrem zeigen sich dann Teilräume bzw. Quartiere, wo beide Arten der Benachteiligung *kumuliert* auftreten, auf dem anderen Extrem Quartiere ohne benachteiligende *Wohn*bedingungen, in denen sich gleichwohl sozial Benachteiligte konzentrieren, oder Ortsteile mit benachteiligenden Wohnbedingungen, in denen keine Konzentration *sozial* Benachteiligter feststellbar ist. Trotz anhaltender Tendenzen der Aufwertung und "Gentrifizierung" sind es in Hamburg nach wie vor v.a. Teile der innenstadtnahen Wohngebiete, in denen sich Konzentrationen höchster sozialer Benachteiligung und benachteiligender Wohnbedingungen nachweisen lassen.

Die so eingegrenzten Gebiete sind jedoch nicht vorschnell als "soziale Brennpunkte" zu charakterisieren, da die raumbezogene Analyse sozialstatistischer Daten keine *akute* gesellschaftliche Problemsituation anzeigen kann, sondern eher deutlich macht, in welchen Gebieten ein *Risiko* der Eskalation sozialer Probleme besteht.

Literatur zu Abschnitt 6:

Allen, J./ Hamnett, Ch. (Hg.): Housing and labour markets. Building the connections. London 1991

Alisch, M./ Dangschat, J.S.: Räumliche Konzentration von Armut in Hamburg, in: Nachrichtenblatt zur Stadt- und Regionalsoziologie, 8.Jg., Nr. 1/93, Bonn 1993

Alisch, M./ Dangschat, J.S.: Die solidarische Stadt. Ursachen von Armut und Strategien für einen sozialen Ausgleich, Darmstadt 1993

Arnold, H.: Soziologische Theorien und ihre Anwendung in der Sozialgeographie, Kassel 1988

Badcock, B.: Unfairly structured Cities. Oxford 1984

Becker, U./Schoen, A. (Hg.): Die Janusgesichter des Booms, Strukturwandel der Stadtregion New York und Boston, Hamburg 1989

Blasius, J./Dangschat, J.S.: Gentrification. Die Aufwertung innenstadtnaher Wohnviertel, Frankfurt-M. 1990

Borst, R.: Die zweite Hälfte der Stadt. Suburbanisierung, Gentrifizierung, und frauenspezifische Lebenswelten, in: Borst, R. et al. (Hg.): Das neue Gesicht der Städte. Theoretische Ansätze und empirische Befunde aus der internationalen Debatte. Basel, Boston, Berlin 1990

Borst, R./ Krätke, S.: Stadt der Inseln, Die sozialräumliche Ausdifferenzierung "metropolitaner" Stadtregionen, in: SPW, Nr. 4/93, Köln 1993

Breckner, I. u.a. (Hg.): Armut im Reichtum, Bochum 1989

Bucher,H./Kocks,M.: Entwicklung von Stadtregionen und Städten, Analysen auf der Basis der Laufenden Raumbeobachtung: Die Suburbanisierung in der ersten Hälfte der 80er Jahre, in: Informationen zur Raumentwicklung, 11/12.1987

Castells, M.: Die kapitalistische Stadt. Ökonomie und Politik der Stadtentwicklung, Hamburg/ Berlin 1977

Castells, M.: Die zweigeteilte Stadt - Arm und Reich in den Städten Lateinamerikas, der USA und Europas, in: Schabert, T. (Hg.): Die Welt der Stadt. München/Zürich 1991

Dangschat, J.S.: Gentrification: Der Wandel innenstadtnaher Wohnviertel, in: Freidrichs, J. (Hg.): Soziologische Stadtforschung, Opladen 1988

Fainstein, S./Gordon, I./Harloe, M. (Hg.): Divided cities, New York and London in the contemporary world, Oxford 1992

Fliedner, D.: Sozialgeographie, Berlin 1993

Friedrichs, J.: Stadtanalyse - Soziale und räumliche Organisation der Gesellschaft, Reinbek b. Hamburg 1977

Friedrichs, J. (Hg.): Soziologische Stadtforschung, Opladen 1988

Frieling, H.D.v.: Räumliche soziale Segregation in Göttingen - Zur Kritik der Sozialökologie, Kassel 1980

Goldsmith, W.: Bringing the Third World home. in: Peet, R. (Hg.): International capitalism and industrial restructuring, London 1987

Häußermann, H./ Siebel, W.: Neue Urbanität, Frankfurt-M. 1987

Häußermann, H.: Stadt und Lebensstil, in: Hauff, V. (Hg.): Stadt und Lebensstil, Weinheim/ Basel 1988

Häußermann, H./ Siebel, W. (Hg.): New York. Strukturen einer Metropole. Frankfurt-M. 1993

Hamm, B.: Landnutzung und soziale Segregation, in Hamm, B. (Hg.): Lebensraum Stadt, Frankfurt/M. 1979

Hamnett, Ch.: Labour markets, housing markets and social restructuring in a global city: the case of London. in: Allen, J./Hamnett, Ch. (Hg.): Housing and labour markets. Building the connections, London 1991

Hartmann, R./ Hitz, H./ Schmid, Ch./ Wolff, R.: Theorien zur Stadtentwicklung, Geographische Hochschulmanuskripte, Heft 12, Oldenburg 1986

Harris, C.D./Ullman, E.L.: The nature of cities, in: Mayer, H.M./Kohn, C.F. (Hg.): Readings in urban geography, Chikago 1959

Hauff, V. (Hg.): Stadt und Lebensstil, Weinheim/ Basel 1988

Heineberg, H.: Stadtgeographie, Paderborn 1993

Helms, H.G. (Hg.): Die Stadt als Gabentisch. Beobachtungen der aktuellen Städtebauentwicklung. Leipzig 1992

Herlyn, U. (Hg.): Stadt- und Sozialstruktur. Arbeiten zur sozialen Segregation, Ghettobildung und Stadtplanung, München 1974

Herlyn, U./Lakemann, U./Lettko, B.: Armut und Milieu. Benachteiligte Bewohner in großstädtischen Quartieren, Basel 1991

Hinrichs, K.: Irreguläre Beschäftigungsverhältnisse und soziale Sicherheit. Facetten der "Erosion" des Normalarbeitsverhältnisses in der Bundesrepublik, in: Prokla, Nr. 77/1989

Hoyt, H.: The structure and growth of residential neighborhoods in American cities, Washington D.C. 1939

Hradil, S.: Sozialstrukturanalyse in einer fortgeschrittenen Gesellschaft. Von Klassen und Schichten zu Lagen und Milieus, Opladen 1987

Hudson, R.: Labour market changes and new forms of work in 'old' industrial regions, in: Massey, D./Allen, J. (Hg.): Uneven Re-development. Cities and regions in transition. London 1988

ILO (Hg.): World Labour Report, Geneva 1992

Johnson, J.H.: Urban geography. An introductory analysis, 2. Aufl., Oxford 1972

Knox, P.: Urban social geography. An introduction, 2. Aufl., Harlow 1987

Krätke, S.: Arbeiten in der Stadt: Globale Differenzen, in: Ernst, R.W. u.a. (Hg.): Arbeiten und Wohnen in städtischen Quartieren, Basel/Boston/Berlin 1993

Krummacher, M. u.a.: Regionalentwicklung zwischen Technologieboom und Resteverwertung. Die Beispiele Ruhrgebiet und München. Bochum 1985

Kujath, H.J.: Wandel der Stadt als Raum der Konsumtion, in: Prigge, W. (Hg.): Die Materialität des Städtischen. Basel, Boston 1987

Lichtenberger, E.: Stadtgeographie. Stuttgart 1986

Maier, H.E./Wollmann, H. (Hg.): Lokale Beschäftigungspolitik. Basel/Boston/ Stuttgart 1986

Marcuse, P.: "Dual city": a muddy metaphor for a quartered city, in: International Journal of Urban and Regional Research, Vol.13, No.4, London 1989

Marcuse, P.: Wohnen in New York: Segregation und fortgeschrittene Obdachlosigkeit in einer viergeteilten Stadt, in: Häußermann, H./ Siebel, W. (Hg.): New York - Strukturen einer Metropole, Frankfurt-M. 1993

Mollenkopf, J.H./Castells, M. (Hg.): Dual city. Restructuring New York. New York 1991

Müller, H.P.: Lebensstile. Zur Genealogie einer Begriffskarriere, in: Noller, P./Prigge, W./Ronneberger, K. (Hg.): Stadt-Welt. Über die Globalisierung städtischer Milieus, Frankfurt-M./New York 1994

Naroska, H.-J.: Urban Underclass und "neue" soziale Randgruppen im städtischen Raum, in: Friedrichs, J. (Hg.): Soziologische Stadtforschung, Opladen 1988

Offe, C./Hinrichs, K.: The political economy of the labour market, in: Offe, C. (Hg.): Disorganized capitalism. Contemporary transformations of work and politics, Cambridge 1985

Park, R.E./Burgess, E.W./McKenzie, R.D.: The City. 7. Aufl., Chikago/London 1974

Park, R.E.: Die Stadt als räumliche Struktur und als sittliche Ordnung, in: Atteslander, P./ Hamm, B. (Hg.): Materialien zur Siedlungssoziologie, Köln 1974

Preteceille, E.: Neue Konturen von Urbanisierung, Segregation und lokaler Politik in Frankreich, in: Häußermann, H. (Hg.): Ökonomie und Politik in alten Industrieregionen Europas, Basel/Boston/Berlin 1992

Ross, R./Trachte, K.: Global Cities and Global Classes. The peripheralization of labor in New York City. in: Review, Vol. 6, No. 3, 1983

Sassen-Koob, S.: The new labor demand in global cities, in: Smith, M.P. (Hg.): Cities in transformation, London 1984

Sassen-Koob, S.: Growth and Informalization at the Core. A preliminary Report on New York City. in: Smith, M.P./Feagin, J.R. (Hg.): The Capitalist City. Oxford 1987

Sassen, S.: Die informelle Ökonomie von New York, in: Ernst, R.W. u.a. (Hg.): Arbeiten und Wohnen in städtischen Quartieren, Basel/Boston/Berlin 1993

Sedlacek, P. (Hg.): Kultur- und Sozialgeographie, Paderborn 1982

Semlinger, K. (Hg.): Flexibilisierung des Arbeitsmarktes. Interessen, Wirkungen, Perspektiven. München 1991

Sengenberger, W. (Hg.): Der gespaltene Arbeitsmarkt, Frankfurt/New York 1978

Shevky, E./Bell, W.: Sozialraumanalyse, in: Atteslander, P./Hamm, B.: Materialien zur Siedlungssoziologie, Köln 1974

Smith, N./Williams, P. (Hg.) 1986: Gentrification of the City. London

Spiegel, E.: Neue Haushaltstypen. Entstehungsbedingungen, Lebenssituation, Wohn- und Standortverhältnisse. Frankfurt/M. 1986

Strasser, H./Goldthorpe, J.H. (Hg.): Die Analyse sozialer Ungleichheit. Kontinuität, Erneuerung, Innovation. Opladen 1985

Westphal, H.: Wachstum und Verfall der Städte, Frankfurt-M. 1979

Wood, P.A.: Employment change and the role of the producer service sector, in: Massey, D./Allen, J. (Hg.): Uneven Re-development. Cities and regions in transition. London 1988

Wulf, J.: Arbeitsmarkt und Stadtentwicklung, in: Fürst, D. (Hg.): Stadtökonomie, Stuttgart, New York 1977

7. Der städtische Wohnungsmarkt

Die städtische Wohnungsversorgung ist für die Lebensbedingungen der Stadtbewohner von ebenso elementarer Bedeutung wie die Arbeitsmarktentwicklung und stellt ein "klassisches" Problemfeld der Stadt und Thema der stadtökonomischen Analyse dar. Dabei kann der Wohnungssektor zum einen in seinen betriebswirtschaftlichen Problemzusammenhängen betrachtet werden, zum anderen auf der Ebene des städtischen Wohnungsmarktes, wo die "einzelwirtschaftliche" Perspektive zugunsten eines erweiterten, gesamtstädtischen (oder regionalen) Blickwinkels überschritten wird. Im Verhältnis zur betriebswirtschaftlichen Problemsicht ist die gesamtstädtische, auf Wohnungsmarktprozesse bezogene Perspektive für die städtischen Raum-Strukturen von größerer Relevanz, da die Funktionsweise des städtischen Wohnungsmarktes wesentlich zur Herausbildung und Abgrenzung von "Sozialräumen" in der Stadt beiträgt.

Der Mietwohnungssektor gehört zu den Bereichen, in denen die Marktwirtschaft weithin versagt. Trotz umfangreicher Neubauaktivität in den Jahrzehnten nach dem II.Weltkrieg führt eine fortschreitende Verknappung *preiswerter* Mietwohnungen zu anhaltenden Krisenerscheinungen. Alle Jahre wieder ist in Deutschland das Schlagwort von einer "neuen" Wohnungsnot in aller Munde. Weil eine "freie" Wohnungsmarktwirtschaft allenfalls für die Besserverdienenden ein ausreichendes Angebot von Mietwohnungen, Luxusappartements und Eigenheimen schaffen kann, sind in allen westeuropäischen Ländern seit Anfang des Jahrhunderts mehr oder weniger umfangreiche Staatseingriffe in den Wohnungsmarkt und öffentliche Subventionen selbstverständlich geworden. Die Einrichtung eines öffentlich geförderten Sozialen Wohnungsbaus ist Folge der Funktionsunfähigkeit einer marktwirtschaftlichen Wohnungsversorgung dort, wo es um die Bereitstellung *bezahlbarer* Mietwohnungen für Haushalte mit niedrigen bis durchschnittlichen Einkommen geht.

Dabei sind *in der Bundesrepublik Deutschland* die Träger der staatlichen Wohnungspolitik bis heute von der Auffassung beherrscht, daß eine ausreichende Wohnungsproduktion für Bevölkerungsgruppen mit niedrigen bis durchschnittlichen Einkommen vorrangig durch finanzielle Anreize (z.B. Steuervergünstigungen) und mietsenkende Subventionen für *privatwirtschaftliche* Wohnungsbauträger gewährleistet werden kann. Beim Sozialen Mietwohnungsbau sollten objektbezogene Subventionen die große Differenz zwischen einem langfristig rentierlichen Mietpreisniveau und der Mietzahlungsfähigkeit von Haushalten mit niedrigen bis durchschnittlichen Einkommen zeitlich befristet überbrücken. Sozialer Wohnungsbau war in der Bundesrepublik von Anfang an als "Lückenbüßer" für Versorgungsengpässe der Wohnungsmarktwirtschaft konzipiert, welcher

Die "neue" Wohnungsnot in städtischen Ballungsräumen
(der Bundesrepublik Deutschland)

Einflußfaktoren im Bereich Wohnungsangebot:

(1) quantitativ unzureichende Fertigstellungen im Neubau,
insbesondere bei Sozialmietwohnungen

(2) Flächen-Mehrkonsum höherer Einkommensgruppen im Wohnungsbestand
(kleinere Haushalte nutzen immer größere Wohnungen)

(3) Wohnungsabgänge durch Zusammenlegungen, Abrisse und
Zweckentfremdung (insbesondere Expansion von Büronutzungen)

(4) rückläufiges Angebot preiswerter Mietwohnungen

⇒ durch Mietsteigerungen im Wohnungsbestand
(Mietpreisspirale der "Vergleichsmieten", Auslaufen von Mietbindungen)

⇒ durch Modernisierungs-Investitionen (bes. Privatmodernisierung)

⇒ durch Umwandlung von Miet- in Eigentumswohnungen

⇒ durch Aufhebung des Wohnungs-Gemeinnützigkeitsrechts 1990
(Abschaffung der Kostenmietbindung älterer preisgünstiger Baujahrgänge)

⇒ durch Auslaufen von Mietpreis- und Belegungsbindungen
im Sozialwohnungsbestand;
Verkauf von Sozialwohnungen (Verschiebung zwischen Teilmärkten)

Einflußfaktoren im Bereich Wohnungsnachfrage:

(1) wachsende Zahl der Privathaushalte (zunehm. Anteil von 1- und 2-Pers.-Haushalten)

(2) Zuzug "funktionaler Eliten" (obere Einkommensgruppen)
mit erhöhten Flächenansprüchen im Wohnungsbestand

(3) Zuzug von Bevölkerungsgruppen mit hohem Anteil
"einkommensschwacher" Haushalte

⇒ Aussiedler, Immigranten, Flüchtlinge

⇒ Übersiedler aus Krisenregionen der neuen Bundesländer

(4) wachsender Bevölkerungsanteil mit niedrigen Einkommen durch
erhöhte Zahl von Arbeitslosen

⇒ wachsende Zahl von Sozialhilfeempfängern

⇒ Zunahme bei den am Wohnungsmarkt speziell benachteiligten Gruppen:
Alleinerziehende, Kinderreiche, Ausländer, usw.

Kombinierte Wirkung:

Weitere Öffnung der Schere zwischen dem (rückläufigen) Angebot preiswerter bzw.
mietpreis- und belegungsgebundener Wohnungen und den (wachsenden) Anteilen der
Bevölkerung, die auf eben diese Wohnungen angewiesen wären, bzw. sich
am Wohnungsmarkt nicht aus eigener Kraft versorgen können.

längerfristig wieder demontiert werden könne. Im Unterschied zu anderen westeuropäischen Ländern (z.B. die Niederlande), wo Sozialer Wohnungsbau nahezu ausschließlich unter der Trägerschaft von Kommunen und genossenschaftsähnlichen Bauvereinen durchgeführt wird, sind in der Bundesrepublik von Anfang an neben den gemeinnützigen, genossenschaftlichen oder kommunalen Wohnungsunternehmen auch private Bauherren gleichwertig gefördert worden. Um den privatwirtschaftlichen Trägern ausreichende Investitionsanreize zu bieten, sind die mit einer öffentlichen Förderung verbundenen "Sozialbindungen" (bezüglich der Miethöhe, Einkommensgrenze für Mieter, Belegungs-Regeln) stets *zeitlich befristet* gewesen. So war die spätere Privatisierung öffentlich geförderter Sozialmietwohnungen von Anfang an vorgesehen, und heute steht man vor der Situation, daß alljährlich ein neuer Baujahrgang von älteren, noch relativ mietpreisgünstigen Sozialwohnungen "planmäßig" seine Bindungen verliert, trotz der ursprünglich hohen öffentlichen Förderungsbeiträge wie eine frei-finanzierte Mietwohnung verwertet oder in Eigentumswohnungen umgewandelt werden kann.

Das Marktmodell und die Besonderheiten des Wohnungsmarktes

In hochentwickelten Volkswirtschaften erfolgt die Produktion und Verteilung der Güter in einem komplexen arbeitsteiligen Prozess, der ständig Austauschbeziehungen zwischen einer Vielzahl von Wirtschaftseinheiten bzw. -subjekten erforderlich macht. Alle diese Wirtschaftseinheiten oder -subjekte sind im *privatwirtschaftlichen* System primär durch die gesellschaftliche Institution "Markt" miteinander verbunden. Der allgemeine Begriff des Marktes bezieht sich auf die Austauschhandlungen der Wirtschaftssubjekte, bei denen Angebot und Nachfrage aufeinandertreffen und sich Preise bilden. Die Funktionsweise des Marktmechanismus bestimmt weithin, was und wie produziert wird, und für wen. Wenn somit nahezu alle ökonomischen Beziehungen über den Markt vermittelt werden, stellt die Einrichtung "Markt" eine der zentralen Institutionen des privatwirtschaftlichen Systems dar.

Die Funktionsweise des Marktmechanismus wird meist anhand eines schematischen Marktmodells dargestellt, das die Reaktionen von Käufern und Verkäufern auf verschieden hohe Preise erfassen soll. Das Marktschema ist eine *mikro-ökonomische* Modellbildung, die sich auf die Angebots/Nachfrage-Konstellation *für ein bestimmtes Gut* bezieht (wobei es sich um ein möglichst *homogenes* Gut handeln soll). Eine "Nachfragekurve" ordnet hierbei unterschiedlichen Preisen des Gutes die Mengen zu, welche bei jedem dieser Preise gekauft würden; und eine "Angebotskurve" stellt dar, welche Mengen des betreffenden Gutes die Verkäufer (Anbieter) bei verschiedenen Preisen zum Verkauf anbieten würden. Nach diesem Modell, das nur die Wirkung *kurzfristiger* Änderungen von Angebot und Nachfrage auf den Preis (und umgekehrt) darstellt, bestimmen sich die Marktpreise durch Angebot und Nachfrage, d.h. die Bedeutung der Produktionskosten für die Preisbildung bleibt ebenso ausgeblendet wie die mittel- und längerfristige Veränderung von Produktionskapazitäten und Angebotsbedingungen. Im Rahmen dieses Marktmodells wird zunächst angenommen, daß sich ein bestimmter Preis gebildet hat, und daß zu diesem Preis eine ganz bestimmte Menge des Gutes nachgefragt und eine ganz bestimmte Menge angeboten wird. In dem Falle, daß beide Mengen übereinstimmen, befindet sich der Markt im Gleichgewicht und es bildet sich ein "Gleichgewichts"-Preis - in dieser Situation können Anbieter und Nachfrager ihre Austauschhandlungen im gewünschten Umfang durchführen, ohne daß ein Teil der Produkte unverkäuflich oder ein Teil der Nachfrage unbefriedigt bleibt. Das Marktmodell dient vor allem der Darstellung von (kurzfristigen) Anpassungs-Vorgängen. Hat sich z.B. ein Preis eingestellt, der höher liegt als der "Gleichgewichts"-Preis, so wird das Angebot die Nachfrage übersteigen (Überangebot); wurde dagegen ein Preis gebildet, der unterhalb des "Gleichgewichts"-Preises liegt, so wird die Nachfrage das Angebot übersteigen (Übernachfrage). Die Kräfte von Angebot und Nachfrage sollen nach dem Modell dahin wirken, daß Konstellationen von Überangebot oder Übernachfrage entweder durch Preisänderungen oder durch Mengenanpassungen wieder aufgehoben werden, so daß der Markt stets wieder ins Gleichgewicht kommt.

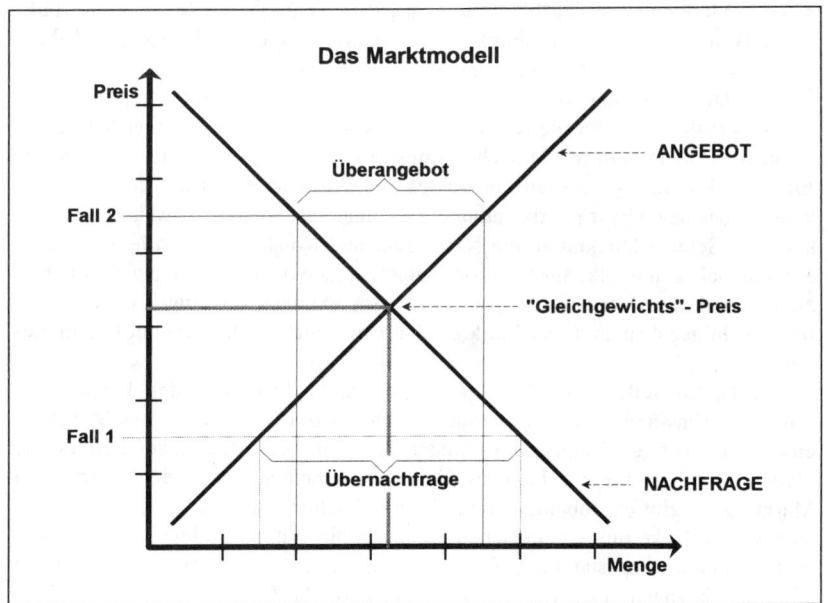

Allerdings sind die Anpassungs-Vorgänge aller Märkte miteinander verbunden, und Angebot wie Nachfrage hängen nicht allein vom Preis ab; vielmehr wird das Angebot auch von den (Produktions-) Kosten und ihrer Entwicklung, die Nachfrage von den Einkommen der Konsumenten und ihrer Entwicklung beeinflußt. Angesichts des komplexen Zusammenhangs aller Märkte erscheint es nahezu unmöglich, einen allgemeinen Gleichgewichtszustand des *gesamten* Marktsystems zu erreichen, d.h. eine Situation, wo auf keinem Markt Überangebot oder Übernachfrage besteht. Darüberhinaus ist die Funktionsweise des Marktmechanismus im Sinne des Modells an eine Reihe von *Voraussetzungen* geknüpft: 1. "Vollständige Markttransparenz": Anbieter wie Nachfrager müssen über eine vollständige Marktübersicht verfügen; 2. "Freie Konkurrenz": die skizzierten Anpassungsvorgänge setzen voraus, daß auf dem betreffenden Markt eine Vielzahl von Anbietern und Nachfragern agieren bzw. ein unbeschränkter Marktzugang gegeben ist (keine "Marktbeherrschung" durch einen oder wenige Anbieter/Nachfrager); 3. "Nichtvorhandensein räumlicher und zeitlicher Anpassungs-Barrieren": die Anpassungen müssen relativ "schnell" machbar sein und auch in der räumlichen Dimension vollziehbar sein; 4. "Nichtvorhandensein persönlicher Präferenzen": Weder Anbieter noch Nachfrager dürfen auf dem Markt für ein gegebenes Gut bestimmte Nachfrager/Anbieter bevorzugen oder benachteiligen; 5. "Sachliche Gleichartigkeit der Güter". Diese Voraussetzungen sind in der Realität auf den meisten Märkten *nicht* gegeben, d.h. man ist in der Regel mit *besonderen* Märkten (z.B. mit dem Wohnungsmarkt, Arbeitsmarkt, Kapitalmarkt usw.) und ihren jeweils speziellen Funktionsbedingungen konfrontiert.

Der Marktmechanismus wird im privatwirtschaftlich verfassten System meist als ein "Optimalmodell" für die Regulation der Verteilung knapper Güter betrachtet. Tatsächlich kann dem Marktmechanismus eine vergleichsweise hohe *technische Effizienz* des Güter-Verteilungsprozesses zugeschrieben werden - die Güter gelangen über den Markt relativ reibungslos, ohne besonderen Aufwand und bürokratische Schwerfälligkeit an die Nachfrager und Konsumenten. Allerdings kann auf den vielen "unvollkommenen" Märkten, wo eine oder mehrere der zuvor skizzierten Funktions-Voraussetzungen für die Anpassungen von Angebot und Nachfrage nicht gegeben sind, der Marktmechanismus nicht mehr effizient funktionieren.

Gegen die Vorstellung vom 'Marktmechanismus als Optimalmodell' können verschiedene Einwände gemacht werden: 1. Die "soziale Blindheit" des Marktmechanismus: Auf dem Markt zählen weder Bedürfnis noch Bedarf, sondern nur die *kaufkräftige* Nachfrage zahlungswilliger Konsumenten. Nach dem skizzierten Marktmodell gibt es, sobald sich ein "Marktgleichgewicht" hergestellt hat, keine Versorgungslücke im ökonomischen Sinne, da die (zahlungsfähige) Nachfrage in dieser Situation vollständig befriedigt wird. Trotz "Marktgleichgewicht" kann allerdings bezogen auf soziale oder gesellschaftliche Bedarfs-Kategorien *Unter-*

versorgung bestehen, im Extremfall Hunger und Obdachlosigkeit. Da der Markt die Nachfrage nur im Maße ihrer Zahlungsfähigkeit befriedigt, ergibt sich gesellschaftlich eine höchst ungleiche Verteilung der Güter. Das "Markt-Optimum" stellt sich stets nur für eine vorgegebene Struktur der Einkommensverteilung her. 2. Nicht-optimale Zuordnung von Produktionsfaktoren durch "Externalisierung" von volkswirtschaftlichen oder sozialen Kosten: in der Marktpreisbildung werden nur *einzelwirtschaftliche* (interne) Kosten des Anbieters berücksichtigt. Die von privatwirtschaftlichen Einheiten verursachten sozialen Kosten oder volkswirtschaftlichen Schäden (z.B. Umweltschäden) werden externalisiert, d.h. auf Dritte bzw. auf die Gesellschaft abgewälzt, solange keine staatliche Regulation dagegengestellt wird. Auf Basis der Externalisierung sozialer Kosten entsteht ein "verzerrtes" Preisgefüge, denn Produktionen mit hohen sozialen Kosten werden im Verhältnis zu ihren tatsächlichen volkswirtschaftlichen Kosten viel zu billig angeboten. Die "defensiven" Kosten zur Beseitigung oder Vermeidung von Schäden, die die privatwirtschaftlichen Einheiten im Rahmen der Marktwirtschaft verursachen, erreichen inzwischen einen erheblichen und schnell wachsenden Anteil des Sozialprodukts. 3. Funktionsmängel der Markt-Koordination: Marktsteuerung bedeutet, daß die Entscheidungen der Wirtschaftssubjekte von den jeweils aktuellen Marktpreisen bestimmt werden; diese geben jedoch keine Information über die künftige Marktentwicklung oder die künftige gesamtwirtschaftliche Bedarfslage. Der Markt kennt nur die "ex-post"-Koordination, in der Realität entstehen daher permanent Ungleichgewichte oder Disproportionen auf gesamtwirtschaftlicher, sektoraler und räumlicher Ebene (das abstrakte Marktmodell setzt für sein Funktionieren quasi *zeitlose* Anpassungsreaktionen voraus). Der Sektor des hochkonzentrierten Kapitals verhält sich allerdings zunehmend "planwirtschaftlich" - dazu gehören u.a. oligopolistische Marktaufteilung, monopolistische Angebotssteuerung (Kapazitätsabsprachen) und "administrierte" Preisbildung, Nachfrage-Steuerung durch intensivierte Marketing-Strategien, geplante regionale Diskriminierung im Rahmen der Standortpolitik. 4. Der in dem allgemeinen Marktmodell unterstellte Verlauf von Angebots- und Nachfragekurven ist für eine Reihe von Märkten nicht unbedingt repräsentativ. Es existieren Marktkonstellationen, in denen kein Gleichgewicht erreichbar ist, weil eine "inverse Angebotsreaktion" (z.B. Angebotszunahme bei sinkenden Preisen) stattfindet (vgl. Zinn 1991).
Beispiele hierfür sind der Agrarmarkt und der Arbeitsmarkt: Sinken die Agrarpreise, so versuchen die Landwirte unter Umständen, ihre verminderten Erlöse durch eine Erhöhung des Angebots zu kompensieren, mit der Folge eines weiteren Preisverfalls; auf dem Arbeitsmarkt kann eine inverse Angebotsreaktion auftreten, wenn auf einem sehr niedrigen Lohnniveau eine weitere Lohnsenkung zu erhöhter Überstundenbereitschaft und/oder Annahme mehrerer "Jobs" zugleich führt, um das bisherige Einkommensniveau halten zu können. "Die Situation ma-

197

ximaler Arbeitszeit bei existenzminimalem Arbeitseinkommen wird als *Notlohnsituation* bezeichnet" (Zinn 1991, 64).

Besonderheiten des Wohnungsmarktes

Das Geschehen am Wohnungsmarkt umfasst einen kontinuierlichen Prozess von Wohnungs-Bestandsveränderungen, Preisänderungen und Umzügen (einschließlich Zuzügen und Fortzügen) innerhalb des Bestands. Gegenüber dem allgemeinen Modell des Marktmechanismus weist dieser Markt eine Reihe von Besonderheiten auf:

1. Aufspaltung in Teilmärkte

Die Heterogenität des Gutes Wohnung bewirkt zunächst die Herausbildung vielfältiger *sachlicher* Teilmärkte, die sich untergliedern nach Gebäude- und Wohnungstypen, Neubau- und Gebrauchtwohnungen sowie Eigentumsformen. Im Falle eines generellen Wohnungsmangels verliert die sachliche Differenzierung infolge des Nachfragedrucks an Bedeutung: zur Not wird dann beispielsweise eine 2-Zimmer-Wohnung angemietet, obwohl eine 3-Zimmer-Wohnung gesucht war.

Die Standortgebundenheit der Wohnung bedingt eine Aufspaltung in *regionale* Teilmärkte, die durch Bedingungen der Erreichbarkeit abgegrenzt sind. Wohnungsmangel auf einem regionalen Teilmarkt kann nicht durch ein evtl. Überangebot auf einem anderen regionalen Teilmarkt kompensiert werden. So kann selbst bei Vorliegen eines globalen (landesweiten) Ausgleichs von Wohnungs-Angebot und Nachfrage ein Nebeneinander von ausgeglichenen Teilmärkten und von regionalen Teilmärkten, die von großem Wohnungsmangel gekennzeichnet sind, existieren.

Zugangsbarrieren des Marktes und persönliche Präferenzen der Anbieter für bestimmte Nachfragergruppen führen innerhalb der Städte zur Herausbildung *sozialökonomischer Teilmärkte* (die auch eine sozial-räumliche Abgrenzung beinhalten). Insofern kann auch innerhalb regionaler Wohnungsmärkte ein Nebeneinander von ausgeglichenen und von höchstem Nachfragedruck gekennzeichneten sozialräumlichen Teilmärkten bestehen. Zugangsbarrieren können einen Marktausgleich verhindern; so kann z.B. ein großes Angebot "teurer" Mietwohnungen nicht zur Deckung einer Übernachfrage nach "preiswerten" Mietwohnungen beitragen.

Die sozialökonomische Teilmarktdifferenzierung korrespondiert auch mit dem *mietpreisrechtlichen Regulationssystem*: wenn die *Neu*vermietung bei Bestandswohnungen zu den jeweils größten Mietsprüngen führt, ergibt sich der relativ stärkste Mietanstieg auf jenen Teilmärkten, wo die größte Bewohner-Fluktuation gegeben ist. Unter diesen Bedingungen wird eine Mietpreisdifferenzierung nach Ausstattungs- und Lagequalitäten durch eine Mietpreisdifferenzierung nach Teilmärkten mit geringer oder hoher "Mobilität" (Umzugshäufigkeit) der Bewohner überformt.

198

2. Geringe Elastizität der Anpassung an Marktänderungen

Das Angebot an Neubauwohnungen (des letzten oder des laufenden Jahres) stellt immer nur einen sehr kleinen Teil des Gesamtwohnungsbestandes dar. Im Falle eines Nachfrageüberhangs wirkt sich dann die lange Produktionsdauer (inklusive Planungsvorlauf) von Wohnungen in der Weise aus, daß ein Marktausgleich nur mit großer *zeitlicher Verzögerung* erreicht werden kann.

Darüberhinaus sind die Anbieter auf einem angespannten Wohnungsmarkt in der Lage, eher mit Preisanpassungen (nach oben) als mit Mengenanpassungen zu reagieren, weil die Wohnungsnachfrage auf Preisänderungen (Mietsteigerungen) höchst "*unelastisch*" reagiert. Da die Wohnung einen unersetzbaren Grundbedarf deckt und zudem nicht beliebig teilbar ist, können die Nachfrager bei Preissteigerungen nicht einfach ihren "Wohnkonsum" flexibel reduzieren. Sie versuchen zuerst, ihre Wohnung zu halten, und dafür die Ausgaben für andere Bedarfe einzuschränken. Ab einer gewissen Schwelle des Mietanstiegs folgt dann das "Zusammenrücken" mit Überbelegung und Untervermietung. In den Großstädten beinhaltet die letzte Stufe der Marktanpassung der Nachfrager heute zunehmend den Umzug auf die Parkbank. Anpassungsbewegungen der Nachfrager sind auch durch die relativ hohen Kosten eines Wohnungswechsels (Umzugskosten usw.) behindert.

3. Persönliche Präferenzen der Anbieterseite

Von Wohnungs-Vermietern werden bei der Wohnungsvergabe bestimmte Nachfragergruppen selbst bei Vorhandensein ausreichender Zahlungsfähigkeit infolge sozialer und/oder ethnischer Präferenzen benachteiligt. Damit ist die Zugänglichkeit des Marktes für bestimmte Nachfragergruppen (insbesondere für Ausländer, Haushalte mit Kindern, Alleinerziehende, Haushalte mit "atypischen" Lebensweisen, usw.) deutlich eingeschränkt.

4. Mangelnde Markttransparenz

Aufgrund der Aufspaltung des Wohnungsmarktes in eine Vielzahl von sachlichen und räumlichen Teilmärkten ist es sowohl Anbietern als auch Nachfragern deutlich erschwert, eine "Marktübersicht" zu erlangen. So verfügen die Marktteilnehmer in der Regel nur über einen unzureichenden Informationsstand, was bedeutet, daß keine "vollständige Konkurrenz" zwischen den Wohnungsangeboten verschiedener Anbieter besteht.

Der Wohnungsmarkt kann unter diesen Bedingungen als ein weitgehend "funktions-*unfähiger*" Markt bezeichnet werden: "Die Aufsplittung des Wohnungsmarktes in viele gegeneinander abgegrenzte Teilmärkte führt zusammen mit der langen Produktions- und Nutzungsdauer der Wohnungen, der Intransparenz des Marktes und der hohen Transaktionskosten dazu, daß der Wohnungsmarkt weitgehend funktionsunfähig ist. Auf dem Wohnungsmarkt werden die Mieten eben nicht durch die 'freie Bewegung der Kapitale' interregional ausgeglichen, reagiert das Wohnungsangebot eben nicht notwendigerweise auf Mietsteigerungen mit einer Angebotsausweitung, können NachfragerInnen eben nicht bei Preissteigerungen ohne weiteres mit einem Wechsel des Anbieters reagieren, sondern sind (soweit Mieterschutzregelungen dies nicht verhindern) den Forderungen eines einmal gewählten Anbieters (Vermieters) zumindest in dem Maße ausgesetzt, wie diese die oft sehr hohen monetären und sozialen Kosten eines Wohnungswechsels nicht übersteigen. Aus den hohen Transaktionskosten folgen zwangsläufig monopolartige Strukturen auf dem Wohnungsmarkt. Oder anders ausgedrückt: Die Steuerungsmechanismen, auf denen die Vorzüge einer marktwirtschaftlichen Wirtschaftsorganisation beruhen, sind auf dem Wohnungsmarkt (...) weitgehend außer Kraft gesetzt. Der Wohnungsmarkt ist deshalb nicht nur sozial blind, wie andere Märkte, sondern auch weitgehend funktionsunfähig" (R.Becker, FR 13.12.93, S.12). Die marktwirtschaftlich organisierte Wohnungsversorgung führt in den Städten in ausgewählten Quartieren zur Herausbildung von Inseln des "gehobenen" Wohnens, und bringt zugleich eine ausgeprägte soziale Segregation mit sich, die mit hohen gesellschaftlichen Kosten verbunden ist; das marktwirtschaftliche Verteilungsprinzip, d.h. die Wohnungsverteilung nach der Zahlungsfähigkeit, führt zu einem *verschwenderischen* Umgang mit Wohnraum: Mehrpersonenhaushalte mit Kindern und großem Flächenbedarf müssen sich mangels Zahlungsfähigkeit in Kleinwohnungen zusammendrängen, die Gutverdienenden unter den kleineren Haushalten können einen extensiven Flächenverbrauch realisieren, und zum Teil ganze Etagen anmieten.

Das "Filtering-Konzept": Sickereffekte des Wohnungsmarktes

Die Untersuchung der Wirkungen, die von Angebots- und Nachfrageänderungen auf Wohnungs-Teilmärkte mit abgestuften Qualitäten ausgehen, ist Gegenstand der "Filtering-Theorie" des Wohnungsmarktes, die in den 40er Jahren in den USA entwickelt wurde. Sie hat in den 80er Jahren auch in der Bundesrepublik als Ansatz zur Erklärung der Struktur und Funktionsweise des Wohnungsmarktes größere Bedeutung erlangt. Dabei wurden die von der Filtering-Theorie angenommenen Sickereffekte von Angebotsausweitungen als Argumentationshilfe benutzt, um eine staatliche Wohnungsbau-Förderungspolitik zu rechtfertigen, die primär mittleren und höheren Einkommensgruppen zugute kommt. Aus der Kritik an der Filtering-Theorie wurde die Theorie des segmentierten Wohnungsmarktes entwickelt (sie wird in einem nachfolgenden Abschnitt dargestellt). Charakteristisch für einen *segmentierten* Wohnungsmarkt ist es, daß er sich aus verschiedenen Teilmärkten mit einer jeweils spezifischen Angebots- und Nachfragestruktur zusammensetzt, die wenig miteinander verbunden bzw. durch sozialökonomische "Barrieren" voneinander abgegrenzt sind.

Den Hintergrund für die Entwicklung des Filtering-Konzepts bildet eine "Besonderheit" des Wohnungsmarktes: Aufgrund der langen Nutzungsdauer von Wohnungen, und wegen des im Verhältnis zum gesamten Wohnungsbestand nur geringen jährlichen Neuzugangs an Wohnungen, werden die Verhältnisse am Wohnungsmarkt primär durch die Struktur des Wohnungs-*Bestandes* bestimmt. Das Filtering-Konzept befasst sich mit den Bewegungen von Angebot, Nachfrage und Preis auf bestimmten Wohnungsteilmärkten und ihren Wirkungen auf andere Teilmärkte. Danach spaltet sich der Wohnungsmarkt in Teilmärkte mit Wohnungen ähnlicher Qualität und Preise auf. Es wird davon ausgegangen, daß die Qualität einer Wohnung und dementsprechend auch ihr Preis mit der Zeit sinkt (wegen Alterung oder Abnutzung), d.h. eine Wohnung "herunterfiltert". Der Filtering-Prozeß umfaßt aber nicht nur die Änderung der Qualitäts- und Preisstruktur des Wohnungsbestandes, sondern auch den Wechsel der Haushalte von einem Teilmarkt zum anderen: es wird unterstellt, daß die Filtering-Prozesse im Wohnungsangebot zu einem ständigen "Herauffiltern" der Haushalte führen, d.h. daß diese in Wohnungen auf Teilmärkte mit höherem Qualitätsniveau umziehen. Das Wirksamwerden von Filtering-Prozessen unterstellt einen Verbund der Wohnungsteilmärkte auf der Angebots- wie auch auf der Nachfrageseite. "Impulse", die von einem veränderten Angebot oder einer veränderten Nachfrage ausgehen, pflanzen sich sukzessive auf den jeweils benachbarten Teilmarkt fort.

Das Filtering-Konzept wird verwendet, um die Möglichkeit der Bildung eines Marktgleichgewichtes zu beweisen, d.h. es wird aufgezeigt, wie sich durch Filtering-Prozesse tendenziell eine Übereinstimmung der Struktur des Wohnungsangebotes mit der Struktur der Wohnungsnachfrage herstellen soll. So führen Veränderungen der Angebots- und Nachfrageseite auf einem Teilmarkt über geänderte Preisrelationen zwischen den Wohnungsteilmärkten zu einer Veränderung im Investitionsverhalten der Hausbesitzer (Neubau, Modernisierung, Instandsetzung, oder auch Desinvestition), wodurch nach Ansicht der Vertreter des Filtering-Konzeptes eine Anpassung des Wohnungsangebotes an die veränderten Bedingungen erreicht wird.

Das "Standardbeispiel" der amerikanischen Filtering-Theorie soll aufzeigen, wie durch eine Neubautätigkeit für höhere Einkommensschichten über Filtering-Prozesse auch die Wohnungsversorgung unterer Einkommensschichten verbessert wird. Dabei werden modellhaft nur die "endogenen" Bewegungen des Wohnungsmarktes analysiert, d.h. diejenigen Größen, die das Wohnungsangebot und die Wohnungsnachfrage *generell* bestimmen, wie Haushaltsanzahl, Realeinkommen der Haushalte, Wohnkostenbelastungsquote, Preisentwicklung auf den dem Wohnungsmarkt vorgelagerten Märkten (Bau-, Boden- und Finanzierungsmarkt), werden als konstant gesetzt. Darüberhinaus wird eine Situation "vollkommener Konkurrenz" und Markttransparenz unterstellt. Als *Ausgangspunkt* zur Analyse von Marktveränderungen und -anpassungsprozessen wird die Konstellation eines

Marktgleichgewichts gewählt. Das Modell geht nun davon aus, daß in einer Marktwirtschaft neue Wohnungen nur für höhere Einkommensschichten gebaut werden. Da die Qualität einer Wohnung mit dem Alter und der Nutzung abnimmt, ziehen die Schichten mit hohem Einkommen beim Neubau von Wohnungen in diese Neubauwohnungen um. Dadurch entsteht auf dem Teilmarkt, der von diesen Haushalten verlassen worden ist, ein *preisdrückender* Angebots-Überschuß. Dieser ermöglicht es, daß Haushalte des benachbarten Teilmarktes niedrigerer Qualität auf den Teilmarkt höherer Qualität wechseln können. Dieser Filtering-Prozeß setzt sich auf den anderen Teilmärkten fort. Die Wohnungen am unteren Ende der Qualitätsskala, die nicht mehr nachgefragt werden, werden abgerissen. Soll sich nach den Annahmen des Modells durch den Neubau von Wohnungen für die höchsten Einkommensschichten die Wohnungssituation aller anderen Einkommensschichten verbessern, muß die durch einen preisdrückenden Überschuß verursachte Preissenkung einer Wohneinheit größer sein als dem Qualitätsverlust infolge normaler Alterung entspricht.

Gegen die These des Filtering-Konzeptes, daß durch die beschriebenen Sicker-Effekte beim Neubau von Wohnungen für höhere Einkommensgruppen auch die Wohnungsversorgung unterer Einkommensgruppen verbessert würde, sind jedoch eine Reihe von Einwänden vorgebracht worden:

(1.) Aus dem Filtering-Modell ist nicht abzuleiten, ob das Mietpreisniveau von Wohnungen höherer Qualität *weit genug* absinkt, um sie für untere Einkommensgruppen zugänglich zu machen. (2.) Die preisdrückende Wirkung eines Zusatzangebots von Wohnungen im oberen Qualitätsbereich dürfte mit zunehmendem Abstand von den oberen Qualitätsklassen immer schwächer werden, da die einkommensstärkeren Haushalte bei sinkenden Preisen *mehr* Wohnraum nachfragen werden. (3.) Ein preisdrückendes Zusatzangebot von Wohnungen höherer Qualität kann nach der Filtering-Theorie auch Folge von Modernisierungsmaßnahmen sein. Bei gegebenem Wohnungsbestand wird die Modernisierung von Wohnungen der unteren Qualitätsstufe auf die nächsthöhere Qualitätsstufe eine Zunahme des Wohnungsangebots in den mittleren Qualitätsbereichen zur Folge haben, so daß die Mietpreise in diesem Qualitätsbereich sinken werden. Doch werden die Mieten modernisierter Wohnungen trotz des preisdrückenden Zusatzangebotes im mittleren Qualitätsbereich höher sein als die Mieten von Wohnungen unterer Qualität (anderenfalls gäbe es für Hauseigentümer keinen Anreiz für Modernisierungsinvestitionen), so daß diese für untere Einkommensgruppen nur eingeschränkt zugänglich wären, mit der Folge, daß sich die Wohnungsversorgung unterer Einkommensgruppen durch Modernisierungsmaßnahmen nicht verbessert.

Das Filtering-Modell des städtischen Wohnungsmarktes

Darstellung eines kontinuierlichen Filter-Prozesses bei gleichbleibender Einkommensverteilung:

(nach H. Westphal: Wachstum und Verfall der Städte, Frankfurt/New York 1979)

Qualität

100 %

0

Zeit

— t 1 — — t 2 — — t 3 — — t 4 —

Neuzugang

A 1, B 1, C 1 / X 1, X 2, X 3

+ A 2 / A 1 / B 1 / C 1

+ A 3 / A 2 / A 1 / B 1 / C 1

+ A 4 / A 3 / A 2 / A 1 / B 1 / C 1

Alle Wohngebäude, deren Qualität unter die 0 - Achse absinkt, werden abgerissen

A 1 + B 1 + C 1 = Gesamtheit des Wohnungsbestandes im Zeitpunkt t 1, aufgeteilt in drei Qualitätsklassen

X 1 + X 2 + X 3 = Gesamtheit der Bevölkerung im Zeitpunkt t 1, aufgeteilt in drei Einkommensklassen

Voraussetzung eines kontinuierlichen Filter-Prozesses: 1.) Ausgeglichener Wohnungsmarkt, d.h. die Angebotsmenge in jeder Qualitätsklasse muß der Nachfragemenge in der jeweils in Frage kommenden Einkommensklasse entsprechen; 2.) Ungehinderter Wechsel aller Bevölkerungsgruppen zwischen den Teilmärkten - hier: Qualitätsklassen - des Wohnungsangebots.

Durch eine Verringerung des Angebots von Wohnungen unterer Qualität infolge der Modernisierungsmaßnahmen käme es sogar zu einem Preisanstieg im unteren Qualitätsbereich. Dieser Preisanstieg würde auch eintreten, wenn die mittleren Einkommensgruppen bei sinkenden Preisen in dem durch Modernisierungsinvestitionen erweiterten Wohnungsangebot mittlerer Qualität *ihren Wohnkonsum ausdehnen* und so einen Teil des Zusatzangebotes von Wohnungen absorbieren.

Die bisher aufgeführten Einwände gegen die These, daß durch Filtering-Prozesse die Wohnungsversorgung unterer Einkommensgruppen verbessert würde, stellen eine "immanente" Kritik am Filtering-Modell dar. Darüberhinaus müssen auch einige Basis-Annahmen der Filtering-Theorie kritisch betrachtet werden:

Nach der Filtering-Theorie kommt es infolge von Veränderungen der Nachfrage oder des Angebots auf einem Teilmarkt zu Verschiebungen der Preisrelationen zwischen den verschiedenen Wohnungsteilmärkten, wodurch mengenmäßige Anpassungsprozesse auf der Angebots- und Nachfrageseite induziert werden, die tendenziell zu einem Gleichgewicht von Angebots- und Nachfragestruktur führen. Auf der Nachfrageseite erfolgt die Anpassung an veränderte Bedingungen durch kontinuierliche Umzugsketten. Diese Bedingungen sind gleichzeitig auch die Voraussetzung für einen Preisbildungsprozeß, der dahin tendieren soll, daß sich für Wohnungen mit ähnlicher Qualität gleiche Preise bilden. Diese Anpassungsvorgänge sind aber an mehrere Voraussetzungen geknüpft: Es muß erstens ein unbeschränkter Marktzugang für Anbieter und Nachfrager sowie eine vollkommene Mobilität aller Haushalte unterstellt werden; zweitens muß die Struktur der Einkommensverteilung (und damit die Mietzahlungsfähigkeit) der Haushalte der Preis-Struktur des Wohnungsangebots entsprechen. Diese zentralen Annahmen der Filtering-Theorie können nicht aufrechterhalten werden:

1. Auf der Nachfrageseite ist aufgrund institutioneller, ökonomischer und sozialer Faktoren der Zugang bestimmter Bevölkerungsschichten zu bestimmten Wohnungen beschränkt. Die Anpassung der Nachfrageseite an veränderte Marktlagen wird zudem durch die *beschränkte Mobilität der Haushalte* gehemmt. Folgende Faktoren spielen dabei eine Rolle:

(a) Die Möglichkeit der "Mobilität" vergrößert sich mit steigendem Einkommen. Solange das Einkommen nur ausreicht das Existenzminimum an Wohnraum zu decken, ist ein Wechsel auf andere Teilmärkte mit Wohnungen höherer Qualität auch bei Preissenkungen nicht möglich. Preiserhöhungen am unteren Teilmarkt führen bei gleichbleibendem Einkommen der Haushalte zu Einschränkungen bei anderen Konsumausgaben. Kommt zum geringen Einkommen bestimmter Bevölkerungsschichten noch eine soziale Diskriminierung hinzu (wie z.B. bei Ausländern), ist ein Wechsel auf andere Teilmärkte noch schwieriger.

(b) Da der Umzug in eine andere Wohnung Zeit und Geld kostet, wird ein Haushalt erst bei Erreichen bestimmter Schwellenwerte mit Wohnungswechsel reagieren.

(c) Die Bewohner fühlen sich oft mit der Wohnung, der Wohnumgebung und den Nachbarn verbunden.

(d) Es fehlt die Marktübersicht, d.h. die Informationsmöglichkeiten über das Wohnungsangebot sind eingeschränkt. So zeigt sich in der Realität, daß die *informelle* Vermittlung von Wohnungen im Verhältnis zu der über Makler und Zeitungsinserate organisierten Wohnungsvermittlung überwiegt.

(e) Unter den mietrechtlichen Verhältnissen in der Bundesrepublik Deutschland liegt das Mietpreisniveau neu-vermieteter Wohnungen wesentlich höher als die Miete von Wohnungen mit länger bestehendem Mietverhältnis. Daraus ergibt sich ein nicht zu unterschätzendes Mobilitätshemmnis.

2. Die Annahme der Filtering-Theorie, daß einem nach Qualität und Preis abgestuften Wohnungsangebot eine *dementsprechend* abgestufte Verteilung von Einkommen und damit Mietzahlungsfähigkeit auf der Nachfrageseite gegenübersteht, ist empirisch nicht haltbar. Vielmehr ist die Wohnungsmarktsituation vor allem in den Großstädten durch einen im Verhältnis zur Zahlungsfähigkeit der Nachfrager chronischen Mangel an Mietwohnungen mit tragbaren Mieten gekennzeichnet. Diese Mangelsituation bestimmt selbst in Zeiten, wo ein globaler Ausgleich von Wohnungsangebot und Haushaltsanzahl erreicht ist, die Wohnungsmarktlage in den Großstädten.

Das Konzept des segmentierten Wohnungsmarktes

Sind die zuvor genannten Voraussetzungen für "gleichgewichtige" Anpassungsprozesse des Wohnungsmarktes nicht gegeben, dann ist auch der vom Filtering-Konzept unterstellte Preisbildungsprozeß "gestört"; d.h. für Wohnungen ähnlicher Qualität können sich *verschiedene* Preise bilden. Dies läßt sich durchaus empirisch feststellen. So kam eine Untersuchung der Quadratmetermieten in Mannheim zu dem Resultat, daß Wohnungen schlechter Qualität relativ teurer sind als Wohnungen einfacher und mittlerer Qualität. Daraus konnte die Schlußfolgerung gezogen werden, daß der Wohnungsmarkt "sozial überformt" ist, d.h. daß auch soziale Faktoren wie z.B. die Nationalität eines Wohnungsnachfragers die Miethöhe beeinflußt. Für den städtischen Wohnungsmarkt sind *Spaltungen* typisch: er gliedert sich mindestens in einen Teilmarkt mit Substandardwohnungen für sozial diskriminierte Gruppen mit relativ hohen Mieten, und einen Teilmarkt mit "normalen" Wohnungen, der für diese Gruppen nicht zugänglich ist.

In den USA führte die Feststellung, daß sich je nach Quartierslage der Wohnung und sozialer Lage sowie ethnischer Zugehörigkeit der Bewohner unterschiedliche Mietpreise für Wohnungen ähnlicher Qualität herausbilden, zur Formulierung der Theorie eines segmentierten Wohnungsmarktes. Danach zerfällt der Wohnungsmarkt in zahlreiche Teilmärkte, "die in sich relativ geschlossen sind, möglicherweise unregelmäßig über das Stadtgebiet verstreut liegen und zwischen denen in räumlicher, wertmäßiger und sozialpsychologischer Hinsicht Barrieren bestehen" (Westphal 1979, S. 80/81).

Die Existenz eines segmentierten Wohnungsmarktes läßt sich auch über die Infragestellung der zentralen Annahmen des gleichgewichtstheoretischen Filtering-Konzeptes begründen: Geht man von der bestehenden Ungleichheit zwischen der Mietpreisstruktur des Wohnungsangebots und der Struktur der mietzahlungsfähigen Nachfrage (abgeleitet von der Einkommensverteilung) aus, und bezieht man Faktoren mit ein, die Anpassungsprozesse des Wohnungsangebots und der Nachfrageseite behindern - nämlich die eingeschränkte Mobilität der Haushalte, den beschränkten Marktzugang für bestimmte Nachfragergruppen, und die fehlende Markttransparenz - so muß sich ein segmentierter Wohnungsmarkt herausbilden. Dieser ist dadurch gekennzeichnet, daß er in verschiedene Teilmärkte mit jeweils spezifischen Angebots- und Nachfragestrukturen zerfällt, die gegeneinander relativ undurchlässig sind. Der Verbund der Teilmärkte ist eingeschränkt; er ist abhängig von der Mobilität der Haushalte und der Flexibilität des Wohnungsangebots auf den jeweiligen Teilmärkten. Die Mobilität, d.h. die Möglichkeit auf einen anderen Teilmarkt zu wechseln (durch Umzug), ist am stärksten eingeschränkt bei Bevölkerungsgruppen mit geringem Einkommen (wie Rentner, Arbeitslose, un- und angelernte Arbeiter, Studenten) oder unsicheren Beschäftigungsverhältnissen, sowie bei sozial diskriminierten Gruppen (wie Ausländer, und Personen mit einer von den Vorstellungen der "Mehrheitsgesellschaft" abweichenden Lebensweise oder Haushaltsstruktur).

Die Anpassungsmechanismen auf einem segmentierten Wohnungsmarkt führen zu keinem Marktgleichgewicht, sondern eher zur Verstärkung von Ungleichgewichten: Wenn z.B. auf einem "Mittelschicht"-Teilmarkt ein Nachfrageüberhang entsteht (z.B. nach Altbauten guter Ausstattung), kann das Angebot durch Neubau oder durch die "Hochmodernisierung" von Wohnungen des unteren Teilmarktes (mit Wohnungen niedriger Qualität) ausgeweitet werden. Besteht dagegen auf einem "Unterschicht"-Teilmarkt Übernachfrage - die durch Angebotsverknappung infolge von Modernisierungsmaßnahmen noch verstärkt werden kann-, so ist die Folge ein "überhöhtes", den Qualitätsabstufungen gegenläufiges Mietpreisniveau. Solche Marktverhältnisse ergeben sich z.B. immer wieder in potentiellen Stadterneuerungsgebieten: "Weil die Bevölkerung in verschiedene Gruppen gespalten ist (...) und zwischen diesen Gruppen soziale, ökonomische und psychologische Barrieren bestehen, die eine Mobilität verhindern, wird es für den Hausbesitzer möglich, unangemessen hohe Preise für die Wohnungen in Gebieten mit schlechter Wohnsubstanz und mit einer in der Regel armen Bevölkerung zu verlangen" (Westphal 1978, S.82). Infolge solcher Marktkonstellationen haben Erscheinungen der baulichen Degradation in bestimmten Wohnquartieren keine negativen Konsequenzen für die Vermietbarkeit, und es lassen sich aus herabgewirtschafteten Altbauwohnungsbeständen vergleichsweise hohe Renditen erzielen. Die Mietpreise korrespondieren zudem immer weniger mit Ausstattungs- und Lagequalitäten, wenn (wie in Deutschland) das mietpreisrechtliche Regulationssystem eine Form annimmt, die den relativ stärksten Mietanstieg auf jenen Wohnungsteilmärkten bewirkt, wo die Fluktuation der Bewohner (Umzugshäufigkeit) am größten ist.

In der folgenden *Grafik* sind einige zentrale Wohnungsmarktprozesse, die sich in vielen europäischen Großstädten gegenwärtig abspielen und die sozialräumliche Polarisierung der Stadt vorantreiben, in stadt*räumlicher* Perspektive schematisch dargestellt. Zu den "Auslösern" dieser Wohnungsmarktdynamik gehören Prozesse der City-Erweiterung, Mietsteigerungen in innerstädtischen Quartieren, die Zuwanderung von zahlungskräftigen "funktionalen Eliten", und Zuwanderung von "benachteiligten Gruppen". Durch die Expansion von Geschäfts- und Bürokomplexen und wachsende Flächenansprüche höherer Einkommensgruppen entsteht in innerstädtischen Quartieren ein *Aufwertungsdruck*, der in Verbindung mit einer wachsenden Zahl von Wohnungs-Nachfragern aus unteren Einkommensgruppen eine doppelseitige Wohnungsmarkt-Anspannung hervorruft, und innerhalb des stadträumlichen Gefüges der Wohnquartiere *Verdrängungsprozesse* auslöst, die sich sukzessive über verschiedene Teile des Stadtraumes ausbreiten.

Stadträumliche Wohnungsmarkt-Prozesse

Beziehungen zwischen Wohnungsteilmärkten in einem monozentrischen Ballungsraum

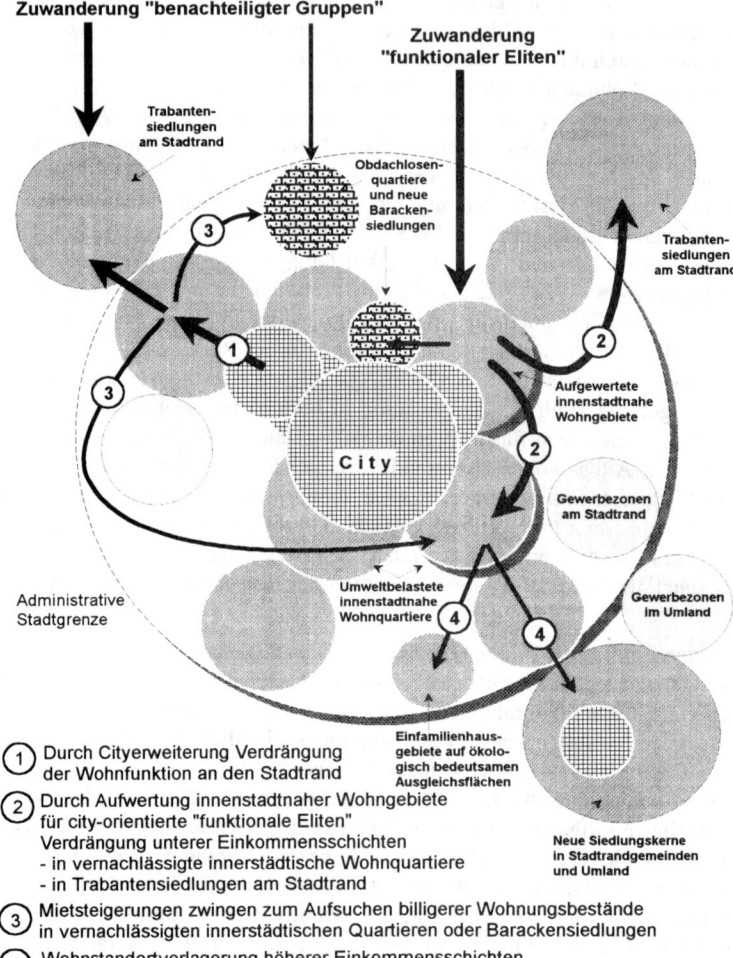

Zuwanderung "benachteiligter Gruppen"

Zuwanderung "funktionaler Eliten"

Trabanten-siedlungen am Stadtrand

Obdachlosen-quartiere und neue Baracken-siedlungen

Trabanten-siedlungen am Stadtrand

Aufgewertete innenstadtnahe Wohngebiete

City

Gewerbezonen am Stadtrand

Administrative Stadtgrenze

Umweltbelastete innenstadtnahe Wohnquartiere

Gewerbezonen im Umland

Einfamilienhaus-gebiete auf ökolo-gisch bedeutsamen Ausgleichsflächen

Neue Siedlungskerne in Stadtrandgemeinden und Umland

(1) Durch Cityerweiterung Verdrängung der Wohnfunktion an den Stadtrand

(2) Durch Aufwertung innenstadtnaher Wohngebiete für city-orientierte "funktionale Eliten" Verdrängung unterer Einkommensschichten
- in vernachlässigte innerstädtische Wohnquartiere
- in Trabantensiedlungen am Stadtrand

(3) Mietsteigerungen zwingen zum Aufsuchen billigerer Wohnungsbestände in vernachlässigten innerstädtischen Quartieren oder Barackensiedlungen

(4) Wohnstandortverlagerung höherer Einkommensschichten in randstädtische Einfamilienhausgebiete oder Umlandgemeinden

Literatur zu Abschnitt 7:

Autzen, R./ Becker, H.: Wohnungsbestandssicherung, Teil 2: Engpässe in der Wohnungsversorgung, Ein Städtevergleich, Berlin 1988

Ball, M.: Housing policy and economic power. The political economy of owner occupation. London/New York 1983

Ball, M./Harloe, M./Martens, M.: Housing and social change in Europe and the USA. London 1988

Bassett, K./Short, J.: Housing and residential structure. Alternative Approaches. London 1980

Borst, R./ Krätke, S./ Schmoll, F.: Stadterneuerung ohne Spekulanten. Ansätze zu einer sozialen Stadterneuerungspolitik in England und Holland, Alternativen für die Stadterneuerung in Berlin (W), Berlin 1982

Bourne, L.S.: The geography of housing, London 1981

Becker, H.: Wohnungsfrage und Stadtentwicklung. Strategien, Engpässe und Perspektiven der Wohnungsversorgung, Berlin 1989

Brede, H./ Kohaupt, B./ Kujath, H.-J.: Ökonomische und politische Determinanten der Wohnungsversorgung. Frankfurt/M. 1975

Czasny, K.: Vergleich der Wohnungspolitik in sechs europäischen Staaten, Wien 1987

Davies, O.A./Whinston, A.B.: The Economies of Urban Renewal, in: Wilson, J.Q. (Hg.): Urban Renewal, 4.Aufl., Cambridge 1973

Eekhoff, P./Sievert, O./Werth, G.: Bewertung wohnungspolitischer Strategien - Modernisierungsförderung versus Neubauförderung. Bonn 1979

Fuhrich, M.: Sicherung des Sozialmietwohnungsbestandes, Frankfurt-M. 1986

Glasauer, H./ Heinzel, W./ Ipsen, D.: Teilmärkte und Wirtschaftsverhalten privater Miethausbesitzer. Analysen zur Miethöhe, Instandhaltung und Renditesituation. Stuttgart 1979

Gude, S.: Privatmodernisierung in SO 36, Kreuzberg, (S.T.E.R.N. GmbH) Berlin 1989

Gude, S.: Diskriminierung auf dem Wohnungsmarkt, in: Norton, A./Novy, K. (Hg.): Soziale Wohnpolitik der 90er Jahre. Probleme und Handlungsansätze aus britisch-deutscher Sicht. Basel 1990

Güssow, W.: Zur Ökonomie städtischer Sanierungsgebiete. München 1976

Härtel, H.H.: Sind Wohnungen produktive Kapitalgüter ? in: Der langfristige Kredit, 36. Jg., Nr. 19, 1985

Hampe, A.: Die freie Mietpreisbildung, Stuttgart 1958

Heuer, J.H.B.: Lehrbuch der Wohnungswirtschaft, 2. Aufl., Frankfurt-M. 1985

Huke-Schubert, B. (Hg.): Wohnen morgen - Wohnungsbau in den 90er Jahren, Darmstadt 1990

Hunt, E.K./ Sherman, H.J.: Volkswirtschaftslehre, Einführung aus traditioneller und kritischer Sicht, Bd. 1 Mikroökonomie, Frankfurt-M./New York 1993.

INFRATEST: Sickereffekte verschiedener Formen der Wohnbau- und Bausparförderung. Bonn 1978

Ipsen, D.: Segregation, Mobilität und die Chancen auf dem Wohnungsmarkt. Eine empirische Untersuchung in Mannheim, in: Roscher, V. (Hg.): Wohnen. Beiträge zur Planung, Politik und Ökonomie eines alltäglichen Lebensbereiches, Hamburg 1983

Ipsen, D./Glasauer, H./Lasch, V.: Markt und Raum. Die Verteilungswirkungen wohnungspolitischer Subventionsformen im städtischen Raum. Frankfurt-M./New York 1986

Kapp, K.W.: Soziale Kosten der Marktwirtschaft. Das klassische Werk der Umweltökonomie. Frankfurt-M. 1979

Knauer, W.: Tragbare Mieten als wohnungspolitische Zielsetzung. Untersuchung ihrer Begründung, ihrer Wirkungen und Konsequenzen. Tübingen 1968

Krätke, S.: The future of social housing - problems and prospects of 'social ownership', in: International Journal of Urban and Regional Research, Vol. 13, No.2, London 1989

Krätke, S.: Ökonomie der Stadterneuerung, Ansätze und Perspektiven, in: Jahrbuch Stadterneuerung 1992, Berlin 1992

Kujath, H.J.: Regeneration der Stadt, Ökonomie und Politik des Wandels im Wohnungsbestand, Hamburg 1986

Leipert, C.: Die heimlichen Kosten des Fortschritts. Wie Umweltzerstörung das Wirtschaftswachstum fördert. Frankfurt/M. 1989

Leutner, B.: Wohnungspolitik nach dem 2.Weltkrieg. (Schriftenreihe Forschung des Bundesministers für Raumordnung, Bauwesen und Städtebau) Bonn 1990

Lowry, I.S.: Filtering and Housing Standards: a conceptual Analysis, in: Land Economics, Vol. 36, 1960

Lüde, R.v.: Die Nachfrage nach Wohnungen, Eine theoretisch-empirische Analyse. Göttingen 1978

McGuire, Ch.: International Housing policies. A comparative analysis. Lexington, Mass. 1981

Norton, A./Novy, K. (Hg.): Soziale Wohnpolitik der 90er Jahre. Probleme und Handlungsansätze aus britisch-deutscher Sicht. Basel 1990

Prigge, W./ Kaib, W. (Hg.): Sozialer Wohnungsbau im internationalen Vergleich, Frankfurt-M. 1988

Ratcliff, R.U.: Urban Land Economics. New York 1949

Salins, P.D.: The Ecology of Housing Destruction. New York 1980

Schubert, D.: Wohnungsbestand und Wohnungsneubau - oder warum neue Wohnungen nicht die "neue" Wohnungsnot lösen, in: Huke-Schubert, B. (Hg.): Wohnen morgen. Wohnungsbau in den 90er Jahren, Darmstadt 1990

Smith, W.F.: Housing. The social and economic elements, Berkeley/Los Angeles/London 1970

Wegner, E.: Die Bedeutung der Einkommensverteilung für den Wohnungsmarkt, in: Zeitschrift für Wirtschaft und Sozialwissenschaften, Heft 2, 1984

Westphal, H.: Die Filtering-Theorie des Wohnungsmarktes und aktuelle Probleme der Wohnungsmarktpolitik, in: Leviathan Nr. 4/78, Opladen 1978

Wynn, M. (Hg.): Housing in Europe. Beckenham, Kent 1984

Zinn, K.G.: Volkswirtschaftslehre, Eine einführende Darstellung, 2. Aufl., Aachen 1991

8. Bodenmarkt und städtische Raumnutzung

Grundrente und Stadtentwicklung

Die städtische Grundrentenbildung ist für das interne räumliche Gefüge der Stadt, für die Verteilung des Grund und Bodens auf konkurrierende Nutzungen von zentraler Bedeutung. Innerhalb des von Bauleitplänen gesetzten Rahmens wirkt die Grundrente als *ökonomisches Regulativ der Flächennutzung* in der Weise, daß ein Grundstück demjenigen Nutzer zufällt, der damit die höchste Rendite erwirtschaften kann oder über die notwendige "ökonomische Leistungsfähigkeit" verfügt, um andere Nachfrager zu überbieten. "Die dominante Steuerung der Grundstücksverteilung nach ökonomischer Rentabilität und ökonomischer Leistungsfähigkeit führt zu einer Nutzungszuordnung der Grundstücke, deren Konsequenzen einmal eine funktionale Segregation, andererseits eine soziale Segregation der Grundstücksnutzungen im Raum sind" (Fürst 1977, S.20). Darüberhinaus wirken die städtische Grundstücksverwertung und das Immobilienkapital als eine "Exekutive" für die Durchsetzung von stadträumlichen Umbauprozessen, deren sozialökonomische *Voraussetzungen und Triebkräfte* auf der *gesamtgesellschaftlichen* und inter-regionalen Ebene zu finden sind.

Die am städtischen (wie auch am agrarischen) Grundstücksmarkt gebildeten Bodenpreise repräsentieren nicht einen "Wert des Bodens", sondern werden auf die mit einem Grundstück erzielbare *Grundrente* zurückgeführt, d.h. auf eine dem Grundeigentümer zukommende regelmäßige Geldzahlung für die Nutzung des Bodens. Diese kann wie jede regelmäßige Geldeinnahme *kapitalisiert* werden (durch Multiplikation der mit einem Grundstück jährlich erzielbaren Grundrente mit dem Faktor 100/p, worin p gewöhnlich den marktüblichen Zinssatz für langfristige Kapitalanlagen darstellt). Aus diesem Betrag ergibt sich der Bodenpreis (der 'Basispreis' wird dann noch entsprechend der jeweiligen Marktkonstellation variieren). Ein Grundbesitzer wird beim Verkauf seines Bodens mindestens den Preis verlangen, der ihm, wenn er den entsprechenden Geldbetrag auf dem Kapitalmarkt anlegt, ein jährliches Zinseinkommen bringt, das in seiner Höhe der bisher bezogenen Grundrente entspricht. Der Bodenpreis repräsentiert also die kapitalisierte Grundrente, er stellt nicht den Preis des Bodens dar, sondern den "Kaufpreis für die Grundrente", die aus der ökonomischen Verwertung des Grundstücks bezogen werden kann. Seitdem Grundstücke ganz selbstverständlich wie eine Ware gehandelt werden, verschwimmt der Unterschied zwischen Grundstücksverwertung und Kapitalverzinsung: so erscheint dem Käufer eines Grundstücks die Grundrente, die er nach dem Kauf aus der Nutzung (z.B. Verpachtung, Vermietung) des Grundstücks erzielt, als "Verzinsung" des zum Grundstückskauf eingesetzten Kapitals.

Die städtische Grundrente stellt eine Transferzahlung an Grundbesitzer dar. Dieser Transfer kann aufgrund der gesellschaftlichen Monopolisierung der Verfügung über Grund und Boden, die der Basis-Institution des Privateigentums eigen ist, realisiert werden. So kann die Grundrente auch als ein "Tribut" an die gesellschaftliche *Institution* des privaten Grundeigentums charakterisiert werden. Die Geschichte der wissenschaftlichen Behandlung der Grundrente ist von Auseinandersetzungen über die *Legitimität* dieser Transferzahlung geprägt. Auf der einen Seite ist privates Grundeigentum als gesellschaftlich "parasitäre" Institution und die Aneignung von Grundrenten als "leistungsloses" Besitzeinkommen betrachtet worden - im Kontrast zur gesellschaftlich "produktiven" Verwertung von Industriekapital. Auf der anderen Seite sind privates Grundeigentum und Grundrente als gesellschaftlich notwendige Regulations- und Koordinations-Instanz für eine räumlich effiziente Produktion und Wertschöpfung legitimiert worden, als "Rationierungs-Instanz", durch die der *knappe Produktionsfaktor Boden* eine rationale, den produktiven Bedürfnissen der Gesellschaft adäquate Verwendung erhält. Neomarxistische Studien sind vielfach davon ausgegangen, daß die Grundrente einen Abzug vom Mehrwert darstelle und somit restriktiv auf die Profitabilität des Industrie-Kapitals wirke. So erschien die ökonomische Verwertung des privaten Grundeigentums als parasitär und für den modernen Kapitalismus dysfunktional.

Der amerikanische Wirtschaftsgeograph A. Scott hat dagegen betont, daß sich das Verhältnis von Grundrentenaneignung und Kapitalakkumulation historisch verändert habe: In der gegenwärtigen gesellschaftlichen Entwicklungsphase wirke die Grundrente nicht länger als Barriere oder Schranke für die Kapitalakkumulation. Vielmehr würden Grundrenten heute im kapitalistischen Sektor selbst akkumuliert und umgehend in den gesamten Strom der Kapitalanlagen weitergeleitet, wo sie zur fortgesetzten Anhäufung von Kapital (Akkumulationsprozess) beitragen (Scott 1980). Wenn die Grundstücksverwertung mehr und mehr in den gesamten Prozeß der Wertproduktion und Wertaneignung *integriert* und zu einer Kapitalanlagesphäre verselbständigt wird, ist zu vermuten, daß sie den Akkumulationsprozeß vornehmlich *unterstützt* und beschleunigt. Sie wirkt dann allerdings als Verstärker für *verselbständigte finanzwirtschaftliche* Akkumulationsprozesse. In diesem Sinne kann die moderne Grundstücksverwertung nach wie vor eine reale Schranke für die Entwicklung "produktiver" wirtschaftlicher Kräfte darstellen.

Theorien der städtischen Grundrente

Volkswirtschaftliche Theorieansätze zur *städtischen* Grundrente, die in Deutschland zu Anfang des Jahrhunderts (im Kontext einer breiten Bodenreform-Diskussion) und in den 20er Jahren vorgetragen worden sind, hatten die Frage nach der Gleichartigkeit oder Verschiedenartigkeit von agrarischer und städtischer Grundrentenbildung zum Ausgangspunkt ihrer Erörterungen gemacht. Dabei ließen sich zwei Positionen formulieren:

(a) A. Weber vertrat die These der Gleichartigkeit von "Ackerbodenrente" und "Baubodenrente". Agrarische und städtische Grundrente sind Weber zufolge gleichermaßen als Differentialrenten zu charakterisieren, die aus lagebedingten Kostenunterschieden bei gleichen Marktpreisen der hergestellten Produkte resultieren. "Für die Ackerbodenrente ist ebenso wie für die Baubodenrente die Lage von Bedeutung; Verschiedenheit der Lage bedeutet aber zugleich eine Verschiedenheit der Kosten, sei es positiver Kosten in Form von erhöhter Auslage für Transport, für Zeitverlust (..), oder negativer Kosten in Form von entgehendem Gewinne. (...) Im großen und ganzen darf man auch für die städtische Grundrente den Satz aufstellen, daß sie entsteht, weil bei verschiedenen Kosten die Preise gleich bleiben" (Weber 1904, 53). Diese Interpretation der städtischen Grundrente stützte sich auf Ricardo's *Differentialrenten*-Theorie. Die Möglichkeit der Grundrentenaneignung beruht danach zunächst auf den unterschiedlichen Standortqualitäten verschiedener Bodenflächen, die sich ökonomisch in (standortbedingten) Zusatzprofiten niederschlagen. Daß dieser Teil des Profits die Form einer Grundrente annehmen kann, beruht wiederum auf dem Privateigentum an Grund und Boden. Der standortbedingte Zusatzprofit würde in diesem Falle auch dann entstehen, wenn kein privates Grundeigentum existierte. Das bedeutet: zwischen den standörtlichen Voraussetzungen und den gesellschaftlichen Bedingungen der Aneignung von Rente ist zu unterscheiden. Die Entstehung standörtlicher Zusatzprofite, die als Differentialrente von Grundeigentümern angeeignet werden können, setzt auch voraus, daß der Produktpreis im Agrarsektor durch die auf den schlechtesten Böden bzw. am ungünstigsten Standort produzierten Güter bestimmt wird (sofern eine Produktion auf diesen Böden bzw. Standorten aufgrund der jeweiligen Nachfrageverhältnisse noch in Frage kommt). Die "Abschöpfung" der Differentialrente aus *Zusatzprofiten* bedeutet, daß diese Form der Grundrente nicht bestimmend in den Preis der landwirtschaftlichen Produkte eingeht, sondern ihn voraussetzt. Die Grundrente wird hier nicht durch Verteuerung des Produkts aufgebracht, sondern entsteht durch relative Kostenvorteile der Produktion bei günstigen Standorten bzw. Bodenqualitäten. Die agrarische Differentialrente bildet keinen eigenständigen Preisbestandteil, sondern ist Folge der Konstellation, daß einem einheitlichen allgemeinen Marktpreis unterschiedliche Erzeugungskosten gegenüberstehen. In der klassischen Formulierung bei Ricardo: "Der Getreidepreis ist nicht hoch, weil eine Rente entrichtet wird, sondern eine Rente wird bezahlt, weil der Getreidepreis hoch steht" (Ricardo 1972, 69).

A. Weber zufolge beruht die Grundrente für städtische Wohnnutzungen als "Differentialrente" auf lagebedingt differierenden "Wegekosten". Preisunterschiede der Bodennutzung für Wohnzwecke werden "umgerechnet" in lagebedingte Kostenersparnisse. Die Geschäfts-Bodenrente wird auf den Bereich des Handels bezogen und ebenfalls als Differentialrente interpretiert, wobei vor allem die relativ verminderten Kosten infolge rascheren Umsatzes herangezogen werden. "Der große Umsatz ist aber eine Folge der Lage, sie bedingt einen Extraprofit, eine Grundrente, ganz ähnlich wie beim ländlichen Ackerboden" (Weber 1908, 29).

(b) Im Kontrast zu A. Weber vertrat F.v. Wieser die These der *Verschiedenartigkeit* von agrarischer und städtischer Grundrente: "Bei der landwirtschaftlichen Grundrente sind die Preise der Produkte gegeben, während die Kosten für die verschiedenen Bodenklassen verschieden sind, bei der Stadtrente dagegen sind die Preise verschieden, die man für die Miete bewilligt, während die Kosten für die Bauausführung überall gleich gegeben sind" (v.Wieser 1924, 239). F.v. Wieser thematisiert hier das Verhältnis von Ackerbodenrente und städtischer Grundrente für *Wohnnutzungen*. Dieser Ansatz könnte ebenso auf städtische *Büronutzungen* übertragen werden: "Die städtische Grundrente wird durch Vermietung von Wohnungen und Geschäftsräumen bezogen. Sie ist jener Rest des durch Vermietung erzielten Reinertrages, welcher dem Boden als solchem zuzurechnen ist, nachdem der Zins für das verwendete und noch nicht amortisierte Baukapital abgezogen wurde" (v.Wieser 1924, 239). F.v. Wieser geht davon aus, daß in den schlechtesten städtischen Lagen in der Regel nur die "Kostenpreise" der Gebäudenutzung gezahlt werden, die (vereinfachend) dem Betrag der Bewirtschaftungskosten sowie der Abschreibung und Verzinsung der Baukosten entsprechen. Hinzu kommt stets ein minimaler Preisbestandteil für die Bodennutzung, der das Niveau der agrarischen Grundrente geringfügig übersteigt. Dieser minimale Preis für städtische Bodennutzung gilt v. Wieser als Bestandteil der Kostenmiete. In den schlechtesten städtischen Lagen werden also nur diese Kostenmieten oder "Mindestmietzinse" bezahlt werden müssen.

"Anders in den bevorzugten Lagen. Da deren Zahl eingeschränkt ist, wird nur ein Teil der gesamten Mieter auf ihnen Unterkunft finden können und es muß daher im Wettbewerbe entschieden werden, welche Mieter zuzulassen sind. Die Preistheorie belehrt uns über den Ausgang des Wettkampfes; diejenigen Mieter werden zugelassen werden, welche das stärkste Bedürfnis mit der größten Zahlungskraft vereinigen, aber um ihre Absicht zu erreichen, müssen sie ihre Zahlungskraft geltend machen und die anderen schwächeren Bewerber so ausgiebig überbieten, daß diese nicht mehr mitgehen können. Zu jenem ersten geringen Aufgeld, das der Bauherr bewilligen mußte, um die landwirtschaftliche Nachfrage zu überbieten, wächst infolge des inneren städtischen Wettbewerbs weiteres und

214

Städtische Grundrente
Formen der Grundrentenbildung in städtischen Wirtschaftsräumen

1. Die Differentialrente:

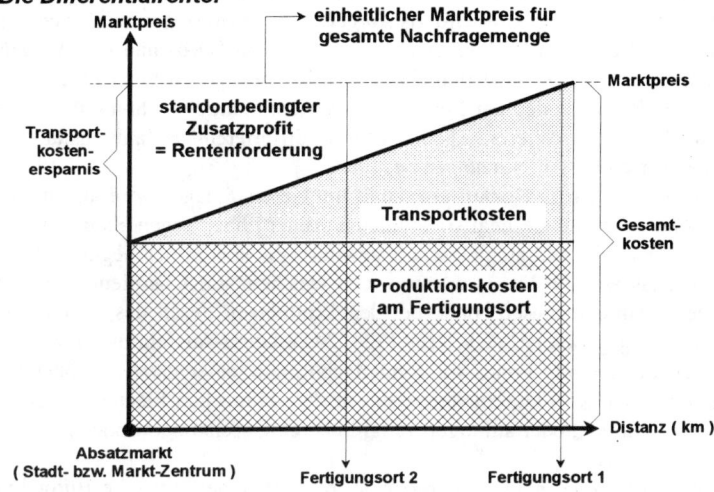

einheitlicher Marktpreis für gesamte Nachfragemenge

Marktpreis

Transportkostenersparnis

standortbedingter Zusatzprofit = Rentenforderung

Transportkosten

Produktionskosten am Fertigungsort

Gesamtkosten

Distanz (km)

Absatzmarkt (Stadt- bzw. Markt-Zentrum)

Fertigungsort 2   Fertigungsort 1

2. Die Monopolrente:

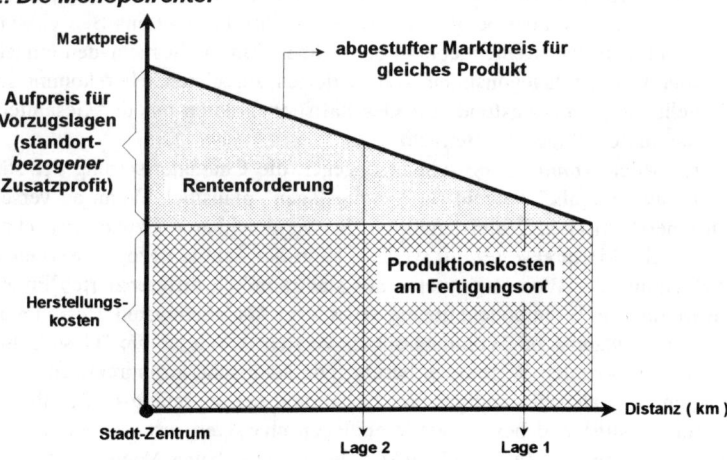

abgestufter Marktpreis für gleiches Produkt

Aufpreis für Vorzugslagen (standortbezogener Zusatzprofit)

Rentenforderung

Produktionskosten am Fertigungsort

Herstellungskosten

Distanz (km)

Stadt-Zentrum

Lage 2   Lage 1

weiteres Aufgeld hinzu, umsomehr, je günstiger und eingeschränkter die Lage ist und je zahlungskräftigere Schichten durch die Überbietung ausgeschlossen werden müssen. Aus diesen Überbietungen summiert sich die städtische Grundrente; die Stadtrente ist jener Teil des Mietzinses, der in den Vorzugslagen als Aufgeld über den Kostenpreis hinaus gegeben wird" (v.Wieser 1909).

Die städtische Grundrente wird als *Aufgeld für Vorzugslagen* charakterisiert. Sowohl die Mieter von Wohnungen als auch die von Büro- und Geschäftsräumen zahlen danach für die Bodennutzung einen lagebezogenen Preisaufschlag zu den sonstigen Bestandteilen der Miete. Die stadträumliche Schichtung der Grundrenten wird nach F.v. Wiesers Theorie von der differierenden Zahlungsfähigkeit *der Träger* verschiedener Nutzungen bestimmt.

Auch der verschärfte Konkurrenzkampf um Geschäftslagen wird als Grund dafür angesehen, daß die Geschäftsraummieten immer höher liegen als die Wohnungsmieten, weil "die erhöhten Geschäftsgewinne, die sich in den begünstigten Lagen erzielen lassen, den Fonds erhöhen, aus welchem die Überbietungen bestritten werden, während dieser Fonds bei den Wohnlagen durch das Einkommen der Mieter fest gegeben ist" (v.Wieser 1924, 241). Diese Ausführungen lassen offen, wieweit der erhöhte Fonds für Rentengebote auf einer *generell* höheren "Zahlungsfähigkeit" von Unternehmen, die in der städtischen Flächennutzungs-Konkurrenz auftreten, oder auf *lagebedingt* höheren Geschäftsgewinnen dieser Unternehmen basiert.

Bei den *multi-regionalen* Unternehmen, die z.B. innerstädtische Büro- und Geschäftsräume für ihre Direktions-, Finanz- und Verwaltungsfunktionen, und zugleich randstädtische oder periphere Flächen für ihre Produktions-Betriebsstätten nutzen, läßt sich der "Rentengebots-Fonds" überhaupt nicht mehr den einzelnen mehr oder weniger lagegünstigen Teilstandorten zurechnen. Hier kommt somit als "Quelle" des Zahlungsfonds für Geschäftsbodenrenten nur der Gesamtertrag des Gesamtunternehmens in Betracht.

Im Bereich der *Wohnnutzung* scheint dagegen die Charakterisierung der städtischen Grundrente als "Aufgeld für Vorzugslagen" plausibel. Wenn an verschiedenen innerstädtischen Wohnstandorten (bei vergleichbaren Baukosten) sehr unterschiedliche Mietpreise gezahlt werden, kann der Schluß gezogen werden, daß die Schichtung der Wohnungsmieten aus stadträumlich differenzierten Preisaufschlägen für die Wohnbodennutzung resultiert. Als wichtigsten Bestimmungsfaktor der Lagegunst im Wohnungssektor versteht v.Wieser die "Gesellschaftslage", die auf sozialen Wertungen beruht. Die städtische Grundrente für Wohnnutzungen kann als selbständiger Preisbestandteil der Wohnungsmiete, als "Aufgeld" für günstige und bevorzugte Wohnlagen charakterisiert werden, weil ihre Abstufungen von der Zahlungsfähigkeit der verschiedenen Mieterschichten bestimmt werden. "Die Teilmärkte des gesamten städtischen Wohnungsmarktes sind (.....) nicht nur in ihrem Stile, sondern auch in ihrem Umfang der bauliche

Ausdruck der jeweiligen Schichtung der städtischen Gesellschaft nach dem Maße ihrer Einkommensverteilung" (v.Wieser 1909, 14).

Beim städtischen Mietwohnungsangebot bestimmen privatwirtschaftliche Anbieter (Immobilien- und Wohnungsunternehmen) den "Preis für die Wohnnutzung"; sie produzieren sozialräumlich differenzierte Wohnstandorte durch die Aufstaffelung der Grundrenten- und Miethöhe nach der Zahlungsfähigkeit verschiedener Mieterschichten. Diese Staffelung von *Preisforderungen* schließt dann an vielen Wohnstandorten die Mieterschichten mit geringer Zahlungsfähigkeit aus.

Stadträumliche Verteilung von Nutzungen unter dem Regulativ der Grundrente

Im Mittelpunkt von Theoriebildungen der neueren Stadtökonomie steht die *Allokationsfunktion* der städtischen Grundrente, d.h. ihre Wirkung auf die Verteilung der verschiedenen Nutzungen im Stadtraum. Die raumstrukturierende Wirkung der Grundrentenbildung ist von W. Alonso anhand eines Modells von standörtlich verschieden profitablen Nutzungsarten verdeutlicht worden (Alonso 1974). Bei diesem in der Stadtökonomie und Wirtschaftsgeographie weitverbreiteten Basismodell wird ein System von Kurven konstruiert, die für verschiedene Nutzungsarten (oder Wirtschaftsaktivitäten) den charakteristischen Verlauf des Niveaus ihrer Bodenrentenpotentiale im städtischen Gesamtraum angeben. Das Modell selbst liefert keine *Erklärung* der Herausbildung einer räumlichen Nutzungshierarchie in den Städten, sondern eine Darstellung des Wirkungsprinzips der Grundrente bei der Verteilung unterschiedlicher Nutzungen im Stadtraum. Bedingungen, die die städtische Grundrentenbildung erklären, gehen als *Voraussetzungen* in das Modell ein (etwa die Vorstellung einer lagebedingten Rente). Ausgangspunkt ist hier der Zusammenhang zwischen Grundrentenniveau und Distanz zum Stadtzentrum, d.h. die Beobachtung, daß Grundrenten- und Bodenpreisniveaus mit zunehmender Entfernung vom Stadtzentrum fallen. Ausgangspunkt ist also das Bild vom städtischen "Bodenrenten-Kegel", das stark vereinfachenden Charakter hat, da städtische Bodenpreisgefüge empirisch mehr die unregelmäßigen Formen von Gebirgsgruppen aufweisen, d.h. nicht nur eine konzentrische Abstufung, sondern auch "Vorgipfel" (Nebenkerne) und erhöhte Rippen sowie sektorale Abstufungen zeigen. So bildet das städtische Bodenpreisgefüge eher ein gebirgsartiges, auch mit unregelmäßigen Spitzen versehenes Gewölbe mit zentralem Aufsatz und erhöhten Rippen. Dessen Unregelmäßigkeit korrespondiert z.B. mit der Wegeführung städtischer Verkehrsachsen, mit der Herausbildung von innerstädtischen Nebenzentren usw. "All diese Verzerrungen ändern aber nichts am entscheidenden Merkmal des städtischen Bodenmarktes, an der Tatsache, daß der Bodenpreis (Rente) eine inverse (i.d.R. negativ exponentielle) Funktion der Entfernung vom Stadtkern darstellt" (Richardson 1977, 68).

Alonso's Modellbildung geht von folgenden Bedingungen aus: Es wird eine monozentrische Stadt zugrundegelegt, deren Zentrum die beste Erreichbarkeit im Stadtraum bietet. Gewerblichen Nutzungsarten vermittelt diese optimale Erreichbarkeit nach Alonso erhöhte Umsätze bzw. gesteigerte Profite, während die Erreichbarkeitsbedingungen für Wohnnutzungen bzw. Hausaushalte hinsichtlich der "Wegekosten" von entscheidender Bedeutung sind. Dabei ist implizit vorausgesetzt, daß sich alle Arbeitsplätze im Stadtzentrum konzentrieren, so daß eine zentrumsnahe Wohnlage stets verringerte Wegekosten mit sich bringt. Für alle Nutzungsarten ist also nach Alonso eine möglichst zentrale Lage vorteilhaft. Sie werden daher für die Bodennutzung mit zunehmender Nähe zum Stadtzentrum eine steigende Grundrente bieten bzw. bezahlen können; gewerbliche Nutzungsarten im Verhältnis zu den wachsenden Zusatzprofiten, Wohnnutzungen im Verhältnis zur wachsenden Wegekostenersparnis. Das Grundrentenniveau wird folglich mit zunehmender Distanz zum Stadtzentrum mehr oder weniger stark fallen.

Für *verschiedene* Nutzungsarten wird sich aber eine je unterschiedliche Steigerung ihres Grundrentengebots zwischen Stadtzentrum und Stadtrand ergeben (d.h. *unterschiedlich steile* Rentengebots-Kurven), und *diese Differenzierung* führt im Rahmen der Flächennutzungskonkurrenz zur Herausbildung einer stadträumlichen Nutzungshierarchie. Das städtische Grundeigentum wirkt als Zuweisungsinstanz der Bodennutzungen: es läßt auf bestimmten Flächen nur diejenige Nutzung zu, die die höchstmögliche Grundrente abwirft; d.h. es sucht den Preis für die Bodennutzung im gesamten Stadtraum zu maximieren. Werden die unterschiedlich steilen Rentengebots-Kurven verschiedener Nutzungsarten übereinander projiziert, so ergibt sich eine Differenzierung stadträumlicher Zonen, in deren Bereich jeweils eine bestimmte Nutzungsart das höchstmögliche Rentengebot machen und damit die anderen Nutzungen niederkonkurrieren (überbieten) kann. Der Übergang von einer Nutzungszone zu einer anderen liegt in Alonso's Modell dort, wo sich die jeweils höchstgelegenen Rentengebots-Kurven schneiden. Das gesamtstädtische Grundrentenniveau verläuft im Resultat (siehe Grafik) entlang der oberen Hüllkurve der Rentengebote (d.h. Maximierung des Grundrentenaufkommens), und es kommt zur Herausbildung einer konzentrischen stadträumlichen Nutzungshierarchie.

Der Allokationsmechanismus der städtischen Grundrente kann auch "dynamisch" betrachtet werden: Im Zeitverlauf verdrängt dann die standörtlich profitablere Nutzungsart bei *Ausweitung ihrer Flächenansprüche* die minder profitable, oder eine Nutzungsart kann ihr *Grundrentenpotential* soweit steigern, daß sich ihre Rentengebots-Kurve im Stadtraum verschiebt und sie in einer *größeren Raumzone* die standörtlich profitabelste Nutzungsart darstellt (siehe zweite Grafik).

218

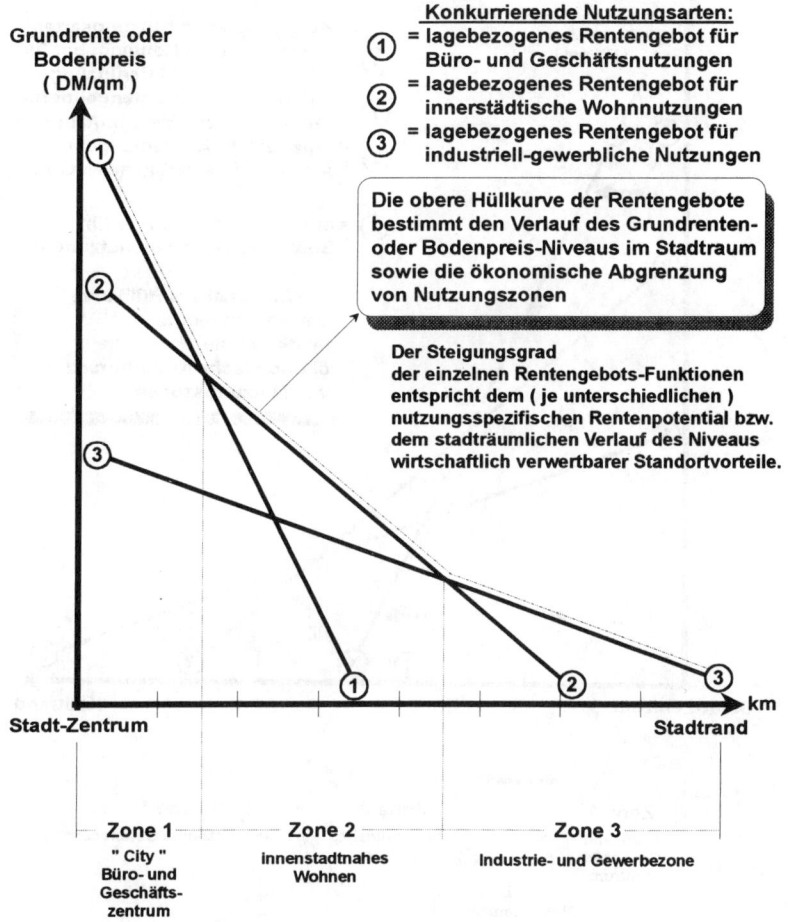

Städtischer Bodenmarkt
Modell zur Herausbildung innerstädtischer Nutzungszonen
unter dem Einfluß nutzungsspezifischer Rentengebote

Grundrente oder Bodenpreis (DM/qm)

Konkurrierende Nutzungsarten:
- (1) = lagebezogenes Rentengebot für Büro- und Geschäftsnutzungen
- (2) = lagebezogenes Rentengebot für innerstädtische Wohnnutzungen
- (3) = lagebezogenes Rentengebot für industriell-gewerbliche Nutzungen

Die obere Hüllkurve der Rentengebote bestimmt den Verlauf des Grundrenten- oder Bodenpreis-Niveaus im Stadtraum sowie die ökonomische Abgrenzung von Nutzungszonen

Der Steigungsgrad der einzelnen Rentengebots-Funktionen entspricht dem (je unterschiedlichen) nutzungsspezifischen Rentenpotential bzw. dem stadträumlichen Verlauf des Niveaus wirtschaftlich verwertbarer Standortvorteile.

km

Stadt-Zentrum   **Stadtrand**

Zone 1 ————— Zone 2 ————— Zone 3 —————
" City "   innenstadtnahes   Industrie- und Gewerbezone
Büro- und   Wohnen
Geschäfts-
zentrum

219

Städtischer Bodenmarkt
Modell zur *Verschiebung* innerstädtischer Nutzungszonen unter dem Einfluß *veränderter* Rentengebots-Funktionen

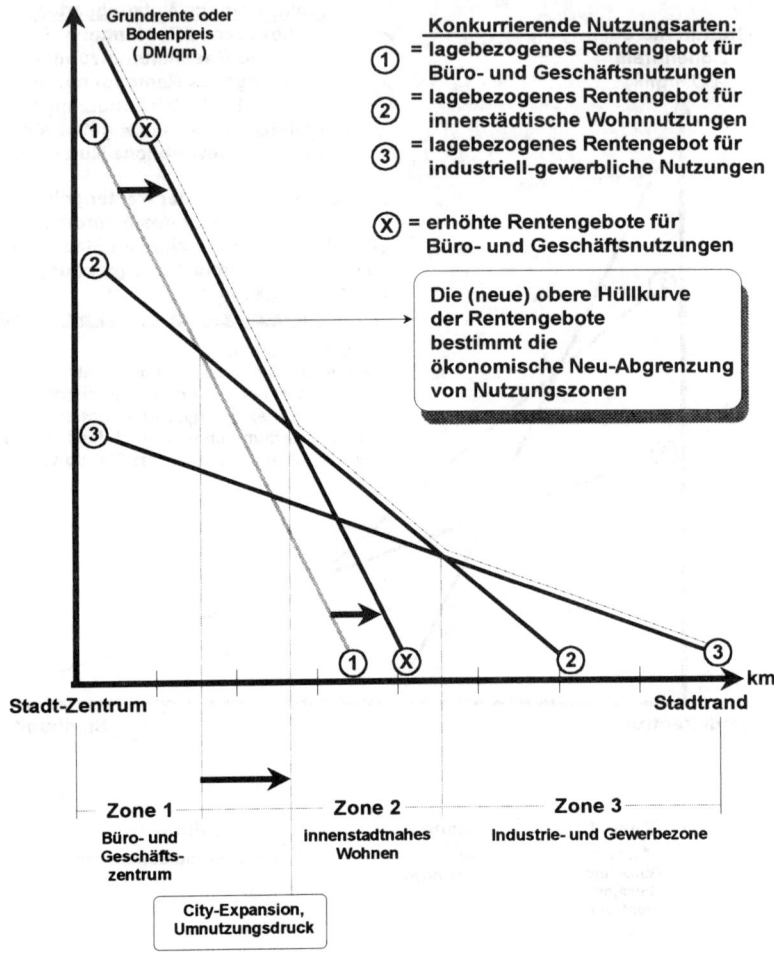

Grundrente oder Bodenpreis (DM/qm)

Konkurrierende Nutzungsarten:

(1) = lagebezogenes Rentengebot für Büro- und Geschäftsnutzungen

(2) = lagebezogenes Rentengebot für innerstädtische Wohnnutzungen

(3) = lagebezogenes Rentengebot für industriell-gewerbliche Nutzungen

(X) = erhöhte Rentengebote für Büro- und Geschäftsnutzungen

Die (neue) obere Hüllkurve der Rentengebote bestimmt die ökonomische Neu-Abgrenzung von Nutzungszonen

km

Stadt-Zentrum

Stadtrand

Zone 1
Büro- und Geschäfts-zentrum

Zone 2
innenstadtnahes Wohnen

Zone 3
Industrie- und Gewerbezone

City-Expansion, Umnutzungsdruck

Das beschriebene Modell zur Wirkungsweise des Bodenmarktes ist in der Stadtökonomie und stadtbezogenen Wirtschaftsgeographie weitverbreitet, obgleich die
gesellschaftlichen Bedingungen städtischer Grundrentenbildung darin ausgeblendet sind. Alonso's Modell konzentriert sich auf das Verhältnis von Grundrente
und Erreichbarkeitsbedingungen. Für Geschäfts-Bodennutzungen wird angenommen, daß sich günstige Erreichbarkeitsbedingungen in Zusatzprofite umsetzen
und *diese* als Quelle des Grundrentenpotentials (bzw. Rentengebots) anzusehen
sind. Es ist allerdings fraglich, ob städtische Büro- und Geschäftsnutzungen heute
ihr Grundrentenpotential aus *standortbedingten* Zusatzprofiten schöpfen. Die
Grundrentenbildung für Wohnnutzungen führt Alonso (wie viele andere Stadtökonomen) auf Wegekostenersparnisse in unterschiedlichen Wohnlagen zurück.
Danach wird die Wohn-Bodenrente "mit der Entfernung von der Stadtmitte in
einem gerade ausreichenden Verhältnis fallen, so daß ein Einkommenseffekt erzeugt wird, der die zur Befriedigung des Konsumenten höheren Transportkosten
und den Nachteil eines längeren Anreiseweges miteinander ausgleicht" (Alonso
1975, 61). Je besser die Erreichbarkeit (des Stadtzentrums), umso größer die
Wegekostenersparnis und umso größer das Rentengebot der Privathaushalte.
"Lagevorteile" hinsichtlich der Erreichbarkeit des Stadtzentrums sind für Alonso
substituierbar durch verringerte Bebauungsdichte bzw. vergrößerte Grundstücks-
fläche (die der einzelne Haushalt einnimmt). Damit soll die Standortorientierung
eines Teils der zahlungskräftigen Haushalte auf Stadtrandlagen erklärt werden.
Die "Substitutionshypothese", wonach die für Wohnnutzungen gezahlte Grundrente Transportkosten oder Wegekosten ersetzt, beruht auf der Annahme, daß
sich alle städtischen Arbeitsplätze und Kaufgelegenheiten im Stadtzentrum konzentrieren. Diese Voraussetzung ist empirisch unhaltbar: Tatsächlich verteilen
sich die Arbeitsplätze auf ganz verschiedene städtische Raumzonen (sowohl im
Zentrum als auch in Randzonen). Dies bedeutet: in gegebener Wohnlage wird das
gleiche Grundrentenniveau von Haushalten getragen, die an ganz unterschiedlichen Standorten ihre Arbeitsplätze und dementsprechend unterschiedlich hohe
Wegekosten haben. Daher kann ein vom Stadtzentrum nach außen hin abfallen-
des Grundrentenniveau nicht einfach als Ausgleich für steigende Wegekosten erklärt werden. Der Einfluß von Wegekosten auf das innerstädtische Grundrenten-
gefüge ist folglich stark zu relativieren.
Alonso's Modellbildung zum Verhältnis von Grundrente und Stadtstruktur wird
in der neueren Stadtökonomie häufig einer *apologetischen* (d.h. die bestehenden
Verhältnisse rechtfertigenden) Gesamtinterpretation unterworfen, und zwar mit
der Behauptung, daß das Regulativ der Grundrente die städtischen Grundstücke
ihrer jeweils "höchstwertigen oder besten" Nutzung zuführe. Damit erhält die für
Grundeigentümer und das Immobilienkapital einträgliche Grundstücksverwertung
eine Rechtfertigung, deren Verfahren einfach darin besteht, die jeweils profitabelste Grundstücksverwendung mit der "ökonomisch sinnvollsten" Verwendung

gleichzusetzen, und letztere implizit als die gesellschaftlich sinnvollste und daher wünschenswerte Verwendung umzuinterpretieren. So wird die gesellschaftliche Problematik der vom Grundrentenniveau regulierten Flächennutzungskonkurrenz elegant beiseite geschoben, d.h. ihre enormen "sozialen Kosten", die mit einer höchstmöglichen Flächenausnutzung verbundenen Umweltbelastungen, und die (häufig großangelegte) Entwertung und Zerstörung funktionsfähiger städtischer Raumgefüge im Zuge von Strategien zur Maximierung des Rentenaufkommens. Bezieht man darüberhinaus die *Monopolrenten* ein, die in städtischen Raumgefügen ein besonderes Gewicht erhalten können und die im Falle von Wohnnutzungen die Lebenshaltungskosten der Mieterhaushalte "künstlich" verteuern, so kann bezweifelt werden, daß die Grundrentenmaximierung generell ein "ökonomisch sinnvolles" Regulativ darstellt.

Städtischer Bodenmarkt und aktuelle Veränderungen des Immobiliengeschäfts

Die städtische Grundstücksverwertung hat in der Gegenwart ein Stadium erreicht, wo der Boden *als reine Finanzanlage* behandelt und als "fiktives" Kapital verwertet wird: "Fiktives Kapital" beinhaltet Eigentumstitel über *zukünftige* Erträge und Einkommen. So können z.B. Aktien verkauft werden, bevor irgendeine reale Produktionsaktivität angelaufen ist; die Aktienkäufer erwerben einen Anspruch auf Anteile künftiger Produktionserträge. Das heutige Kreditsystem umfasst die großangelegte Schaffung "fiktiver" Formen des Kapitals, und mit den Geschäftsaktivitäten in diesem Bereich können große Kapitalien schnell zwischen Sektoren, Branchen und Regionen verschoben werden. Auf dieser Basis können *jegliche* Eigentumstitel über zukünftige Erträge als Ware gehandelt werden. Im Falle von Grundstücken wird ein Anspruch auf Grundrenten-Erträge gekauft und verkauft. Jedes regelmäßig und dauerhaft bezogene Einkommen läßt sich "kapitalisieren", als "Verzinsung" eines imaginären Kapitals betrachten, und ebenso kann die Grundrente als Zins auf ein vom Grundstück repräsentiertes Kapital (in Höhe der Kaufpreissumme oder des aktuellen "Verkehrswertes") angesehen werden. Bei dieser Sichtweise wird zwischen den vielfältigen Anlageformen zinstragenden Kapitals kein Unterschied mehr gemacht. So können auch Eigentumstitel über Grundstücke zu einer Form "fiktiven" Kapitals werden, die sich im Prinzip nicht mehr von Aktien und Wertpapieren aller Art unterscheidet. Der Boden wird dabei als reine Finanzanlage behandelt.

Sobald Grundstücke als reine Finanzanlagen behandelt werden, kann ihre Verwertung auch flexibler bzw. "beweglicher" reguliert werden. Die Preisbildung für

Grundstücke bezieht sich dann immer weniger auf das aktuell erzielte Grundrentenniveau, sondern auf antizipierte, *künftig* erzielbare Grundrenten. Dabei verliert Grundeigentum seine ehemals passive Funktion und wird auf die Maximierung des Rentenaufkommens orientiert. Dazu dient der Umbau der Städte in Form der Neuschaffung von baulich-räumlichen Arrangements, die das höchstmögliche Grundrentenpotential versprechen. Strategien zur Steigerung zukünftig erzielbarer Renten beinhalten immer ein "spekulatives" Moment. Dies kann sich im Rahmen der beweglicher gewordenen Grundstücksmärkte unter Umständen *verselbständigen* zu großangelegten Spekulations-Geschäften, die auch bei anderen Formen des fiktiven Kapitals verbreitet sind (hier: Finanzspekulationen aller Art).

Historisch-"institutionelle" Voraussetzung für die Verwandlung des städtischen Grundeigentums in eine reine Finanzanlage ist die Zurückdrängung von *traditionalen* Grundeigentümerstrukturen, die aus unterschiedlichen Motiven (wie z.B. Selbstversorgung, Alterssicherung, Bestandserhaltung lokaler Qualitäten) den Gebrauchswert von städtischen Grundstücken höherstellen als die maximale Grundstücksverwertung. Traditionale Eigentümer sind aus den Städten bis heute keineswegs verschwunden, aber der Prozess ihrer Zurückdrängung hat sich in der Phase des gesellschaftlichen Formationswandels seit den 70er Jahren *intensiviert*, besonders in den einem Investitionsdruck ausgesetzten innerstädtischen Gebieten. Der *städtische* Grundbesitz befindet sich heute zunehmend in Händen von Finanzinstitutionen (Banken, Versicherungen), Großunternehmen aller Art, und spezialisierten Immobilienunternehmen; hinzu kommt eine höchst heterogene Gruppierung von Kleineigentümern, die von traditionellen Handwerksbetrieben über Eigenheimbesitzer bis hin zu Miethaus-Rentiers und "kleinen" Spekulanten reicht. Indem das Grundeigentum mehr und mehr von modernen Unternehmen übernommen wird, findet eine Integration von Kapital- und Grundstücksverwertung statt.

Heute ist ein Stadium erreicht, wo der Erwerb von Grundbesitz vorwiegend die Wahl einer Finanzanlage bedeutet, die in ein Gesamt -"Portfolio" aus Aktienbesitz, Unternehmensbeteiligungen, Staatsschuldpapieren und sonstigen Finanzanlagen einfließt, und zu einem Bestandteil des modernen unternehmerischen Managements von Portfolio-Investitionen wird. Die Behandlung von Grundstücken als reine Finanzanlage bedeutet auch, daß die größeren Bauprojekte (insbesondere Büro- und Geschäftskomplexe) in den metropolitanen Zentren des Städtesystems häufig nur wenig mit der örtlichen Bedarfslage hinsichtlich bestimmter Nutzflächen zu tun haben, sondern primär als "gebaute Renditeerwartungen" anzusehen sind.

Die ganze Entwicklung kulminiert in der *Internationalisierung* von Immobilienkapital und Grundstücksverwertung: dabei werden städtische Grundstücke (vor allem für Bürokomplexe, Geschäftszentren und Luxus-Wohnanlagen) unter der Vermittlung international agierender Immobilien-Unternehmen *transnational* gehandelt und verwertet. Im Zuge der Internationalisierung von Produktion und Kapitalverwertung legen sich Großunternehmen und Banken *auch international gestreuten* Immobilienbesitz als Finanzanlage oder "portfolio investment" zu. Damit korrespondierend entwickelt sich eine Internationalisierung der mit Immobilienhandel und -finanzierung beschäftigten Unternehmen. Nach Schätzungen des "Bundesverbandes Deutscher Investmentgesellschaften" ist der Anteil ausländischer Investoren an gewerblichen Immobilien in der Bundesrepublik Deutschland auf bis zu 20% angewachsen. Die Verwertung lokaler Produktions- und Reproduktionsbedingungen wird somit zunehmend *überlokal reguliert.*

Heute stärkt die erhöhte Mobilität des Kapitals zwischen den Anlageformen eine globale Verselbständigung der finanzwirtschaftlichen Verwertungssphäre, und die städtische Grundstücksverwertung bildet darin einen wichtigen *Bestandteil:* Je mehr Kapitalgruppen sich in Grundstücksgeschäften engagieren und aktiv die Maximierung des Rentenaufkommens betreiben (sowie dessen Rückfluss in die Kapitalzirkulation organisieren), umso mehr stärkt die Kapitalanlage in Immobilien und Grundstücken die Verselbständigung der Finanzanlagesphäre bzw. einen von realen Produktionsaktivitäten abgekoppelten "sekundären Kapitalkreislauf" (Harvey 1985). Die Ausweitung von Immobiliengeschäften trägt dazu bei, im Unternehmenssektor den Anreiz zu einer "produktiven" Investitionstätigkeit untergraben (anschauliche Beispiele hierfür geben Privatisierungsaktionen der "Treuhand", in deren Verlauf zahlreiche lebensfähige Industriebetriebe zwecks Höherverwertung der Betriebsgrundstücke vernichtet wurden). Darüberhinaus fördern Bestrebungen zur maximalen Grundrentenaneignung die *räumlich selektive* Konzentration von Investitionen im Städtesystem, mit der Konsequenz, in den benachteiligten Gebieten funktionsfähige Raumstrukturen zu *entwerten.* Die räumliche Verschiebung von Zentren der Kapitalakkumulation wird insofern auch von Bestrebungen beeinflußt, eine maximale Grundstücksverwertung durch die *Schaffung "privilegierter" Standorte* zu erzielen.

Die Integration von Kapital- und Grundstücksverwertung kann zu einer Beschleunigung oder Intensivierung des Stadtumbaus führen: moderne Immobilienverwerter sind andauernd bestrebt, den Boden seiner jeweils "höchsten und besten" Nutzung, d.h. einer höchstmöglichen Verwertung zuzuführen. So spielt die Grundstücksverwertung eine aktive Rolle bei der *Hierarchisierung* städtischer Nutzungsgefüge. Wenn Strategien zur Maximierung des Rentenaufkommens den Grundstücksmarkt beherrschen und die Bodenpreisbildung der höchstmöglichen *künftig* erzielbaren Grundrente folgt, ist jeder unternehmerische Grundstückserwerb mit dem *Zwang* verbunden, anschließend die Nutzungsform mit dem jeweils höchstmöglichen Rentenpotential *faktisch* zu realisieren. Zur aktiven Konstruktion von neuen baulich-räumlichen Arrangements mit höchstmöglichem Rentenaufkommen gehört auch eine gezielte *Produktdifferenzierung.* Sie umfasst einerseits den Neubau von "attraktiven" innerstädtischen Bürokomplexen, die sich vom überkommenen Angebot weniger in ihren funktionalen als in *symbolischen* Qualitäten abheben, und von ihrer differenzierteren baulichen Gestaltung auf verstärkte Repräsentationsbedürfnisse der führenden Unternehmen zugeschnitten sind. Diese Tendenz kulminiert an bestimmten Orten in einem "Wolkenkratzer-Boom". Andererseits umfasst die Strategie baulich-räumlicher Produktdifferenzierung im Kontext einer gesellschaftlichen Hierarchisierung von Konsummustern auch die Konstruktion "segregierter symbolischer Räume" durch aktives *Immobilien-Marketing*. Dies hat z.B. im Rahmen von Gentrifizierungs-Projekten größte Bedeutung: um die Kaufkraft ganz bestimmter zahlungskräftiger Schichten anziehen zu können, wird zunehmend eine aktive projektbezogene Werbungs- und Vermarktungsstrategie eingesetzt, die den Leuten suggeriert, es würden *einzigartige* Räume für die spezielle Nachfragergruppe geschaffen. Dabei hat sich das für Gentrifizierungs-Projekte zu konstruierende baulich-räumliche Ambiente längst international standardisiert.

Wachsende Aneignung von Monopolrenten im Städtesystem

Frühere Arbeiten zum städtischen Bodenmarkt waren häufig von einer *einzelwirtschaftlichen* Betrachtungsweise geprägt, die zur Erklärung heutiger städtischer Entwicklungsprozesse immer weniger angebracht scheint. Man fragte z.B. danach, in welcher Form Handelsunternehmen oder Industrieunternehmen Grundrenten erwirtschaften, und untersuchte nach betriebswirtschaftlichen Kriterien die Möglichkeiten zur Erzielung standörtlicher Kostenvorteile, die sich den *Betriebsstätten* von Handel oder Industrie bieten. Der Verwertungsprozess des Kapitals ist aber im Rahmen der zunehmend bedeutsameren "multi-regionalen" Unternehmen nicht mehr eindeutig dem Produktionsprozeß einzelner Betriebsstätten zuzurechnen. So müßte man heute davon ausgehen, daß (a) der Kapitalverwertungsprozeß zunehmend überlokal und transnational organisiert wird, und daß damit (b) eine zunehmende *Entkopplung* von Kapitalverwertungsprozeß und "realem" Produktionsprozeß stattfindet. Dies gilt sowohl im nicht-räumlichen Sinne, da auf gesellschaftlichem Maßstab eine fortschreitende Verselbständigung von Finanzanlagen gegenüber "Real"-Investitionen zu verzeichnen ist, als auch in räumlichen Bezügen: Die führenden Unternehmen sind heute "multi-regional" organisiert, so daß sie differenzierte Standortbedingungen flexibel nutzen können, und zwar *auf allen räumlichen Ebenen* bis hin zur weltweiten Standortverteilung ihrer Betriebsstätten. Es kann nicht ohne Bedeutung für die Stadtökonomie bleiben, wenn der Kapitalverwertungsprozeß nicht vom Standort der einzelnen Betriebsstätte, sondern vor allem von der optimalen *standörtlichen Verteilung* der verschiedenen Funktionsabteilungen und Betriebsstätten von Großunternehmen beeinflußt wird. Die Konsequenz ist: der Verwertungsprozeß eines Kapitals voll-

225

zieht sich *standortübergreifend*, d.h. er kann den einzelnen Teil-Standorten nicht mehr zugerechnet werden.

Im Zuge dieses Prozesses wächst vor allem in den metropolitanen Zentren des Städtesystems das "Gewicht" und die Flächenansprüche von *Büronutzungen*, die die wirtschaftlichen Kommandofunktionen und deren "Hilfsdienste" umfassen, ebenso wie die Bedeutung und der Flächenanspruch von gehobenen Wohnnutzungen zur Unterbringung der in diesen Bereichen Erwerbstätigen. Damit wächst auch das für diese Nutzungsarten spezifische Grundrentenaufkommen, die *Monopolrenten*. Die räumliche Orientierung von Büronutzungen folgt Standortqualitäten, die sich *nicht* mehr in betriebswirtschaftliche Kostenvorteile oder Möglichkeiten zur Beschleunigung des Kapitalumschlags auflösen lassen. Daher wird das Grundrentenaufkommen dieser Nutzungen in zunehmendem Maße von der Zahlungsfähigkeit der dahinterstehenden Unternehmen bestimmt. Ein so bestimmtes Grundrenten-Potential beinhaltet der Form nach eine Monopolrente. Bei den in die Innenstädte der metropolitanen Zentren des Städtesystems drängenden Wirtschaftsaktivitäten handelt es sich besonders im Falle von Unternehmens-Hauptquartieren und Finanz-Zentralen um Nutzungen, deren Produktivität, Profitabilität und Renten-Zahlungsfähigkeit nicht direkt gemessen und ebensowenig dem (Einzel-) Standort eindeutig zugerechnet werden kann. Dies *erweitert den Verhandlungsspielraum bei Grundstücksgeschäften* und damit die Fähigkeit der Grundeigentümer, Monopolrenten zu realisieren, die in keinem Verhältnis zu den betriebswirtschaftlichen Standortvorteilen eines Grundstücks stehen. Monopolistische Preisdifferenzierungen können darüberhinaus auf dem städtischen Grundstücksmarkt im Kontext einer zunehmend kleinteiligen Ausdifferenzierung von "neuen Räumen der Konsumtion" (z.B. exklusive Ladenpassagen und Inseln der Gentrifizierung) *aktiv konstruiert* werden, da es sich um Nutzungen handelt, für die das "Prestige" oder die symbolische Bedeutung des Raums größten Stellenwert erhalten. Solche prestigeträchtigen Inseln können im Stadtraum durch bauliche Aufwertungsstrategien und aktives Marketing geschaffen werden, und dabei Monopolrenten realisierbar machen, die wiederum in keinem Verhältnis zu den materiellen Standortvorteilen eines Grundstücks stehen.

Monopolrenten *zweierlei Form* können in verstädterten Gebieten realisiert werden: Die erste Form basiert darauf, daß städtische Raumgefüge die vielfältigsten Gelegenheiten zur Schaffung von Inseln mit "einzigartiger" Standortqualität bieten. Die Konstruktion von prestigeträchtigen baulich-räumlichen Arrangements ermöglicht die Aneignung von *speziellen* Monopolrenten. Die zweite Form der Monopolrente basiert auf der Fähigkeit privater Grundbesitzer, für städtische Grundstücke Preise zu veranschlagen, die nicht mehr in *ökonomisch* kalkulierbare Standortvorteile umgerechnet werden können und *insofern* als Monopolpreise zu betrachten wären, die von der Zahlungsfähigkeit und -bereitschaft der Nachfrager bestimmt sind. Große internationale Unternehmen z.B. verfügen über eine weit höhere Renten-Zahlungsfähigkeit als Unternehmen, die nur auf der lokalen oder regionalen Ebene operieren, können diese in der Standortkonkurrenz stets "überbieten". Flächenansprüche von Unternehmensaktivitäten, deren Wirtschaftskraft und Renten-Zahlungsfähigkeit auf überregionaler oder internationaler Ebene bestimmt wird, steigern das Monopolrenten-Aufkommen in den bevorzugten Zentren und akzentuieren damit die Hierarchisierung der Grundstücksmärkte im gesamten Städtesystem.

Wenn im Zuge der heutigen Restrukturierung der Städte immer höhere Monopolrenten angeeignet werden, gerät der Unternehmenssektor unter den Druck, sich stärker im Bereich der städtischen Grundstücksverwertung zu engagieren. Insofern kann die wachsende Aneignung von Monopolrenten die Veränderung von Investitions-*Strukturen* beeinflussen, in Richtung auf eine beschleunigte Verselbständigung der finanzwirtschaftlichen Verwertungssphäre. Hierin liegt einer der Gründe für die Befürchtung, daß mehr und mehr Kapital in "unproduktiven" Immobilien- und Grundstücksgeschäften zirkuliert und so den "realwirtschaftlichen" Produktionsaktivitäten entzogen wird.

Veränderungen der städtischen Grundstücksverwertung

Integration von Grundstücks- und Kapitalverwertung:
- durch institutionelle Verschmelzung
- durch Innovation des Immobilien-Management: Boden als reine Finanzanlage

Konsequenzen in der Volkswirtschaft:
- Stärkung verselbständigter Finanzanlage-Strategien
- Verlagerung "überschüssigen" Kapitals in den städtischen Immobiliensektor

Konsequenzen für die Stadtentwicklung:
1. Internationalisierung / externe Regulation des städtischen Immobiliensektors
2. Druck zur Maximierung städtischer Grundrenten:
- durch Neuschaffung "privilegierter" Standorte
- durch Neuschaffung "segregierter symbolischer Räume"
  (Produktdifferenzierung und Immobilienmarketing)
3. Wachsende Aneignung von Monopolrenten:
- Rentengebote multi-regionaler Unternehmen auf Basis
  raumübergreifender Verwertung
- Verselbständigung des Grundrenten-Niveaus von lokalen Standortqualitäten
4. Destabilisierung vorhandener stadträumlicher Gefüge

Vom Immobilienboom zur Immobilienkrise

Das Immobiliengeschäft entwickelt sich in Wellen. Dies betrifft in der Gegenwart vor allem den Bau und die Verwertung von Büro- und Geschäftskomplexen in den metropolitanen Zentren des Städtesystems. Sobald sich das Immobilienkapital auf eine Stadt als "besonders entwicklungsfähiges" Standortzentrum konzentriert (z.B. auf Hamburg im Zuge der Realisierung des EG-Binnenmarktes, oder auf Berlin im Zuge des erwarteten Funktionsgewinns als Hauptstadt, usw.), wird ein "Immobilienboom" in Gang gesetzt (Expansion von Büro- und Geschäftsbauten, Zweckentfremdung von Wohnraum, Preisanstieg für gewerbliche Nutzungen aller Art), der - wie die lange Geschichte der periodischen "Grundstückskrisen" im Städtesystem zeigt - über kurz oder lang stets eine "Immobilienkrise" herbeiführt. Sie äußert sich z.B. in einem Überangebot an Büroflächen und darin, daß die im Boom kalkulierten (spekulativen) Mietpreisforderungen für Büro- und Gewerberaum am Markt nicht mehr durchsetzbar sind. *Jeder einzelne* Investor geht für sich davon aus, daß *sein* spezielles Immobilienprojekt absetzbar bzw. vermietbar sein wird, und die vorauskalkulierten Preise erzielt werden können. Alle Investoren zusammen produzieren dabei ohne Rücksicht auf das Gesamtergebnis regelmäßig ein Überangebot. Die herkömmliche Stadtentwicklungspolitik setzt dem gewöhnlich nicht nur nichts entgegen, sondern glaubt im Interesse "der Stadt" dem Immobilienboom auch noch unterstützend beistehen zu müssen. Das Ergebnis jedes Immobilienbooms sind *Bürohalden*, die in vielen Fällen an die Stelle ehemals funktionsfähiger Nutzungsstrukturen getreten sind. So erzeugt das Immobiliengeschäft auch "Wellen" der Stadtzerstörung.

Im Zuge der deutschen Wiedervereinigung hat die Immobilienbranche seit 1989 auf einen anhaltenden Boom im Büro- und Gewerbesektor der Ballungszentren gesetzt, und immer neue Büro-, Gewerbe- und Geschäftskomplexe errichten lassen. Nach 4 Jahren ist damit eine "neue" Immobilienkrise herbeigeführt worden. So berichtet der Spiegel im Herbst 1993: » Ohne Hast werkeln die Handwerker am Innenausbau des 'Neuen Dovenhofs', eines 25.000 -Quadratmeter-Komplexes in der Hamburger City. Der Bauherr, der Frankfurter Immobilienfonds Degi, drängt nicht zur Eile: Mieter sind ohnehin kaum zu finden. Es geht derzeit gemütlich zu bei der Fertigstellung von Bürohäusern. 'Die Bauten werden über ein paar Monate gestreckt', beobachtete Michael Fritz, Hamburg-Chef des britischen Großmaklers Jones Lang Wootton. 'Und viele, die in diesem Jahr bauen wollten, fangen erst Ende 1995 damit an.' In Hamburg stehen derzeit rund 350.000 Quadratmeter Bürofläche leer, in Berlin sind es über 100.000, in Frankfurt 250.000. Während überall Wohnungen fehlen, gibt es Büros, Supermärkte und Lagerhallen im Überfluß. In der Wiedervereinigungs-Begeisterung wurden in den Ballungszentren, vor allem in Berlin, Hamburg und Frankfurt, Bürohäuser hochgezogen. In Berliner Spitzenlagen - wie 'Unter den Linden' - schossen die

Grundstückspreise in einem Jahr von 12000.- auf 25000.- Mark pro Quadratmeter hoch. Für Büros in exquisiter Lage, so glaubten Spekulanten, würden sie Mieten von 100 bis 120 Mark pro Quadratmeter kassieren können. Die Spitzenmieten liegen in Berlin bei 65 Mark. Büros in bester Lage sind derzeit auch für die Hälfte zu haben. Zwei Jahre zuvor, auf dem Höhepunkt des Booms, stiegen nach einer Erhebung des Rings Deutscher Makler die Büromieten in den Großstädten um durchschnittlich 15 Prozent. Mit der Rezession fielen die Preise. Fast überall haben sich die Bauträger und Spekulanten überhoben. « (Der Spiegel, Nr. 44/1993, S.128). In vielen Städten der neuen Bundesländer sind zwar Büroflächen nach wie vor knapp, doch müssen auch hier die Investoren gegenwärtig ihre Preisforderungen reduzieren. "Die Zeiten, in denen die Eigentümer ostdeutscher Immobilien Wuchermieten durchsetzen konnten, sind vorbei. Im Westen mußten die Großvermieter ihre Forderungen merklich reduzieren, oft um 20 bis 30 %." (ebd., S.128). Ein Preiseinbruch ist auch im Sektor der Vermietung von freifinanzierten Neubau-Wohnungen zu verzeichnen: in Ballungszentren wie Frankfurt sind im Herbst 1993 nur noch Mieten von max. 16 - 17 DM/qm/monatlich erzielbar, womit sich die "Schere" bis zum Erreichen der sog. kostendeckenden Miete von ca. 30 DM/qm/monatlich weit geöffnet hat.

Zu den *zerstörerischen* Effekten eines "boomenden" Immobiliengeschäfts gehört nicht nur die Produktion von Bürohalden (häufig auf Kosten vorhandener funktionsfähiger Wohnquartiere), sondern auch die *Deindustrialisierung* vorhandener *städtischer* Produktionsgebiete: hierbei steht nicht die "klassische", mangels Erweiterungsmöglichkeiten erfolgende Verlagerung von Produktionsstätten aus innerstädtischen Gebieten zur Debatte, sondern die Verlagerung von Produktionsstätten zum Zwecke der *Höherverwertung* der Betriebs-Grundstücke durch Verkauf oder Umnutzung. Im "günstigsten" Fall werden die Produktionsstätten dabei nur ins weitere Umland der Stadt verlagert, wie jüngst eine ganze Reihe von Berliner Betrieben der Bekleidungsindustrie, und bringen dabei "nur" neue bzw. veränderte Umweltbelastungen mit sich. Im ungünstigeren Fall werden die vorhandenen Arbeitsplätze gestrichen bzw. über große Distanzen verlagert. In beiden Fällen ist jedoch deutlich, daß Industrie-Unternehmen in den vom Immobilienboom heimgesuchten Städten heute Produktionsstätten verlagern, weil sie die Flächen teuer verkaufen und zugleich an peripheren Standorten billig bauen können. Dies ist nur ein weiteres Beispiel für die Verselbständigung finanzwirtschaftlicher Verwertungsstrategien von "realen" Produktionsaktivitäten innerhalb des Industriesektors.

Als dritter zerstörerischer Effekt eines Immobilienbooms ist die Bedrohung der Betriebe und Arbeitsplätze des Kleingewerbes (z.B. kleine Läden und Handwerksbetriebe) zu nennen: Hochschnellende Preisforderungen der Immobilienbesitzer in den "aufstrebenden" metropolitanen Städten zerstören Kleingewerbe, Ar-

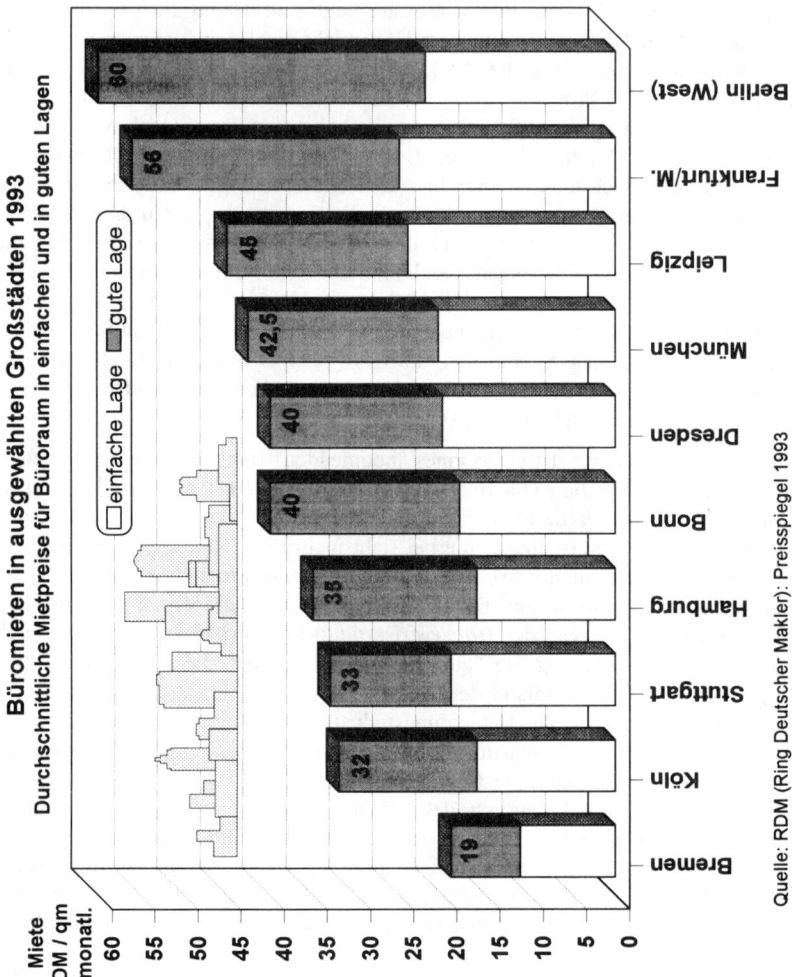

Büromieten in ausgewählten Großstädten 1993
Durchschnittliche Mietpreise für Büroraum in einfachen und in guten Lagen

Miete
DM / qm
monatl.

einfache Lage ☐ gute Lage ☐

Berlin (West) — 60
Frankfurt/M. — 56
Leipzig — 45
München — 42,5
Dresden — 40
Bonn — 40
Hamburg — 33
Stuttgart — 33
Köln — 32
Bremen — 19

Quelle: RDM (Ring Deutscher Makler): Preisspiegel 1993

beitsplätze und lebendige städtische Mischnutzungen, wo kein Schutz dieses Bereichs vor den Verwertungsansprüchen eines parasitären Immobilienbesitzes erfolgt. Besonders spektakulär hat sich z.B. der Berliner Immobilienboom nach 1989 in beiden Teilen der Stadt zur Existenzbedrohung für kleine Gewerbe, Läden und Handwerksbetriebe ausgewachsen. In West-Berlin haben sich die Gewerberaum-Mieten allein von 1990 - 1991 im Durchschnitt verdoppelt; im Bezirk Kreuzberg z.B. erhielten drei Handwerksbetriebe die Kündigung mit dem Angebot neuer Verträge, wobei die Mieten statt bisher 5.900.- DM/monatlich künftig 39.900.- DM/monatlich betragen sollten. Ein mit solchen Preisforderungen konfrontierter Kleinbetrieb kann in den meisten Fällen nur noch schließen - das Quartier verliert ein Versorgungs- und Arbeitsplatzangebot sowie Ausbildungsplätze. Für den Ost-Berliner Bezirk Prenzlauer Berg meldeten Vertreter der Mittelstandsvereinigungen einen Anstieg der Laden-Mieten für Einzelhändler um bis zu 900% innerhalb eines Jahres. Die Zerstörung der produktiven kleingewerblichen Strukturen in den von einem spekulativen Preisdruck erfassten Stadtquartieren wird dabei auch durch den Trend zu immer kürzer befristeten Mietverträgen für Gewerberaum erleichtert.

Literatur zu Abschnitt 8:

Alonso, W.: Eine Theorie des städtischen Grund- und Bodenmarktes, in: Barnbrock, J. (Hg.): Materialien zur Ökonomie der Stadtplanung, Braunschweig 1975

Alonso, W.: Location and land use. Toward a general theory of land rent. Cambridge (Mass.) 1974

Balchin, P./Kieve, J.: Urban land economics. London 1977

Ball, M. u.a. (Hg.): Land rent, housing and urban planning. A european perspective. London 1985

Becker, R./ Gröber, J.: Bestimmungsgründe der Bodenpreise für Wohnbaugrundstücke und ihre Auswirkungen auf den eigengenutzten Wohnungsbau. Kassel 1986

Brede, H./ Dietrich, B./ Kohaupt, B.: Politische Ökonomie des Bodens und Wohnungsfrage. Frankfurt/M. 1976

Behnke, H.J./ Evers, K./ Möller, K.: Grundrente und Bodenspekulation. Fallstudien zum städtischen Veränderungsprozeß in Hamburg 1948-1975, Berlin 1976

Carthaus, V.: Zur Geschichte und Theorie der Grundstückskrisen in deutschen Großstädten, mit besonderer Berücksichtigung von Groß-Berlin, Jena 1917

Dietrich, B.: Der Beitrag der Grundrente zur Umstrukturierung innerstädtischer Wohnquartiere, in: Brech, J. (Hg.): Wohnen zur Miete, Wohnungsversorgung und Wohnungspolitik in der Bundesrepublik, Weinheim/Basel 1981

Epping, G.: Bodenmarkt und Bodenpolitik in der Bundesrepublik Deutschland. Berlin 1977

Franck, G.: Raumökonomie, Stadtentwicklung und Umweltpolitik, Stuttgart/Berlin/Köln 1992

Haila, A.: Land as a financial asset: the theory of urban rent as a mirror of economic transformation, in: Antipode, Vol.20, Nr. 2, 1988

Haila, A.: The theory of land rent at the crossroads, in: Environment and Planning D: Society and Space, Vol.8, London, 1990

Harvey, D.: The limits to capital. Oxford 1982

Krätke, S.: Strukturwandel der Städte, Städtesystem und Grundstücksmarkt in der "postfordistischen" Ära, Frankfurt-M./New York 1991

Leimbrock, H.: Zur Ursachenerklärung von Preissteigerungen beim städtischen Boden. Frankfurt/M. 1980

Logan, J.R.: The Globalization of Real Estate: Implications for Growth Politics. Beitrag zum Weltkongress für Soziologie, Madrid 1990

Lossau, H.: Modell zur Erklärung der Preisstruktur am Bodenmarkt. Dargestellt am Beispiel der Stadtregion Münster/Westf., Münster/Westf. 1976

Massey, D./Catalano, A.: Capital and land. Landownership by capital in Great Britain. London 1978

Morgan, J.F.: Internationale Immobilienbewertung aus der Sicht eines Chartered Surveyors, in: Der langfristige Kredit, Nr.12, 1989

Münch, D.: Bodenpolitik international. Konzepte, Resultate, Konsequenzen. Bonn 1970

Polensky, T.: Die Bodenpreise in Stadt und Region München. Räumliche Strukturen und Prozeßabläufe. Kallmünz, Regensburg 1974

Ricardo, D.: Grundsätze der politischen Ökonomie und der Besteuerung. (Hg.): Neumark, F., Frankfurt/M. 1972

Risse, W.K.: Grundzüge einer Theorie des Baubodenmarktes. Bonn 1974

Scott, A.J.: The urban land nexus and the state. London 1980

Thünen, J.H.v.: Der isolierte Staat in Beziehung auf Landwirtschaft und Nationalökonomie, 4. Aufl., Stuttgart 1966

Waldmann, K.: Immobilienmanagement im Mietermarkt, in: Der langfristige Kredit, Nr.3, 1987

Weber, A.: Über Bodenrente und Bodenspekulation in der modernen Stadt. Leipzig 1904

Weber, A.: Boden und Wohnung. Acht Leitsätze zum Streite um die städtische Boden- und Wohnungsfrage. Leipzig 1908

Wieser, F.v.: Die Theorie der städtischen Grundrente. Wien, Leipzig 1909

Wieser, F.v.: Theorie der gesellschaftlichen Wirtschaft. 2.Aufl., Tübingen 1924

9. Stadtpolitik und regionale Entwicklungsstrategie

Stadtpolitik und kommunale Handlungskapazität

Die Entwicklung gesellschaftlicher Raumstrukturen ist in den hochindustrialisierten Ländern gegenwärtig durch eine akzentuierte ökonomisch-soziale Polarisierung der Städte und Regionen gekennzeichnet, wobei sich die Probleme und Konflikte gesellschaftlicher Restrukturierung mehr und mehr auf "lokaler" Ebene - insbesondere in den Großstädten - konzentrieren und zuspitzen. Der gesellschaftliche Problemdruck setzt die Städte einem wachsenden Handlungsdruck aus: sie sind angesichts einer starken inter-kommunalen Konkurrenz gefordert, die wirtschaftlichen Entwicklungspotentiale in ihrem Gebiet *aktiv* zu beeinflussen und zu stärken. Den Städten fällt nicht nur die Aufgabe zu, den gesellschaftlichen Umbauprozeß auf lokaler Ebene zu unterstützen, zu regulieren oder zu modifizieren, sondern auch räumliche und soziale Folgewirkungen des Umbauprozesses aufzufangen bzw. zu bearbeiten. Zugleich hat sich die "Schere" zwischen Handlungsbedarf und Steuerungskapazität der Städte (die traditionell mit einer gegenläufigen Entwicklung von Einnahmen und Ausgabenbedarf umschrieben wird) wieder weit geöffnet, so daß es für die Städte zunehmend schwieriger wird, Aufgaben der politischen Integration und Legitimationssicherung erfolgreich wahrzunehmen.

Viele Stadtforscher sehen die Kommunen bloß als "verlängerten Arm", als Ausführungsorgan des Zentralstaats. Andere hingegen betrachten die Kommunen als "Gegenmacht" zum Zentralstaat, wobei mitunter bereits das Vorhandensein verschiedener Staats-'Apparate' mit konkurrierenden Ansprüchen als Beleg für die Existenz einer lokalen Gegenmacht gehalten wird. Analysen des "lokalen Staats" (d.h. der lokalen und regionalen Ebene staatlicher Organisation) haben die Widersprüche zwischen den verschiedenen Ebenen der Staatsorganisation (zentral/ lokal) aufgegriffen und herausgearbeitet, daß der lokale Staat nicht nur die Funktion einer Feinsteuerung von zentralstaatlichen Programmen wahrnimmt, sondern auch über eine "relative Autonomie" verfügt, und dadurch im Rahmen der Legitimationsaufgaben des Staats auch die Funktion eines Puffers zwischen dem Zentralstaat und lokal Betroffenen erfüllt. In der Diskussion um die lokale Ebene der Staatsorganisation wurde ferner die Frage erörtert, ob und wieweit die Kommunen ganz "spezifische" Funktionen wahrnehmen, die über die Feinsteuerung und über legitimatorische Entlastungsfunktionen hinausreichen. Theorien, die eine Zuordnung ganz bestimmter *Funktionen* zu den verschiedenen Ebenen der Staatsorganisation vornehmen (wobei meist die "konsumtions-" oder "reproduktionsorientierten" Staatsfunktionen der lokalen Ebene zugeordnet werden), erwiesen sich als wenig fruchtbar. Im gesellschaftlichen Entwicklungsprozeß wurden den

Kommunen *Aufgaben* (statt "Funktionen") zugewiesen, welche unabhängig von ihrer mehr oder weniger eindeutigen Zuordnung *jeweils* widersprüchliche Funktionen beinhalten. Dahinter steht die These, daß der Staat *auf all seinen Organisationsebenen* (1.) die generelle "Funktion" wahrnimmt, die Reproduktion der gesellschaftlichen Beziehungen der bestehenden Gesellschaft zu sichern; daß er dabei (2.) *widersprüchlichen* Anforderungen unterliegt, nämlich zugleich (a) den wirtschaftlichen Wachstumsprozeß bzw. die Prosperität des privaten Unternehmenssektors, (b) die Legitimation der bestehenden gesellschaftlichen Strukturen, und (c) die Reproduktionsbedingungen der Bevölkerung bzw. der Arbeitskräfte sichern muß. Diese verschiedenen Anforderungen prägen *zusammen* nahezu jede Staatsaufgabe, wobei sich in konkreten Aufgabenfeldern politisch vermittelt eine unterschiedliche "Gewichtung" dieser Anforderungen durchsetzen kann. Aus den mehrschichtigen und widersprüchlichen Anforderungen erwächst die "relative Autonomie" politischer gegenüber ökonomischen Prozessen.

Nichtsdestoweniger ist die Rückbindung der Kommunen an die städtische Wirtschaftsentwicklung nicht zu unterschätzen: Zunächst sind die Städte partiell über die Einnahmeseite ihres Kommunalhaushalts an die Entwicklung der lokalen Wirtschaft zurückgebunden. In allen westeuropäischen Ländern besteht ein relevanter Teil der Einnnahmen der Städte aus Steuern. Auch wenn deren Anteil an den Gesamteinnahmen der Kommunen in der historischen Entwicklung zurückgegangen ist, sind die Städte weiterhin in erheblichem Maße von diesen Einnahmen abhängig. Dabei kann es sich um eine Besteuerung der städtischen Grundrente handeln, um eine Beteiligung an der Einkommensbesteuerung der Einwohnerschaft mit einer gewissen Quote am gesamten lokalen Aufkommen dieser Steuerart, oder um eine Besteuerung des Ertrags oder des Umsatzes der lokalen Unternehmen. Diese Steuern bestimmen in gewisser Weise auch den kommunalpolitischen Handlungsrahmen: So können sich in der Bundesrepublik Deutschland die Kommunen mit der Höhe der Gewerbesteuer an eine Schwelle herantasten, oberhalb derer eine weitere Erhöhung Abwanderungs-Anreize für Betriebe verursacht (und damit zur Senkung des Steueraufkommens führen kann); die Beteiligung an der Einkommenssteuer verstärkt das Interesse der Stadtregierung an einkommensstarken Bewohnergruppen. In der Bundesrepublik Deutschland waren die Kommunen in den 50er und 60er Jahren vor allem bestrebt, durch Industrie- und Gewerbeansiedlungen die Basis für Gewerbesteuer-Einnahmen zu verbessern. Nach der Umstellung der Gemeindefinanzen auf einere stärkere Beteiligung an der Einkommenssteuer waren die Kommunen seit 1970 vor allem darum bemüht, Bewohnerschichten mit höherem Einkommen zu gewinnen (die ja außer als Steuerzahler auch als kaufkräftige Nachfrager große Teile der lokalen Wirtschaft und damit mittelbar auch das Steueraufkommen aus anderen Quellen beeinflussen). Der Mechanismus der interkommunalen Konkurrenz - sei es zwischen Kernstadt und Umlandgemeinden um zahlungskräftige Bewohner, sei es zwischen verschiedenen (Stadt-) Regionen um Betriebsansiedlungen - hat generell den Effekt, daß im Interesse der Sicherung und größtmöglichen Steigerung der kommunalen Einnahmen die Gemeinden vermuteten oder tatsächlichen Interessen der entsprechenden Bevölkerungsgruppen und Betriebe gerecht zu werden suchen. Diese Form der Rückbindung des lokalen Staates an die lokale Ökonomie wird in politischen Debatten meist als objektiver Sachzwang dargestellt. Inwieweit ein solcher Sachzwang allerdings *allgemein akzeptiert* wird, ist Ergebnis historisch entstandener politischer Kompromisse. Die Abhängigkeit der Kommunalsteuern von der lokalen Wirtschaft und der Mechanismus der interkommunalen Konkurrenz sorgen für eine starke Rückbindung der städtischen Politik an die lokale Ökonomie.

Daß die Kommunen im Verhältnis zu den zentralstaatlichen Ebenen nur über ein geringes eigenes Finanzvolumen verfügen, bedeutet keineswegs, daß eine "eigene" städtische Wirtschaftspolitik und Wirtschaftsförderung unmöglich oder irrelevant sei. Es bedeutet eher, daß z.B. der "Standortfaktor Subventionen", soweit es um *direkte* Finanzhilfen für Unternehmen geht, kaum aus städtischen Budgetmitteln zu bedienen ist. Der Standortfaktor Subventionen umfasst aber in erheblichem Umfang auch *indirekte* Subventionen, insbesondere die Abgabe verbilligter Grundstücke an Unternehmen (so leistete sich z.B. Berlin ungeachtet der angespannten Haushaltssituation eine Subventionierung des Grundstückserwerbs von Daimler-Benz und Sony in dreistelliger Millionenhöhe). Städtische Wirtschaftspolitik wird unter diesen Rahmenbedingungen bevorzugt über indirekte Grundstücks-Subventionen und über die *planungspolitische Steuerung der Flächenzuteilung* betrieben. Auf dem Gebiet der Bauleitplanung und Flächenzuteilung haben die Kommunen einen bedeutenden "eigenen" Handlungsspielraum, um konkrete Standorte denjenigen Wirtschaftsinteressenten anzubieten, deren Ansiedlung in der Stadt bevorzugt wird. In diesem Sinne wird eine aktive städtische Wirtschaftspolitik auf dem Gebiet der Baupolitik und Stadtplanung betrieben, im Sinne einer Angebotsplanung, die die konkreten Flächenansprüche wirtschaftsstarker Unternehmen zu bedienen sucht

Auch in der *Ausgabenpolitik* sind die Kommunen auf die lokale Ökonomie bezogen. Dies betrifft zum einen die kommunalen Infrastruktureinrichtungen, die als allgemeine Produktionsbedingungen für die örtliche Wirtschaft benötigt werden, zum anderen die Sozialleistungen und die sozialen Infrastruktureinrichtungen. Zwecks Steigerung der Attraktivität einer Stadt als Wohnort für die oberen Einkommensgruppen wird z.B. darauf geachtet, in ausreichendem Maße "höherwertige" haushaltsbezogene Infrastrukturangebote bereitzustellen. Eine steigende regionale oder lokale Dauerarbeitslosigkeit erfordert höhere kommunale Sozialausgaben. In der Bundesrepublik Deutschland ist die Abhängigkeit der Kommunen vom Zentralstaat an diesem Punkt gerade in den letzten Jahren deutlich gewesen, da zusätzliche Restriktionen für Versicherungsleistungen bei Arbeitslosigkeit mehr Dauerarbeitslose von der kommunalen Sozialhilfe abhängig gemacht haben. Eine zentralstaatlich durchgesetzte Entlastung der Arbeitslosenversicherung hat zu zu einer höheren Belastung der Kommunalhaushalte geführt. Als Nebeneffekt wurde damit ein stärkerer Druck auf die Städte erzeugt, ihre Politik unter dem Etikett der Arbeitsplatzsicherung enger an den Erfordernissen "der" Wirtschaft auszurichten.

Es gibt jedoch einen weiten Bereich städtischer Politik - von der Sozial-, Bildungs- und Kulturpolitik über die Ausgestaltung öffentlicher Einrichtungen bis hin zur Stadtplanung und Wohnungsversorgung -, in dem auch *sozial orientierte* Ziele durch die lokale Politik verfolgt werden können. Dies kann bis hin zu einer eigenständigen kommunalen Beschäftigungspolitik gehen (z.B. bevorzugte Einstellung von am Arbeitsmarkt besonders benachteiligten Gruppen). Empirische Untersuchungen zur Situation von Arbeitslosen und Armen in verschiedenen Großstädten der Bundesrepublik Deutschland deuten darauf hin, daß gerade in jenen Städten, deren eigene ökonomische Basis einen Schrumpfungsprozeß durchmacht, durch kommunale Maßnahmen mehr Erleichterungen und Hilfen für Benachteiligte bereitgestellt werden als in den "reichen" Städten.

Für die *lokale Wohnungsversorgung* z.B. ist die kommunale Politik in den Bereichen (1.) Stadtplanung, (2.) kommunaler Grundbesitz/Bodenpolitik, (3.) Bau- und Wohnungsaufsicht und (4.) Wohnungsbauförderung von Bedeutung. Die Großstädte sind vor allem durch den Umbau der zentralstaatlichen Wohnungsbau-Förderungspolitik seit Mitte der 70er Jahre unter verstärkten Druck geraten, sich mit den sozialen Folgen der erweiterten Möglichkeiten privater Kapitalverwertung im Wohnungssektor auseinandersetzen zu müssen. Das von der Förderungspolitik hervorgerufene Übergewicht der steuerlichen gegenüber direkten Subventionen hat die Möglichkeiten einer sozialen oder räumlichen Steuerung der Wohnungsbauinvestitionen reduziert. Die Kernstädte der Ballungszentren mit knappen Baulandreserven, hohen Bau- und Bodenpreisen und einem höheren Anteil an Bewohnern mit geringem Einkommen sehen sich gezwungen, zum Teil erhebliche Mittel aufzuwenden, um durch Bereitstellung von Bauland, durch ergänzende Subventionen, durch den Erwerb von Wohnungs-Belegungsrechten und durch Maßnahmen im Rahmen der Stadtplanung (Erhaltungssatzungen, Gebotsregelungen etc.) entsprechend ihren lokalen sozial- und stadtplanerischen Zielen die Entwicklung der Wohnungsversorgung der städtischen Bevölkerung zu steuern. Dabei ist die lokale Wohnungspolitik häufig in sich widersprüchlich: So unterstützen Maßnahmen wie die Verbesserung des Wohnumfelds in innerstädtischen Altbauquartieren indirekt die weitere Verknappung preiswerten Wohnraums, indem sie zusätzliche Anreize für bauliche und soziale "Aufwertungsprozesse" schaffen; andererseits entwickeln einzelne Städte Ansätze eines "sozial" orientierten Vorgehens, insbesondere im Bereich der Stadterneuerung, indem sie versuchen, die Umwandlung von Miet- in Eigentumswohnungen und die Luxus-

modernisierung in bestimmten Stadtteilen zu behindern oder einzuschränken.
Hinzu kommen Versuche, eine *kompensatorische* Politik der Sicherung von Sozialbindungen in eigener Kompetenz zu entwickeln (durch Sicherung von Belegungsbindungen im Bestand, durch eine konsequente Anwendung von Zweckent-
fremdungsverboten usw.).

Im Rahmen einer 'Liberalisierung' des Wohnungsmarkt-Geschehens ist die Stadt-
erneuerungs- und Wohnungspolitik der Kommunen seit Mitte der 70er Jahre mit
wachsenden Problemen konfrontiert: Von zentralstaatlicher Seite wurden förde-
rungspolitische Neuregelungen getroffen, die Investitionen in den Wohnungs-*Bestand* innerstädtischer Quartiere umlenken sollten. Der Kauf von Wohnungen aus
dem Wohnungsbestand wurde seitdem durch Steuererleichterungen gefördert. Parallel dazu wurden neben die herkömmliche Sanierungsförderung (die bis dahin
nahezu ausschließlich für Abriß und Neubebauung innerstädtischer Altbauquar-
tiere eingesetzt wurde) sowohl Steuernachlässe als auch direkte Subventionen für
die Modernisierung von Altbauwohnungen gestellt. Dieses Instrumentarium hat
die Vermarktung des Altbau-Wohnungsbestands in zuvor ungekanntem Maßstab
ermöglicht. Altbauten, die als Investition längst abgeschrieben waren und damit
für ihre Besitzer als bloße Rentenquelle fungierten, werden durch Modernisierungsinvestitionen in einen neuen Verwertungszyklus geschleust. Aufwendige
Modernisierungen führen zu rasanten Mietsteigerungen und damit zur Verdrängung der bisher ansässigen Bewohner. Besonders lukrativ gestaltet sich das Mo-
dernisierungsgeschäft, wenn gleichzeitig Miet- in Eigentumswohnungen umgewandelt werden und die nach Verdrängung der bisherigen Bewohner "freien"
Wohnungen verkauft werden (das Geschäft professioneller Umwandler). Im Gegensatz zu den früheren, planmäßig organisierten und großflächigen Sanierungs-
projekten vollziehen sich diese Prozesse ungeplant, den Marktgesetzen folgend,
damit aber auch kleinteilig und fast unmerklich: Auf diejenigen Subventionen,
die in Form von Steuervergünstigungen gewährt werden, besteht ein Rechtsan-
spruch, während ein Investor, der "direkte" Subventionen erhalten möchte, in ein
städtisches Förderungsprogramm aufgenommen werden muß. Die private, steuer-
lich bezuschußte Wohnungsmodernisierung vollzieht sich planlos. Statt der bei
früheren Sanierungsprogrammen ausgelösten massenhaften Vertreibung von Bewohnern ganzer Stadtteile entwickeln sich hier *kleinräumige* Segregationsprozesse - in ehemals stabilen Stadtteilen bilden sich Inseln des Luxus heraus. Ohne daß
sich die baulich-räumliche Struktur sehr verändert, wandeln sich die sozialen
Verhältnisse innerhalb dieser physischen Struktur radikal. Ein Anreiz für die
Städte, solche Gentrifizierungs-Prozesse zu unterstützen - z.B. durch kommunal
finanzierte Wohnumfeldverbesserung -, wurde mit der Beteiligung der Städte an
der Einkommensteuer geschaffen.

Auf lokaler Ebene ist aber auch die soziale "Kehrseite" dieser Prozesse zu bearbeiten: die Vernichtung preiswerten Wohnraums in den Aufwertungs-Quartieren

führt zur Verschärfung der Wohnungsnot in anderen Stadtquartieren. Durch Sicherung kommunaler Belegungsbindungen und durch ergänzende Neubauförderung, aber auch durch Sozialhilfeaufwendungen zur Abwendung von Obdachlosigkeit versuchen die Städte die sozialen Folgen solcher Aufwertungs- und Segregationsprozesse mit zweifelhaftem Erfolg aufzufangen. Allerdings lassen die betroffenen Stadtbewohner die Folgen der scheinbar neutralen Wohnungsmarktprozesse in vielen Fällen nicht ohne Widerstand über sich ergehen. Sozialplanung und Mieterberatung, die Ausarbeitung von Modellen der Bewohnerbeteiligung, die Entwicklung von Planungsverfahren für eine "behutsame" oder "bewohnerorientierte" Stadterneuerung, und die Anwendung von Gebots-Instrumenten auf lokaler Ebene sind *gegen Deregulierungstendenzen* gerichtete Maßnahmen, die sich auf kommunaler Ebene im Rahmen der Auseinandersetzungen mit städtischen sozialen Bewegungen entwickelt haben. Es handelt sich hierbei überwiegend um Formen der Problembearbeitung, die besonders gut "lokalisierbar" sind: Als stadtplanerische Instrumente sind sie in der Regel begrenzt auf kleine, räumlich definierte Teilgebiete der Stadt. Dennoch bewirken sie *innerhalb* dieser Gebiete eine Beschränkung der Marktprozesse.

Auch im Bereich der *lokalen Kulturpolitik* bestehen relativ weite Handlungsspielräume für die Städte: Der gesellschaftliche Zusammenhang von Region, Stadt und Kultur ist (in den Abschnitten 3 und 6) einerseits unter dem Aspekt der Bedeutung von wirtschafts- und arbeitskulturellen Differenzen für die Stadt- und Regionalentwicklung, andererseits unter dem Aspekt der Differenzierung von Reproduktionsformen, Lebensstilen und "Alltagskulturen" im sozialräumlichen Gefüge der Städte angesprochen worden. Im Bereich der städtischen Kulturpolitik wird der Zusammenhang von Kultur und Stadtentwicklung dagegen eher "instrumentell" gefasst - hier steht meist die Bedeutung von Kultur-*Einrichtungen* und Kultur-*Angeboten* für die jeweilige "Attraktivität" einer Stadt im Mittelpunkt. Die städtische Kulturpolitik ist weithin am Leitbild der "Urbanität" orientiert, die als Inbegriff einer "lebendigen städtischen Öffentlichkeit" verstanden wird. Hiervon sind auch die Auffassungen über unverzichtbare "Funktionselemente" der Stadtkultur (insbesondere ein differenziertes Kultur- und Unterhaltungsangebot sowie vielfältige Informations-, Kommunikations- und Begegnungsmöglichkeiten) geprägt.

Die "kulturelle Infrastruktur" der Stadt umfasst in diesem Kontext vor allem jene Einrichtungen und baulich-räumlichen Arrangements, die der Entfaltung einer "lebendigen städtischen Öffentlichkeit" dienlich sein sollen. Dazu gehören neben den traditionellen Einrichtungen der "repräsentativen" Stadtkultur wie Museen, Theater, Orchester, Bibliotheken usw., eine Vielfalt weiterer Einrichtungen wie Volksbildungsstätten, Kommunikationszentren und Freizeitheime, Stadtteilzentren und "Kulturläden" usw. Auch die öffentlichen Räume der Stadt (wie Plätze, Passagen, Boulevards) sowie bestimmte "repräsentative" Elemente ihrer histori-

238

schen Struktur und Bausubstanz können der kulturellen Infrastruktur zugerechnet werden. Zunehmende Bedeutung hat darüberhinaus die städtische "Festival-Kultur", die Angebotsvielfalt an Stadtfesten, Festspielen und Kultur-"Spektakeln" aller Art erhalten. All diese Einrichtungen und Angebote zusammen werden *aus stadtökonomischer Perspektive* als relevanter "Standortfaktor" wahrgenommen. Nahezu alle Städte stellen mit Anzeigen und Programmen ihre kulturellen Leistungen und ihre kulturelle Attraktivität heraus - wozu in bestimmten Fällen auch die Vermarktung von Alternativ-Kulturen und von "multikultureller" ethnischer Vielfalt gehören kann. Kultur wird zu einem Werbeträger, mit dem (finanzkräftige) neue Einwohner und Besucher von außerhalb angezogen und Investoren für die Stadt gewonnen werden sollen. Vor allem die metropolitanen Zentren sehen sich unter wachsendem Konkurrenzdruck gezwungen, ihr kulturelles Renomée mittels aufwendiger Investitionen in *repräsentative* Kultureinrichtungen und -angebote zu steigern. "Ob die dabei vorausgesetzte 'ökonomische Logik', daß die Prosperität einzelner Wachstumszweige und finanzkräftiger Käuferschichten letztlich in alle Sozialschichten - und Stadtteile ! - diffundiere, haltbar ist, muß bezweifelt werden. (...) Doch Kulturangebote, verbunden mit attraktiven Innenstadtbereichen, günstigen Verkehrsanbindungen und entsprechenden Hotels und Restaurants, haben sich - und das ist ja keineswegs neu in der Geschichte von Stadtkultur und Stadtökonomie - zum entscheidenden differentium specificum des Stadt-Image' entwickelt" (Schäfers 1988, 106).

Auch im Bereich der *Infrastrukturpolitik* verfügt der lokale Staat über Gestaltungsspielräume. Das Angebot an produktions- und haushaltsorientierten Infrastrukturen gilt als bedeutender Bestimmungsfaktor städtischer und regionaler Entwicklungschancen: leistungsfähige Infrastrukturen steigern generell die "Attraktivität" einer Stadt und Region. Dabei können eine ganze Reihe von Handlungsfeldern städtischer oder regionaler Entwicklungspolitik unter dem Oberbegriff "Infrastrukturpolitik" zusammengeführt werden. Im Bereich der städtischen Verkehrspolitik sind z.B. die Infrastrukturen zur Verbesserung der Verkehrsanbindung städtischer Teilräume (oder auch infrastrukturelle Vorkehrungen zur Verkehrs-Beruhigung) von Bedeutung; die Struktur des Arbeitskräfte-Angebots wird durch den Ausbau von Infrastrukturen zur Anziehung speziell qualifizierter Beschäftigtengruppen beeinflußt; das Flächenangebot bzw. die Verfügbarkeit von erschlossenen (und evtl. preiswerten) Gewerbeflächen kann als eine von öffentlichen Planungs- und Erschließungsleistungen bestimmte Infrastruktur angesehen werden, usw.

Der Ausbau und die Verbesserung der Infrastruktur ist ein zentraler Bestandteil der "Standortpolitik" einer Stadt oder Region. Infrastrukturen sind heute jedoch in so vielfältige Formen aufgefächert, daß im Rahmen der städtischen oder regionalen Standortpolitik bestimmt werden muß, welchen Determinanten für die Wirtschaftsentwicklung des betreffenden Gebietes Priorität gegeben werden soll, und welche Infrastruktureinrichtungen oder auch Bündel von Infrastrukturen zu diesem Zwecke bevorzugt ausgebaut werden. In der heutigen Diskussion wird zunehmend das "Innovationspotential" einer Stadt oder Region als zentrale Einflußgröße angesehen, und es werden gezielt Infrastrukturen geschaffen oder ausgebaut, die geeignet scheinen, das Innovationspotential der Stadt oder Region zu steigern. Aus der wirtschaftsgeographischen Perspektive ist vor allem die *räumlich* ungleichmäßige Verteilung und Zusammensetzung von Infrastrukturen (als Potential- bzw. Standortfaktor) von Interesse; aus der stadtökonomischen Perspektive sind darüberhinaus auch die Fragen der Finanzierung und Bewirtschaftung von Infrastrukturen relevant.

Es gibt vielfältige Varianten der *Finanzierung und Bewirtschaftung* von Infrastrukturen. Finanzierung umfaßt nicht nur die Kapitalbeschaffung und Bereitstellung von Investitionsmitteln (Finanzierung im engeren Sinne), sondern auch die Preisbildung für die erstellten Anlagen und Einrichtungen (Entgeltfinanzierung). In diesem Rahmen stellt sich für *öffentliche* Infrastrukturinvestitionen zunächst die Alternative: Entgeltfinanzierung oder Finanzierung über Steuern. Beide Möglichkeiten sind in der Praxis verbreitet, entweder daß Staat oder Kommunen Infrastrukturobjekte erstellen und anschließend über Entgelte (Gebühren, Preise usw.) finanzieren, *oder* daß die Leistungen kostenlos abgegeben und die Investitionsmittel aus dem öffentlichen Budget bzw. Steuermitteln aufgebracht werden. Es ist nicht immer möglich, die Verursacher von Kosten oder die Nutzer von Leistungen zu ermitteln (insbesondere bei sog. Kollektivgütern), oder den konkreten Nutzern die Kosten anzulasten, weil dadurch bestimmte gesellschaftliche Versorgungsziele beeinträchtigt würden. Mit einer mehr oder weniger weitgehenden Entgeltfinanzierung können besonders die bei manchen Infrastrukturleistungen verfolgten sozialpolitischen Ziele negativ betroffen sein. Die Erstellung und Bewirtschaftung von Infrastruktureinrichtungen können unterschiedlichen Sektoren zugeordnet sein: So werden viele Infrastrukturanlagen im Auftrag der öffentlichen Hand *von Privatunternehmen hergestellt,* wobei sich ein "Markt für Infrastrukturanlagen" herausbildet, der insbesondere Gebäude, Verkehrs- und Kommunikationsanlagen sowie die zugehörigen Betriebsmittel umfasst. Käufer der Bauten und Anlagen sind Staat und Kommunen. Die *laufende Bewirtschaftung* der vom Privatsektor produzierten Infrastrukturanlagen wird dann (in den meisten Fällen) vom *öffentlichen Sektor* übernommen. Modelle der *"privaten* Finanzierung von Infrastrukturanlagen", die eine Entlastung des öffentlichen Budgets erreichen sollen, sind meist Konzepte, wonach Privatinvestoren die Erstellung der Anlagen finanzieren, um sie anschließend in Raten über einen längeren Zeitraum hinweg an die öffentliche Hand zu verkaufen. Es handelt sich hier bloß um eine *zeitlich gestreckte* Finanzierung der Anlagen durch die öffentliche Hand, wobei sich die Investoren natürlich die verlängerte Bindung ihrer Finanzmittel marktüblich verzinsen lassen. Die kurzfristige Haushaltsentlastung wird dabei um den Preis einer insgesamt teureren Infrastruktur erreicht.

Es gibt im öffentlichen Sektor auch Infrastruktureinrichtungen, die nach dem *Gewinnprinzip* bewirtschaftet werden, in manchen Fällen monopolistisch, unter Ausnutzung aller Gewinnchancen. Derartige Infrastrukturleistungen werden meist von öffentlichen Unternehmen in Form privatrechtlich verselbständigter Kapitalgesellschaften angeboten. Die einseitig gewinnorientierte Form der Wirtschaftsführung hat sich insbesondere im Bereich der öffentlichen Energiewirtschaft ausgebreitet. Die von einigen Städten in der Bundesrepublik Deutschland verfolgten Konzepte für eine "Re-Kommunalisierung" der Energiewirtschaft sind u.a. darauf gerichtet, die vorherrschende Zielsetzung eines "maximalen Absatzes" von Energie - unter besonderer tariflicher Bevorteilung der Großverbraucher des Privatsektors - durch neue (dezentrale) Organisationsformen und veränderte, auf Energie-Einsparung orientierte tarif- und geschäftspolitische Vorgaben zu überwinden. So besteht insgesamt eine große Bandbreite von Alternativen für die wirtschaftliche Gestaltung von öffentlichen Infrastrukturbereichen. Die konkrete Ausgestaltung des Angebots und der Bewirtschaftung lokaler Infrastruktureinrichtungen basiert auf politischen Entscheidungen.

Stadtverkehr und städtische Verkehrsinfrastruktur

Die Verkehrsinfrastruktur einer Stadtregion, zu der u.a. das regionsinterne Straßennetz (und die Anschlüsse zum Fernstraßennetz), das Schienennetz für den regionalen Bahnverkehr (und die Anschlüsse zum Fernverkehr), die Betriebseinrichtungen und Fahrzeuge des öffentlichen Bus- und Bahnverkehrs, die Flughäfen, See- und Binnenhäfen gerechnet werden, gehört zu den allgemeinen Voraussetzungen der Funktionsfähigkeit städtischer Wirtschaftsräume. Die beständige Zirkulation von Gütern und Personen innerhalb und zwischen den Stadtregionen erfordert leistungsfähige Transportmöglichkeiten, die nicht zuletzt von der Struktur und Qualität der Verkehrsinfrastruktur abhängig sind. Darüber hinausgehend ist der Stadtverkehr von den gesellschaftlichen Strukturveränderungen des Verkehrssystems, den jeweils vorherrschenden Transportkonzepten und Verkehrsträgern geprägt.

Heute wird eine wachsende Dysfunktionalität des städtischen Verkehrssystems beklagt: Der städtische Verkehr ist nicht mehr "stadtverträglich" - Jahr für Jahr drängen mehr Autos auf die Straßen, verstopfen die Städte bis zur Funktionsunfähigkeit, vergiften Umwelt und Menschen, gefährden und schädigen die Bewohner der Stadt. In den nächsten Jahren ist im Zuge der europäischen Integration ein weiteres starkes Anwachsen des Straßenverkehrs zu erwarten. "Der automobile Stadtverkehr ist inzwischen für Beteiligte und Betroffene gleichermaßen unerträglich. Dabei leiden oft die gleichen Personen in verschiedenen Rollen an der

Auto-Mobilität: sie leiden als Fahrer bzw. Fahrerinnen - denn der massenhafte Erfolg des individuellen Kraftfhrzeugs erstickt an sich selbst, das Fahrzeug mutiert immer öfter zum Stauzeug. Vor allem aber leiden sie als Menschen, die in der Stadt leben, wohnen, arbeiten, einkaufen oder sich erholen wollen und dabei von Lärm, Abgasen und gefährlichen Verkehrsstrassen geplagt und bedroht werden. Ganz besonders leiden jedoch diejenigen an den Folgeproblemen des Autoverkehrs, die kein Auto besitzen oder bewußt darauf verzichten. Sie sind mit Städten konfrontiert, die in den letzten Jahrzehnten immer mehr auf den Autoverkehr ausgerichtet wurden und sowohl in ihrem Erscheinungsbild als auch in ihrer Funktionsweise vom Automobil beherrscht werden" (Läpple 1993, 256). Seit den 50er Jahren hat sich in der Entwicklung des städtischen Verkehrs das individuelle Kraftfahrzeug zunehmend gegen die traditionellen öffentlichen Verkehrsmittel durchgesetzt. Die umfassende "Massenmotorisierung" war mit einem ständigen Ausbau des Straßennetzes verbunden und hat die städtischen Siedlungs- und Nutzungsstrukturen nachhaltig verändert. Die wachsende räumliche Ausdehnung der Stadtregionen und zunehmende räumliche Separierung von Funktionen des Wohnens, des Arbeitens, der Versorgung und Erholung zwingt wiederum die Mehrheit der Stadtbewohner, Tag für Tag über mehr oder weniger weite Strecken innerhalb der Stadtregion zu zirkulieren. Die Verkehrsarten und Verkehrsströme stehen in Wechselwirkung mit der Stadtstruktur sowie den jeweiligen Formen räumlicher Segregation.

Die städtischen Verkehrsplanungen der 60er und 70er Jahre waren primär auf einen "bedarfsgerechten" Ausbau von Infrastrukturen für den motorisierten Individualverkehr ausgerichtet. "Der Ausbau der Verkehrswege verstärkte die städtebauliche Entmischung und räumliche Ausdehnung der Siedlungsstrukturen. Dies führte nicht nur zu einem weiter zunehmenden Transportbedarf, sondern verstärkte zugleich den Niedergang des öffentlichen Verkehrs, der für die weitläufigen Siedlungsstrukturen immer weniger geeignet war. Dieser Situation begegnete man wiederum mit einem weiteren Ausbau von Straßen" (Läpple 1993, 257). Heute werden in vielen Städten Ansätze einer Verkehrs-Entwicklungsplanung geschaffen, die darauf zielen, das erwartete künftige Wachstum von Verkehr und Transport besser auf die verschiedenen Verkehrsträger zu verteilen. Solange diese Ansätze jedoch primär daran orientiert sind, das "Teilsystem Verkehr" zu optimieren, statt die Funktionsfähigkeit und Lebensqualität der gesamten Stadt in den Mittelpunkt zu stellen, behalten sie den Charakter einer Verkehrs-*Bewältigungsplanung*. Eine "innovative" Verkehrsplanung müßte demgegenüber als eine auf das "Gesamtsystem Stadt" zugeschnittene Verkehrs-*Gestaltungsplanung* konzipiert werden (vgl. Läpple 1993). Gestaltungsmöglichkeiten der Städte und Regionen im Verkehrsbereich bestehen bislang vor allem auf dem Gebiet planungsrechtlicher Festlegungen für städtische Nutzungs- und Siedlungsstrukturen, beim Bau von Verkehrsinfrastrukturen und ihrer Bewirtschaftung, sowie hinsichtlich der "Qualität" des öffentlichen Nahverkehrs. Der öffentliche Personenverkehr hat nicht zuletzt durch die Tarifpolitik und die unflexible Geschäftspolitik der privatwirtschaftlich strukturierten öffentlichen Unternehmen des Verkehrssektors, die sich keineswegs als moderne "kundenorientierte Dienstleistungsunternehmen" darstellen, an Attraktivität verloren. Planungspolitische Maßnahmen zur Beeinflussung von Verkehrsaufkommen und Verkehrsströmen in Stadtregionen sind durch die zunehmende *Individualisierung der Transportdurchführung* erschwert. Hierzu führt Läpple aus: "Mit der Ablösung der netz- und fahrplangebundenen Massenverkehrsmittel durch den motorisierten Individualverkehr ist eine weitgehende Entkopplung zwischen der Bereitstellung der Transportwege und der eigentlichen Transportdurchführung verbunden. Die Folge ist eine hochgradige Individualisierung der Verkehrsrouten und -zeiten. Da dem motorisierten Individualverkehr außerdem noch ein weitgehend ubiquitäres Straßennetz zur Verfügung steht, entfaltet der Autoverkehr eine ständig wachsende Eigendynamik. Die individualisierte Transportdurchführung ist nicht mehr 'Mittel zum Zweck', sondern wird zu einer bestimmenden Determinante der Stadtentwicklung. Mit dem der Verkehrsplanung zur Verfügung stehenden traditionellen Instrumentarium der Infrastrukturpolitik lassen sich die raum-zeitlichen Strukturen der Stadt nicht mehr planen und gestalten. Die Verkehrsplanung wird abgedrängt in die Rolle einer Verkehrsbewältigungs- u. Infrastrukturanpassungs-Planung. Unter dem Druck eines öffentlich verankerten Mobilitätsanspruchs wird das - durch elementare Erschliessungserfordernisse - überall vorhandene Straßennetz durch ständigen Ausbau an die Eigendynamik eines wachsenden Individualverkehrs angepaßt" (Läpple 1993, 264).

Darüberhinaus ist die Entwicklung des städtischen Verkehrs auch von den Veränderungen im *Bereich des Güter-Verkehrs* bestimmt, die sich im Rahmen des wirtschaftlichen Strukturwandels vollziehen: Die heutigen wirtschaftlichen Strukturveränderungen in Bereich der Industrie sind u.a. mit neuen Produktionskonzepten sowie neuen industriellen Organisationsformen und -beziehungen verbunden, die eine erweiterte Ausdifferenzierung der funktionalen und räumlichen Arbeitsteilung sowie eine erhebliche räumliche Ausdehnung der Produktions- und Marktzusammenhänge mit sich bringen (vgl. Abschnitt 3). Dazu gehört der Trend zum "schlanken Unternehmen", das in mehr oder weniger ausgedehnte *Netzwerke* von Firmen eingebunden ist, und der Trend zur Internationalisierung bzw. "Globalisierung" von Produktionszusammenhängen. "Diese Entwicklungen haben eine doppelte Folge: Zum einen werden die Transportrelationen immer komplexer und die zurückgelegten Verkehrswege länger, wodurch die Güterverkehrsleistung (gemessen in Tonnenkilometern) steigt. (...) Zum anderen führt die differenziertere Arbeitsteilung und die verringerte Fertigungstiefe zu völlig neuen Transporterfordernissen. Die hochwertigen und zeitkritischen Waren lassen sich nicht mehr entsprechend der Logik von materialintensiven Massengütern transportieren. Durch die kleineren Sendungsgrößen und die zunehmende 'Individualisierung' der Transportwege nimmt die Bündelungsmöglichkeit der Transportströme deutlich ab, und der Anspruch an Flexibilität, Schnelligkeit und Berechenbarkeit nimmt zu" (Läpple 1993, 13f). Auf diesem Hintergrund hat der Strassengüterverkehr mit LKW, deren Einsatzmöglichkeiten höchst flexibel und individuell gestaltbar sind, die traditionellen Massengütertransportsysteme von Bahn oder Binnenschiffahrt an den Rand gedrängt, hat sich im Kontext moderner Logistik-Strategien das "Just-in-time" -Konzept, das auf den Abbau innerbetrieblicher Lagerhaltung durch produktionssynchrone Anlieferung zielt, ausgebreitet. So ist der Straßengüterverkehr in den letzten Jahren erheblich angewachsen und hat die öffentlichen Verkehrswege in "rollende Läger" verwandelt. "Daß bei diesem Vorgang ein Teil der Lagerhaltungskosten auf die öffentliche Infrastruktur, die Umwelt und den Lebensraum der betroffenen Bevölkerung abgewälzt wird, ist offensichtlich: Die verzerrten Preise des Straßengüterverkehrs entsprechen in keiner Weise den sozialen und ökologischen Kosten dieser Transportweise" (Läpple 1993, 10).

Die neuen Logistik-Strategien haben auch innerhalb der Stadtregionen eine starke *Individualisierung* des Lieferverkehrs bewirkt, denn die Sendungsgrößen werden zunehmend kleiner, die Betriebe und Geschäfte in einem Gebiet werden unabhängig voneinander und in einer zunehmend dichteren Taktfolge beliefert. Solange ein wesentlicher Teil der Kosten dieses aufwendigen Lieferverkehrs auf die öffentliche Infrastruktur abgewälzt werden kann, wird die Verkehrsbelastung in den Ballungsräumen weiter zunehmen. Zu den "sozialen Kosten" dieser Verkehrsentwicklung gehört eine zunehmende Beeinträchtigung der städtischen Lebensqualität. Die wachsende Verkehrsbelastung führt aber - gerade in den Ballungsräumen - auch zu einer Beeinträchtigung der *Funktionsfähigkeit* der Stadt. Wo der Güter- und Arbeitskräfte-Transport mehr und mehr "im Stau" stecken bleibt, ist auch die Funktionsfähigkeit der Stadt als Wirtschaftsraum in Frage gestellt.

Für den Stadtverkehr sind daher neue Regulationskonzepte erforderlich. Ein zukunftweisendes "stadtzentriertes Verkehrsgestaltungskonzept" sollte einer an der TU Hamburg erarbeiteten Studie zufolge (vgl. Läpple 1993) folgende Elemente umfassen: 1. ein möglichst dezentrales Regulations- und Steuerungssystem sowie die *Integration* unterschiedlicher Verkehrsträger und Fortbewegungsformen (einschließlich Fahrrad- und Fußgängerverkehr) zu einem arbeitsteiligen Verbund; 2. die Internalisierung der von den jeweiligen Verkehrsmitteln verursachten Kosten (einschließlich sozialer und ökologischer Kosten) durch eine *Bewirtschaftung der Verkehrsinfrastruktur*, deren zentrale Elemente gestaffelte Gebühren für das Fahren und Parken ("Road Pricing" und "Park Pricing") sein sollen; 3. wäre der herkömmliche öffentliche Nahverkehr zu einer "modernen Dienstleistung des Personenverkehrs" weiterzuentwickeln, wobei neben einer Ausweitung des Angebots eine *qualitative Verbesserung* des öffentlichen Nahverkehrs von größter Bedeutung ist; 4. wird für den Güterverkehr ein Konzept der "City- und Regionslogistik" vorgeschlagen, das die Gütertransportströme der Stadt in ein System von Güterzentren integriert und die Entkopplung von Fern- und Nahverkehr gewährleistet, sowie eine Bündelung von regions-internen Transportströmen (z.B. nach dem Prinzip "verschiedene Waren an gleiche Empfangsorte") ermöglicht.

Städtisches Verkehrskonzept

Verkehrs**bewältigungs**-Planung oder Verkehrs**gestaltungs**-Planung ?

Komponenten eines "stadtverträglichen" Gesamtverkehrssystems:

(1) Integration unterschiedlicher Verkehrsträger und Fortbewegungsformen

(2) Bewirtschaftung der städtischen Verkehrsinfrastrukturen durch
    ein einheitliches System von Verkehrstarifen ("Verursacherprinzip")
    "Road-Pricing" / "Park-Pricing"
    Wahlmöglichkeiten bei der Transportart - aber mit Einforderung der
    verursachten Kosten

(3) Modernisierung und Flexibilisierung des Ö P N V
    Vernetzung und Ausbau von Infrastrukturen des nicht-motorisierten
    Verkehrs (Umweltverbund)

(4) "City- und Regions-Logistik" für den Gütertransport
    Güterverteilzentren: Bündelung der Warenströme für Lieferbezirke
    (verschiedene Waren an gleiche Empfangsorte)

(nach Läpple, D. (Hg.): Güterverkehr, Logistik und Umwelt. Analysen und Konzepte
zum interregionalen und städtischen Verkehr, Berlin 1993)

Wirtschaftspolitische Steuerung der Städte im Rahmen einer "unternehmerischen Stadtpolitik"

Seit den 70er Jahren hat sich im Kontext weltweiter ökonomisch-sozialer Restrukturierungsprozesse und einer veränderten großräumigen Arbeitsteilung auch die Konkurrenz zwischen den Stadtregionen verschärft. Städte können als konkurrierende Einheiten innerhalb der wirtschaftlichen Entwicklungsdynamik begriffen werden, die sich unter Konkurrenzdruck zunehmend wie privatwirtschaftliche Unternehmen verhalten. Die Stadt wird heute nicht mehr nur ressortgebunden *verwaltet*, vielmehr sollen Wachstums- und Umstrukturierungsprozesse von der Stadtverwaltung und -politik aktiv *initiiert* werden. Dabei werden die bestimmenden Komponenten des gesellschaftlichen Strukturwandels wie die Flexibilisierung, "Durchmarktung" und Deregulierung zu Maximen einer "unternehmerischen" Stadtpolitik. In diesem Kontext verändern sich auch die Formen der "politischen Steuerung" der Stadt- und Regionalentwicklung: die politisch-administrativen Instanzen der Städte und Regionen begnügen sich nicht mehr damit, unternehmerische Aktivitäten zu unterstützen, sondern gehen dazu über, sie selbst zu initiieren. Stadt und Region werden als Unternehmen betrachtet, die "das Produkt" Stadt oder Region aktiv vermarkten. Die "unternehmerisch" konzipierte regionale Standortpolitik und Wirtschaftsförderung stützt sich bevorzugt auf neue, para-staatliche Organisationsformen: immer häufiger wird lokale und regionale Politik mittels privatrechtlich organisierter Gesellschaften und Entwicklungsträger betrieben. Dabei wird das Handeln öffentlicher Institutionen zunehmend der Logik des privatwirtschaftlichen Managements unterworfen. Das aktive Management der städtischen und regionalen Wirtschaftsentwicklung umfasst häufig auch eine enge Verflechtung von Staat und Industrie im Bereich der Technologieförderung (insbesondere der "Hochtechnologie"), und eine mit massiven Subventionen betriebene regionale Standortpolitik.

In diesem Rahmen sind die großen Städte bemüht, sich zu international bedeutsamen Entscheidungs-, Finanz- und Kontroll-Zentren zu entwickeln, und betreiben zu diesem Zweck eine konzentrierte Wirtschafts- und Wachstumsförderung. Die wirtschaftspolitische Konkurrenz zwischen den Großstädten reduziert sich heute keineswegs mehr auf die früher vorherrschende Konkurrenz um Industrieansiedlungen, sondern spielt sich auf drei *verschiedene Ebenen* gleichzeitig ab:

1. *Konkurrenz um Produktionspotentiale.* Städte versuchen, ihre Konkurrenzposition innerhalb der großräumigen Arbeitsteilung vor allem auf zwei Wegen zu verbessern: Erstens durch die Förderung der Anwendung "fortgeschrittenster" Produktions-Technologien. Der Schwerpunkt wird meist auf eine Förderung der Ansiedlung oder Expansion wachstumsstarker, international konkurrenzfähiger Unternehmen oder Produktionskomplexe des "High-Tech" -Sektors gelegt (mit Subventionen, Bereitstellung entsprechender Infrastrukturen, mit dem Ausbau der

246

Stadt als "Innovationszentrum" und Förderung eines speziell qualifizierten Arbeitskräfte-Angebots). Zur Stärkung des örtlichen Entwicklungspotentials gründen viele Städte in enger Kooperation mit der Privatwirtschaft besondere Wirtschaftsförderungs-Gesellschaften, und sie schaffen (in manchen Ländern) neue innerstädtische Wirtschaftsräume als deregulierte "freie Unternehmens-Zonen".

2. *Konkurrenz der Städte um Konsumpotentiale.* Städte versuchen, ihre Konkurrenzposition durch die Anziehung "gehobener" Konsumentenschichten, durch die Förderung der Ansiedlung von Bevölkerungsgruppen mit hohem Kaufkraftpotential zu verbessern. Das Modell des Massen-Konsums standardisierter Industrieprodukte, das die vorausgehende gesellschaftliche Entwicklungsphase bestimmte, wird seit den 70er Jahren zu stärker ausdifferenzierten und *hierarchisierten* Konsummustern transformiert; im Zuge dieser Entwicklung hat sich die Konkurrenz um das Kaufkraftpotential der Besserverdienenden intensiviert. Diese Konkurrenz veranlaßt die Städte zu aufwendigen Investitionen und Eingriffen in das städtische Raumgefüge. Dazu gehört (a) die Inkaufnahme von *Gentrifizierungs-Prozessen* oder Förderung der baulichen Aufwertung innerstädtischer Wohngebiete, (b) die planungspolitische Unterstützung für die Schaffung von "*Konsum-Palästen*" für den gehobenen Bedarf (Anlage von neuen Laden-Passagen, "shopping malls", räumlich integrierte Konsum-Tempel, usw.). Zunehmende Bedeutung erhält (c) die Förderung und Ausweitung von neuen Unterhaltungs-Angeboten für "gehobene" Ansprüche, der Ausbau von Hotels, Freizeitanlagen, und besonders von attraktiven *Kultureinrichtungen* und -angeboten. Hierbei geht es um weit mehr als um "materielle" Investitionen: Die Städte sehen sich im Rahmen der inter-regionalen Konkurrenz um die Ansiedlung hochqualifizierter Arbeitskräfte und gehobener Konsumentenschichten mehr und mehr gezwungen, sich das *Image* eines innovativen, aufregenden und kreativen Ortes hinsichtlich Kultur und Lebensstil zu geben.

3. *Konkurrenz der Städte um wirtschaftliche Kommando-Funktionen.* Die großen Städte versuchen, ihre Konkurrenzposition durch Ansiedlung oder Expansion von wirtschaftlichen und politischen Schlüsselfunktionen zu verbessern. Sie konkurrieren um die Direktionszentralen von Großunternehmen, um Hauptquartiere des Finanzsektors, um hochrangige Regierungs- und Verwaltungsinstitutionen. Dazu gehört (a) der Ausbau von Infrastrukturen im Verkehrs- und Kommunikationsbereich: Effizienz und Zentralität innerhalb des weltweiten Netzes von Verkehrs- und Kommunikations-Beziehungen sind hierbei von größter Bedeutung und drängen zu Investitionen in den Ausbau von Flughäfen, Schnellverkehrs-Verbindungen und Kommunikationssystemen; (b) die Förderung bzw. planungspolitische Unterstützung der Erweiterung des Angebots von Büroflächen und Bürohäusern. Häufig benötigen die Hauptquartiere der Wirtschaft für ihre Selbstdarstellungs-Bedürfnisse auch eine "repräsentative Lage" und entsprechende bauliche Gestaltung. Die Expansion von Unternehmensverwaltungen muß darüberhinaus durch

ein erweitertes Angebot an Büroflächen für die Vielzahl von unterstützenden spezialisierten Dienstleistungsbetrieben ergänzt werden. In all diesen Bereichen behalten Agglomerations- und "Fühlungsvorteile" große Bedeutung, so daß hier trotz hochentwickelter Informations- und Kommunikations-Technologien weiterhin stadträumliche *Zentralität* gefragt ist. Auf diesem Hintergrund hofiert die Stadtpolitik regelmäßig Investoren, die mit ihren Großprojekten für neue Büro- und Geschäftskomplexe von einer "Boomtown" zur nächsten ziehen (und dabei immer wieder "Bürohalden" hinter sich lassen).

Zur politisch-institutionellen Regulationsform einer "unternehmerischen" Stadtpolitik gehört wie gesagt die Schaffung von vielfältigen *para-staatlichen Entwicklungsträgern* und gemischtwirtschaftlichen Organen ("Public/Private Partnerships", kommunale Entwicklungsträger und Wirtschaftsförderungsgesellschaften), die der öffentlichen Kontrolle und der von Wahlen beeinflußbaren Politiksphäre weitgehend entzogen sind. Auf der anderen Seite befähigen *neue flexible Regulationsformen* die Städte heute, auf die unterschiedlichen "Inseln" der Stadt mit ihren unterschiedlichen Lebensweisen und ihrer ungleichmäßigen Entwicklungsdynamik *differenziert* einzuwirken. Insbesondere auf dem *Gebiet der Planungspolitik* ist in einzelnen Städten der Übergang zu flexiblen *dezentralen* Regulierungsformen zu beobachten: Stadterneuerung wird hierbei nicht mehr als flächendeckendes "sozialchirurgisches" Gesamtprogramm, sondern eher kleinteilig und lokal differenziert durchgeführt. Auch diese Politik schafft eine Vielzahl von neuen para-staatlichen Trägerformen, die durch *lokal begrenzte* Beteiligungsmodelle oder Partizipationsverfahren die politische Einbindung von lokalen Oppositionspotentialen anstreben, und mit Hilfe begrenzter, *lokalisierter* Zugeständnisse den "Konsens" der Betroffenen herzustellen suchen. Trotz erweiterter Mitwirkungsrechte und flexibler Organisationsformen in einzelnen Stadtquartieren wird aber auf *gesamtstädtischer* Ebene an dem fortschreitenden Stadtumbau zur Anpassung städtischer Lebensräume an neue Verwertungsansprüche nichts geändert.

Zu den wichtigsten Aufgaben der heutigen Stadtpolitik gehört die lokale "Bewältigung" der Konflikte, die aus der wachsenden Polarisierung städtischer Lebensverhältnisse erwachsen. Längst ist die "Stadt der zwei Geschwindigkeiten", in der ein großer Teil der Bewohner benachteiligt, an den Rand gedrängt und desillusioniert wird, ein Bestandteil des neuen Europa. Gerade die "reichen" europäischen Großstädte sind Wohnort der ärmsten und am meisten benachteiligten Menschen - hier werden bestimmte Stadtquartiere mehr und mehr zum Abschiebe-Container für Benachteiligte und zugleich zum Anziehungspunkt für Immigranten aus anderen Teilen der Welt. In diesem Kontext entstehen auch Konzeptionen einer "multikulturellen Stadt", welche die Einbindung bislang diskriminierter ethnischer Minderheiten organisieren helfen, die als Entwicklungspotential der Marktwirtschaft entdeckt und als Marktteilnehmer aufgewertet werden.

Die lokale Politik in den metropolitanen Zentren muß sich mehr und mehr auf die Regulation der vervielfachten und vertieften sozialökonomischen und sozialräumlichen Spaltungen konzentrieren. Zwar werden Entwicklungen, die in den Städten als wachsender ökonomisch-sozialer Problemdruck wahrgenommen werden, vielfach "außerhalb" der Städte durch übergreifende gesellschaftliche Restrukturierungsprozesse in Gang gesetzt, sie müssen aber "innerhalb" der Stadt bewältigt werden. Die *lokale* "Bewältigung" *globaler* Probleme wird zur spezifischen Aufgabe der Städte .

Entwicklungsstrategien für Stadtregionen

Die Groß-Städte Europas sind bemüht, Teil des europäischen Netzes bedeutender Unternehmens-, Kommunikations- und Verkehrszentren zu werden. Die Voraussetzungen dafür sind nach Auffassung zahlreicher Politiker und Planer u.a. Flughafenkapazitäten, Anschlüsse an das Europäische Hochgeschwindigkeitsnetz der Bahn, ein attraktives Angebot an Bildungs- und Forschungseinrichtungen, Technologiezentren, Konferenz- und Kulturangebote, sowie ein vielfältiges Angebot produktionsorientierter Dienstleistungen. Dabei verhalten sich die Städte auf dem Gebiet der Wirtschaftspolitik mehr und mehr wie konkurrierende Privatfirmen. Die wirtschaftspolitische Konkurrenz der Großstädte richtet sich vor allem auf die Ansiedlung von "Wachstumsindustrien" und High-Tech-Komplexen, auf die Anziehung "gehobener" Konsumentenschichten mit hohem Kaufkraftpotential, und die Ansiedlung oder Expansion von "höherwertigen" Dienstleistungsfunktionen, strategischen Unternehmensabteilungen und Finanzinstitutionen.

Die Städte müssen bei den Bemühungen zur Stärkung ihrer Wettbewerbsfähigkeit aber *nicht zwingend* eine fortschreitende soziale Polarisierung in Kauf nehmen. Die *vielfältigen* Einflußfaktoren und Komponenten, die bei möglichen Positionsverbesserungen innerhalb eines hierarchischen Städtesystems eine Rolle spielen, lassen Raum für *verschiedenartige* Entwicklungskonzeptionen. Damit wird betont, daß städtische Strukturen politisch und gesellschaftlich "gestaltet" werden. Entwicklungsstrategien für Stadtregionen werden hier nicht im instrumentellen Sinne erörtert, sondern auf der Ebene grundsätzlicher Entwicklungsstrategien (bzw. strategischen "Optionen"); die *Akteure*, die eine bestimmte Option verfolgen können, sind nicht allein die "Politiker" und lokalen Repräsentanten des Staatsapparates, sondern verschiedene gesellschaftliche Kräfte (dazu gehören Unternehmen, Verbände, Gewerkschaften, parteipolitische Gruppierungen und soziale Bewegungen). *Nicht alle* relevanten Rangkategorien des Städtesystems sind gleichermaßen in der Lage, die nachfolgend beschriebenen Optionen zu verfolgen (das betrifft insbesondere die bereits marginalisierten Städte und manche einseitig spezialisierte Stadtregionen, deren Wirtschaft einen Abhängigkeitsüberschuß aufweist). Hier werden zwei unterschiedliche Optionen der Stadtentwicklungspolitik pointierend gegenübergestellt: die "defensive Strukturanpassung unter Inkaufnahme sozialer Polarisierung" und die "qualifizierte Strukturanpassung mit sozialer Stabilisierung".

(a) Die "defensive Strukturanpassung unter Inkaufnahme sozialer Polarisierung" beinhaltet im *Bereich des städtischen Produktionssektors* eine technologie-zentrierte Industrieförderung und die Entwicklung von hierarchisch regulierten Produktionskomplexen (aus Großunternehmen und abhängigen Subunternehmen), eine Schwerpunktsetzung auf die Flexibilisierung der Beschäftigungsverhältnisse, den Abbau sozialer Errungenschaften der Lohnabhängigen, und die Orientierung auf niedrige Lohnkosten. *Industriepolitische Effekte* dieser Option sind die Vernichtung oder Vernachlässigung in der Region vorhandener Industriebereiche, und der Verlust vorhandener Technikkultur. Hierbei droht die Polarisierung des regionalen Produktionssektors in bestimmte konkurrenzfähige Wachstumspole auf der einen Seite, und dem Niedergang preisgegebene traditionelle Sektoren auf der anderen Seite. Die regionale Industrieförderung richtet sich auf die Schaffung von "Technopolen". Einen zweiten Schwerpunkt der defensiven Strukturanpassung bildet die Unterstützung der sog. Tertiärisierung. Die von diversen stadtpolitischen "Wachstumskoalitionen" forcierte Ansiedlung von hochrangigen Dienstleistungskomplexen verändert u.a. die städtischen Beschäftigungsstrukturen. Die Arbeitsplatz-Zuwächse der "metropolitanen" Dienstleistungswirtschaft bestehen zum großen Teil aus flexiblen Beschäftigungsverhältnissen im Niedriglohn-Bereich. Die ebenso neugeschaffenen hochrangigen Arbeitsplätze nutzen der *örtlichen* Bevölkerung wenig, denn die benötigten hochspezialisierten Fachkräfte müssen häufig zum großen Teil aus anderen Regionen angeworben werden. Die neuen hochbezahlten Fach- und Führungskräfte drängen dann auf den örtlichen Wohnungsmarkt, zum Vorteil der Immobilienwirtschaft, aber auf Kosten der "gewöhnlichen" Stadtbevölkerung. Zudem konzentrieren sich im Bereich der sog. produktionsorientierten Dienste neben Forschungs- und Entwicklungs-Aktivitäten wie gesagt *auch* die Aktivitäten von Dealern, Schiebern, "Abwicklern", d.h. Aktivitäten, die sich geschäftsmäßig mit dem Aufkauf und der "Abwicklung" von Betriebsstätten befassen, mit dem Verschieben von Kapitalien und Spekulationsgeschäften verschiedenster Art. Eine Stadtpolitik, die sich auf die Förderung der funktionalen Eliten des produktionsorientierten Dienstleistungssektors konzentriert, führt damit häufig auch zur Expansion von produktions-*schädigenden* Aktivitäten. *Stadtstrukturelle Effekte* dieser Option sind die *Desintegration* von lokalem Produktions- und Dienstleistungssektor - in der Stadtregion entwickeln sich auf der einen Seite hochrangige Dienstleistungszentren, auf der anderen Seite *spezialisierte Produktionsgebiete* (u.a. für High-Tech-Industrieaktivitäten).

(b) Die Option einer "qualifizierten Strukturanpassung mit sozialer Stabilisierung" beinhaltet demgegenüber *im Bereich des städtischen Produktionssektors* die Förderung von breitenwirksamen Innovationsaktivitäten und Entwicklung von

Konträre Entwicklungskonzeptionen für Stadtregionen

Defensive Strukturanpassung mit sozialer Polarisierung	Qualifizierte Strukturanpassung mit sozialer Stabilisierung
Produktionssektor: Regionale Desintegration ("Global Sourcing") Stärkung von Großunternehmen und "High-Tech"-Komplexen hierarchische Subordinationsbeziehung zwischen Unternehmen	**Produktionssektor:** Regionale Integration ("regions-interne Vernetzung") Flexible Spezialisierung, Stärkung kleiner und mittlerer Firmen Kooperations-Beziehungen, Partnerschaften zwischen Unternehmen
Arbeitsbeziehungen: Flexibilisierung der Beschäftigungs-verhältnisse Konzentration auf Billiglohnarbeit	**Arbeitsbeziehungen:** Sicherung stabiler Beschäftigungs-verhältnisse Qualifizierung und Partizipation Konzentration auf Qualitätsproduktion
Finanz- und Dienstleistungssektor: verselbständigte Finanzanlagestrategien, Ausweitung externer Kontrolle Expansion von Dienstleistungskomplexen mit Anteilen produktions-schädigender Immobiliengeschäfte und Aktivitäten ("Dealer, Schieber, Abwickler")	**Finanz- und Dienstleistungssektor:** Integration von regionalem Finanz- und Produktionssektor Ausbau von qualifizierten Dienstleistungen zur Unterstützung von Produktionsaktivitäten (Innovations- / Transferdienste)
Industriestrukturelle Effekte: Partielle Deindustrialisierung Polarisierung des Industriesektors Entstehung isolierter "Technopole" Polarisierung der Beschäftigungs- und Einkommensstruktur	**Industriestrukturelle Effekte:** Modernisierung vorhandener Produktionsstätten Intensive Vernetzung des Industriesektors Stabilisierung der Beschäftigung
Stadtstrukturelle Effekte: Desintegration von lokalem Produktions- und Dienstleistungssektor: verselbständigte Dienstleistungszentren Polarisierung zwischen "High-Tech"-Komplexen und gering qualifizierten Industrieaktivitäten Polarisierung des sozialräumlichen Gefüges	**Stadtstrukturelle Effekte:** Vernetzung von lokalem Produktions- und Dienstleistungssektor Entwicklung von "lokalen produktiven Systemen" mit breitenwirksamer Modernisierungsaktivität Stabilisierung des sozialräumlichen Gefüges

kooperativen Beziehungen zwischen den regionalen Firmen, die Ausrichtung auf eine vielseitige Qualifizierung der Arbeitskräfte und Mobilisierung ihrer Initiative im Kontext stabiler Beschäftigungsverhältnisse. Im Verhältnis zur Niedriglohn-Orientierung wird größeres Gewicht auf "know how" und *qualifizierte Produktion* gelegt. Dazu gehört auch die Unterstützung einer diversifizierten städtischen Wirtschaftsstruktur, die besondere Förderung von kleinen und mittleren Firmen des produzierenden Gewerbes sowie der Schutz des lokalen Gewerbes vor den "Dienstleistungs"-Aktivitäten der Dealer/Schieber/Abwickler. Die Option einer qualifizierten Strukturanpassung kann auf mehreren "Schienen" verfolgt werden: Auf der Schiene einer "arbeitsorientierten Stadtentwicklungspolitik" geht es um die Förderung von Wirtschaftsaktivitäten, deren Arbeitsplatzangebot mit dem regionalen Profil der Arbeitskräfte harmoniert, sowie um die Qualität von Arbeitsbedingungen und Stabilität von Beschäftigungsverhältnissen (anstelle der weiteren Ausbreitung "sekundärer" Arbeitsmärkte und prekärer Beschäftigungsverhältnisse); auf der Schiene einer "bildungsorientierten Stadtentwicklungspolitik" geht es um die Verbesserung der Ausbildung und Weiterbildung; auf der Schiene einer "innovationsorientierten Stadtentwicklungspolitik" geht es einerseits um die Verbreitung *innovativer Arbeitsbeziehungen* mit Partizipationsangeboten, andererseits um die Förderung *innovativer industrieller Organisationsbeziehungen* (Kooperation, Vernetzung) anstelle des Aufbaus von Technopolen bzw. der einseitigen Förderung von High-Tech-Branchen. *Industriepolitische Effekte* dieser Option sind die Mobilisierung und Anpassung der regional vorhandenen Fähigkeiten und Kenntnisse, die weitestmögliche Erhaltung und Modernisierung vorhandener Produktionsstätten; zugleich wird versucht, den regionalen Produktionssektor stärker zu vernetzen, seine regions-internen Verflechtungen zu intensivieren, und die regions-interne Verbreitung von "know how" und Wachstumsimpulsen zu stärken. Die Option einer Stärkung der regions-internen Vernetzung ist auf *Kooperations*-Beziehungen zwischen den gesellschaftlichen Akteuren und zwischen den Unternehmen der Stadtregion orientiert. *Stadtstrukturelle Effekte* dieser Option umfassen die Entwicklung von "lokalen produktiven Systemen" mit enger Verknüpfung von Produktions- und Dienstleistungsaktivitäten (im Gegensatz zu *verselbständigten* Dienstleistungszentren), sowie die Transformation von spezialisierten Produktionsgebieten zu einem *vielseitigen* produktiven System. Stadtregionen, deren gesellschaftliche Akteure eine Entwicklungskonzeption der "qualifizierten Strukturanpassung" verfolgen, könnten auf längere Sicht eine höhere ökonomisch-soziale Stabilität und Wettbewerbsfähigkeit erreichen als jene, die sich eher defensiv in die Trends einer weiteren Polarisierung der lokalen Wirtschaftsstrukturen, Arbeitsverhältnisse und sozialräumlichen Gefüge einfügen.

Ansatzpunkte einer wirtschaftlichen Entwicklungspolitik in Stadtregionen

Stärkung des wirtschaftlichen Entwicklungspotentials ▭ = herkömmliche Schwerpunktsetzungen der Entwicklungspolitik

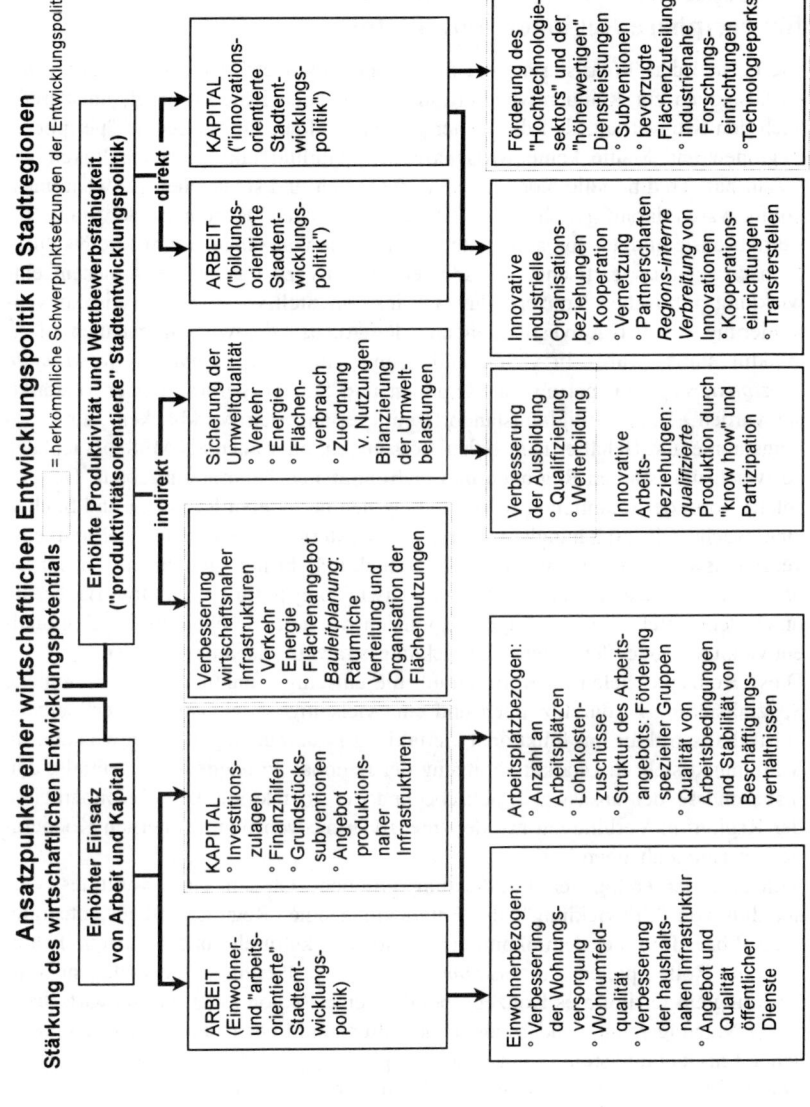

Erhöhter Einsatz von Arbeit und Kapital

Erhöhte Produktivität und Wettbewerbsfähigkeit ("produktivitätsorientierte" Stadtentwicklungspolitik)

indirekt

direkt

ARBEIT (Einwohner- und "arbeitsorientierte" Stadtentwicklungspolitik)

KAPITAL
- Investitionszulagen
- Finanzhilfen
- Grundstückssubventionen
- Angebot produktionsnaher Infrastrukturen

Verbesserung wirtschaftsnaher Infrastrukturen
- Verkehr
- Energie
- Flächenangebot
Bauleitplanung: Räumliche Verteilung und Organisation der Flächennutzungen

Sicherung der Umweltqualität
- Verkehr
- Energie
- Flächenverbrauch
- Zuordnung v. Nutzungen Bilanzierung der Umweltbelastungen

ARBEIT ("bildungsorientierte" Stadtentwicklungspolitik")

KAPITAL ("innovationsorientierte Stadtentwicklungspolitik")

Einwohnerbezogen:
- Verbesserung der Wohnungsversorgung
- Wohnumfeldqualität
- Verbesserung der haushaltsnahen Infrastruktur
- Angebot und Qualität öffentlicher Dienste

Arbeitsplatzbezogen:
- Anzahl an Arbeitsplätzen
- Lohnkostenzuschüsse
- Struktur des Arbeitsangebots: Förderung spezieller Gruppen
- Qualität von Arbeitsbedingungen und Stabilität von Beschäftigungsverhältnissen

Verbesserung der Ausbildung
- Qualifizierung
- Weiterbildung

Innovative Arbeitsbeziehungen: *qualifizierte* Produktion durch "know how" und Partizipation

Innovative industrielle Organisationsbeziehungen
- Kooperation
- Vernetzung
- Partnerschaften *Regions-interne Verbreitung* von Innovationen
  • Kooperationseinrichtungen
  • Transferstellen

Förderung des "Hochtechnologiesektors" und der "höherwertigen" Dienstleistungen
- Subventionen
- bevorzugte Flächenzuteilung
- industrienahe Forschungseinrichtungen
°Technologieparks

Konzepte der "endogenen Entwicklung" für periphere Regionen und Städte

Die Formel der "Polarisierung der Städte und Regionen", welche seit Jahren die Diskussionen zur Raumentwicklung in europäischen Ländern prägt, umschreibt auch den Sachverhalt, daß die bisherige Entwicklung für zahlreiche "periphere" Regionen und Städte keine wirtschaftliche Stabilität und Eigenständigkeit gebracht hat. Traditionelle Konzepte der regionalen und städtischen Entwicklungspolitik waren darauf gerichtet, die "strukturschwachen" Regionen oder Städte für Betriebsansiedlungen von außerhalb oder für eine von außen kommende Nachfrage nach regionsspezifischen Ressourcen attraktiv zu machen. Mit diesem entwicklungspolitischen Konzept, das sich instrumentell vor allem auf die Subventionierung von Privatinvestitionen und den Ausbau der wirtschaftsnahen Infrastruktur stützt, wurde in vielen Fällen eine einseitige *ökonomisch-funktionale Spezialisierung* von peripheren Regionen und Städten gefördert oder verstärkt: sie wurden z.B. als Billiglohnstandorte mit "verlängerten Werkbänken", als Erholungsräume und Behälter natürlicher Ressourcen, oder auch als Müllabladeplätze der wachstumsstarken Regionen und metropolitanen Zentren ausgebaut. Da eine solche Form der räumlichen Arbeitsteilung den peripheren Regionen und Städten eine wachsende Abhängigkeit von regions-externen Entscheidungen und eine vergleichsweise geringe wirtschaftliche Stabilität bringt, gewinnen seit Jahren *alternative Konzepte* der regionalen Entwicklungspolitik an Attraktivität, die unter dem Titel "eigenständige Regionalentwicklung", "ökologische Regionalentwicklung", oder "endogene Entwicklungsstrategie" diskutiert werden.

Diese Konzepte zielen im Kern darauf, die einseitige funktionale und räumliche Spezialisierung zu durchbrechen und eine vielseitige, regionsintern verflochtene Wirtschaftsstruktur mit funktional vielfältigen Raumnutzungen zu entwickeln. Im Mittelpunkt steht die stärkere Nutzung der regional vorhandenen Potentiale, d.h. insbesondere der ansässigen Betriebe und der soziokulturellen Besonderheiten der Region, in Verbindung mit der Intensivierung von regionsinternen Kooperationszusammenhängen.

Konzepte der endogenen Entwicklung gründen sich auf ein erweitertes Verständnis von "Entwicklung": die Entwicklung einer Region wird als integraler Prozeß begriffen, bei dem ökonomische, soziale, kulturelle und politische Faktoren eine Rolle spielen und *zusammenwirken*. Darüberhinaus ist endogene Entwicklung ein territoriales Konzept, bei dem eine Region nicht nur als wirtschaftlicher Nutzungsraum, sondern auch als Kultur- und Lebensraum, sowie als politischer Entscheidungsraum gefasst wird (vgl. Brugger 1984). Mit der Konzentration auf regions-spezifische Potentiale in wirtschaftlicher und soziokultureller Hinsicht ergibt sich eine Nachbarschaft zum Konzept der "regionalen Produktions-Milieus" (vgl. oben).

254

Die grundlegenden Inhalte des Konzeptes der endogenen Entwicklung können auf ganz verschiedene räumliche Maßstabsebenen (nationale, regionale und lokale) bezogen werden. Dabei ist die für endogene Entwicklungsstrategien "geeignete Raumgröße" nicht eindeutig festzulegen - relativ großräumige Bezugseinheiten können für die eigenständige Entwicklung *in wirtschaftlicher Hinsicht* förderlich sein, wohingegen eher kleinräumige Bezugseinheiten für die Entfaltung eines regionsspezifischen *soziokulturellen Milieus* bessere Chancen bieten können (vgl. Brugger 1984). Eine endogene Entwicklungsstrategie sollte nicht als Streben nach regionalwirtschaftlicher "Autarkie" mißverstanden werden: Das Leitbild der "eigenständigen" Regionalentwicklung ist nicht gegen jedwede regionale Spezialisierung gerichtet, sondern gegen Tendenzen einer einseitigen und extern kontrollierten Spezialisierung von Regionen. Die Aktivierung endogener Potentiale hat nicht zum Ziel, die betreffende Region vom Rest der Welt abzukoppeln, sondern soll u.a. ihre Wettbewerbsfähigkeit im interregionalen Zusammenhang erhöhen. Diese neue Art von Regionalismus ist nach R. Lindner nicht als Gegenbewegung zur Herausbildung globaler Marktzusammenhänge, sondern als deren *Komplement* zu verstehen: "Regionalisierung heißt hier Rückbesinnung auf eigene Qualitäten bei der Bewältigung eines tendenziell globalen Strukturwandels" (Lindner 1994, 7).

Konzepte der endogenen Regionalentwicklung haben zur Voraussetzung, daß ein entwicklungsfähiges "endogenes Potential" in wirtschaftlicher, soziokultureller, politischer, und ökologischer Hinsicht gegeben ist. Dabei geht es nicht nur um die Quantität und Qualität von Potentialen, sondern auch um die Frage der regionalen Entscheidungs- und Kontrollkapazität - eigenständige Entwicklung setzt voraus, daß die regionalen gesellschaftlichen und politischen Akteure über hinreichende Kompetenzen und Spielräume zur Verfolgung eigener Ziele verfügen. Im ökonomischen Bereich sind die Städte und Regionen mit einer anhaltenden "Globalisierung" von Verflechtungs- und Kontrollbeziehungen konfrontiert, so daß *exogene* Austausch-, Kontroll- und Transfer-Beziehungen in der städtischen und regionalen Wirtschaftsentwicklung ein zunehmendes Gewicht erhalten (und je kleinräumiger die Perspektive, desto intensiver sind die interregionalen Verflechtungsbeziehungen). In diesem Kontext werden auch periphere Regionen und Städte einer "ferngesteuerten" Entwicklung unterworfen (die sich auf den Export von natürlichen Ressourcen, den Aufbau von verlängerten Werkbänken oder von "Weltmarktfabriken", den Tourismus u.ä. konzentriert). Vor allem die regionsextern kontrollierten Wirtschaftseinheiten sind kaum in eine Strategie "eigenständiger Regionalentwicklung" einzubinden: die Entscheidungen von internationalen und transregionalen Unternehmen folgen raum-übergreifenden Strategien, die sich mit eher kleinräumigen bzw. territorialen Entwicklungskonzepten kaum vereinbaren lassen. Der multi-regionale Konzern ist *keiner* Region "verpflichtet". Z.B. fallen die Entscheidungen des multi-regionalen Konzerns Alcatel SEL, der seine beiden Werke in Mannheim und Rochlitz/Sachsen schließen und bis Ende 1995 insgesamt 5300 Arbeitsplätze streichen will, in der Konzern-Zentrale in Paris - und in solchen raumübergreifenden Entscheidungszentren wird keinerlei Verantwortung für die *regionalen* Entwicklungsperspektiven an den Werksstandorten übernommen.

Wenn Konzepte einer eigenständigen Regionalentwicklung davon ausgehen, daß in ökonomischen und politischen Belangen "der Region" verpflichtete Entscheidungsstrukturen und -prozesse geschaffen bzw. gestärkt werden müssen, bieten sich als Adressaten hierfür in erster Linie die *regional verankerten* Akteure an (z.B. kleine und mittlere Firmen, Haushalte, regionale Arbeitnehmerorganisationen und Verbände, Entscheidungsträger der regional-staatlichen und kommunalen Institutionen).

Zu den grundlegenden Ansätzen einer Politik der eigenständigen regionalen Entwicklung gehören nach Brugger (1984, 15) *in ökonomischer Hinsicht*

1. die "Bewahrung und Entwicklung der Wettbewerbsfähigkeit von regional ansässigen Betrieben und entsprechend selektive Betriebsansiedlungspolitik; beides kann mit einer innovationsorientierten Regionalpolitik unterstützt werden";
2. die "Stärkung der regionalen unternehmerischen Entscheidungsfunktionen mittels Förderung regional verankerter Betriebe sowie Stärkung von Kooperation und - allgemeiner - einer hohen regionalen Identität wirtschaftlicher Kader";
3. die "Intensivierung inner-regionaler Vorwärts- und Rückwärtskoppelungseffekte und damit Steigerung des regionalen Wertschöpfungsanteils, insbesondere ökologische Verwertung eigener Ressourcen".

Die ökonomischen Ansätze für eine endogene Entwicklungsstrategie benötigen ergänzende Maßnahmen im politischen und soziokulturellen Bereich: Um "eigenständige" regionale Entwicklungsziele verfolgen zu können, ist eine Stärkung der politischen Entscheidungs- und Kontrollkapazität der Regionen und Städte (und eine entsprechende Dezentralisierung finanzieller Ressourcen) nötig. Von entscheidender Bedeutung ist die *Koordination und Kooperation* zwischen staatlich/ kommunalen Institutionen und gesellschaftlichen Akteuren auf der regionalen Ebene. Nur durch das Zusammenwirken der regionalen Kräfte und Institutionen kann eine normative Verpflichtung aller gesellschaftlichen Akteure auf das Ziel einer eigenständigen regionalen Entwicklung erreicht werden. Dazu gehört nicht zuletzt die Entwicklung *partizipativer* Entscheidungsprozesse und institutioneller Strukturen.

Regionalwissenschaftler betonen darüberhinaus immer wieder die "*Notwendigkeit einer regionalen Kulturpolitik* als Bestandteil einer endogenen Entwicklungsstrategie" (Brugger 1984, 16): Im soziokulturellen Bereich geht es um die Förderung "regionaler Identität", die Entwicklung vielfältiger Aktivitäten zur Stärkung des regionalen Zugehörigkeitsgefühls der sozialen und wirtschaftlichen Akteure sowie die Intensivierung regionaler Kommunikationsnetze. Das Konzept

Ansatzpunkte regionaler Entwicklungsstrategien

räumlicher Ansatz: regional-politischer Ansatz:	*Inter*-regionaler Ansatz	*Intra*-regionaler Ansatz
Kapital-orientiert	Interregionale Kapitalmobilität fördern; Ansiedlungsförderung für mobile Unternehmensteile (Verlagerungen, Neugründungen)	"Bestandspflege" und Mobilisierung des endogenen Kapitals; Förderung vorhandener Klein- und Mittelbetriebe, Existenzgründungen; Anpassungshilfen für gefährdete Betriebe
Arbeitnehmer-orientiert	Interregionale Arbeitskräfte-Mobilität fördern/vermeiden	Ausschöpfung des regionalen Arbeitskräftepotentials; Förderung der Aus- und Weiterbildung
Technologie-orientiert	Förderung des interregionalen Technologietransfers; Ansiedlungsförderung für Hochtechnologie-Betriebe (Verlagerungen, Neugründungen)	Verbesserung des intra-regionalen Wissenstransfers; Schaffung von regionalen Einrichtungen der Technologieentwicklung und der Förderung technischer Kooperation der regionalen Betriebe
Innovations-orientiert	Förderung des inter-regionalen Wissenstransfers	Verbesserung des intra-regionalen Wissenstransfers; Schaffung von regionalen Einrichtungen der Innovationsförderung
Vernetzungs-orientiert	Verbesserung/Schaffung von interregionalen Transport-, Informations- und sonstigen Verbindungen Intensivierung überregionaler Verflechtungen	Entwicklung, Stärkung und Festigung von intra-regionalen Verflechtungen; Förderung der Kooperation und Vernetzung regionaler Betriebe
Milieu-orientiert	(Schema in Anlehnung an Spehl 1993, 159f)	Ausbau von Ansätzen und Elementen eines spezifischen regionalen Wirtschafts-Milieus; Förderung und Pflege regionsspezifischer wirtschaftskultureller Qualitäten; Stärkung der "regionalen Identität" von Unternehmen/wirtschaftlichen Akteuren

der regionalen Identität ist für Strategien endogener Regionalentwicklung von großer Bedeutung. "Regionale Identität" bedeutet, daß sich die Bewohner und die wirtschaftlichen Akteure mit ihrer Region identifizieren, d.h. sich dieser Region zugehörig fühlen. Traditionelle regionale Identitäten hatten *insularen* Charakter - die Eigenart einer Region erschien umso ausgeprägter, je stärker sie vom Rest der Welt separiert war. Die Zukunft regionaler Identitäten kann jedoch angesichts der Globalisierungsprozesse nicht mehr in Separation und Abgrenzung liegen. Heute sind die Regionen gefordert, auf dem Wege der grenzüberschreitenden Kommunikation und des inter-regionalen Vergleichs ihre spezifischen Vorteile und Potentiale neu zu identifizieren, und ihr "Image" ebenso wie die sozioökonomische und kulturelle Basis einer (neuen) regionalen Identität *aktiv* zu konstruieren. Hier liegt das eigentliche Aktionsfeld einer regionalen Kulturpolitik. Während regionale Identitäten in der Vergangenheit als traditional "vorgegeben" erschienen, werden sie heute von individuellen und kollektiven Akteuren bewußt *gestaltet.*

Im "*wirtschaftskulturellen*" Bereich kann die Unterstützung regionsspezifischer Produktionstechniken bzw. handwerklicher Traditionen und die Entwicklung von Produkten mit "regionsspezifischen Qualitäten" identitätsfördernd wirken. Das Herausstellen des besonderen sozialen, kulturellen und geschäftlichen "Klimas" einer Region trägt u.U. zur Wiederbelebung einer quasi "merkantilen" regionalen Identität bei. Dazu gehört meist auch die offensive Werbung für *regionsspezifische* Produkte, nicht nur für Agrarprodukte, sondern zunehmend auch für Industrieprodukte, deren *regionale* Herkunft im Sinne einer Qualitätsgarantie angepriesen wird.

Von größter Bedeutung ist die Intensivierung und Verbesserung der innerregionalen *Kooperation* zwischen den ansässigen Betrieben und wirtschaftlichen Akteuren. Regionale Kooperationsstrukturen sind in hohem Maße von "außerökonomischen" Faktoren beeinflußt - insbesondere vom Grad des Vertrauens der regionalen Akteure in das ökonomische und soziale System ihres Gebietes und vom Ausmaß ihrer Identifikation mit der Region, d.h. von der Stärke ihres "Zugehörigkeitsgefühls" zur betreffenden Region. Das Zugehörigkeitsgefühl zu einer Stadt oder Region (als Ausdruck einer kollektiven Identität) kann die Mobilisierung von verborgenen Reserven der Akteure stimulieren. Innerregionale Kooperationsbeziehungen werden heute auch als wirtschaftskulturelle Basis zur Schaffung eines breitenwirksamen "regionalen Innovationsklimas" betrachtet.

Hier ist allerdings auch kritisch anzumerken, daß Strategien, die sich *allein* auf endogene Potentiale verlassen, ebenso problematisch wie einseitig exogene Strategien sind: Wo stets die gleichen regionalen Akteure mit ihrem begrenzten Potential zusammenarbeiten, besteht auch die Gefahr, daß relevante "exogene" Innovationsimpulse nicht wahrgenommen sowie regionsübergreifende bzw. internationale wirtschaftliche Entwicklungstrends übersehen werden. So hat Camagni (1991) auf Niedergangserscheinungen in einigen Regionen, deren Prosperität allein auf ihrem endogenen Potential begründet war, hingewiesen. Es handelte sich um Wirtschaftsregionen, die sich auf Grundlage ihres inneren Zusammenhalts zu stark nach außen abgeschottet hatten, so daß Innovationsimpulse von außen nicht rasch genug wahrgenommen und umgesetzt werden konnten. Regionale Entwicklungsstrategien sollten demnach auf der einen Seite die Aktivierung endogener Potentiale fördern, auf der anderen Seite aber zugleich dafür sorgen, daß die Region für exogene Impulse prinzipiell aufnahmebereit und *selektiv* anpassungsfähig bleibt. Regionale Entwicklungsstrategien sollten daher weder einseitig auf die globale ökonomische Vernetzung noch einseitig auf die sozio-ökonomische Integration zu einem geschlossenen regionalen Wirtschaftsmilieu setzen.

Literatur zu Abschnitt 9:

Bassand, M./Brugger, E.A./Bryden, J./Friedmann, J./Stuckey, B.: Self-reliant development for a new Europe: Theory, practice, conflicts. London 1984

Blanke, B./ Evers, A./ Wollmann, H. (Hg.): Die zweite Stadt. Neue Formen lokaler Arbeits- und Sozialpolitik, Opladen 1986

Böge, S.: Der "Aktionsraum" eines Produkts oder raumrelevante Auswirkungen von produktbezogenen Güterverkehren, in: Mayer, J. (Hg.): Die aufgeräumte Welt, Raumbilder und Raumkonzepte im Zeitalter globaler Marktwirtschaft, Loccumer Protokolle, Nr. 74, Loccum 1992

Brauerhoch, F.-O. (Hg.): Frankfurt am Main - Stadt, Soziologie und Kultur. Frankfurt/M. 1991

Brugger, E.A.: "Endogene Entwicklung": Ein Konzept zwischen Utopie und Realität, in: Informationen zur Raumentwicklung, Nr. 1/2.1984, Bonn 1984

Buhr, W.: Die Rolle der materiellen Infrastruktur im regionalen Wirtschaftswachstum, Berlin 1975

Bullmann, U./ Gitschmann, P. (Hg.): Kommune als Gegenmacht. Alternative Politik in Städten und Gemeinden. Hamburg 1985

Camagni, R. (Hg.): Innovation networks: spatial perspectives. London/New York 1991

Cattacin, S.: Stadtentwicklungspolitik zwischen Demokratie und Komplexität, Frankfurt/M. 1994

Cockburn, C.: The local state, Management of cities and people. London 1977

Eckey, H.-F.: Grundlagen der regionalen Strukturpolitik. Eine problemorientierte Einführung. Köln 1978

Elliott, B./McCrone, D.: The city - Patterns of domination and conflict. London/ Basingstoke 1982

Emenlauer, R. u.a.: Die Kommune in der Staatsorganisation. Frankfurt/M. 1974

Evers, A./ Lange, H.G./ Wollmann, H. (Hg.): Kommunale Wohnungspolitik. Basel 1983

Ewers, H.-J./Wettmann, R.W. u.a.: Innovationsorientierte Regionalpolitik, Bonn 1980

259

Fisher, R./Kling, J. (Hg.): Mobilizing the community, Local politics in the global city, New York 1993

Franck, G.: Raumökonomie, Stadtentwicklung und Umweltpolitik, Stuttgart/Berlin/Köln 1992

Frey, R.L.: Infrastruktur. Grundlagen der Planung öffentlicher Investitionen, Tübingen 1972

Froessler, R. u.a. (Hg.): Lokale Partnerschaften. Die Erneuerung benachteiligter Quartiere in europäischen Städten, Basel 1994

Fürst, D./Klemmer, P./Zimmermann, K.: Regionale Wirtschaftspolitik. Tübingen/Düsseldorf 1976

Funck, R.H./Dziembowska-Kowalska, J./Robertson-Wensauer, C.Y.: Stadtkultur und Stadtwirtschaft: Zur Bedeutung von Kultur für die Stadtentwicklung, in: Meyer, S./Schulze, E. (Hg.): Ein Puzzle, das nie aufgeht. Stadt, Region und Individuum in der Moderne, Berlin 1994

Gatzweiler, H.P./Irmen, E./Janich, H.: Regionale Infrastrukturausstattung. Bonn, BfLR 1991

Goldsmith, M./Wolman, H.: Urban politics and policy, A comparative perspective, Oxford 1992

Grauhan, R.R. (Hg.): Großstadt-Politik. Texte zur Analyse und Kritik lokaler Demokratie. Gütersloh 1972

Grauhan, R.R. (Hg.): Lokale Politikforschung, 2 Bde., Frankfurt/M. 1975

Häußermann, H.: Lokale Politik und Zentralstaat. Ist auf kommunaler Ebene eine "alternative Politik" möglich ?, in: Heinelt, H./ Wollmann, H. (Hg.): Brennpunkt Stadt. Stadtpolitik und lokale Politikforschung in den 80er und 90er Jahren, Basel 1991

Häußermann, H. (Hg.): Ökonomie und Politik in alten Industrieregionen Europas. Probleme der Stadt- und Regionalentwicklung in Deutschland, Frankreich, Großbritannien und Italien. Basel 1992

Hahne, U.: Ökologische Regionalentwicklung. Anmerkungen zu einer "endogenen" Entwicklung aus regionalökonomischer Sicht, in: Informationen zur Raumentwicklung, Nr. 1/2.1984, Bonn 1984

Harloe, M. u.a. (Hg.): Place, Policy & Politics. Do localities matter ? London 1990

Harvey, D.: The condition of postmodernity, An enquiry into the origins of cultural change, Oxford 1989

Healey, P. u.a. (Hg.): Managing cities, London 1994

Heinelt, H./ Wollmann, H. (Hg.): Brennpunkt Stadt. Stadtpolitik und lokale Politikforschung in den 80er und 90er Jahren. Basel 1991

Heinelt, H./Mayer, M. (Hg.): Politik in europäischen Städten. Fallstudien zur Bedeutung lokaler Politik, Basel 1993

Heinz, W. (Hg.): Public Private Partnership - Ein neuer Weg zur Stadtentwicklung ? Stuttgart 1993

Helbrecht, I.: Stadtmarketing. Konturen einer kommunikativen Stadtentwicklungspolitik, Basel 1994

Hennicke, P./Johnson, J.P./ Kohler, S./ Seifried, D.: Die Energiewende ist möglich. Für eine neue Energiepolitik der Kommunen, Strategien für eine Rekommunalisierung. Frankfurt-M. 1985

Hesse, J.J./Ganseforth, H./Fürst, D./Ritter, E.-H. (Hg.): Staat und Gemeinden zwischen Konflikt und Kooperation, Baden-Baden 1983

Hucke, J./Ueberhorst, R.(Hg.): Kommunale Umweltpolitik. Basel/Boston/Stuttgart 1983

Klaus, J.: Stadtentwicklungspolitik, Freiburg 1977

Krätke, S./Hirsch-Borst, R./Schmoll, F.: Zwischen Selbsthilfe und Staatsbürokratie - Neue Wege für die Kommunale Wohnungspolitik, Hamburg 1984

Krätke, S./ Schmoll, F.: Der lokale Staat: 'Ausführungsorgan' oder 'Gegenmacht' ?, in: Prokla, Nr. 68. Berlin 1987

Läpple, D. (Hg.): Güterverkehr, Logistik und Umwelt. Analysen und Konzepte zum interregionalen und städtischen Verkehr, Berlin 1993

Linder, W./Maurer, U./Resch, H.: Erzwungene Mobilität. Alternativen zur Raumordnung, Stadtentwicklung und Verkehrspolitik. Köln, Frankfurt/M. 1975

Lindner, R. (Hg.): Die Wiederkehr des Regionalen. Über neue Formen kultureller Identität, Frankfurt/M. 1994

Maier, H.E./ Wollmann, H. (Hg.): Lokale Beschäftigungspolitik. Basel/Boston/Stuttgart 1986

Mayer, M.: Lokale Politik in der unternehmerischen Stadt, in: Borst, R. et al. (Hg.): Das neue Gesicht der Städte. Theoretische Ansätze und empirische Befunde aus der internationalen Debatte. Basel, Boston, Berlin 1990

Mayer, M.: "Postfordismus" und "lokaler Staat", in: Heinelt, H./ Wollmann, H. (Hg.): Brennpunkt Stadt. Stadtpolitik und lokale Politikforschung in den 80er und 90er Jahren. Basel 1991

Mörth, I./Rausch, W. (Hg.): Kultur im Lebensraum Stadt, Linz 1986

Peters, H. (Hg.): Handbuch der kommunalen Wissenschaft und Praxis, Bd. 3: Kommunale Finanzen und kommunale Wirtschaft. Berlin/Göttingen/Heidelberg 1959

Roth, R./Wollmann, H. (Hg.): Kommunalpolitik. Politisches Handeln in den Gemeinden, Opladen 1994

Saunders, P.: Urban politics. A sociological interpretation, Harmondsworth 1979

Schäfers, B.: Stadt und Kultur, in: Friedrichs, J. (Hg.): Soziologische Stadtforschung, Opladen 1988

Schmals, K.: Entdemokratisierung als Investitionsanreiz - Enterprise Zones als Exerzierfeld der Kapitalverwertung und das Dockland-Forum als Plattform der Wiederaneignung lokaler Politik, in: Westliche Metropolen im Umbruch - Gefahren und Chancen für München, Hrsg. SPD-Stadtratsfraktion München, München 1991

Spehl, H.: Regionalismus, Regionalpolitik und wirtschaftliche Selbstverwaltung, in: Mayer, J. (Hg.): Die aufgeräumte Welt, Raumbilder und Raumkonzepte im Zeitalter globaler Marktwirtschaft, Loccumer Protokolle, Nr. 74, Loccum 1992

Zimmermann, H.: Alternativen der Finanzierung von Infrastrukturvorhaben, in: Jochimsen, R./ Simonis, U.E. (Hg.): Theorie und Praxis der Infrastrukturpolitik, Berlin 1970

Stadt forschung
aktuell

Weitere Titel in dieser Reihe:

Heinz Arnold

Disparitäten in Europa

*Die Regionalpolitik der
Europäischen Union
Analyse, Kritik, Alternativen*
1995. 280 Seiten. Broschur.
ISBN 3-7643-5191-8 • Band 52

Stefan Bratzel

Extreme der Mobilität

*Entwicklung und Folgen der
Verkehrspolitik in Los Angeles*
1995. 152 Seiten. Broschur.
ISBN 3-7643-5186-1 • Band 51

Eberhard von Einem / Christian Diller /
Götz von Arnim

Standortentwirkungen
neuer Technologien

*Räumliche Auswirkungen der neuen
Produktionstechnologien und der
flexiblen Spezialisierung*
1995. 248 Seiten. Broschur
ISBN 3-7643-5169-1 • Band 50

Wilhelm Falk

Städtische Quartiere und
Aufwertung

Wo ist Gentrification möglich?
1995. 152 Seiten. Broschur.
ISBN 3-7643-5142-X • Band 50

Matthias Schulze-Böing / Norbert
Johrendt

Wirkungen kommunaler
Beschäftigungs-
programme

1994. 226 Seiten. Broschur.
ISBN 3-7643-5127-6 • Band 48

Ulfert Herlyn / Bernd Hunger

Ostdeutsche Wohnmilieus
im Wandel

1994. 360 Seiten. Broschur.
ISBN 3-7643-5049-0 • Band 47

Hellmut Wollmann

Systemwandel und
Städtebau in Mittel- und
Osteuropa

1994. 208 Seiten. Broschur.
ISBN 3-7643-5020-2

Rolf Froessler / Markus Lang / Klaus
Selle / Reiner Staubach

Lokale Partnerschaften

*Die Erneuerung benachteiligter
Quartiere in europäischen Städten*
1994. 285 Seiten, Broschur
ISBN 3-7643-5002-4 • Band 45

Ilse Helbrecht

Stadtmarketing

*Konturen einer kommunikativen
Stadtentwicklungspolitik*
1993. 250 Seiten, Broschur
ISBN 3-7643-2988-2 • Band 44

Ralph Baumheier

Kommunale
Umweltvorsorge

*Chancen und Probleme präventiver Um-
weltpolitik auf der kommunalen Ebene
am Beispiel der Energie- und Verkehrspolitik*
1993. 222 Seiten, Broschur
ISBN 3-7643-2976-9 • Band 43

Birkhäuser

Stadt forschung
aktuell

Birkhäuser

Stadt forschung
aktuell

Birkhäuser

Stadt forschung
aktuell

Peter Franz
Stadtteilentwicklung von unten
Zur Dynamik und Beeinflußbarkeit ungeplanter Veränderungsprozesse auf Stadtteilebene
1989. 388 Seiten. Broschur.
ISBN 3-7643-2296-9 • Band 21

Jochen Hucke / Hellmut Wollmann
Dezentrale Technologiepolitik?
Technikförderung durch Bundesländer und Kommunen
1989. 672 Seiten. Broschur.
ISBN 3-7643-2245-4 • Band 20

Peter Kleinmann
Energie(spar)politik im ländlichen Raum
Bericht über Implementationsversuche in Wadern (Saarland)
1988. 225 Seiten. Broschur.
ISBN 3-7643-2244-6 • Band 19

Walter Prigge
Die Materialität des Städtischen
Stadtentwicklung und Urbanitätim gesellschaftlichen Umbruch
1987. 255 Seiten. Broschur.
ISBN 3-7643-1917-8 • Band 17

Andreas Falke
Großstadtpolitik und Stadtteilbewegung in den USA
Die Wirksamkeit politischer Strategien gegen den Verfall
1987. 515 Seiten. Broschur.
ISBN 3-7643-1916-X • Band 16

Hiltrud Naßmacher
Wirtschaftspolitik «von unten»
Ansätze und Praxis der kommunalen Gewerbebestandspflege und Wirtschaftsförderung
1987. 416 Seiten. Broschur.
ISBN 3-7643-1852-X • Band 15

Herbert Fuchs / Hellmut Wollmann
Hilfen für ausländische Kinder und Jugendliche
Wege aus dem gesellschaftlichen Abseits?
1986. 496 Seiten. Broschur.
ISBN 3-7643-1844-9 • Band 14

Wilhelm F. Schräder / Fritz Diekmann / Rolf Neuhaus / Jörg Rampelt
Kommunale Gesundheitsplanung
1986. 306 Seiten. Broschur.
ISBN 3-7643-1792-2 • Band 13

Birkhäuser

Ausführliche Informationen finden Sie im Reihenkatalog *Stadtforschung aktuell*, erhältlich in Ihrer Buchhandlung oder bei
Birkhäuser Verlag AG
Postfach 133
CH-4010 Basel
Fax ++41/+61/721 79 50
E-mail 100010.2310@compuserve.com